韩国文化教学的理论与实际

译者简介

吕娜，文学博士，青岛滨海学院外国语学院副教授，青岛大学外语学院翻译硕士研究生校外合作导师，山东省哲学社会科学青年人才团队带头人，国际民间外交研究中心骨干成员，韩国世宗学堂特聘教师。出版著作1部，主编教材1部，主持山东省人文社科等课题多项，发表省级以上刊物论文近20篇。获得山东省高等学校人文社会科学优秀成果奖，青岛市第三十八次社会科学优秀成果奖等奖项。荣获"科研先进个人"、"优秀指导教师"、"外事工作先进个人"等荣誉称号。

杨媛媛，中央民族大学博士生，研究方向为中韩、韩中翻译，曾多次在韩素音、CATTI杯等国家级翻译比赛中获奖，发表翻译学研究论文多篇，发明专利一项。

著者简介

李圣熙
庆熙大学国语国文专业硕士、博士

现，总神大学Hokma通识教育学院助理教授
庆熙网络大学韩国语文化专业 客座教授

前，庆熙大学国际教育院 客座教授
庆熙大学人文学院讲师
美国印第安纳大学东亚语言文化专业特聘教授(韩国学中央研究院海外韩国学授课特派教授)
美国印第安纳大学民俗民族音乐系客座教授
美国肯塔基州路易斯维尔韩文学校校长

授课，驻美韩国学校协会(NAKS, The National Association for Korean Schools)
海外同胞财团韩文学校教师受邀研修
国立国际教育院海外派遣教师研修

韩国文化教学的理论与实际 第3版

第1版 发行　2015年　2月 12日
第2版 发行　2015年 10月 16日
第3版 发行　2025年　3月 14日
中國語 版 发行　2025年　6月 20日
字数 300千字

作者 李圣熙 ｜ 图 金允英 ｜ 出版人 朴赞益 ｜ 编辑企划 权利俊 ｜ 版式设计 黄仁玉
出版发行 博尔精出版社
社址 京畿道河南市漕艇大路45号 渼沙Centum Biz 8楼 F827号
联系电话 031) 792-1195
传真 02) 928-4683
网址 www.pijbook.com
电子邮箱 pijbook@naver.com
登记 2014年 8月 22日 第305-2014-000028号
书号 979-11-5848-993-9 (93370)

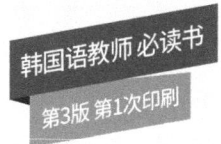

韩国语教师 必读书

第3版 第1次印刷

韩国文化
教学的理论与实际

李圣熙 著

吕娜·杨媛媛 译

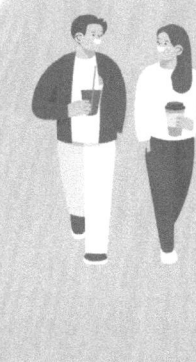

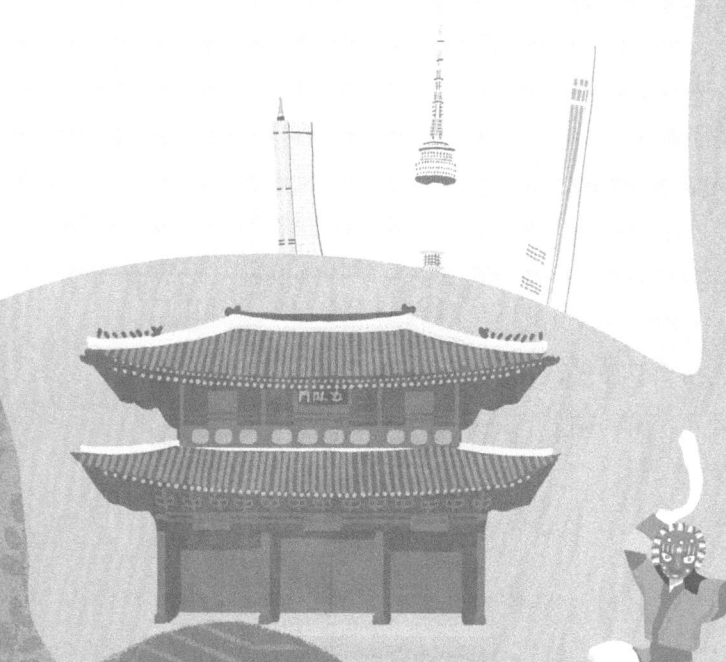

博尔精出版社

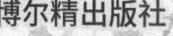

目录 c·o·n·t·e·n·t·s

第9章　韩国文化 教学的实际

序言 p·r·e·f·a·c·e

本书初版付梓已历十载。十年间，我们见证了越来越多的国际学子投身于韩国语和韩国文化的探索之旅。K-文化已突破语言教育的范畴，演变成一种席卷世界的潮流。对于致力于传播韩国文化的教育者而言，这既是值得珍视与感恩的馈赠，亦是沉甸甸的责任。"K-文化应该如何教，教什么"成为亟待解决的重要课题。

然而，界定"应该教什么"绝非易事，因为韩国文化始终处于动态发展变化之中，反映着当代韩国人的生活状态与情感变化。这种流动性与新鲜感既是韩国文化的魅力所在，也成为韩语教育者的巨大挑战。也许只有真实展现这种不断更新、不断发展的韩国文化，才是韩国语教育者克服困境的钥匙。

至于"如何教"，无疑是更大的挑战。如何激发学生者的内在动力，使他们始终保持学习热情，同时又要确保教学内容重点突出，是一项复杂而艰巨的任务。

本书旨在探讨韩国文化教育中的理论与实践问题。回顾往昔，自初版以来，笔者的研究工作便围绕着验证和完善书中的理论框架和实际操作而展开。通过将最初的思考与最新的研究成果相联系，体现出学术探索的持续进步。

尽管研究过程中难免存在不足之处，但有众多同仁以及热爱韩国文化的朋友们相伴而行，这段旅程充满温馨，而非孤寂。诚挚地希望本书能够为韩国文化教育者以及广大的韩国文化爱好者提供一些有益的帮助。

　　在此，特别感谢博尔精出版社社长朴赞益先生，在当前出版行业面临诸多挑战的大环境下，依然支持本书第三版第一次印刷的发行工作。

李圣熙

2025年 3月

序言 p·r·e·f·a·c·e

　　此书为外语教育中的韩国文化教育编写而成。 韩国文化教育旨在提高学习者的韩国文化素养, 进而提高韩国语交际能力。因此, 韩国文化教育不仅涵盖韩国文化知识, 同时也包括文化教育方法论等内容。

　　韩国文化教育涉及多个学科领域, 不仅涵盖韩国历史、韩国民俗、韩国文学、韩国现代文化等多种韩国文化内容, 还涉及文化理论、语言与文化关系论、多元文化主义、文化创意、跨文化能力、跨文化交际能力以及相关文化教学法等多个方面。 本书旨在探讨韩国文化教育的领域与范畴, 从理论和实践两个方面对上述内容进行阐述, 并以脚注形式向准备从事韩国语教学的教师介绍了主要概念的原文出处。希望脚注与"拓展阅读"部分能够助力研究者的深入学习。

　　我们的目标是在韩国语课堂中有效地进行韩国语和韩国文化教学活动, 尊重文化多样性, 摒弃偏见和歧视。因此, 我们希望韩国语课堂能成为学习者真正享受文化多样性的舞台。 许多韩国语教师为此展开研究并付出了诸多努力, 我们衷心希望本书能对这些教师有所帮助。

本书以笔者在过去六年间于庆熙网络大学韩国语文化专业所讲授的《韩国文化教育论》讲义为基础撰写而成。特此感谢庆熙网络大学韩国语文化专业的学生对我的鼓励，他们提出的各种问题和构想弥补了作者的不足。同时，特此感谢远在异国他乡全力以赴从事韩国语和韩国文化教学的一线韩国语教师们，他们的经验和建议为本书的撰写提供了宝贵的资料。

承蒙博尔精出版社朴赞益社长与权伊俊常务垂顾，在本书稿筹备期间予以充分包容与期待，更蒙慨然允诺付梓刊行，在此谨致以最诚挚的谢意。

李圣熙

2015年 1月

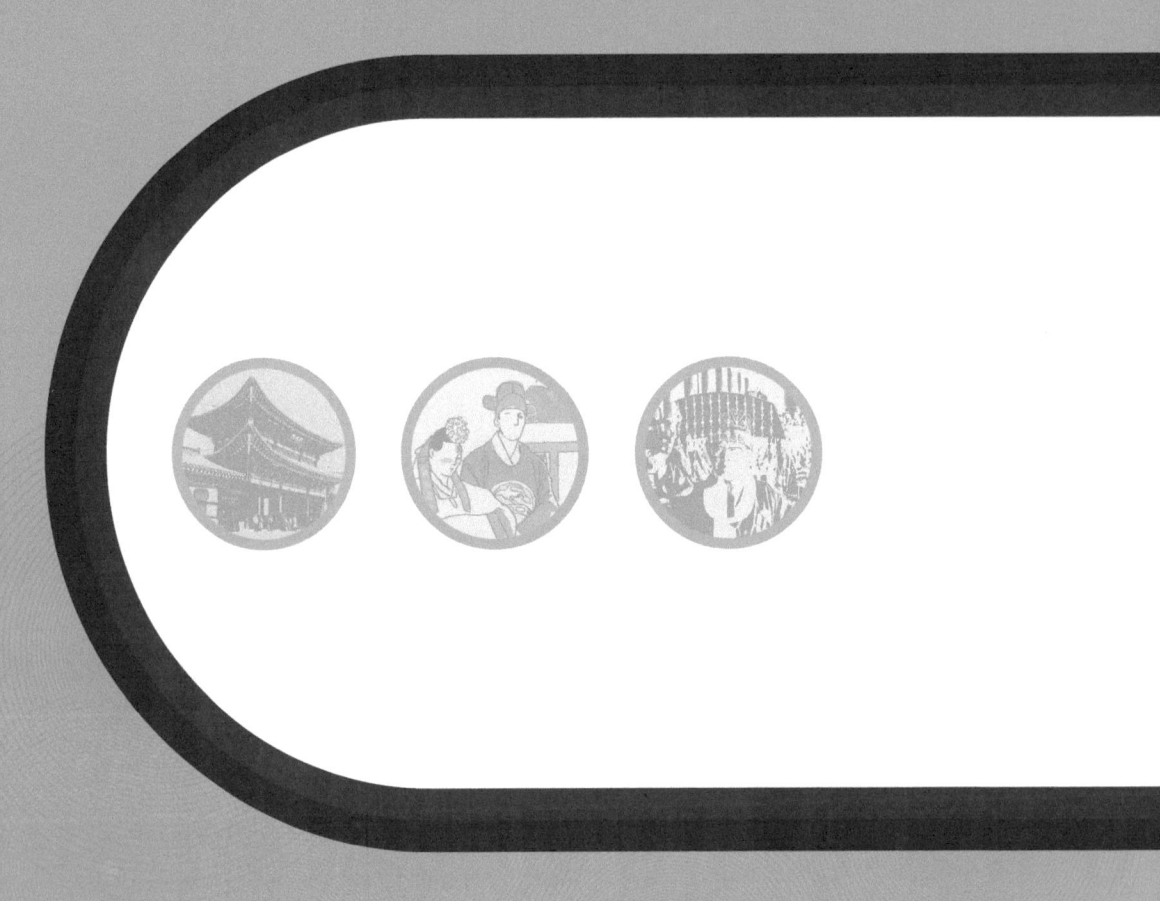

第 1 章

文化之理解

01

何为文化 ✱

1. 人类与文化

何为文化? 回答这一问题, 诸如回答"何为语言""何为人生""何为人"等问题一样困难。或许相较于语言、人生和人的定义, 对文化进行定义更加复杂。著名文化研究学者雷蒙德·威廉姆斯(Raymond Williams) 认为"文化"是"英语单词中最难理解的单词之一"。[1] 然而, 因"文化"这一概念难以定义, 就简单地将其理解为晦涩复杂的学问, 这种态度实不可取的。

为了更方便地理解文化的含义, 我们不妨先思考一下与文化相反的概念或含义是什么? 即文化的反义词是什么? 野蛮? 未开化? 这种用"文明"来衡量文化的方式渗透着对其他文化的鄙视, 反映了较早进入文明社会文化圈的人们对文明发展较慢的文化圈持有的贬低态度。盲目评价其他文化, 将其定性为野蛮或未开化的做法颇有民族中心主义倾向。

被视为野蛮或未开化的文化圈可能同样适应其生活环境的生活方式。此外, 在一个文化圈被认为是野蛮的现象, 在另一个文化圈有可能被视为一种自然的文化现象。

1969年, 美国《时代》杂志刊登了一篇关于韩国的朝鲜酱油的报道, 这

---

1) 约翰·斯托瑞(John Story) :《文化研究与文化理论》, 朴谋 译, 现实文化 研究, 1999, 第13页。

篇文章让人们误认为朝鲜酱油可能会诱发癌症。文章介绍朝鲜酱油是由含有霉菌的酱块制作而成，不仅不卫生，还含有致癌成分。报道提到，将酱块放在韩国火炕炕头上加热后，上面会出现黑色霉痕。一位曾在全州天主教医院工作的美国医生在《时代》杂志上发文称，由于朝鲜酱油含有大量致癌物质"黄曲霉毒素(aflatoxin)"，因而韩国人患大肠癌的情况较多。这一报道引起了轩然大波，西方酱油的消费量迅速增加，而朝鲜酱油的消费量每况愈下。[2] 这个例子便是对他国文化片面贬低的生动展现。

然而1993年，朝鲜酱油致癌这种说法被证明是错误的。尽管酱块中存在致癌物质黄曲霉毒素，但在腌制酱油之前，酱块经过水的冲洗可以将黄曲霉毒素冲洗掉。此外，酱块在阳光下晾晒一天后，黄曲霉毒素也会被清除。最后，在腌制酱油时加入的木炭可以彻底去除其中的有害物质。[3] 相反，最近开始有研究结果显示，大酱中不仅含有对人体有益的成分，而且含有抗癌物质，而非致癌物质。除了大酱，韩国的各种发酵类食品以及泡菜类食品都对健康大有裨益，很多产品都出口到海外。食品经过发酵后，其优越性得到了人们的认可。

对大酱的误解和偏见需要经过大量的科学实证，经过几十年的时间才得以消弥。诸如此类，对一种文化的判断与评价会随着对其研究的深入而发生改变。现在我们用"未开化"或"野蛮"来评价非洲或南美某个国家的文化，随着对其文化了解的深入，经过时间的洗礼后，我们可能也会对其做出积极友好的评价。对文化的评价涉及到众多领域，需要秉承认真谦虚的态度进行研究。因此，在教授作为外语学科的韩国语以及作为外国文化的韩国文化时，我们需站在客观的立场来看待韩国文化。韩国文化是珍贵的，但并非绝对优越。韩国文化是众多文化中的一种，需要客观地进行教学。对文化进行评价时，我们要慎重。

"文明""发展"这两个概念与"野蛮"或"未开化"相对应，但并不是文化的反义词。文化的反义词是什么？是"自然"。

2) 周映霞：《饮食战争与文化战争》，四季，2000，第111页。

3) 周映霞：《饮食战争与文化战争》，四季，2000，第11-12页。

为了更好地理解这一点, 让我们一起来考察一下"文化"一词的词源。

> **文化**
> 由拉丁语"cultura"派生出的"culture"一词翻译而来
> 意为"耕种""栽培"——引申为"教养""艺术"

- **文化就是人类根据自己的意图和生活来改造自然。**

文化是共同体成员在开拓自然的过程中根据共同体的生活方式对自然进行改造, 而自然则是一种未受人类有意干预的天然状态。共同体赖以生存的自然环境对共同体文化有着绝对的影响。 在中国这个石灰物质较多的地区, 茶文化得到了发展; 而在不适合农耕的蒙古地区, 游牧文化繁荣兴盛; 而要对抗寒冷的爱斯基摩人则建造冰屋。 这些都彰显了自然环境对文化的绝对影响。

- **各民族、格语言共同体根据自身独特的特征改造自然, 形成了富有个性的文化。**

每个共同体都将自然改造为适合其成员生活的状态, 从而形成符合其个性的文化。即, 将原本存在的自然赋予共同体个性的过程反映出来的就是文化。

在以农业为主的文化圈中, 不同文化圈的农业方式各异。农具的形态多种多样, 灌溉、种植和收割方式也各有差异。此外, 不同共同体的饮食方式也大相径庭。有的文化圈使用叉子, 有的使用筷子。即使都使用筷子, 每个文化圈所用的筷子材质、形状和使用方法也各不相同。韩国、中国和日本都使用筷子, 但在韩国, 筷子与汤匙一同使用。此外, 中国和日本使用木质或塑料筷子, 而韩国使用铁质筷子。每个文化圈所共有的文化特征代表了该共同体的个性。 这种共享的文化特征往往是文化共同体成员通过约定俗成的方式呈现出来的。

■ 文化深深印刻着各语言共同体的个性，并代代传承。

文化影响着我们生活的方方面面。不同的文化圈在问候方式、交际方式、拒绝方式、赞美方式以及用餐方式上各有差异。此外，表达善意的方式、子女教育方式以及节日庆祝方式也各不相同。文化差异贯穿生活的方方面面。倘若只接触本民族文化，是无法深刻认识本民族文化的，只有在接触其他民族文化后，本民族文化才会变得具体而生动，我们才能对其有更深刻的认识。在海外旅行或居住期间，我们接触到陌生的他国文化，并将其与本民族文化进行比较，从而真正认识本民族文化。

共同体的独特文化代代传承。一个人一出生就属于某种文化。个人对共同体文化的掌握往往是无意识地、自然而然地习得的。文化在漫长的岁月里潜移默化地影响着人类，因此个人很难摆脱文化的影响。文化在传承的过程中被内化和规范化。

共同体文化是在悠久的传统积淀下形成的， 并在众多共同体成员约定俗成的言行中得以传承，所以相对稳定。因此，想要了解一个共同体，首先必须要了解这个共同体的文化。

2. 文化的定义

对于文化的定义学者众说纷纭，很难统一。

> **何为文化?** [4]
>
> - 象征行为(White 1979)
> - 全人类的记忆(Bierstedt 1963：126)
> - 社会成员所获得的知识、信仰、艺术、道德、法律、风俗及其他功能、习惯等的复合整体(Tylor 1871：1)
> - 互动主体所持有的全部意义、价值与规范，以及将这些意义客观化、社会化并予以传递的一切媒介载体(Sorokin 1947：63)

人类活动会产生有意义的行为模式、制度、艺术和语言习惯等，这些可以被称为"文化"。文化是人类精神和物质活动的表现形式和产物。文化丰富了人类的生活，并在人们的生活中不断发展和演变。上述定义是从广义上的界定，接下来将从狭义的角度对文化的定义进行细分，以更加明确具体地阐述其含义。

雷蒙德·威廉姆斯将文化定义为三个类别：[5] 第一，文化用于泛指"智力、精神与审美启发的一般过程"；第二，文化指的是"一个人、一个时代或一个群体的特定生活方式"，其中包括智力和美学因素，也包括教育程度、休闲、体育运动和宗教节日等方面；第三，可以用来指代"智力创作成果或实践行为，尤指艺术活动"。

威廉斯在系统梳理"文化"一词的多种含义之后指出："文化"在象征层面和物质层面都发挥着作用。因此，文化研究不应偏重其中的任何一个层面，而应探索两者之间的辩证关系。[6]

作为外语教学的韩国语教育研究领域，文化主要指威廉姆斯所定义的第二层含义，即特定群体的生活方式，包括智力、美学、教育程度、休

4) 全京秀：《文化的理解》，一志社，1994，第27-29页。

5) 约翰·斯托瑞(John Story)：《文化研究与文化理论》，朴谋 译，现实文化研究，1999，第13页。

6) 劳伦斯·格罗斯伯格·凯莉·尼尔森·宝拉·A·特里克勒(Lawrence Grossberg Cary Nelson Poula A.Trichler)：《什么是文化研究?》，李基宇编译，《文化研究》，韩国文化社，1998，第24-25页。

闲、体育运动和宗教节日等广义文化层面。

继威廉姆斯之后，保罗·威利斯(Paul Willis) 将文化视为"它既是构成人类生活的原始材料，又是理解最平凡事物的认知框架与存在方式。约翰·皮斯克(John Fiske) 也表示："文化包括日常生活中最普通的实践活动，如家庭物品的选择和布置方式、购物方式、用餐方式等。"根据皮斯克的定义，"文化涵盖了人类生活方式的各个方面(包括各种观念、态度、语言、实践、制度、权力结构)，还包括文化实践的各领域(包括各种艺术形式、文本、正典、建筑、大量产品等)"。[7]

斯图亚特·霍尔(S. Hall)认为，文化的意义是"在特定的历史社会中各种实践、现象、语言、习惯的现实性、基础性领域"，是"扎根于人类生活中并有助于形成'共识(common sense)'的多种形态"。[8]

威廉姆斯、皮斯克、霍尔对文化的定义涵盖了我们生活的各个领域，文化之根与我们的生活不可分割，是我们生活中不可或缺的一部分。在作为外语教学的韩国语教育中，要研究对韩国人产生影响且持续生成、变化、发展的文化，有助于更好地帮助外国学习者学习韩国语。

爱德华·霍尔(Edward Hall) 在论述文化教育的必要性时指出，文化是"通过习得而形成并实现共享的行为"。鉴于文化的习得性特质，其应当具备可教授性。然而文化教学具有显著复杂性，原因在于文化并非单一静态存在，而是由多维度相互关联的复杂活动系统构成，其根源深植于人类诞生之前的远古土壤。[9] 为解决将复杂文化系统转化为可结构化教学内容的问题，霍尔构建出由表层文化与深层文化组成的"文化冰山模型"(cultural iceberg model)，深层文化(文化无意识) 始终影响着表层文化的表现形式。

3. 对待文化的两种立场

对于文化的理解可以从不同的角度进行分类，主要可分为类型论和

7) 劳伦斯·格罗斯伯格·凯莉·尼尔森·宝拉·A·特里克勒(Lawrence Grossberg Cary Nelson Poula A.Trichler)，《什么是文化研究?》，李基宇编译，《文化 研究》，韩国文化社，1998, 第25页。

8) 劳伦斯·格罗斯伯格凯莉·尼尔森·保拉A·特里克勒，同上书，第25页。

9) 爱德华·霍尔：《无声的语言》，崔孝善译，韩吉社，1959, 2000, 73；61；83页。霍尔在此书中指出，虽然文化由多种相互关联的复杂活动构成，但可以将这些复杂的文化系统转化为可结构化的教学内容，并构建出由表层文化与深层文化组成的"文化冰山模型"。

语境论两种观点。

(1) 类型论(Configurationalism)[10]

代表人物：克劳伯(A.Kroeber)、 本尼迪克特(R.Benedict)、 列维·斯特劳斯(C.Lévi-Strauss)

主要观点：他们更关注于追求人性或文化的普遍层面，而非日常生活中发生的具体事件。他们利用抽象的形式来定义文化，并通过理解和掌握其中的内在规则或语法规则来解释文化。

- 克罗伯：文化是历史长河中沉淀的精华，"超有机体(super organic)"
- 本尼迪克特：心理层面可追溯至无意识状态的深层结构，"类型(pattern)"
- 列维·斯特劳斯：从深层思维结构结构中得以显现的要素，"结构(structure)"

尽管在程度上有所差异， 但类型论者在将人类行为和思维的深层结构界定为文化方面达成了近似统一的意见。 这一立场认为必须用文化来解释文化，因此也引发出重复定义的问题。

(2) 语境论(Contextualism)[11]

代表人物：萨皮尔(E.Sapir)、 马林诺夫斯基(B.Malinowski)、 格尔茨(C.Geertz)

相比于广袤的深层结构， 语境论更关注日常生活中呈现的具体生活风貌，并将人类行为及其思考中所展示出的表面现象定义为文化。

- 萨皮尔：试图从多样可变的(variability) 生活面貌中寻找文化的意义。
- 马林诺夫斯基：试图从无法解开的(imponderabilia) 生活现象中寻找

10) 全京秀：《文化的理解》，一志社，1994，第31-32页。

11) 全京秀：《文化的理解》，一志社，1994，第32-33页。

文化的意义。

- 格尔茨：试图从人类行为微妙差异所代表的象征含义中寻找文化的意义。

在他们看来，文化是有脉络和情境的。然而，研究的困难在于，语境论者所面临的情境是不计其数的。

类型论者和语境论者自20世纪10年代开始就相互对立，坚持从不同侧面考察文化这一实体。

类型论通过类型这一大框架来理解文化，有助于深入了解整体文化的类型和结构。在对实际现象整合的基础上，通过类型或结构来认识文化。类型论以语境论提供的大量实例为基础，归纳出宏观的类型和结构。因此，语境论对类型论大有裨益。

通过语境论，我们可以观察现实生活中各个文化圈的文化差异。情语境论试图阐明各文化圈的差异和意义，但这必须借助类型论的大框架进行。因此可以认为，类型论和语境论实际上是相互依托于对方的探讨而展开的。

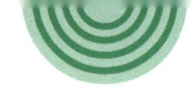

02

媒介视域下的文化理解

为了实现有效的文化教育，必须对文化进行深入理解。在此，我们将从历时性角度考察媒介变化对应的文化属性。

文化通过媒介得以建构和传播。自人类有历史发展至今，文化经历了口传文化、文字文化、传播文化和电子文化四种形式。[12] 即以语言为基础形成并传承的口传文化，通过文字形成的记录文化，通过电视或广播等大众媒体形成的传播文化，以及通过网络迅速传播的电子文化等。这四种文化形态共同存在，绘制出丰富多样的文化版图。在文化教育中"理解什么是文化""识别文化特征"对于文化教育者构建理解文化特征的框架具有重要意义。

以上四种媒介形态各具特点。其中，口传文化是区分文化特征的重要标尺。作为最早出现的文化形态，口传文化与目前具有巨大影响力的电子文化存在着许多共性。通过对口传文化的系统把握，可对比理解文字文化与传播文化的差异，并历时性把握电子文化的特征。本章将以口传文化的特征为核心，通过与其他文化形态进行比较，深化学习者对文化演进规律的认识。

12) 对"口传文化、书写文化、传播文化、电子文化"的区分体系依照下列研究，但对各体系的说明及讨论的展开均由笔者阐述，并新增了必要的脚注。①金宪善：《21世纪口传文学的文化史地位》，《口传文学研究》，韩国口传文学学会，1998，参考；②马歇尔·麦克卢汉：《理解媒体》，金成基译，民音社，2002；③杰里米·里夫金：《第三次工业革命》，安振环译，民音社，2012.

1. 口传文化[13]

1	有限的空间
2	听觉文化(听与说)
3	话者与听者的双方关系(传承)
4	生产者和消费者共享/合作的文化/普遍性/积淀性
5	由下层人民享有
6	与生活密切相关
7	民众性
8	神话人物、英雄/便于记忆的情节
9	神话与史诗

〈表1〉口传文化

　　口传文化是人类历史上最古老、最亲切的文化传递方式。通过"语言"进行交际是人类最早的交际方式，同时也是最容易、最长久的交际方式。婴儿出生后，跟着父母和家人咿呀学语。通过反复模仿语言共同体的语言，逐渐学会使用该语言进行交际。

　　通过口头传承所塑造的文化反映了文化共同体的亲密性和易接近性。由语言共同体传承下来的古代传说以简洁明快的形式通过口头传递，蕴含着共同体的普遍情感。神话、传说和民间故事等共同体故事在长期传承中，通过易于传达的故事形式保留了该共同体共有的情感、价值观和信念等。故事、谚语、谜语、歌曲和戏剧等各种口传文化不仅彰显了共同体成员的本质特征，也成为紧密团结共同体成员的强大纽带。

　　传承口传文化的载体——语音语言，具有鲜明的即时性特征。语音语言也可以通过录音或录像等方式超越时间，但一旦脱离了"此时此地"的即时情境，原意就会随之消失殆尽。此外，从空间角度考量，倘若离开"此地"，口传文化就无法传播共享。因此，口传文化的空间是"有限的"。口传文化只能在话者和听者交谈的当下空间进行传播与接受。

13) 口传文化的特征也可概括为"语言形成的文学、口头表演的文学、共同创作的文学、单纯普遍的文学、大众性民族性的文学"，张德顺等著：《口碑文学概论》，一潮阁，2009，第19-28页。

设想一下，在漫长冬夜的厢房里，晚饭过后，一位老奶奶围着炉火给孙子讲故事的场景。奶奶讲述着《老虎和柿子》的故事，孙子认真倾听。然而，奶奶在厢房里给孙子讲的故事，孙子的父母在里屋是听不到的。这便是"1.有限的空间"之含义。

口头传统是一种听觉文化，在传承中展现了话者与听者的之间的双向关系。这是口传文化的代表性特征之一，即在沟通过程中话者的位置不是绝对的，而是受到听者的需求和态度等因素影响。[14] "3. 话者和听者的双方关系"很好地展现了口传文化的特征。沟通并非单方面进行的，互动是使沟通更加生动活泼的重要条件。以下两个故事展示了同一个故事因为听众的不同而产生差异。

〈1〉成为北斗七星的七兄弟(听者为儿童)

从前，一个村子里有位妈妈，她有七个儿子。这个妈妈每天都淌过小溪看望隔壁村的朋友。可是妈妈每次见完朋友后回来，裙子都湿了。有一天，大儿子跟着妈妈才发现，因为没有桥，妈妈过小溪时把衣服打湿了。于是，大儿子带着弟弟们悄悄在小溪上搭起了石桥。
第二天，当妈妈踩着石桥穿过小溪时感动地说："老天爷啊，是谁做了这样的好事? 这个好心人死了以后，就让他变成天上的星星吧"。于是这七个兄弟死后便真的变成了星星。这就是北斗七星的由来。

这是大人讲给孩子们听的故事，故事的中心思想是"善良的人死后会变成星星"，体现了典型的因果报应主题。故事中的善行表征非常鲜明地以"孝道"的主题展现。这个简短的故事体现了帮助妈妈的好孩子会得到福报的主题思想。

14) 沃尔特·翁(Walter Ong)：《口传文化与书写文化》，李基宇、李明珍译，文艺出版社，1995，第60-92页。

〈2〉成为北斗七星的七兄弟(听者为成人)

从前，村子里有位寡妇，她有七个儿子。这个寡妇每天都淌过小溪与住在隔壁村的私塾先生约会。每天夜里回来，寡妇长裙都被打湿。长子感觉蹊跷，有一天他跟着寡妇母亲时发现母亲半夜穿过冰冷的小溪，去了私塾先生家。因为小溪上没有桥，所以母亲淌水过溪时裙子都被打湿了。长子得知后陷入了困惑，不知到底该不该为母亲搭桥。想到去世的父亲，倘若为母亲搭桥，继续让母亲与私塾先生相见，便成了不孝，所以长子在孝与不孝之间纠结。

最终长子带着弟弟们在小溪上架起了石桥。第二天，寡妇在石桥上穿过小溪时感叹："老天爷啊，是谁做了这样的好事? 让这个好心人死后成为天上的星星吧"。七兄弟死后成了星星，这便是北斗七星的由来。

故事〈2〉与故事〈1〉的标题相同，但故事的主题却截然不同。在故事〈2〉中，母亲每晚约会的对象并非朋友，而是一位私塾先生。正是因为每晚约会的人变成了私塾先生，故事的主题也随之发生了变化。在故事〈1〉中，长子毫不犹豫地搭起了石桥。然而，在故事〈2〉中，却对是否应该搭建石桥产生心理矛盾。因为如果是为了母亲，长子当然应该搭建石桥，但另一方面，这也意味着背叛父亲，帮助母亲追求新的爱情。这个主题被视为口传文学研究领域中典型的"孝与不孝"传说，彰显了孝与不孝的主题，并将焦点放在人们在矛盾情境下的内心冲突上。

这个故事也常出现在成年人聚会时的谈话中，多是爷爷奶奶们相聚一堂时谈论的话题。在讨论过程中，话者和听者一定也反复思考如何在矛盾情况下做出明智的判断。

以上两个故事中心思想相同，但因话者的关注点和认知水平不同，呈现出不同的主题。由此可见，故事不是由话者单方面传达自己的想法，而是要根据听者的年龄、认知水平以及具体情境等进行实用性表达。故事的长短也可视情况而定，在不影响主题表达的前提下，故事内容可以适当增删。与较为刻板的文字文化不同，口传文学十分灵活，可以根据情况进行内容和形式的适当调整。

严格来说，在口传文化中，生产者(话者) 和消费者(听者) 是密不可分的。在文字文化和大众文化中，从消费者到生产者的转变极为困难。在文字文化的基础上成为有人气的大众文化可谓难如登天。然而，"4.生产者和消费者共享"的口传文化特征表明，口传文化的消费者可以随时成为生产者。当然，在口传文化中，某些需要专业训练的文化形式，如盘索里或民俗剧，必须具备艺术表演能力，因此在这些题材中，消费者很难成为生产者。然而，许多故事、谚语、谜语等一旦被消费者接受，就可以随时传递给其他受众群体，从而使消费者成为生产者。例如，当孙子在午饭后外出游玩时，他会以生产者的身份将早上从奶奶那里听到的有趣故事直接讲给其他朋友。在面对相同故事版本时，生产者和受众的标准并不明确。在相互讲述彼此熟悉的故事时，自然地跨越了生产者和受众的界限，在此过程中，口传文化通过匿名生产者的讲述过程得到了重新创作。

生产者可以随时在故事中添加自己的观点和想法。然而，并非所有由生产者推陈出新的故事都能代代相传。只有符合生产者和消费者的判断，得到普遍认可的作品才会长久传承。与个人的个性相比，口传文化更追求获得普遍共鸣的普世价值，这与口传文化追求"引发共鸣"的普遍性密切相关。那些在匿名生产者和消费者口口相传中获得普遍适用性并得以传承的故事成为大家的"共同作品"。这样的过程需要经过长时间的沉淀，通过各种生产者和消费者的长期口述，故事的内容被广泛接受，从而形成了具有"积淀性"特点的口头传统文化。口传文化的"积淀性"正是其作为共同作品的体现，它随着时间积累而丰富，每一次讲述都可能融入新元素，展现了文化的集体创作和历史发展。

由"生产者与消费者共享"的口传文化特征自然地体现在"5.下层人民享有"的特性中。因为口传文化具备普通民众都能参与的便捷性，所以相较于文字文化，口传文化拥有更广阔的受众群体。特别是对于不识字的底层人民来说，他们无法使用文字文化进行沟通，但他们的文化、艺术需求可以通过口传文化得到满足。此外，底层人民大多以劳动谋生。因此，以底层人民为主体的口传文化就自然而然地"6.与生活紧密联系",呈现出与生活密切相关的特征。许多故事取材于日常生活,口传文化并非产生于抽象的唯心主义思考, 而是从人们的实践经验中总结和发展而来。这些故事探讨了生活中产生的各种矛盾、道德与伦理价值观、人生意义等问题,人们对待这些问题的视角交织在一起,形成了丰富多彩的故事。同样,劳动歌谣将劳动与歌曲融为一体,而非分离。由于口传文化被下层民众所享有,因此口传文化具有"7.民众性与文学"的特点。 活在底层的人们自然地将自己的政治立场融入口传文化中。 因此, 包括《将军娃娃传说》在内的许多故事都表现出对统治阶级的反抗。

"8.神话人物, 英雄"是"9.神话与史诗"等口传文化的代表特征之一。口传文化中的很多传说故事源于神话和史诗。 这些故事的主人公大多是创造世界或开启人类起源的神话人物。此外, 也有给人类带来火种的普罗米修斯、纺纱调整太阳气息的延乌郎细乌女等文化英雄。这些主人公具有超越凡人的能力与威严, 可称其为英雄。而非神话和史诗题材的作品刻画的主人公则为平凡人物。

由于口传文化是以"表演"为前提形成的, 因此形式简洁精炼,以避免谬误变形。 这种特征有时让人误以为口传文化只是儿童读物中的童话故事。然而, 口传文化能够细致而准确地捕捉到生活的多种细节,其内容十分丰富。只是根据"表演"现场"通过话语传承"的特点, 去除不必要的冗余, 进行高度的凝练。其中一个特征是"8.便于记忆的情节"。由于口传文化完全依赖于人类的记忆, 通过有效地利用言语和记忆之间的相关性,口传文化的情节最终得以定型。

沃尔特·翁(Walter J.Ong) 将口述文化的特性表述为: [15]

- 附加性而非从属性。
- 集合性而非分析性。
- 冗长而灵活
- 保守而传统
- 贴近人类生活世界
- 语气充满对抗性

15) 沃尔特·翁(Walter Ong):《口传文化与书写文化》,李基宇、李明珍译, 文艺出版社, 1995, 第61-92页。

- 移情参与而非客观疏离
- 动态平衡型
- 情境依赖而非抽象

为了帮助记忆，口传文化的传承过程具有话者添加性的特点。同时，采用大家熟悉的形容词、定语等进行表达。通过冗长灵活地解释，以弥补口传的不完整性。经过几代人的重复，就会形成传统而稳定的框架。由于口传文化深植于人类的生活世界与实践活动中，口传文化的主人公经常以论辩性语调展开对抗。在口传文化中，人们通过情感共鸣和情感移入来实现"学习"或"认知"。口传文化以当下相关性为基准，存在着"意义"解释的恒常性。此外，对事物的认知不是抽象地凭空产生，而是结合具体情境进行判断。

2. 书写文化

1	开放的空间
2	视觉文化(眼睛与文章)
3	限定意义上的双方关系(创作)
4	生产者与消费者的距离
5	掌握文字的特殊阶层
6	脱离生活
7	贵族性与文学
8	从沉重题材的英雄到轻松题材的英雄/兴趣和商业性
9	小说

〈表2〉书写文化

不同于口传文化，书写文化在一个开放的空间中得以广泛传播。通过文字记录，书写文化能够实现自由的时间跨越和空间转移。例如：19世纪的手抄本《春香传》至今仍可被人们欣赏，韩国作家申京淑的作品《拜托妈妈》也能被遥远的美国读者阅读。

书写文化是一种视觉文化。相较于口传文化，其作者与读者间的关系相对疏远。虽然作者会考虑读者的反应及喜好，但与口传文化相比微乎其微。作者只是按照自己的意图进行创作。而作家的作品与读者交流的方式，与面对面的口头传统文化相比，使得二者的距离非常遥远。

> 学习文字需要投入大量的时间和金钱。因此，在许多文化圈中，书写文化只被那些掌握文字的特定阶层所享有。沃尔特·翁指出了拉丁语作为学术语言的特点："只有男性可以进入学习场所，女性只在特殊情况下才被允许进入，且这种情况极为罕见。"学术拉丁语是一种与性别相关联的语言，在长达一千多年的历史中，始终是男性专属的语言。换言之，学术拉丁语的学习是在家庭之外的部落化空间完成的——这种环境是男性通过仪式构建的真实社会环境。16)

在罗马天主教中，司祭享有阅读拉丁文圣经的特权。然而，大多数无法理解晦涩拉丁文圣经的人只能听牧师朗读其内容，这种"文字歧视现象"在韩国也发生过。汉字需要长时间学习才可掌握，因此大多数不认识汉字的人，曾经一度在汉字文化中被边缘化。相反，熟悉汉字的知识分子并不愿意放弃他们的特权地位。这种矛盾在世宗大王创制韩文后，表现为知识分子拒绝使用韩文。沃尔特·翁将其称为"韩文的民主主义性质"，并将其内容总结如下：

> 在韩国文字的发展历史中，最令人瞩目的成就便是1443年朝鲜国王世宗下令为韩国人创制韩文。在那之前，韩国语一直借用汉字书写。……一代又一代朝鲜人花费相当长的时间来学习复杂的"借字标记法"，因此掌握了汉字书写体系的朝鲜人不愿意接受新的书写体

16) 沃尔特·翁(Walter Ong)：《口传文化与书写文化》，李基宇、李明珍译，文艺出版社，1995，第173页。

系。……韩文实际上只满足了学术以外的世俗目的。"严肃(serious)"的作家们继续使用经过刻苦训练才掌握的汉字书写体系。严肃文学展现了一种精英主义，所以他们也希望以精英主义的方式呈现文学。直至20世纪，随着韩国进一步民主化，韩文字母才逐渐取得了现在的主导地位(尽管还不完全是)。[17]

带有贵族性质的书写文化，受众以知识分子为主，被迫与大众日常生活脱节。可以说，小说作为当下书写文化的代表性体裁，其商业性比贵族性更为突出。

3. 传播文化

1	地球村
2	听觉文化+视觉文化
3	单方面接受关系(接受)
4	生产者和消费者的距离遥远
5	聚合性、大众享有
6	与生活联系紧密(引出边缘化概念)
7	大众性与文化
8	商业性与商业性英雄，平凡人

〈表3〉传播文化

传播文化以电视、广播为载体，其受众范围小到一个地区，大到整个地球村。传播文化是一种融合了听觉与视觉的文化形式。在传播文化中，作为生产者的大众明星与作为接受者的大众之间的关系是单向的。因此，与口传文化和书写文化相比，传播文化的生产者与消费者间的距离最为遥远。在传播文化中，"大众"不再是个体化或个性化的存在，而

17) 沃尔特·翁(Walter Ong)：《口传文化与书写文化》，李基宇、李明珍译，文艺出版社，1995，第143-144页。

是社会集合的存在。这与口传文化中话者和听者形成的双向关系形成了鲜明的对比。并且口传文化可以根据听者情况或要求而灵活调整文本内容，而传播文化中，大众只是以块状般的集合形式存在，缺乏个性化。传播文化深入至大众生活，但实际上也导致媒介与个人关系中"个人疏离"现象的产生。而且传播文化具有大众化和商业化的特点。传播文化所刻画的主人公也都是日常凡人形象，而不是非凡人物。其代表体裁便是电视剧。

4. 电子文化/网络文化

1	中心与边缘、主体与客体的区分消失 （在传播文化中，中心和周边被明确划分）
2	中心与边缘可相互转换，可无限变换
3	传播文化的单方向性转变为电子文化的双向性
4	高度依赖书写文化
5	个体的普遍参与
6	电子市场、电子民主主义、世界大脑、全球图书馆
7	作为传播文化的进化形态，不断进行质的飞跃
8	互联网

〈表4〉电子文化/网络文化

以互联网为代表的电子文化/网络文化没有中心与非中心、主体与客体之分。这与书写文化和传播文化中明确区分作者与读者、明星与大众等中心与边缘关系截然不同。此外，中心与边缘的位置可以互换，具有无限辐射和转换的特性。

互联网首先以双向性为特征，实现"自由访问和共享"，即服务器和客户端的角色可以自由变化，从而实现"反馈"与"角色互换"。互联网的其他特点还包括通过ID或虚拟身份来隐藏个人形象的"匿名性"，个人作为信息生产发送者的"用户中心性"，跨越国家边界的"全球网络性"，以及文字、语音、数据、影像一体化的"多媒体性"。[18]

电子文化的生产者与消费者之间呈现双向性关系， 这与口传文化中话者与听者的双向关系十分相似。从网络上形成的"对话形式"来看，中心与边缘、主体与客体的边界消失，双方以相互沟通的方式进行交际。在个人博客、赛我网(CYWORLD)、脸书、Kakao Story等多种社交网站(Social Network System) 上，个人作为个性的存在进行自由的交际。虽然电子文化通过文字进行交际，但其性质与口传文化极为相似。在电子文化中，每个人既具有个性，又普遍参与其中。电子文化在技术层面上可以看作是传播文化的进化形态，但是通过质的提升，电子文化又像口传文化一样，正朝着尊重主体个性、实现双向交际的方向发展。

18) 金永顺：《传媒与文化教育—为了传媒阅读》，韩国文化社，2005，第162-164页。

第 2 章

韩国语·文化
教育之理解

语言与文化的关系

1. 语言与思维

当我们被某种感情或情境压得喘不过气来，我们常用"无法用言语表达"来形容。这句话是指感情或情境的程度至深，以至于不能用语言来准确表达。换句话说，这也反证了语言是传达情感与情境的最佳载体。语言最具表现力，因此用"无法用语言表达"来表示感情或情境的程度之深。由此可见，语言与思维之间存在着密切的联系。

语言既能表达思维，也能使思维更加缜密。没有语言，就无法将思维表达出来。当语言指代对象或情感时，语言再现了人的思维。没有语言，人类的思维就无法精妙地表达出来。任何东西都无法像语言一样准确而敏锐地表达人类的思维。

历来众多哲学家对语言和思维都非常关注。亚里士多德(Aristoteles, 公元前384-322) 认为话语是心理经验的表达，并指出："当理解世界时，思维先于话语产生。"此外，奥地利哲学家路德维希·维特根斯坦(Ludwig J.J. Wittgenstein, 1889-1951) 一直关注个人思维、个人语言和公共语言之间的联系。经过长期研究，他得出了以下结论："我的语言极限就是我世界的极限"(Wittgenstein, 1981)。[1]

1) 伊莱恩·鲍德温等：《文化研究导论(Introducing Cultural Studies)》，赵爱利等译，韩蔚研究院，2009，第78页。

"语言"并不只是简单地模仿某物，而是与个人经验、思维方式、表达方式等各种思考密切相关。语言与思维的紧密关系揭示了在语言教学过程中，将语言与思维教学相结合的必要性。思考方式、思维模式等对语言的使用产生重要影响。进行语言教学时应同时关注思维教育，也就是说，在教授语言的同时，应进行作为语言共同体思维方式的教育，即文化教育。

2. 作为语境的文化

语言是人类社会生活的必要条件。人类不是独自生活，而是与他人共处。我们在生活中需要他人的帮助，而"语言"则成为相互合作、相互理解的基础。语言将人类与其他物种或类人猿区分开来。人类社会都要使用语言，很难想象没有语言存在的社会。通过语言，人类建立并维系着一种比其他任何物种都优越的互助机制。

语言涉及到人类社会的各个方面。通过语言来传递对共有概念的认识、知识和信息的能力是人类社会存在与发展的必要条件。语言在建构人类所经历的对象和事件的同时，也履行着以有效方式进行传达的使命。

关于文化与语言的关系，盖斯福德(J.Gaisford,1981)认为："语言区分了人类经验，并为其赋予意义。通过语言进行沟通的知识和信息是语言创造的产物。因此，具备本体性的事件、对象、人、情感等是通过语言构成的，并在语言中被赋予意义。语言象征或再现自己所命名的事物。语言是文化的，是人类互动的产物。因此我们可以说，人类通过语言来定义自己和世界。"[2]

斯特恩指出："人类文化只有通过语言进行编码、分类和归纳后才能传达。人类社会不是由单纯的本能或动物性的行为构成，而是由高层次的行为构成，而发达的语言是区分人类的独有特征。"[3] 能够将人类文化编码并传达的只有语言，这充分地体现了文化和语言的直接关系。

2) 盖斯福德(J. Gaisford, J(ed.)), Atlas of Man. London：Marshall Cavendish.1981, 伊莱恩·鲍德温 等：《文化研究导论(Introducing Cultural Studies)》，赵爱利等译，韩蔚研究院，2009，第77页 重引。

3) 斯特恩(H.H.Stern)：《语言教学的基本概念》，沈永泽等译，夏雨图书出版，1995，第207-234页。

语言是人类高等文化的产物，也是最为发达的媒介，能够有效而系统地传达人类创造的文化。每种语言都是其所属共同体文化的最好代表，而且每种语言中都编织着独特的共同体文化。因此，教授一门语言，必须教授孕育该语言的文化。

3. 语言与习俗

语言塑造习俗。 习俗是一个共同体在漫长的历史长河中沉淀形成的固有文化。人类通过语言创造了高级文化，并通过语言来学习文化、传递文化、进行文化教育。语言不仅塑造了文化，同时也是维系文化的力量。语言中蕴含着每个语言共同体个性而独特的文化。每个共同体都将自己在赖以生存的自然斗争中获得的文化融入语言中珍藏并传承。 此外，文化通过语言的传承，使共同体的语言与文化密不可分。然而，这些习俗的形成并非一朝一夕，而需要经历漫长的时间。

语言所承载的文化属性是持续变化的。伊莱恩·鲍德温在谈到文化属性的演变过程时指出："具有意义的文化属性是在特定社会环境中发生的事件和变化的产物。即使意义是标准化的、约定俗成的，但它在社会文化力量的长期作用下不断发生变化， 并且这种变化时而迅速时而缓慢。"4)

4) 伊莱恩·鲍德温等：
《文化研究导论
(Introducing Cultural
Studies)》，赵爱利等译，
韩蔚研究院，2009，
第76页。

4. 语言共同体与文化

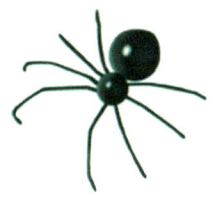

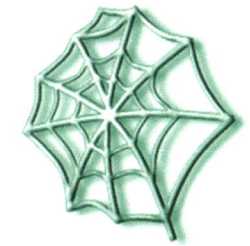

蜘蛛：个人   蜘蛛网：文化

〈图1〉格尔茨蜘蛛与蜘蛛网说明 5)

> 就像蜘蛛从自己身上抽丝织成蜘蛛网一样，个人是文化的创造者，也是"文化的归属(locus of culture)"。6)

个人成为无法脱离自己编织的蜘蛛网的文化囚徒。

社会成员从婴儿时期开始， 在接触社会与文化的过程中学习共同体语言。对于母语者来说，在一个语言共同体中，语义知识和语言习惯是约定俗成而理所当然的。 使用同一语言的社会共同体成员通过约定俗成和规范化的语言，即通过意义的普遍性来提高自己的能力。语言与其他习俗一样，通过个人的学习，使个人成为共同体的一员。7)

个人性格(Personality) 的形成受到诸多因素的影响，大可分为四类，包括生物因素、自然环境、个人固有经验和文化因素等。其中，文化因素对个人的性格影响最为深远。文化为社会成员提供了行为模式，并对他们的行为加以限制。文化就像迷宫的设计图，为人类的思维、感知和行为提供指引。不同社会群体或文化中的成员表现出高度的规律性。即使个人具有独特的生理特征或不同的经历，他们也会根据日常接触的文化做出相应的反应，并基于此形成个人的个性。8)

5) 格尔茨, 克利福德：《文化翻译》, 基本书籍, 1963. 全京秀, 前书, 第30页重引。

6) Hsu, Francis K 1972, Psychological Anthropology: Approach to Culture and Personality. Honewood, IL: Dorsey Press. 全京秀, 前书, 第30页重引。

7) 伊莱恩·鲍德温等：《文化研究导论(Introducing Cultural Studies)》, 赵爱利等译, 韩蔚研究院, 第77页。

8) 韩尚福等：《文化人类学概论》, 首尔大学出版社, 1985, 第311-313页。

9) 詹纳克·米尔兹曼：《语言·文化·社会》，金亨中译，世界图书，2006，第302-303页。

10) Lyons, John, ed. 1970. New Horizons in Linguistics. Harmondsworth: Penguin; Hymes, 1972, Models of Interaction of Language and Social Life. In John J. Gumperz andDell Hymes, eds, Directions in Sociolinguistics: Ethnography of Communication, pp. 35-71. New York: Holt, Rinehart & Winston; Labov, William, 1972. Onthe Mechanism of Linguistics Change, In John J. Gumperz and Dell Hymes, eds, Directions in Sociolinguistics: Ethnography of Communication, pp. 512-538; Sherzer, Joel, 1975, Ethnography of Speaking, Manuscript, University of Texas at Austin. 穆里尔·萨维尔·特洛基(Muriel Saville Troike)：《语言与社会·交际民族志入门》，王汉锡等译，韩国文化社，2002，第21页重引。

通常情况下，一个特定的社会与特定的语言相关联，即使在使用多种语言的多民族国家也是如此。然而，并非任何语言对于构成一个社会(国民、共同体、部落单位) 的所有语言使用者来说都可以一概而论。众所周知，我们可以通过语言中的语气来区分不同性别、年龄和社会阶层等。即使居住在同一个村庄的人们，也可能属于不同的语言共同体。[9]

语言共同体(speech community) 可以定义为：使用共同语言(Lyons 1970)；遵循共同的语言规则，并理解语言行为(Hymes 1972c)；在语言形式、语言使用方面具有相同的态度或价值观(Labov 1972)；共享语言相关的社会文化认知及预设(Sherzer 1978) 等。[10] 然而，语言共同体并不一定等同于使用同一种语言的人群。比如，德克萨斯州境内的西班牙语使用者和阿根廷的西班牙语使用者虽然使用相同的语言，但属于不同的语言共同体。因此，有人提出疑问：来自英国的英语使用者和来自美国、加拿大、澳大利亚、印度和尼日利亚的英语使用者是否可以被视为同一语言共同体的成员？这些问题的答案取决于历史、政治和集体认同等因素，而不仅仅是语言本身。[11]

在社会科学中，"共同体"一词的定义包含共享的知识、财产和行为，源自拉丁语中的"communitae(共同拥有)"。构成"共同体"的本质范畴在于有意义的经验维度在某种程度上是共享的，而为了构成"语言共同体"，共享的经验维度与该群体成员使用的语言、认同并解释价值的方式相关联。即使处于同一个语言共同体，也不一定要求地理上相邻。例如，美国加利福尼亚和叙利亚的亚美尼亚人可以被视为同一语言共同体的成员，尽管他们之间几乎没有互动，零散的个人和群体(特别是电话和电子邮件的广泛应用) 也可以保持强大的互动联系网络。当今，"实质性"俱乐部会在世界范围内主要是通过互联网广泛形成。即便没有面对面(face-to-face) 接触，为沟通而形成的类型化规则正在涌现并被体系化。[12]

将语言共同体作为社会研究基础单位的做法受到一些人的批评，因为这将现存的社会政治界限和范畴隐性地吸纳为合法实体。解决这一问题的方案就是话语共同体(discourse community)。 这是一个灵活的概念，可以将共享"话语实践"(discursive practice) 规则的个人聚集在一起。

话语共同体创造了一个强大且具有重要规则的群体， 决定了在特定的社会、经济、地理或语言领域中说什么、如何说、谁有权发言以及如何对这些问题进行预测。话语实践决定了知识的分配，并使特定的说话方式等级化。(Lehtonen 2000: 41-42)[13]

5. 能指·所指·文化

(1) 能指与所指

与以往语言直接再现对象的语言观不同, 索绪尔(Ferdinand de Saussure)将语言视为一种符号。

索绪尔把概念与音响形象结合体称为符号(sign)。 符号由两个要素组成：能指和所指。能指是语音或视觉的单词或图像，而所指是概念。

符号与其意义之间不存在任何关系。 索绪尔的语言学也是从这个角度切入的。"Signifiant/ signifier"一般翻译为"能指"，意思是符号的外形，也就是音响形象。"signifié"被翻译为"所指"，是指符号中所包含的意义。例如，"树"这个词的外形和[shù]的发音是"能指"，而"树"这一具体的事物是"所指"。

| 所指(Signifiant) | + | 能指(Signifié) | = | 符号(Sign) |

〈图2〉所指，能指，文化

传统语言学认为， 语言的意义是由它所再现的对象从本质上或必然地决定的，而索绪尔的语言学则认为，作为符号的语言的意义是由其隐含的社会规约所决定的。

11) 穆里尔·萨维尔·特洛基(Muriel Saville Troike)：《语言与社会·交际民族志学入门》，王汉锡等译，韩国文化社，2002，第22页。

12) 穆里尔·萨维尔·特洛基(Muriel Saville Troike)：《语言与社会·交际民族志学入门》，王汉锡等译，韩国文化社，2002，第23-25页。

13) Lehtonen, Mikko, 2000, Cultural Analysis of Texts. Newbury Park, CA: Sage. (Translated by Aija-Leena Ahonen and Kris Clarke)，穆里尔·萨维尔·特洛基(Muriel Saville Troike)：《语言与社会·交际民族志学入门》，王汉锡等译，韩国文化社，2002，第25-26页重引。

例如，"树"一词指的是特定的植物，传统语言观认为，这是由该词与对象之间直接而本质的关系造成的。而索绪尔的结构主义符号学则认为，该词与对象之间的关系只是社会约定俗成的，而并没有必然的联系。

把某种特定的植物叫做"나무"、"tree"或"树"，并不是因为这个词必须要指代某种特定的植物，而是在社会约定俗成下形成的。从这个意义上看，它与红绿灯相似，都是一种"符号"。索绪尔否定了词与对象之间具有直接性关联，同时将符号解释为能指(signifiant)与所指(signifié)的结合关系。

例如，"나무"这个词是能指，而我们头脑中活现的与这个词相关联的概念是所指。信号灯的红灯是能指，而停止是所指。从信号灯的红灯这个例子中我们可以清楚地看到，特定的符号之所以能够指示特定的含义，是由于该符号系统内存在的与其他能指的"差异"所造成的。

语言的存在需要以大众群体(语言共同体)为基础。语言若脱离社会便无法存在，这是因为语言是一种符号。这种社会性是语言的内在特性。[14]语言的社会性揭示了语言作为符号的存在方式。作为一种符号，语言的能指受到大众群体的社会约定俗成的影响。能指被解读为大众群体所指的意义。这种语言的社会性可以解释为什么不同文化圈存在着文化多样性的现象。对于在不同的土壤、环境和历史背景下形成的文化差异，我们应该以某一文化共同体所共享的"语境"为基础进行解释。作为一个文化圈的符号体系的文化，是根据该文化共同体的共同约定而产生的，所以用能指来表达该文化圈共有的所指。

14) 索绪尔(Ferdinand de Saussure)：《普通语言学讲义》，金贤权译，创造知识的知识，2012，第158页。

15) 伊莱恩·鲍德温等：《交流与再现》，《如何解读文化编码? -文化研究的理论与实际》，韩蔚研究院，2008，第81-85页。

(2) 能指、所指与文化的理解

若从能指、所指的关系来审视文化，可以总结为以下几点：[15]

① 任何图像或文本都有多个层次的意义，主要可分为外延层次和内涵层次。

② 这种意义的属性取决于意义所属的语境或周围的环境，因此意义具有相对性。

③ 语义或代码的某些层次相对中立或客观，而某些层次则受到社会意义或话语的影响。

④ 理解并解释这些不同的含义需要分析和解读的过程，而分析和解读的方式则取决于分析者所拥有的知识和经验。

　　文化系统是符号类型的一种，　而语言只是这种复杂关系中符号系统的一种表现形式。　对语言行为的意义进行解释需要理解包含该意义的更高层次意义。[16]　作为交际层面的文化并不局限于能指和所指之间的固定对应关系。一个语言共同体的文化，使得作为能指文化体系的含蓄解释成为可能。在沟通层面上，文化概念可以被广义地视作符号的使用。

6. 通过语言解释文化

(1) 语言的多样性折射世界观的多样性

　　19世纪的德国语言学家洪堡(Von Humboldt) 认为："不同语言对现实世界进行划分的方法各不相同，这是因为我们对所掌握的知识进行结构化处理的思维方式不同"。因此，语言的多样性"并非仅因为声音或符号的多样性，而是由于看待世界视角的多样性"[17] 所决定的。

　　许多对语言和文化感兴趣的学者一直在努力理解语言的多样性与人类思维或文化多样性之间的关系。对此，哲学家、语言学家、心理学家和人类学家以不同方式提出了质疑。　对这一问题的关注始于德国浪漫主义和"民族与国家中个体"的概念。关于这一关系的探讨在19世纪已广为人知，并于20世纪通过德国语言学家魏斯格贝尔与泰尔(Weisgerber & Tier) 的词汇研究，以及美国博厄斯、萨丕尔、沃尔夫(Boas, Sapir &

16) 穆里尔·萨维尔·特洛基(Muriel Saville Troike)：《语言与社会·交际民族志学入门》，王汉锡等译，韩国文化社，2002，第2页。

17) 斯特恩(H.H.Stern)：《语言教学的基本概念》，沈永泽等译，夏雨图书出版，1995，第223页。

Whorf）关于文化关联的语言研究中得到了进一步发展。关于萨丕尔和沃尔夫的看法，将在以下"萨丕尔－沃尔夫假说"中进行详细探讨。

(2) 文化的基本原理在于共享知识解读的原理

人们属于多个话语群体，文化的基本原理并非共享知识本身，而是共享对知识进行解读的原理(Garfinkel, Kramsch 1998)。[18]

由于人类具有社会属性，当人们属于一个共同体时，自然而然地也成为该话语共同体的一部分，并逐渐可以隶属于更多样化的话语共同体。人们在习得语言的过程中学习文化，但并不仅是学习文化知识本身，而是掌握解释知识的原理。

从这个角度来看，语言学习中的文化学习应该注重培养解释话语共同体传统习俗的能力，而非片面地传授知识。韩国语外国学习者已经具备以自身文化知识为基础的文化认知框架。因此，对于这些学习者来说，韩国文化教育应该被视为更深入了解韩国的途径。在进行韩国语教育时，不应只强调培养学习者对韩国文化的理解，而应注重促进跨文化理解，使学习者通过了解韩国文化进一步理解自己本民族的文化。

7. 萨丕尔－沃尔夫假说(Sapir-Whorf Hypothesis)

语言差异对思维产生何种影响？ 不同语言使用者是否会具有不同的思维方式？维柯、赫尔德、洪堡等浪漫主义思想家已经将目光置于语言的相对性。美国语言学家萨丕尔和沃尔夫对语言的相对性也给予极大的关注，并结合语言学和人类学进行了深入研究。二者对努特卡语、肖尼语、霍皮语等以不同世界观为背景的北美语言进行案例分析，并对语言的相对性展开了持续性研究。

18) 斯特恩(H.H.Stern)：《语言教学的基本概念》，沈永泽等译，夏雨图书出版，1995，第223页。

(1) 爱德华·萨丕尔(Edward Sapir, 1884-1939)

爱德华·萨丕尔出生于德国，是一位美国文化人类学家和语言学家。通过对语音学的研究，萨丕尔揭示了语言结构的系统性质。作为一名语言学家，他在哥伦比亚大学学习期间，受到著名人类学家鲍阿斯(Boas, 1858-1942) 的影响，对人类学产生了浓厚兴趣，于是开始关注语言人类学的丰富可能性，并将语言学与人类学结合起来进行研究。萨丕尔在研究美国西部地区多种印第安语言时，对美洲印第安人的文化变迁产生了兴趣，并撰写了大量关于语言与文化相互关联的论文。

萨丕尔认为："共同体的语言习惯会促使人们依据自己的所见所闻和体验对语言进行特定的解读"。共同体的语言习惯中融入了该共同体经年累月的思想，这种思想先于个人"经验"，是解读个人经验的基础。萨丕尔认为人类通过语言来理解世界。

部分学者认为，在同一个世界中，不同的人可能会为相同的事件和对象赋予不同的名称。但萨丕尔却认为，随着专业性语言的发展，即使在不同的"世界"中，也存在使用相同语言的共同体(Sapir, 1929)。[19] "不同世界中的语言共同体"这一概念对于审视语言与文化的关系提供了非常重要的启示。即，使用同一种语言的共同体将拥有同一个世界。语言共同体不是单纯地使用同一种语言，而是通过语言共享结构化、系统化的世界认知，即享有共同的文化。

此外，萨丕尔还指出："人类并不只是生活在客观世界当中，也不是简单地进行着社会活动，而是在特定语言的影响下生活，语言作为社会表达工具而存在。 现实世界在很大程度上是建立在社会语言规范基础之上的。 没有两种语言可以足够相似以至于能被认为呈现了相同的社会现实。存在不同社会生活的世界是独特的世界，而不仅仅是贴有不同标签的同一世界。"[20] 客观对象并非作为个体而存在，而是通过"语言"来体现。不同语言共同体中，语言呈现出不同的表达形式。换言之，通过以共同体文化为基础的语言所表达的世界，才是个体所认知的"真实世界"。

19) 伊莱恩·鲍德温等：《交流与再现》，《如何解读文化编码? -文化研究的理论与实际》，韩蔚研究院，2008，第78页。

20) D. G. Mandelbaum, ed., Selected Writings of Edward Sapir, Berkeley and LosAngeles : University of California Press, 1949, p.162, 拉里·萨莫瓦(Larry A.Samovar) 等：《跨文化交际》，郑贤淑等译，交际图书，2007，第200页重引。

(2) 市杰明·李·沃尔夫(Benjamin Lee Whorf, 1897-1941)

在萨丕尔的影响下，沃尔夫(Whorf) 主张语言是构建经验的基础。标准欧洲语(Standard Average European, SAE) 语法分析的是经验的某一方面，而努特卡语、霍皮语、肖尼语等美国印第安语言的语法则强调完全不同的方面。例如，标准欧洲语强调时间(过去、现在和将来)，或使用表示空间的术语("前"和"后") 将时间具体化，从而使标准欧洲语使用者熟悉历史、记录、日记、时钟和日历。

美国主流文化将时间理解为空间隐喻。例如，"……做某件事已经'很长'一段时间了(it is a long time since……)"或者"那件事'短期内'将会发生(it will happen in a short time)"。与此不同，霍皮族在描述事件时采用"正在发生的即时状态"表达法，这种表达方式不属于美国主流文化中对时间认知的表述范畴。 霍皮族人实际使用的语言也与美国文化中常用的过去、现在、未来的概念不一致。诸如此类的研究为"沃尔夫假说"的提出做出了重要贡献，即语言创造思维范畴，而人类正是通过这一范畴来理解世界。世界是通过语言建立的概念网格(conceptual grid) 过滤的，通过日常而又规律性地使用某种特定语言，在文化上产生特殊的习惯性思维模式，这是萨丕尔 - 沃尔夫假说的前提。[21]

人们按照自己母语设定的界线划分世界。我们划分出的现象范畴与类型并非因其显性存在而被发现。相反，世界如同万花筒般流转的图景，需要我们的心灵加以系统化建构方能被认知，而这一过程主要依赖于我们内心的语言系统来完成。人们之所以按自己的方式划分自然，用概念将其体系化并赋予其意义，[22] 是因为人们认同在自身语言模式中语言共同体共同维持并符号化的约定俗成的概念。

21) 伊莱恩·鲍德温等：《交流与再现》，《如何解读文化编码? -文化研究的理论与实际》，韩蔚研究院，2008，第78-79页。

22) 本杰明·李·沃尔夫 (Benjamin, Lee Whorf)：《科学与语言学》，申贤贞译，《语言·思考与现实》，罗南，2010，第329页。

> **语言相对性原理(Linguistic relativity principle)**
> 由于语言决定我们的思维，因此使用不同语言的人会以不同方式看待世界。

不同语言的结构差异反映了内在非语言认知系统的差异。例如，某一语言中用于描述颜色的词汇数量决定了人们在看到彩虹时能够感知到多少种颜色。

　　一门新语言的词汇、语法等特定形式中，通常会涵盖一些该语言学习者母语中没有与之对应的概念。在一种语言中笼统表述的一个概念，可能会分解为另一种语言中相互独立的多个概念。

　　例如，霍皮语使用一个名词来指代除鸟以外所有能够飞行的物体，如飞虫、飞机、飞行员等都用一个单词来表示。而在英语中，下着的雪、地上的雪和结冰的雪都使用同一个词来表示。对于爱斯基摩人来说，很难想象会有一个如此全面的词汇来概括雪，因为他们认为，下着的雪和正在融化的雪在感觉和具体用法上都存在着差异。[23]　不同语言共同体中出现的范畴化差异与语法形式的差异密切相关。

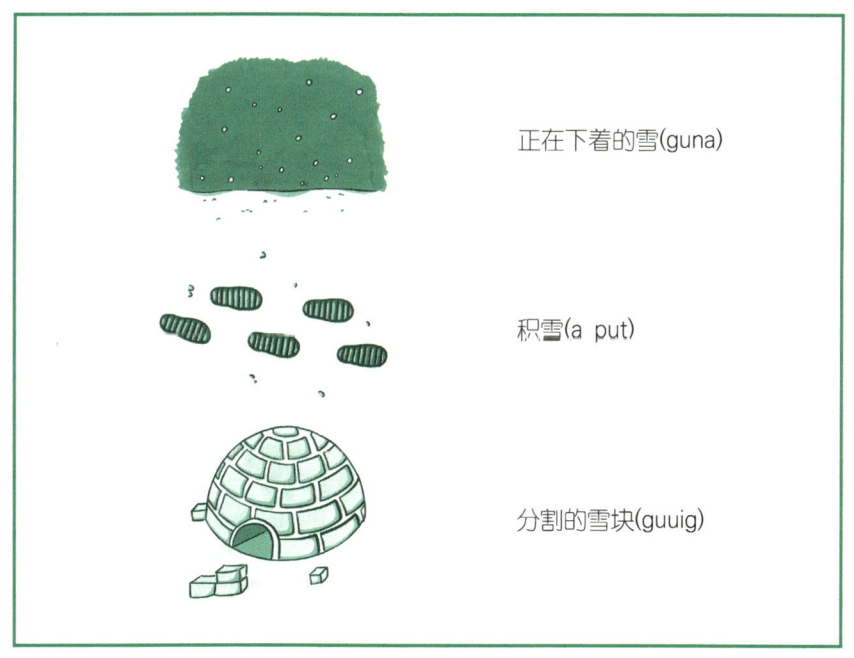

正在下着的雪(guna)

积雪(a put)

分割的雪块(guuig)

在英语中，雪是"snow"一词，但在爱斯基摩语(因纽特语)中，正在下着的雪被称为"guna"，堆积在地上的雪被称为"a put"，形成冰屋的雪块被称为"guuig"等。
〈图3〉爱斯基摩人的"雪"

23) 本杰明·李·沃尔夫 (Benjamin, Lee Whorf)：《科学与语言学》，申贤贞译，《语言·思考与现实》，罗南，2010，第333-334页。

一些语言学家、哲学家和心理学家指出萨丕尔-沃尔夫假说在经验与程序层面存在缺陷。但在其对立面，很多后现代主义学者和人类学家正在挖掘极端相对主义，试图超越沃尔夫假说。他们忽略时间、空间、因果等存在论范畴中反复出现的全世界词语之间的相似性，认为其他学说本质上是不恰当的。语言形成思维的理念也存在于现代主义学者的专业学术领域之外。仅从政治领域和整体社会政策领域出现的语言规范化趋势来看，就可得知。例如，将"胎儿(foetus)"改称为"未出生的孩子(unborn child)"，将"盲人(blind)"改称为"视障者(visually impaired)"，或者将"议长"简单地表述为"chair"而非"chairman"，这些做法也是出于人们相信语言塑造思维的原因。[24]

社会文化分析人士认为，通过仔细调查社会文化现象，可以获得形成和改变社会生活动力的相关信息。由于构成社会文化组织的主要原则蕴含于语言中，或者通过语言表达出来，因此研究语言行为是非常有价值的。从这个意义上说，语言再现了社会文化的构成因素。

8. 跨文化交际

(1) 对跨文化交际的理解

跨文化交际(cross-cultural communication)，文化间沟通(intercultural communication) 是指不同语言文化背景的参与者之间的互动(通过语言或文字)。跨文化交际可以概括为以下三种情况：[25]

① 来自不同国家的母语者与非母语者之间的交际。
② 来自不同国家的人以彼此官方语言而非以一方的母语进行的交际。
③ 来自同一国家但使用不同语言的人使用一方语言进行的交际。

在使用不同语言进行交际的情况下，每种语言都伴随着文化差异，因此对于不同文化的理解是必不可少的。

24) 尼古拉斯·埃文斯(Nicolas Evans)：金基赫·胡静译，《无声消逝 - 消失语言的心痛探索报告》，《学坛》，2012，第321-322页。

25) 拜拉姆(Byram, Michael), Teaching and Assessing Intercultural Communicative Competence. Clevedon/Philadelphia etc：Multilingual Matters. 1997, 俞秀妍：《跨文化交际的理解》，韩国文化社，2008，第97页重引。

26) 参考雅各布森的沟通模型。

正如雅各布森曾指出的，交际不是话者和听者之间简单的信息传递，它涉及话者、听者、传播路径、信息、代码、语境等多种因素。这些因素决定了交际的性质，并影响交际的成功与否。[26]

交际是通过习惯性的符号系统传达思想和感受，并使对方能够理解。传统意义上，交际主要被视为语言资料的传递，交际参与者的关系只起到辅助作用，重点是单方面信息的传递。然而，自从70年代后期开始，交际不再仅仅是信息发送者单纯地传递信息，而且还要考虑接收者的观点和立场。这一转变超越了交际仅仅是信息传递的概念，而是将交际参与者"对资料的解释能力"纳入其中。通过纳入受众对资料的解释能力，交际引入了互动的概念。对资料的解释能力受到社会和文化的影响。交际关注的是在社会情境下实际使用语言的行为。因此，在跨文化交际中，我们不仅需要理解和表达对方的语言，还需要以我们掌握的语言为基础，学习适应各种语境的交际方法。

交际的特点是即时性的、个体性的、因反应而异的、多渠道的，因而受到交际中使用的语音、外貌、手势、空间等多种非语言因素的影响。此外，交际是相互的(话者和听者的角色不断交换)。

为了理解跨文化交际情况，我们有必要首先对个体间的交际模式进行考察。[27]

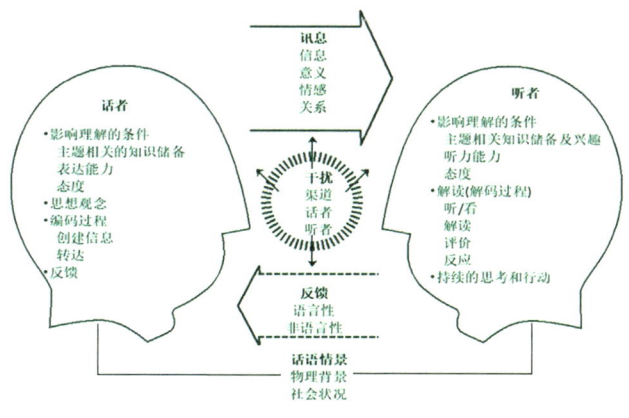

〈图4〉个体间交际模型(A Model of Intepersonal Communication Process)

27) Donald W. Klopf, Intercultural Encounters The Fundamentals of Intercultural Communication, Morton Publishing Company, 2001, pp.23-26.

在交际过程中，话者和听者都参与其中。其中，话者对信息进行编码(encode)，而听者对信息进行解读(decode)。当话者向听者传递信息时，其表达方式、对所讨论主题的知识储备以及对听者的态度都会产生影响。同样，当听者接收来自话者的信息时，其倾听能力、与谈话主题相关的知识储备和兴趣，以及对话者的态度也会产生影响。

听者对话者所传递的信息做出反应，称为"反馈"(feedback)。反馈可以分为语言反馈与非语言反馈。

阻碍正常沟通的因素被称为"干扰(noise)"。干扰可以来自鸣笛声、飞机声、收音机声等物理因素，也可以包括缺乏知识储备、准备不充分、听力口语能力不足、身体问题和心理问题等其他影响因素。

讯息由话者想要传达给听者的信息、意义、情感、关系等组成。讯息层面需要特别关注两点。首先，语言讯息和非语言讯息都非常重要。我们通过某种方式与他人交际，任何显性行为都是信息。第二，信息可以展现相互关系。话者与听者通过语言或行为在讯息传递过程中表现出各自在双方关系中的地位。

"渠道(channel)"是指讯息传递的方式。如烟雾、鼓声、旗帜、符号、闪光灯、电报、信件、话语等。具体到话语层面，语言交际和非语言交际都属于此类。[28]

发送的信息受到"话语情景(speaking situation)"即语境(context)或环境(environment)的影响。在教堂里保持严肃和肃静，在足球场上可以热烈地加油等，都是特定背景环境下的行为。

在个体间交际模式的基础上，我们来考察一下跨文化交际模式[29]：

28) 雅各布森认为语言是"代码"，而"渠道"与社交性话语相关。此处则将语言归入"渠道"内。

29) Donald W. Klopf, 前书, 2001, 23, pp.23-25, 49-52.

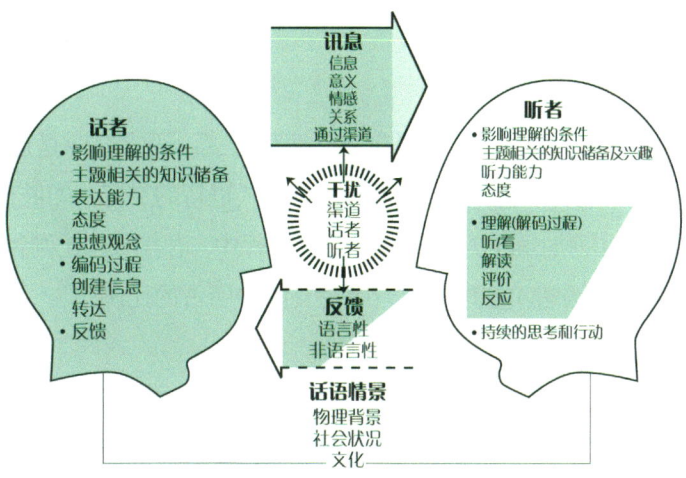

〈图 5〉跨文化交际模式(A Model of Intercultural Communication)

在个体间交际的基础上, 跨文化交际模式在"话语情境"中增添了"文化"。

如上图所示, 话者向听者传达信息的箭头是彩色的。听者以自己的文化背景(cultural background) 为基础解读(decode) 信息。由于话者和听者之间存在的文化差异, 话者希望传达的意义在被听者解读的过程中可能会发生变化。信息反映了听者对话者想法的理解。上图中只涂一半颜色的反馈部分体现了听者对话者意义的解释。话者的意图很可能与听者解释的不同。 文化间的相似性决定了文化对跨文化交际效果的影响程度。文化越相似, 受文化影响的程度越小;相反, 文化差异越大, 受文化影响的程度也越大。

在跨文化交际模型中, 个体间沟通模型中的"干扰(noise) "存在差异。跨文化交际情境中的"干扰"因素包括对目标语言的熟悉程度和非语言表达方式。此外, 文化相关因素的叠加也会阻碍对信息的解读。

在跨文化交际模型中, "讯息"往往能够体现出话者和听者之间是垂直关系还是水平关系。在东方文化圈中, 低头致意体现了垂直关系, 而西方文化圈中以"hi"打招呼体现的是水平关系。

(1) 语言/非语言交际

① 理解非语言表达

交际可分为语言交际和非语言交际两种形式。语言交际是通过口头交流实现的，而非语言交际是以非语言方式进行的交际，如肢体语言、外貌、距离和对时间的态度等。在交际过程中，语言所占比例较小。下图显示了肢体语言、言语和语音等在交际中所占的比例。30)

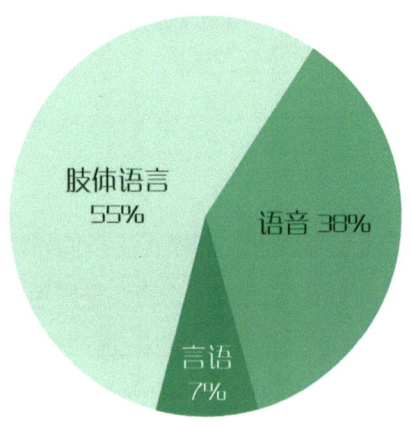

〈图 6〉语言在语义传递中贡献最小31)

30) Mebrabian and M. Wilner, Decoding Inconsistent Communications, Journal of Personality & Social Psychology, 1967, pp.109-114.

31) Klof, Op.cit.p.186.

32) 权景根等：《语言、社会和文化》，博尔精出版社, 2009, 第40-42页。

构成非语言交际的非语言表达的特点如下：32)

非语言表达排除了系统性、有明确规则和结构的语言，是一种不太容易被意识到的交际。由于非语言表达是在生活中偶然领悟并运用的沟通方式，因此在二语习得过程中，要有意识地进行学习。

第二，非语言表达在信息传递中通常被视为个人和私密的部分。

第三，非语言表达可以有意或无意地用于信息传递。我们可以通过微笑地默默地望着对方或用双手举过头顶做成心形等来表达对对方的爱意。

第四，虽然相对于语言表达来说，非语言表达可能不够具体或系统，但它仍然具有自身的规则和类型。例如，握手的行为可以替代初次见面的问候，具有一定的信息规范价值。

第五，非语言表达与人们的行为和动作有关。快乐、悲伤、愤怒等情绪与面部肌肉的独特运动存在关联。 我们可以通过瞳孔放大或面部表情来了解对方的感受。

第六，非语言表达可以与语言表达结合使用。既可将语言与"表情"结合使用，又可将语言与"行动"结合在一起。作为辅助手段，非语言表达有时可以强调意义；有时则会混淆意义。例如，一边说"不行！"一边摆手，是在强调否定意义；一边回答"是"，在对方不注意时，又摆出"不行"的手势，则会混淆意义。

第七，由于历史和文化差异，非语言表达呈现出多样性。因此，跨文化交际中，为了实现"完整"的交际，必须教授非语言表达。

② 非语言交际的类型 [33]

A. 外貌：身材、着装

通过个性的表现，如时装、化妆、纹身等可以来传达自己的想法。着装在社会文化中具有重要意义。例如，英国的戴安娜·比参加科威特的正式晚宴时穿着露腿的衣服，这不符合科威特的着装规范。特别是在跨文化交际中，如若不遵守着装规范，交际就很难取得成功。

B. 肢体语言：表情、手势、动作

在非语言表达中，"肢体语言"是最发达的组成部分。肢体语言大致分为姿态和手势两类。姿态表现为攻击性姿态、友好姿态、关爱姿态、谨慎姿态、漠不关心姿态、紧张姿态等，这些姿态通过肢体动作来表达心理状态或特定心理。 姿态与静止的瞬间有关。相反，手势与动作有关。人们常说的"指手画脚"就是手势。包括面部表情在内的肢体语言，在某

33) 权景根等：
《语言、社会和文化》，
博尔精出版社，2009，
第43-59页。

些方面具有普遍性，如微笑、苦恼、警惕，但也有些肢体语言因文化特征而异。例如，睁大眼睛在盎格鲁撒克逊文化中被理解为惊讶或惊叹（"真的吗？"），在中国文化中可能被理解为不快（"我生气了"），在法国文化中可能被理解为抗拒（"不相信你"），在西班牙文化中可能被理解为求助（"没听懂"），在美国黑人文化中可能被理解为尝试说服（"我是清白的"）。而在韩国，其主要表达责备的意思。

手势可以传达多种含义。不同的文化背景中手势含义也不同。左右挥手表示道别，手向前挥动表示呼唤对方，两手合掌相对表示"同意"或"响应"，将右手臂抬至肩高、露出手掌进行挥动表示停车。竖起大拇指表示"最好"，用大拇指和食指做圆圈表示"好"或"钱"。

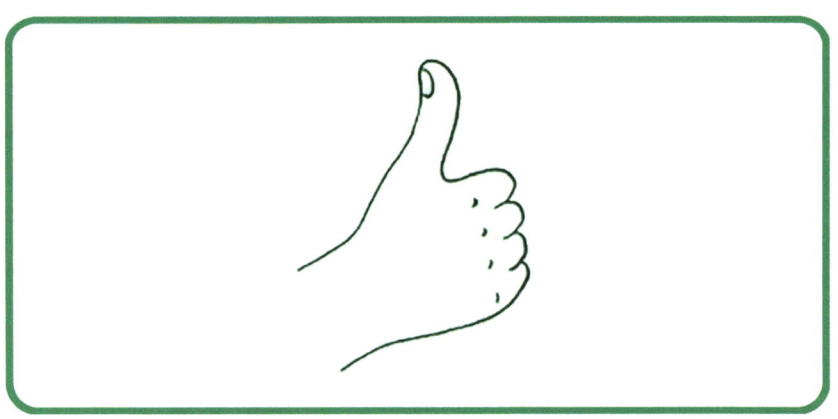

伸出大拇指在不同文化圈有"最好""好"
"搭便车(hitchhike)""老板(boss)"等多种解释。

〈图7〉"竖起大拇指"的多种含义

不同的文化背景下，肢体动作也具有不同的含义。在韩国，当不想听对方说话时，人们会左右摇头，摊开手掌左右摇摆。而在德国，通常会将手举过右肩，使手掌可以指向对方并摇摆。如果想表达不清楚或与自己无关的意思，在韩国是歪着头，而在德国则是双臂下垂，手掌朝上，并向上耸肩。

C. 感觉：触觉、嗅觉

在人际交往中，触觉是一种直接的交流方式，具有强烈的沟通力量。触觉包括握手、擦肩、拍背、拥抱、轻吻、抚摸头部等行为。有时，嗅觉也可以展示自己的存在。

D. 空间：距离

在交谈过程中，如何保持与对方的距离，正是话者"无声的表达方式"。如果是讲话时后退，表现出对对方的警惕心理；如果说话时靠近对方，则表明对对方的心理放松。语言学家霍尔(Hall) 将人际距离区分为四个类别，即亲密距离、个人距离、社交距离、公众距离。[34]

"亲密距离"是指身体可接触的距离，大约为21-46厘米。这是进行私人谈话或窃窃私语时的距离范围。"个人距离"是可以抓住或抱住对方的距离，大约为75-120厘米。通常适用于夫妻之间的距离，可以使用温和的声音进行对话，并达到可以分享个人关心问题的程度。"社交距离"是指在办公场所进行会议或交谈时的距离，大约为120-360厘米。"公众距离"是指360-750厘米的距离，适用于演讲或需要大声讲话才能听到的场合。然而，这些空间距离并非绝对。不同的文化圈对距离的理解也有所不同。中东人和拉丁美洲人将亲密距离理解为个人距离。韩国人按照亲密距离排队，而美国人或德国人则按照个人距离来排队。

[34] E. T. Hall and M. R. Hall, Understanding Cul-tural Differences: German, French and Americans, Yarmouth, ME: International Press, 1990, p.38, 拉里·萨莫瓦(Larry A.Samovar) 等：《跨文化交际》，郑贤淑等译，交际图书，2007，第262页重引。

E. 时间：时间观念

德国人的时间观念特别强，特别是在交际过程中。如果在签订合同时迟到，德国人会认为对方对这笔交易不感兴趣，因而可能离开。相反，在韩国、阿拉伯、拉丁美洲等地，人们对等待对方的时间有很大的容忍度。此外，那些严格遵守时间的人往往会制定长期计划来推进工作，而在韩国，有时会在较短的时间内约定会面时间或处理文件。

霍尔(Hall) 将这种不同文化圈的时间观念差异分为"一元时间观 (monochronic)"和"多元时间观(polychronic)"。[35) 多元时间观是指同时处理很多事情，一元时间观则是同一时间只做一件事情。多元时间观从情境和人际关系上理解时间，将时间看作一个支点，比起遵循事先制定的计划，更注重人际关系的维系，因此经常毁约。拉美、亚洲、日本、韩国等集体主义文化圈和法国属于此类。而一元时间观在美国、北欧、德国等个人主义文化圈更为普遍。他们更倾向于同一时间只专注于一项活动，并根据个人需求对时间进行分割和规划。

【参考】 雅各布森的交际模型 [36)

① 语言(符号) 的功能运作包括六个要素。在信息、代码及路径的维度上，符号遵循由组织体构成的句法规则。信息/语境营造了概念网的内容与世界的语义学关系， 发送者与接收者共存于语用学影响的相互作用之中。

话者 speaker / 发送者addresser	路径 channel / 接触 contact	听者 hearer / 接受者 addressee
	信息 message	
	代码 code / 语言 language	
	语境 context	

〈图8〉 雅各布森的沟通(交流) 模型

35) Ibid.p.15,
拉里·萨莫瓦·Larry A. Samovar 等：《跨文化交际》，郑贤淑等译，交际图书，2007，第269-270页重引。

36) 雅各布森，莫里斯·哈雷(Roman Jakobson & Morris Halle)：《语言的基础—结构功能主义入门》，朴汝成译，文学与知性社，2009，第118-120页；雅各布森(Roman Jakobson)：《文学中的语言学》，申文秀译，文学与知性社，1989，第50-63页。

② 通过这些元素的选择性组合, 语言(符号) 发挥发送者和接受者以及介乎两者之间的路径/信息/代码/语境各层次上相应的符号功能。

情绪性 emotive / 表达性 expressive	交际性 phatic	指令性 conative
	诗性poetic	
	元语言性 metalinguistic	
	指称性 referential	

〈图9〉符号的功能图式

其中, 情绪性·表达性功能将关注点置于话者身上, 发挥着情绪表示(emotive) 或表达性(expressive) 的功能。话者通过使用感叹词等方式直接表达对说话内容的态度。

指令性功能是与听者密切相关的一种能动性功能。它主要以命令形式出现, 旨在满足特定需求或实现特定目标。

交际性功能指的是在社会互动的维度和形态上, 通过信息创造某种关系。例如: "喂, 你能听到我说话吗?""你在听吗?"这类话语属于交际性功能, 目的是确认与听者的沟通行为, 以便继续交流。此外, 一些固定的礼节性问候语或为延长沟通而进行的对话也属于这种情况。

诗性功能关注信息本身, 在诗性、文体、形式和审美层面上进行。例如, 在句子 "I like Ike[ay layk ayk](我喜欢艾克)"中, 我们可以观察到[ay]发音的重复, 以及"like"和"Ike"的押韵。这种功能与信息传达无关, 而是存在于信息本身的音韵意象。俄国形式主义者雅各布森特别关注信息的这种诗性功能, 试图通过它来阐释诗歌的特点。

元语言功能是对正在进行的交际情况进行解释的方式, 将话语本身作为被关注的对象。例如, 当听者对话者的话语提出疑问:"不太明白, 您说的是什么意思?"时, 就属于这种范畴。

具备指示性功能的语境与情境相关, 是信息所承载的空间和时间维度。语境必须是听者可以理解的, 并且可以用语言形式表达或转化为语言表达形式。

02

韩国文化教育的目标

外语教学中对文化教学研究现状的相关研究非常丰富。例如，探讨ESL (English as a Second Language) 教学中文化教学研究的趋势。ESL中的文化教学研究大致围绕以下领域展开了讨论：① 语言与文化的关系(Boas, Sapir and Whorf)；② 起源于人类学和社会语言学的社会文化研究初步发展(Geertz, Hymes and Gumperz)；③ 文化在语言教学中的作用(Damen, Kramsch, Byram and Morgan)。[37]

以此为参考，我们可以看到，在韩国语教学中对于前两方面的研究相对较多，然而对于第三方面的研究仍需继续深入。

1. 提高交际能力(communicative competence: CC)

(1) 交际能力与交际民族志学

37) Hinkel, E. (ed.), Culture in Second Language Teaching and Learning, Cambridge University Press, 1999, pp.1-7.

在语言学领域中，社会语言学致力于从文化层面研究语言使用。在交际民族志学(ethnography of communication) 中，我们关注的是文化语境下交际行为的性质和功能。交际民族志学主要聚焦于语言共同体(speech community) 内交际行为的类型化和组织化方式。

交际能力(communicative competence)不仅包括语言形式的相关知识，还包括在特定情境下理解"对谁说、说什么、怎么说"的能力，并能够正确使用目标语言形式的社会文化知识。[38] 交际能力不仅涵盖说话能力，还包括根据语言共同体的规范理解对话和对方行动，并采取相应行动的能力。这也包括对文本的"意义协商过程(negotiating meaning for themselves)"。[39]

交际能力包括：在特定环境中，谁可以说话，个体在何时说话或保持沉默，可以与谁进行对话，如何与不同地位和角色的人进行交流，在不同语境下何种非语言行为是适当的，对话中发言顺序(turn-taking)的日常表达有哪些、如何提供或拒绝信息，如何下达命令或加强纪律等。总而言之，交际能力是指在特定的社会背景中运用语言和其他交流方式的能力。[40]

海姆斯(Hymes, 1972)首次提出"交际能力"一词，用于反驳乔姆斯基(Chomsky, 1965)关于"语言学就是研究在同质性的语言共同体中理想的话者与听者的语言能力"的观点。海姆斯批评了乔姆斯基的观点，认为这种观点对研究语言学过于单一枯燥，他主张将交际和文化结合起来，发展成更为普遍综合的理论。从生成或理解的角度来看，哪些表达实际上是可行的，哪种表达适合哪些特定的场合，当某一表达真正实现时，它将意味着什么。海姆斯认为这些知识和能力就是交际能力。也就是说，在语言能力当中，交际能力强调语言的社会文化背景的重要性，以及在此背景下恰当使用语言的能力。[41] 海姆斯批评乔姆斯基提出的语言能力(linguistic competence)观点，如果一个人会说任何句子，但他不考虑语境就开始盲目地造句，那么这个人应该被关进精神病院。[42]

交际能力这一概念意在取代语言能力(linguistic competence)和语言执行(linguistic performance)之间的二分法。"语言能力"指的是语法规则相关知识(这与使用语法规则方法的"语言行为"相区分)。话者在造句时依赖于语言能力，这些句子可以利用语法规则创造出来。但不同的句子适用于

38) 穆里尔·萨维尔·特洛基(Muriel Saville Troike)：《语言与社会·交际民族志学入门》，王汉锡等译，韩国文化社，2002，第26-27页。

39) Hymes, D. H., On Communicative Competence, in J. B. Pride & J. Holmes (eds.), Sociolinguistics, Penguin, 1972.

40) 穆里尔·萨维尔·特洛基(Muriel Saville Troike)：《语言与社会·交际民族志学入门》，王汉锡等译，韩国文化社，2002，第27页。

41) Hymes, D. ed.(1964) Language in Culture and Society: A Reader in Lin-guistics and Antropology, New York: Harper and Row, 詹纳克·米尔兹曼：《语言·文化·社会》，金亨中译，世界图书，2006，301页。

42) 穆里尔·萨维尔·特洛基(Muriel Saville Troike)：《语言与社会·交际民族志学入门》，王汉锡等译，韩国文化社，2002，第26页。

不同的情境, 例如：“关上窗户!”“你能把窗户关上吗?”“你不觉得有点冷吗?”等句子在不同情况下使用的适用性各不相同。话者在选择该说什么、如何说以及何时说时, 依赖于其交际能力。[43]

海姆斯认为语言在本质上是相似的, 但话语的社会应用却呈现出文化差异。语言学家和人类学家曾长期关注于各自不同的领域, 语言学家关注语言结构和历史发展, 而人类学家则研究人类社会以理解社会文化的形成。然而, 文化和语言的使用是不可分割的。为了社会的平稳运作, 社会成员不仅需要具备语言能力(掌握母语的语法规则知识), 还需要具备交际能力, 即在特定文化背景下知道哪些是恰当的表达, 或哪些是不恰当的表达。正如海姆斯所指出的：“能运用所有语法句式的儿童……在社交聚会中会变成怪物”(Hymes1974：75)。例如：一个孩子在客人面前称赞咖啡蛋糕时说：“我妈妈告诉我, 这个蛋糕味道一般, 还凑合吧。”我们常会遇到类似让父母尴尬的情况。[44]

海姆斯对乔姆斯基的语言能力(linguistic competence, 即对一种语言的系统知识和是否符合语法规则的掌握) 延伸到适宜性(语言使用的恰当性和相关程度)、发生(是否发言以及相关程度) 和实施性(在特定情境下发言的可能性和相关程度) 的知识。交际能力这一概念是近年来社会科学领域中最有力的组织性工具之一。[45]

43) 苏珊·罗梅因(Suzanne Romaine)：《第一章 社会中的语言/语言中的社会》, 朴龙汉等译, 《语言与社会—社会语言学的邀请》, 沟通, 2009, 第42-43页。

44) 詹纳克·米尔兹曼：《语言·文化·社会》, 金亨中译, 世界图书, 2006, 第301页。

45) 穆里尔·萨维尔·特洛基(Muriel Saville Troike)：《语言与社会·交际民族志入门》, 王汉锡等译, 韩国文化社, 2002, 第27页.

(2) 交际中涉及的共有知识领域

交流中涉及的共同知识领域可概括如下。(Gumperz 1984; Hymes 1987; Duranti 1988) [46]

---

1. 语言知识

语言因素
非语言因素
特定话语事例内要素的类型
(在所有因素和所有因素的组织上) 可能产生变异型的范围
特定情况下变异型的含义

---

2. 互动技术

对交际过程中突出特质的认识
选择和解释特定情况、角色和关系的适当形式(语用规则)
谈话的构成要素与过程(process)
互动和解释的各项规范
实现目标的策略

---

3. 文化知识

社会结构(地位、权力和话语权)
价值观与态度
认知地图/模式(schemata)
文化化过程(知识和技术传承)

〈表 5〉交际中涉及的共有知识领域

---

46) Gumperz, 1984, Communicative Competence Revisited, In Deborah Schiffrin, ed. Meaning, Form, and Use in Context: Linguistic Applications, pp.278-289. Washington, DC: Georgetown University Press; Hymes, Dell. 1987. Communicative Competence. In Ulrich Ammon, Nobert Dittmar, and Klaus J. Mattheier, eds, Sociolinguistics: An International Hand-book of the Science of Language and Society, pp. 219-229. Berlin: Walter deGruyter; Duranti, Allesandro. 1988, Ethnography of Speaking: Toward a Linguistics of the Praxis, In Frederick J. Newmeyer, ed. Language: The Socio-Cultural context, pp.210-228. Cambridge University Press. 穆里尔·萨维尔·特洛基(Muriel Saville Troike) :《语言与社会·交际民族志学入门》，王汉锡等译，韩国文化社，2002，第30-31页重引.

(3) 交际能力的四种子类别

卡奈尔和斯温(Canale&Swain) 将交际能力分为四种子类别。前两种涉及语言系统的使用, 而后两种则与交际功能相关。[47]

① 语法能力(grammatical competence)

包括"词汇、形态、句法、语义(sentence-grammar semantics) 、音韵规则"等相关知识。此能力要求通晓语言规则。

② 话语能力(discourse competence)

话语能力是对语法能力的补充。它将语句连接起来, 使其在对话中形成有整体意义的能力。此处的话语不仅包括简单的口头对话, 也包括到较长篇幅的书面语, 如新闻报道和书籍等。如果说语法能力是处理句子单位的语法能力, 那么话语能力则是处理句子之间相互关系的能力。

③ 社会语言学能力(sociolinguistic competence)

社会语言学能力涉及对语言和话语在社会文化规则内如何运用的认识。该能力需要对"使用该语言时所处的社会状况"有所了解。社会状况是指语言使用者所扮演的角色、 共享的信息以及彼此之间建立的互动关系。只有在这些条件都充分满足的情况下, 才能判断特定表达是否得当。

④ 策略能力(strategic competence)

策略能力是指 "在因语言使用过程中的不确定因素或语言能力不足而导致交流时, 为改善这一状况采用的语言或非语言交际策略"。策略能力是人们语言能力的固有部分, 能够帮助纠正语言错误, 克服不完整的语言知识。

第二语言学习者的交际能力必然不同于母语者。 除了有限的语法能

47) Canale, M. and Swain, M. 1980, Theoretical Cases of Communicative Approaches to Second Language Teaching and Testing Applied Linguistics 1 : pp.1-47, 斯特恩(H.H.Stern) :《语言教学的基本概念》, 沈永泽等译, 夏雨图书出版, 1995, 第248页; 道格拉斯·布朗(H. Douglas Brown) :《外语教学原理》, 李兴秀等译, 2010, 第233-234页重引。

力和社会语言学能力，第二语言学习者还需要了解第三要素——作为社会语法和社会文化能力有限者如何行为举止得体，即如何成为一个外语水平不太熟练的"外国人"。卡纳尔和斯温(Canale and Swain, 1980) 将其称为策略能力(strategic competence)，或称为交际策略。交际策略是第二语言学习者在语言能力较弱的情况下使用的策略，包括解释、回避、简化和模仿等技巧。

社会语言学是文化教育领域与语言学研究领域共同的基础。社会语言学将语言使用与社会关系作为广泛的研究领域，之所以称之为语言的使用与社会关系，是因为它与语用群体的语用模式——文化习惯研究密不可分。语言是一种特殊的文化现象，以社会文化经验为基础，构成了社会语言学的基本前提。由于语言具有这一特点，语言成为分析社会和文化的源泉。为了进行有效沟通，必须了解交际对象的关注点、知识和兴趣，并了解自身的交际是否符合对方的预期。在交流过程中融入交际对象所在国家的相关文化知识，可以拉近彼此的距离，引导话者进入理想的交流环境。

(4) 交际语言教学·交际教学法(communicative language teaching: CLT·communicative language approach)

交际语言教学法的概念如下。[40]

① 课堂教学的目标不仅限于提高学习者语法或语言能力，还包括提高交际能力等。

② 引导学习者能够真正灵活运用语言技巧，以有效提高语言能力。学习的主要目标不是掌握语言的结构形式，而是促进学习者语言能力的显著提高。

③ 流畅性和准确性是相辅相成的原则，也是交际技巧的基础。然而，有时流畅性比准确性更受重视，因为流畅性能让学习者能够自如地运用语言。

48) 道格拉斯·布朗 (H.Douglas Brown) :《外语教学原理》，李兴秀等译, 2010, 第254页。

④ 在交际性教学的课堂上，学生无需事先进行大量练习，就能最终实现对语言的理解和表达。

2. 文化能力相关术语 [49)]

(1) 跨文化能力(Intercultural competence)

为了提高交际能力，需要培养社会语言学能力(sociolinguistic competence)。社会语言学能力是成功沟通的关键，其中背景知识和共同假设(shared assumption)是话语理解的决定性因素。[50)]

若想实现顺畅的跨文化交流，需要提高目标文化的跨文化理解能力(cultural competence)。[51)] 与过去注重单纯语法结构和形式传达的语法翻译式教学法不同，为了实现成功的交流，我们需要重视文化情境。因此，语言与社会的关系、语言与文化的关系、学习者的认知能力以及背景知识都需要得到重视。

如若交际是指"在多种语境中恰当地使用语言"，那么"交际能力则是以文化能力为前提的"。只有在文化语境中使用语言并采取适当的行动，我们才能实现真正意义上的交流。通过对对方语言和文化的学习和理解，并将二者融会贯通，才能最终实现在相应文化情境中采取适宜行动的目标。

跨文化交际(Intercultural Communication) 是指不同文化或社会群体之间进行信息交流的沟通情境，涉及不同宗教、社会、民族及教育背景人群之间的互动。当使用不同语言的个体进行交流时，这种沟通情境即被称为跨文化交际。在此过程中所需的核心能力即为跨文化交际能力。[52)]

跨文化能力是指在跨文化交际时，对不同语法有明确的理解，并且面对不同文化情境能灵活运用不同交际策略的能力。[53)] 跨文化能力包括了人们在遇到不同文化的代表性行为、态度和期望时，以足够灵活的方

49) 该内容是对李圣熙：《韩国语文化统合教育的原理和方向》，《国语国文学》150，国语国文学学会，2008，537-564页的内容进行的修改与补充。

50) Kramsch, C., Culture in Language Learning: A View From the United States, In Kees De Bot, Ralph B. Ginsberg, Claire Kramsch (Eds.), Foreign Language Research in Cross-Cultural Perspective, John Benjamins Publishing Company, 1991, p.229.

51) Kramsch, C, Op. cit. p.218.

52) 爱德华·霍尔：《无声的语言》，韩吉社，2017，第125-132页。

53) 穆里尔·萨维尔·特洛基(Muriel Saville Troike)：《语言与社会·交际民族志学入门》，王汉锡等译，韩国文化社，2002，第32页。

式采取行动的能力。此外，还包括对外国人的包容心态，对陌生事物的开放态度，以及灵活应对对方沟通风格的能力。[54]

二战后，跨文化能力受到了广泛关注，并在美国成为国际外交和商业事务的硬性要求。跨文化教育学(intercultural pedagogy)注重教授与语言密切相关的语言事实和语言文化行为，以此为基础进一步扩展到更为广阔的社会历史文化背景的教授。[55]

随着跨文化教学从简单地传授目标语言文化转向重视语言的社会属性，人们开始关注文化作为自身文化(Culture1)和目标文化(Culture2)的社会属性。在此背景下，我们需要关注四个重要的概念，即建立"文化间性"领域(establishing a sphere of intercuturality)；从比较文化视角(cross-cultural aspects)将目标文化视为他者(otherness)的相互作用过程来教授(teaching culture as an interpersonal process)；认识到国家特性、年龄、性别、出生地、民族背景、社会阶层等方面存在差异的"差异"文化教学(teaching culture as difference)；人类学、社会学、符号学的跨学科研究方法(crossing disciplinary boundaries)。[56]

我们不能期望外国人具备与母语者相同的文化能力，因为外语学习和沟通能力的掌握涉及学习者在所处社会中所接受的概念、定义、态度、价值观以及母语习得等相关社会化过程。[57] 通过了解自己的本国文化，外语学习者可以理解所有文化共有的机制。外语学习者对固有文化的隐含分类标准理解越深刻，就越能客观地理解外国文化划分世界的隐含原则。因此，教学目标不仅是为学习者提供一种实用性手段，使学习者能以连贯的方式组织语言并与外国人进行交流，而且要让学生培养自我确信的相对性感觉，这才是外语教学的真正意义所在。这种相对感使学生即使面对陌生的文化概念和情景，也能以开放的心态去接受和理解。[58]

因此，跨文化教育不仅能够缓解学生对未知事物的焦虑，还可以帮助他们积累与外国文化接触的经验，避免陷入刻板印象的困境。这是外国

54) 俞秀妍：《跨文化交际的理解》，韩国文化社，2008，第103-105页。

55) Kramsch, C., Intercultural Communication, In Carter, R. and Nunan, D. (ed.), The Cambridge Guide to Teaching English to Speakers of Other Languages, Cambridge University Press, 2004, p.204.

56) Kramsch, C., Context and Culture in Language Teaching, Oxford University Press, 1993, pp.205-206.

57) 玛达琳娜·德卡洛：《跨文化理解的概念与运用》，张汉业译，韩蔚研究院，2011，第55页。

58) 玛达琳娜·德卡洛：张汉业译，《跨文化理解的概念与运用》，韩蔚研究院，2011，第55页。

语言文化教学法和教育学中的一个特殊课题。 这是因为了解外国社会的过去和现在，与在课外实践交流中学习和使用语言的过程密切相关。跨文化教育不仅仅是对语言技能的教育， 还包括对学生的文化态度和价值层面的教育。外语的使用需要从文化相对理解的角度出发，要以开放的态度和价值观对待其他文化。

(2) 跨文化交际能力(ICC, Intercultural communicative competence)

拜拉姆(Byram) 提出了学习者与不同文化圈的人灵活交际的能力，即跨文化交际能力，如〈图10〉所示。[59]

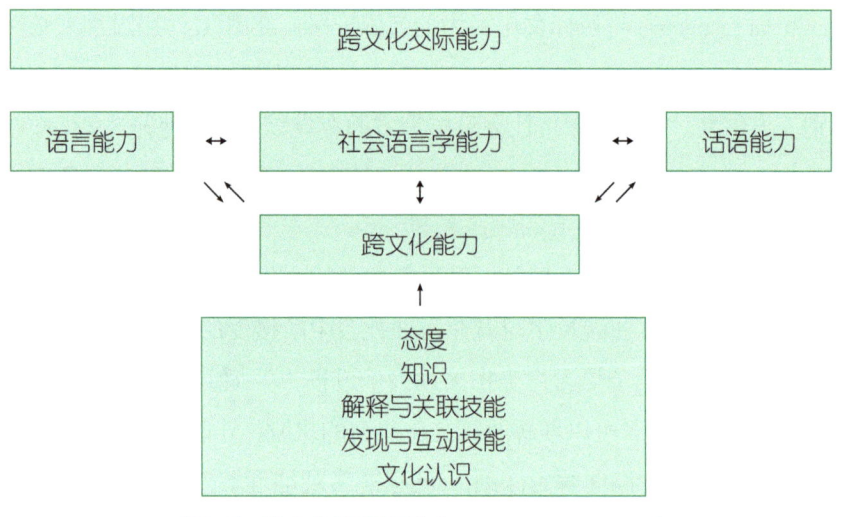

〈图10〉跨文化交际能力(Byram, 1997, p.73)

59) 玛达琳娜·德卡洛：张汉业译，《跨文化理解的概念与运用》，韩蔚研究院，2011，第55页。

60) Byram, M, Teaching and assessing intercultural communicative competence. Clevedon, Philadelphia: Multilingual Matters, 1997, pp.34, 73.

拜拉姆(1997) 认为，跨文化交际能力是指在原有交际能力的子要素(即语言能力、社会语言学能力、话语能力) 的基础上，跨文化能力与各构成要素之间发生相互作用的能力。

拜拉姆强调社会语言学的必要性，如果以提高交际能力为目标，教师们向学习者教授除语法以外的多种能力，就会关注语言的社会特性，通过社会语言学分析，将目光转向"文化"的价值与标准。[60]

(3) 提高超语言·超文化能力

作为跨文化能力的延伸和拓展，以对文化的理解为基础，全面而综合地提高语言和文化能力，这种能力被称为"超语言·超文化能力(translingual and transcultural competence)"。[61]

超语言和超文化能力是指能够同时处理多种语言的多语言能力(multilingual ability)。其目标在于实现与受过教育的(educated) 目标语言话者之间的自然沟通，提高语言熟练度，充分理解文化。这种能力系统地反映了母语和目标语言之间的语义(meaning)、思维方式(mentality) 和世界观(worldview) 等方面的差异。学习者在掌握语言能力的同时，还要具备批判性语言认知(critical language awareness)、解释(interpretation)、口译(translation)、历史和政治意识(historical and political consciousness)、社会感受(social sensibility) 以及审美直觉(aesthetic perception) 等能力。为此，在语言教学过程中，文化教学的目的在于，提供人文性文化、历史、地域信息以及跨文化视角(cross-cultural frames)，以重新构建日常生活中的文化背景知识。其所对应的子文化系统涵盖了大众传媒、文学及艺术作品、政治、经济、社会保障体系、学术范式、体育与休闲、刻板印象的改善、历史人物、名人建筑、时尚饮食等的意义及象征、习惯等。[62]

9·11事件之后，美国的外语教育出现了将语言教学与"沟通"分离的问题，引发了外语教育的危机。为了解决这一问题，学界提出"超语言和超文化能力"的概念。特别指出，此前在语言教育中，"将语言视为沟通工具"和"将语言理解为他人思考过程、概念、自我表达的一部分"这两种观点之间一直存在争议，而超语言和超文化能力则坚持后者的观点。这一概念强调语言教育必须与文化教育和对外国文化的理解相统一，并强调对外国文化的全面理解和共鸣。正如丹尼尔·扬克洛维奇(Daniel Yankelovich) 所言："我们整个文化(Our whole culture) 的主导思想是：应该摆脱本民族中心主义、唯我独尊、忽视他者、对他国文化的二元论视角，而要更加关注被边缘化的部分"[63] 外语教育的最终目标是超越单纯

61) Byram, M., Cultur-al Studies in Foreign Language Education, Multilingual Matters, 1989, p.42.

62) 在"超语言和超文化能力(translingual and transcultural competence)"的翻译中，很难将"trans-"转换成自然的韩语。将"transcultural"翻译为"跨两种以上文化"，但"trnaslingual"还未翻译(请参见以下英汉词典：http://engdic.daum.net)。因此使用"超"来表达"跨两个以上"这个含义。

63) 美国模式语言协会(MLA) 将其作为大学课程外语教学的目标。MLA ad Hoc Committee on Foreign Languages, Foreign Languages and Higher Education：New Structures for a Changed World, Modern Language Association of America, 2007, pp.2-4

的意思传达，在人文主义认识的基础上，实现全球化时代各民族之间、各文化之间的真诚理解与和谐共存。[64]

超语言和超文化能力具有以下重要性：

超语言和超文化能力将语言和文化视为有机整体，而非分割开来。语言是文化的反映，是文化的构成因素，同时文化也是通过语言传授的。基于这种必然关系，我们必须以综合全面的视角来对待语言和文化。

语言教育的目标在于"实现与受过教育的(educated) 目标语言话者之间的自然沟通，提高语言熟练度，充分理解文化"，从而将文化融入语言教学之中。语言教学的目标已经扩展到更广阔的领域——理解彼此的文化，而不仅仅是局限于传达意思。超语言与超文化能力的培养强调了对文化的理解不是功能性或工具性的，进一步明确了全球化时代的语言教育目标要基于对其他文化的理解和认同。

(4) 第三空间

当我们去国外旅行时，通过接触与本民族文化不同的细微事物，我们会重新认识到不同文化之间的差异。那些只接触本民族文化的人无法客观地看待自身文化。

克拉姆什主张通过学习他国文化来发现与自身所处文化之间的矛盾。教师需要处理向学生传授规定的教育价值和传授外国文化价值之间的两难抉择，并确保两者都能得到公正对待。在这一复杂过程中，学生的行为和反应对教育提出了挑战。针对本国文化和他国文化相互影响的各种情况，学习者即使自己没有意识到，也需要为自己定义一个独特的"第三空间"。无论是教师还是其他人都无法告知学习者这个空间的具体位置，因为对每个学生来说，第三空间的位置会因时间和地点的不同而有所差异。学习其他文化会影响交际效果。通过普希金的简短诗句，我们可以更好地理解未知的个人世界。受日本谚语的启发，并从日本商业对手的角度看待问题，可能会挽救不知所措的商业谈判。这些经

64) Ibid.p.2.

65) Kramsch, C., Context and Culture in Language Teaching, Oxford University Press, 1993, pp.205, 255-257.

验都将帮助他们找到自己的第三空间。[65)]

第三空间意味着学习者在学习外国文化的过程中，以独特的方式对外国文化进行批判性解读和接受。同时，存储在第三空间中的外国文化知识会对学习者在跨文化情境中产生积极影响。

随着全球化趋势不断加深，我们自然而然地生活在一个将本国文化与他国文化进行比较并评判其价值的时代。生活在全球化时代的人们，无论以何种方式，都会建立比较他国文化与本国文化的第三空间。特别是在学习外语以及向外国学习者教授韩国语时，我们切实认识到第三空间存在的必要性。承认第三空间并扩大其内涵与内延，将成为理解本国文化与他国文化、提高跨文化能力的基础。总之，第三空间是在本国文化与他国文化比较中产生、在彼此的好奇与发现中碰撞、在对彼此产生的新认识中持续彰显其活力与乐趣的共存空间。

(5) 民族中心主义(ethnocentrism)

民族中心主义(ethnocentrism) 认为"自己所属的民族或国家处于世界的中心地位"，不相信其他文化在现实中可以替代本民族文化。[66)] 民族中心主义与进化论密切相关。从进化论的视角看，非西方社会的文化被视为低等的蛮荒文化。

这种观点导致人们从自身文化的角度出发，将其他民族的文化视为低等或不合理的存在，这一观点被称为民族中心主义。随着时间的推移，民族中心主义从进化论的视角演变为"启蒙殖民主义"。在西方帝国主义将非西方社会变为殖民地的过程中，他们自认为启蒙并拯救了非西方社会的人民。这种带有偏见的态度否定了文化多样性的存在。为了克服这种视角，学者们提出了相对论、比较研究论和整体论等理论视角。[67)]

相对论视角(文化相对主义)：不同地区或国家可能存在多种文化，每种文化都具有独特的价值。这种承认文化相对性的观点被称为"文化相对主义"。这种思维否定进化论观点所主张的西方文化的优越性，否定"西

66) Donald W. Klopf, Intercultural Encounters-The Fundamentals of Intercultural Communication, Morton publishing Company, 2001, pp.97-98.

67) 韩国产业社会学会编：《社会学》，韩蔚研究院，2004，第117-120页.

方中心主义"或"白人中心主义"，对其他文化持宽容态度。

比较论视角：比较论视角通过分析不同民族或地域文化之间的相似性与差异，试图揭示其普遍性与特殊性。比较论视角在揭示普遍性和特殊性的过程中，不仅能够更好地理解自身文化的特性，而且也可以增进对其他文化的理解。

总体论视角：在文化的整体关联中对特定文化要素进行理解的视角被称为"总体论视角"，也被称为"整体论视角"或"系统论视角"。文化由各种要素组成，并且相互关联。因此，我们常常需要将这些文化要素相互联系起来进行理解。例如，要想理解印度人宁愿挨饿也不吃牛的饮食文化，就需要了解印度的宗教和农耕生活等方面的背景知识。

民族中心主义诊断 [68]

1. 大多数其他民族文化比本民族文化落后。
2. 本民族文化应该成为其他民族文化的典范。
3. 对其他民族文化的价值缺乏充分尊重。
4. 本民族文化中的人在任何地方都拥有最佳的生活方式。
5. 绝不相信那些和自己"不同"的人。
6. 不愿意与其他民族文化圈的人交流互动。

---

(68) J. W. Neuliep & J. C. McCroskey, Ethnocentrism Trait Measurement: Intercultural Communication Research Instruments, paper presented at International and Intercultural Communication conference, Miami, 1998, 克洛夫(Donald W.Klopf), 前书, 第99页重引.

【参考】 文化能力用语整理

能力	强调内容	支持者
语言熟练度	提高第二语言听、说、读、写的流利度和准确性，并强调与受过教育的母语者进行交流。	ACTFL Proficiency Guidelines(Omaggio-Hadley, 1993)
交际能力	提高语言能力，以便在目标语及相关文化所处的文化环境中进行有效而恰当的交流。包括其他特定的语言能力(语法能力、 社会语言学能力、话语能力、策略能力)。	Canale and Swain(1980) Savignon(1983)
文化能力	提高在目标语文化中进行得体交流和执行任务的能力。手势、身体动作、非语言问候等行为的准确运用、用餐礼仪、文化产物的创作。	Steele and Suozzo(1994) Damen(1987) Stern(1983)
跨文化能力(跨越两种文化的能力)	提高在不同文化间进行有效而适当互动的能力。	Lusting and Koester(1999) Samovar, Porter, and Stenia(1998) Fantini(1999)
跨文化交际能力(不同文化间的交际能力)	培养跨文化交际能力。	Byram(1997)

〈表6〉文化能力术语整理[69]

69) 帕特里克·莫兰 (Patrick R.Moran) :《文化教育》, 郑东彬等译, 经文社, 2005, 第156-157页。

【参考】跨文化能力的标准(Criteria of Intercultural Competence) [70]

为了提高跨文化能力，需要了解跨文化能力的标准。各种跨文化能力的标准如下：

表示尊重 (Display of respect)	接纳并积极认同其他文化群体。
排除偏见(Nonprejudicial)	对待其他文化群体的想法应持无偏见态度，避免价值判断，只进行客观事实的描述。
个体化知识(Personalization of knowledge)	我们对世界的认知是建立在个人经验和训练基础之上的，属于个人观点，不能代表其他人的想法。
共鸣(Empathy)	设身处地地理解对方观点，以迅速与他人产生共鸣。
互动的控制 (Regulation of integration)	根据交流对象的需求和要求，通过话轮转换(turn-taking)、开始话语和结束话语等方式，确保顺畅的沟通。
宽容模糊(Tolerating ambiguity)	适应新的、模糊的情境。
角色扮演 (Role-playing)	尽力发挥促成跨文化交际目标实现的积极作用，促进和谐与合作。
自我中心(Self-orientation)	避免引起注意、炫耀或对他人的贡献漠不关心等行为。
民族中心主义行动 (Ethnocentric behavior)	明确理解本民族文化与其他文化并无"更好"或"更差"之分，只是存在着差异。
开放的心态 (Open-minded)	以公正的心态接纳他人的想法，包括接受他人提出的更为进步的想法或观点。
认知感知(Cognitive perception)	接纳和解释不同类型的交际行为。
自我尊重(Self-esteem)	尊重他人将其视为有价值的存在。
风险承受(Risk-taking)	尝试新的方法，包括品尝新食物、参观新地方，结识不同种族、宗教或国籍的人。
对文化多样性的敏感度 (Sensitivity to cultural variation)	识别不同文化之间的差异，包括家庭关系、政治制度、宗教行为、教育和经济等方面。
倾听技巧(Listening ability)	营造积极倾听并鼓励他人表达意见的氛围。

〈表7〉跨文化能力的标准

70) Donald W. Klopf, Op.cit., pp.225-226.

3. 韩国语课堂文化教育的目标

(1) 美国外语教学国家指南(5C·National Standards)⁷¹⁾

① 沟通(communication)

沟通目标遵循以交际为中心的学习法，包括以下三个方面：

A. 学习者参与对话，交流信息，表达情感与情绪。

B. 学习者对各种话题的口语和书面语进行理解与翻译。

C. 学习者将各种话题的信息、概念和想法表达给听者或读者。

上述目标并非独立存在，其主要目的在于实现有效的"沟通"。为了进行有意义的交流，不仅需要掌握语言系统、语法、丰富的词汇量和语音学知识，还需要具备与实际谈话方式相关的知识。

② 文化(cultures)

文化包括两个标准，其一是习俗，其二是产物。

A. 学习者在进行文化研究中，可以把习俗(practice) 与文化视角联系起来加以阐述。

B. 学习者在进行文化研究时，可以将产物(products) 与文化视角联系起来进行说明。

③ 关联(connections)

关联主要体现在两个方面：

A. 学习者可以通过目标语拓展相关学科领域的知识。

B. 从而将重点置于学习者通过目标语获得的信息上。

④ 比较(comparisons)

比较包括以下两个标准：

71) National Standards in Foreign Language Education Project, Standards for Foreign Language Learning in the 21 st Century, National Standards in Foreign Language Education Project, 2006.

A. 学习者可以通过对母语和目标语的比较来说明语言的本质。

B. 学习者可以通过比较本民族文化和目标语文化来对文化进行阐释。

⑤ 共同体(comminities)

共同体的构建依据以下两个标准：

A. 学习者可以在校内外学以致用。

B. 学习者可以使用目标语来丰富个人生活，并证明自己是不断学习目标语的学生。

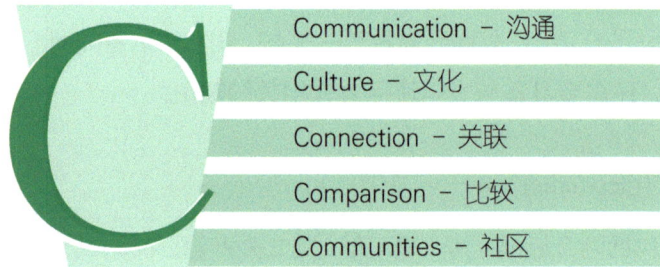

Communication – 沟通

Culture – 文化

Connection – 关联

Comparison – 比较

Communities – 社区

〈图11〉美国外语教学国家指南(5C)(National Standards, 2006)

(2) 西利(Seelye) 的文化教育目标

序号	项目	内容
1	兴趣 (Interest)	学习者对其他民族文化或本民族文化的其他部分或子文化表现出兴趣，并与其成员建立情感共鸣。
2	谁 (Who)	学习者认识到不同社会变量，如角色期待、年龄、性别、社会阶层和居住地，会对语言和行为产生影响。
3	什么 (What)	学习者认识到，有效的沟通要求社会所有成员在思考、行动和回应世界时，能够发现那些受文化条件制约的行为。
4	何地、何时 (Where and When)	学习者意识到情境的变化以及习惯性行为。
5	为什么 (Why)	学习者理解人们为满足物理和心理需求，会在社会允许的范围内按照个人意愿行动，并且理解文化模式具有交互性的特点以满足这些需求。
6	调查 (Exploration)	学习者能够根据证据对目标文化的普遍性进行评估，学习整理和归纳通过图书馆、大众媒体、社会群体和个人观察获取信息所需的技巧。

〈表8〉文化教育的六个目标(Six Instructional Goals) [72]

以上目标需要通过实际的韩国语交流来实现，而非通过对文化项目的零散理解。尤其是第6项"调查"旨在让学习者成为主动学习文化的主体，对目标文化进行深入探索。"对目标文化的普遍性进行评估，学习整理或归纳通过图书馆、大众媒体、社会群体、个人观察获得信息所需的技术"这一目标已经达到学习者自我主导文化学习的阶段。

(3) 通过文化实现韩国语教育的阶段性目标 [73]

① 初级

A. 提高对韩语的兴趣和自信，培养基本的韩语交流能力。

B. 能够理解和表达与日常生活相关的语言和文字的含义。

72) Seelye, H. N., Teaching Culture, Lincolnwood, National Text book Company, 1993, pp. 30-31.

72) 张庆恩：《韩国语教育的分阶段文化教学内容与教学方法》，全南大学研究生院国语国文学系硕士学位论文，2001。

C. 理解非语言交流，如表情和手势的区别。

D. 理解并接受不同文化之间的差异。

E. 培养客观、系统地理解韩国文化的态度，摒弃成见和刻板印象。

② 中级

A. 能够通过韩国语接收并活用各种信息。

B. 掌握韩国人的行为方式和沟通要领，能够自然地用韩国语进行一般话题的沟通。

C. 能够理解韩国人在语言表达中所包含的文化意义。

D. 能够通过韩国语言和文字，理解韩国人的价值观和世界观。

E. 能够理解韩国的社会制度和风俗。

③ 高级

A. 能够自然地运用韩国语进行与情境相适应的交流。

B. 能够理解或评价一般性主题以及抽象内容的语言和文字的含义。

C. 能够综合理解并运用学术领域的各种信息。

D. 能够准确地描述人物、事件、事物，或将自己的想法写成文章。

E. 了解韩国的传统文化，并能够正确地介绍其文化特点。

(4) 韩国语能力考试的阶段性社会文化要求

		社会文化要求
初级	1级	拥有积极接触异域文化的意愿, 在周围韩国人最少的帮助下, 在个人领域培养对社会生活的基本适应能力。 在公共领域的活动中需要他人的协助。
	2级	在对韩国社会有基本了解的基础上, 能够比较顺利地维持正常的个人生活。 在公共领域仍然需要一定程度的帮助。 对韩国社会和文化有一定了解, 但还未达到全面掌握的水平。
中级	3级	在韩国社会的简单日常生活中, 语言方面不会遇到太大的困难。 对于不了解的事情, 可以通过询问来解决。 在文学欣赏、学术和教育活动方面, 对韩国文化的深入理解还存在一定局限。 可以向新来韩国的同胞提供各种建议和指导。
	4级	能够独立在韩国社会生活并处理个人利益关系。 虽然在工作岗位上可以与韩国人一起工作, 但在专业领域仍然需要一定程度的帮助。 如果对与外国人有兴趣, 可以参加讨论或集会。
高级	5级	能够基本适应在韩国的工作和生活。 除了非常复杂的讨论外, 可以学习大学课程。
	6级	能够自主了解、解释和利用参考书籍或其他信息来提升自己。 如果未达到专家水平, 通常还无法完全掌握韩国的古典和方言等知识。

〈表9〉韩国语能力考试的阶段性社会文化要求

1. 文化学习是一个有意识、有目的的过程

戈切诺尔和詹韦(Gochenour & Janeway) 认为，文化学习类似于学习者在熟悉本国文化时所经历的一系列过程，是有意识地进行的。这个过程涵盖了学习者从观察和交流到有意识地选择改变的各个阶段。

2. 文化学习需要管理情绪

经常面对文化差异的人会产生情绪反应。 这些情绪包括从陶醉到不安，从对新文化的兴奋到感到不适应、甚至感受到冲击和丧失主体性等。尽管情绪易于被认知，但并非总能轻易被控制。

3. 文化学习依赖于文化比较

文化学习的过程是学习者在本民族文化和正在学习的文化之间的穿梭过程。这个过程需要不断面对文化产物、习俗、观点、社区和人们之间的差异。相似性可以唤起学习者对文化和世界观的认知，而差异性更是如此。为了学习新文化，学习者需要有意识地构建不同的世界观，这也可视为对现实分离的理解。他们会有意识地在内部观点(Emic) 和外部观点(Etic) 之间切换，最终达到能够用他人的视角看待世界的水平。

4. 文化学习要求表达出隐化内容

因为学习者的内心无法完全表现出来， 所以教师需要帮助他们表达自己的意见、想法、情感、疑问、兴趣和意图。随着他们通过周期性参与、叙述、解释并反应的学习过程, 可以使用语言来表达自己的文化与经历。

74) 帕特里克·莫兰
(Patrick R.Moran)：
《文化教育》, 郑东彬
等译, 经文社, 2005,
第180-182页。

5. 学习者的性格影响文化学习

学习者将个人目标带入自己的文化学习过程中。 学习者对待自身和他人的态度与他们的目标、意图和过往经历等因素息息相关。

6. 学习者的文化与目标文化之间的关系影响文化学习

对目标文化的认识， 如对目标文化与本民族文化的相似之处和差异的感知等可以反映在文化学习过程中。

7. 教育情况影响文化学习

教育环境, 例如学校、课程、期望的文化教学效果、教材、教育学和教师等, 对于文化学习的本质产生巨大的影响。此外, 直接参与文化的程度, 包括文化、产物、实践、社群和人等因素, 也发挥着重要作用。

8. 师生关系影响文化学习

教师将文化体验结构化, 并按照体验式学习周期分阶段引导学习者。因此, 师生关系至关重要。

03 文化学习模型

1. 汉维(Hanvey)：交叉文化认知阶段[75)

汉维(Hanvey)的文化学习模型展示了学习者认知发展过程与文化成员主观积累文化认识的过程。

交叉文化认知阶段	样式	判断
Ⅰ 认识浅显表面的文化特征	旅行者阶段： 观光、旅游、交际	不可靠的， 外来的， 独具特色的
Ⅱ 有意义地、且无意识地认识到与自身文化形成鲜明对比的其他文化的特征	文化冲突阶段： 文化冲突状况	不可靠的，挫折， 不合理的
Ⅲ 有意识地、并深刻地认识到与自身文化形成鲜明对比的其他文化的特征	理性分析阶段： 理性分析	可靠的， 有认知能力的
Ⅳ 以局内人的身份感知其他文化	文化沉浸阶段： 生活在文化中	因为产生亲密感 而信任

〈表10〉交叉文化认知阶段

75) 汉维(Hanvey, Robert), Level of Cross-Cultural Awareness, In Toward Internationalism: Readings in Cross-Cultural Communications, eds. Elise C. Smith and Louise F. Luce. Rowley, MA: Newbury House, 1979, pp.46-56, 帕特里克·莫兰 (Patrick R.Moran)：《文化教育》，郑东彬等译，经文社，2005，第224-226页重引.

汉维认为主观倾向在认知过程中具有重要的地位。 这一模型能够综合反映行为、认知和影响力的相互影响，因此具有重要意义。

2. 霍普斯(Hoopes)：跨文化学习过程[76]

霍普斯采用连续体模型来描述跨文化学习过程， 该模型的一端是本民族中心主义，另一端是文化适应。揭示了学习者在各个过程中对其他文化的认知和态度的变化， 并强调了学习者自身行为在四个适应阶段发挥的重要作用。

民族中心主义 ↓	民族中心主义：贬低其他民族文化，或露骨地表现出对本人或本民族文化的优越性。
认识 ↓	认知：将其他民族文化看作不同的文化，而非对立的对象。
理解 ↓	理解：文化并非仅是对"他者"的反应，而是一个复杂的过程，需要用更合理的术语来理解。
接受/尊重 ↓	接受/尊重：承认并接受所接触的文化差异的合理性，避免与本民族文化进行比较或评判。
有鉴赏力的/进行价值判断的 ↓ 选择性适应 同化　　适应	同化：将第二文化、语言和行为放在首位，摒弃自身的第一文化。 适应：达到一种舒适的行为模式，能够有效发挥功能，而不必完全融入或沉浸其中，如角色扮演。
双重 文化主义　　多重 文化主义	双重文化主义：开发两种文化人格。 多重文化主义：发展个人适应跨文化环境的能力，包括跨文化学习、沟通和人际关系等方面。

〈表11〉跨文化学习过程

霍普斯提出文化学习最终会呈现四种结果，即同化、适应、双重文化主义和多重文化主义。 这些结果反映了文化学习的目标以及个体学习者的情况。

76) 胡夫斯(Hoopes, David S.) Intercultural Communication Concepts and Psychology of Intercultural Experience, In Multicultural Education : A Cross Cultural Training Approach, ed. Margaret Pusch。Yarmouth, ME : Intercultural Press, 1979, pp.9-39。帕特里克·莫兰 (Patrick R.Moran)：《文化教育》，郑东彬等译，经文社，2005，第226-227页重引。

3. 伦茨克(Rentzsch)：文化适应的四个阶段[77)

(1) 狂热阶段

许多人接触新文化时会表现出极大的兴趣和快乐，并对未来持乐观的态度。积极接受陌生事物，即令人印象深刻的不同外貌的人、新环境、新食物。

(2) 文化冲击阶段

狂热阶段过去后，可能会出现焦虑、混乱或不恰当的社会行为等问题，导致人际交往困难、混乱，或者出现恐惧、抑郁、无助和孤独等情绪。文化冲击(culture shock)是指从轻微的神经敏感到深层的心理恐惧和危机的一种现象。文化冲击涉及排挤、愤怒、仇恨、犹豫、惊慌、不幸、悲伤、孤独、怀旧等情绪，甚至可能导致身体上的不适。那些经历文化冲击的人们常常用愤怒的眼光看待新世界，对他人缺乏理解，陷入自怜和对他人愤怒的矛盾之中。

*文化冲击(culture shock)：这一概念由奥伯格(K.Oberg)于1960年首次提出，用于描述在身处与自身文化不同的其他民族文化环境时所感受到的心理不安。除此之外，在适应异文化初期过程中所产生的作用还被称为文化疲劳(culture fatigue)、语言冲击(language shock)、角色冲击(role shock)和环境冲击(eco shock)。文化冲击阶段是伴随着人们感到越来越多的文化差异侵入自身，威胁自我安全而产生的。在这一阶段，人们一边抱怨当地习俗习惯来寻求安慰，一边试图从自身所处的困境中脱离出来，他们依赖并寻求第二文化圈中本民族同胞的帮助。

---

77) 布朗(Brown, H.D.) Principle of Language Learning and Teaching, 3rd ed., Englewood Cliffs, NJ: Prentice-Hall, Inc., 1994, 帕特里克·莫兰(Patrick R.Moran)：《文化教育》，郑东彬 等译，经文社，2005，第226-227页重引。伦茨克命名为"文化适应的四个阶段"，②布朗(Brown, H.D) 命名为"文化习得的 四个阶段"。Rentzsch 1999：33-40, 俞秀妍：《跨文化交际的理解》，韩国文化社，2008，重引；道格拉斯·布朗：《外语教学原理》，李兴秀等译，2010，第208-209页。

(3) 适应阶段

适应新文化的阶段。当在文化冲击中感受到的危机感减少时，便进入恢复期。接受对方国家的价值观，在新的环境和条件中扩展人际关系。放弃对对方国家的幻想，产生被对方国家同化的感觉。刚开始是临时性的、动荡的，随后逐渐恢复。

适应是指在个人内在心理需求与外在社会环境之间获得协调，日常生活中没有挫折感或焦虑感而感到满足的状态。适应可分为物质(经济)层面适应和精神(心理) 层面适应。物质层面适应是指在韩国社会中获得独立生活所需的收入、技术、职业等；精神层面适应则指作为韩国社会的成员，获得社会的同等待遇。

这一阶段以"文化压力"为典型特征。即其他问题暂时持续存在的过程中，文化移植问题逐渐得到解决。然而，一般情况下，这一过程扎实而缓慢地推进，学习者渐渐与第二文化中的人群产生共鸣，并开始接受他们思想与感知的差异。

(4) 稳定阶段

稳定阶段是适应程度最高的时期，能够客观地比较本国和对方国家，自由地判断并享受各国的文化差异和优缺点。这也是人格成熟的阶段。在这个阶段表现出完全的恢复，对新文化的同化、适应、接受以及对这个文化中得到发展的"新"人的自信。

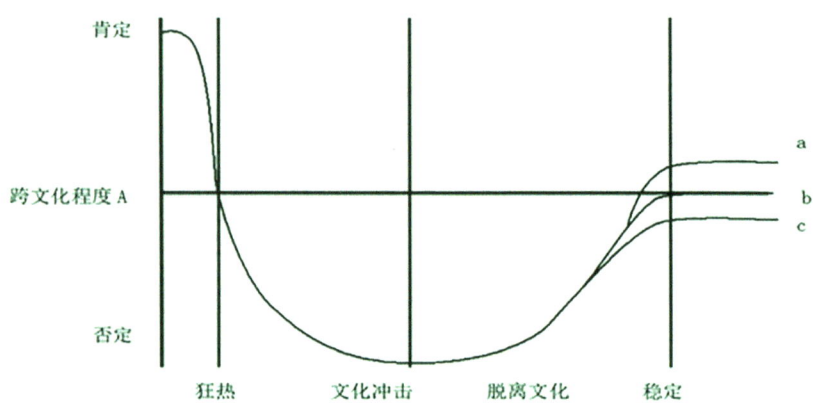

〈图12〉跨文化过程的文化适应

78) Deutsh & Won, 1963, Some Factors in the Adjust ment of Foreign Nationals. Journal of Social Issues, 19, 115-122. 崔允喜：《跨文化交际》，交际图书，2013，第98-99页重引。

　　适应阶段可以用U形曲线来描述，该曲线反映了学习者在陌生环境中所感受到的满意度的变化。该曲线包括以下几个阶段：第一阶段，学习者开始生活时持乐观积极的态度。第二阶段，学习者会面临适应当地语言和新环境的困难。第三阶段，学习者会经历混乱和挫折感。第四阶段，学习者逐渐掌握应对新环境生活所需的技能，重新恢复乐观的心态。第五阶段，随着对当地文化的熟悉，学习者会产生自豪感和自主性。[78]

以下是在泰国曼谷生活了20多年的韩国语教师赵明淑老师适应当地文化的真实案例。让我们来看看韩国人在国外经历的文化适应情况吧。

我已经在泰国曼谷生活了20年。老大10个月大的时候来的，在泰国生了老二，老二如今已经17岁了。时间过得真快。在韩国文化教育论课上，当学到移民的文化适应阶段时，我不禁回忆起自己20年来的生活。因为在泰国这个国家，我也属于多元文化移民人群。

1. 狂热阶段

泰国人对我和女儿感到非常新奇，我也对泰国人感到新奇。泰国人喜欢孩子。由于语言不通，泰国与韩国完全不同，让我感到有些不知所措。然而，泰国的美食令人垂涎，旅游景点也与韩国截然不同，到处都是美丽的热带风光。

我适应性很强，首先学习了泰语，与泰国人交流，逐渐融入了泰国的生活。泰国最引人注目的景象之一就是街头的小摊贩。另外，泰国所有看守建筑的人都穿着制服。起初，我以为他们是警察在看守大楼。但后来我发现，泰国人非常喜欢制服。无论是中小学生还是大学生，他们都穿着校服，就连国际学校的学生也是如此。

2. 文化冲击阶段

泰国人以其"天使微笑"而闻名。但是，他们是一个自尊心很强的民族，如果仔细观察他们的内心，就会发现他们也是相当可怕的人。韩国人可能也是如此……表面上微笑，但很少表露内心，所以我们必须小心谨慎。

泰国是一个佛教国家。清晨看到一群群僧侣去化缘，未尝不是一大奇景。在泰国，我们不能因为孩子可爱就去摸他们的头部，因为他们认为头部是神圣的。由于泰国的气候炎热，工人们吃过午饭后会小睡一会儿。据说以前有个管理者用脚踢工人叫醒他，结果发生了杀人案件，因为在泰国触摸他人的身体是不允许的。

在泰国逛街时，如果只看不买，就会看到百货店店员的双重面孔。当然，韩国也是如此，只有穿戴整齐的顾客才能享受到优质的服务。最重要的是语言，刚开始因为语言不通，沟通时困难重重，所以我吃了不少苦头。

泰国人聚在一起交谈时会感到自己被孤立，甚至患上忧郁症和社交恐惧症，我也曾患过思乡病。但是，幸运的是有很多善良的泰国人，正是他们帮助我克服了困难，使我能够生活到现在。

在泰国生活中最大的挑战是语言冲击。看着完全不同的字体，我大吃一惊。而且泰语像汉语一样有声调，声调不同，语义也不同。更让我震惊的是，泰语中没有像韩语那样的隔写。虽然这20年来我一直在努力学习泰语，但对我来说，泰语好像比英语更难。

泰国是一个由国王统治但有首相的国家，泰国人将国王奉为神明。如果有外国人侮辱国王，他们将被视为亵渎国王的罪行，有的会被判刑，有的甚至会被驱逐出境。每次电影开始前，都会播放《国王之歌》，所有人都必须起立。此外，如果皇室成员或高级官员经过公路，所有的车辆都必须停下来。即使现在，这一点对我来说仍然很难理解，是因为泰国国民太顺从了吗？

3. 适应阶段

因为气候炎热，所以泰国人生活节奏较慢。这是我最常与泰国人起冲突的原因之一。把东西寄存后，如果不主动打电话，就不会有人联系你。尽管我用不熟练的泰语举手投足地抗议，但最终仍然蒙受损失。谁的嗓门大谁就会输。因为泰国人性子比较慢，而作为韩国人，我性格比较急躁。与韩国不同，泰国没有冬天，所以他们做事并不着急。这里四季水果丰富，水稻一年能种三次，新鲜蔬菜每天都能吃到。现在我逐渐适应了这种生活方式，也变得更加放松了一些。

泰国的老百姓很少在家做饭吃，主要都是外出购买街边小吃，而且一般会装在塑料袋里。因为塑料中含有环境激素，所以在韩国，使用塑料桶时也会很谨慎。但在泰国，热米线等也会装在塑料袋里出售。

泰国人大量使用味精作为调味料，所以我去餐馆吃饭的第一件事就是要求不要放味精。但是在泰国生活久了，我也会购买装在袋子里的食物。现在我已经适应了这种生活方式，习惯了这里的生活。

4. 稳定阶段

因为我没有接受过专门的培训教育就来到泰国，所以事先完全没有关于泰国的知识储备。我曾经思考过：如果我事先接受了文化教育，然后再来泰国学习并体验第一次海外生活，会不会更轻松一些呢？一开始，我深陷民族中心主义，因此接受泰国文化花费了很长时间。由于不善于理解其他民族的文化，我适应的时间变得更长。"他们为什么要那样做?"我用了很长时间打破固有观念。

在学习文化教育论的过程中,作为泰国的移民者之一,我也被泰国文化所同化,经历了对泰国神秘的狂热阶段,度过了难以言喻的文化冲击阶段,进入了适应并接受泰国文化的阶段。接下来面临的挑战是,如若今后一直在泰国生活,我现在需要完全了解泰国,正如教授在讲座中所说的那样,以客观的方式比较韩国和泰国,自由地评价并享受两国文化的差异和优缺点,成为一个在泰国文化中逐渐成熟的韩国人。

我有一个想法:在向泰国人传播韩国文化的同时学习泰国文化,以文化相对主义的眼光对待泰国文化,而不是本民族中心主义。

此外,在人格层面也经历着成熟阶段——作为与其盲目地接受泰国文化,我们更应该正确了解和传承自己的本民族文化,并让泰国人对其有所了解。同时,我也应该学会接纳泰国文化,以冷静的态度判断其中的优点和缺点。我认为通过文化教育可以培养这种批判性的眼光。为了更深入地了解本民族文化,我将继续努力学习。同时,

我也将致力于成为在泰国传播韩国文化的杰出教师。

4. 贝内特(Janet Bennett):跨文化敏感性发展模型[79]

贝内特提出了一种文化学习模式,旨在使学习者从本民族中心主义阶段过渡到民族相对主义阶段,并强调跨文化敏感性的发展。这一模式表明"学习者对文化差异的主观体验"的转变。

否认	防御	最小化差异	接受	适应	融合
孤立	侮辱	物理普遍性	尊重行为差异	共鸣	情境评估
分离	优越	超越普遍性	尊重价值观差异	多元论	结构性边缘化
本民族中心主义阶段			民族相对主义阶段		

〈表12〉跨文化敏感性发展

79) Bennett, Milton J., Towards Ethnorelativism : A Developmental Approach to Training for Intercultural Sensitivity. In Education for the Intercultural Experience, ed. R. Michael Paige. Yarmouth, ME: Intercultural Press, Inc., 1993, pp.21-71. 帕特里克·莫兰著, 郑东彬等译, 前书 第229-231页重引。

贝内特在佩里(Perry)的认知与道德发展理论基础上，构建了跨文化敏感性发展模型。他认为当学习者从本民族中心主义逐渐转变为民族相对主义时，会经历一系列思维、情感和行为上的变化。学习者对认知和文化差异的反应在该模型中扮演着重要角色。

贝内特扩展了文化休克的概念，将其视为过渡性冲击(transition shock)的一部分，并认为这种冲击是适应新环境、有效互动的自然结果。文化冲击和过渡期所带来的冲击还包括在海外逗留一段时间后回国时所经历的心理和生理困难，也被称为"返乡文化休克"。

04 韩国语·文化综合教学法⁸⁰⁾ ✳

1. 韩国语·文化综合与韩国语各领域综合

　　韩国文化教育应以提高韩国语交际能力为目标，与韩国语教学相结合。针对想要深入学习韩国文化的学习者，可以开设专门讲座进行教学；而针对想要学习韩国文化而非韩国语的学习者，可根据韩国语教育机构的不同领域设置课程或者将大学或研究生课程与文化教育联系起来。例如，在各机构选修课程中，可以开设"汉字""韩国电影""韩国文学""韩国民俗"等课程，将它们作为一个独立领域的"韩国文化"课程来教授。以文化为中心的课堂更能够重点关注各个领域的专业内容教学。此外，在大学为外国人举办讲座时，根据笔者经验，在以韩国学生为主、外国学生也参与的课堂上，外国学生的理解能力及参与度明显下降，未能达到理想的教学效果。针对这种情况，我们认为需要一种教学方案，使外国人更容易理解讲座内容。对于学习韩国语的外国人来说，他们需要付出比母语学习者更多的时间与精力。

　　在外语教学中，将语言与文化分别进行教学的效果低于将语言与文化融合进行教学。单独进行文化学习而排斥语言学习，很难对学习者产生积极的学习效果。在这方面，可以参考向中国台湾学生教授韩国文化

80) 该部分内容对李圣熙：《韩国语文化统合教育的原理与方向》，《国语国文学》150，国语国文学会，2008，537-564页的内容进行了修改和补充。

的研究结果。曾泉富指出, 在中国台湾, 学习者用母语来学习韩国文化, 脱离了真正的语言学习, 这种文化课程在韩语学习中很难产生相互促进的作用。学习者用母语来学习目标语文化(韩国文化), 只是一种对文化的被动学习, 很难对韩国语学习产生积极的效果。[81] 这种文化学习方式既无法提高韩国语交际能力, 也无法有效地将所学应用于实践中。

正如文化学习需要融入语言学习时一般, 语言学习也需要与文化教学相结合。拜勒姆和摩根强调了语言和文化融合教学的重要性, 认为"获得最低限度的语言能力是不够的"。[82] 与受过教育的目标语言话者进行有意义的沟通, 仅靠语言能力是不够的, 我们需要理解使对话和沟通成为可能的文化语境。学习者在掌握语言能力的同时, 还需要提高批判性语言认知、解释能力、口译能力、历史政治意识、社会敏感度和审美直觉等跨文化能力, 因此必须将语言与文化融合起来进行教学。

在韩国语教学中, 文化教育不仅仅是为了日常生活中的交流沟通, 还涉及到各种业务处理和外交协商等方面。我们不能仅仅依赖语法知识, 而是需要根据不同的时间、地点和语境设定教学目标和相应的课程。语言与文化并不是孤立存在的, 而是在本质上相互交织在一起的。因此, 观察语言与文化如何反映思考和概念等问题并不简单。文化理论是建立在社会人类学基础之上的, 它探讨了信仰和情感的象征性表达和再现, 并进一步通过研究概念形成的资料来构建文化理论体系。由于概念、思维和本质是通过语言来表达的, 文化理论与语言习得同社会化过程密切相关。从文化理论的角度来看, 语言是一个复杂多变的系统, 它反映了人类行为中的意义如何相互结合与表达。[83]

为了有效整合韩国语与韩国文化, 必须将韩国文化教学内容与韩国语的听、说、读、写能力进行整合。当韩国文化教育与韩国语教学领域相互融合时, 不仅能提高学生的韩国文化素养, 还可以增强他们的韩国语交际能力。这种综合教学方法能够引导学习者主动融入真实的韩国语使用环境中。[84] 韩国语课堂不应让学生被动掌握、储存、积累知识,

81) 曾天富:《中国台湾文化的韩国语教育学实践与改善方向》,《国语教育研究》第12辑,首尔大国语教育研究所,2003,第320页。

82) Hinkel, E. (ed.), Culture in Second Language Teaching and Learning, Cambridge University Press, 1999, p.7.

83) Ibid. pp.1-2.

84) 李圣熙:《韩国语教育中的读写综合教育研究》,《双语语言学》第37期, 双语学会, 2008年, 第113-131页。

而是需要采用韩国语与文化相融合的教学方案，同时培养学生的文化素养和韩国语听说读写能力。通过独立探究、了解、内化知识的过程，提高韩国语交际能力。

2. 活用素材的文化项目情境化

　　向学生展示文化的方法主要可分为两种，一种是将文化分条目、理论性地呈现。权五铉认为外语教育的出发点不应仅仅是"交际能力"，而应立足于"素材领域"，将目标语国家的文化(扩展的文化概念) 设定为文化教育的范围。他提出了建立与"语言语法"同一层次的"文化语法"，以建构"文化要素-行为要素模式"[85]

　　与之相反，也有人主张通过语言项目或其他媒介在情境中展示文化。克拉姆什认为，在结构化的学习环境中，将文化能力(cultural competence)与语言和具体的社会文化历史情境联系起来，能够有效提高学习者的文化能力。 学习者通过自身经验或学习特定的文化形态来获取各种文化模式， 并通过识别和分析这些文化模式， 解读第一文化(本国文化，Culture1, C1) 和目标文化(Culture2, C2)，从而学习语言。[86] 托马林和斯坦普尔斯基(Tomalin & Stempleski) 认为，应该教授语言中所涵盖的文化行为，而不必将文化项目像语言项目那样定型和规范化。[87] 尹汝卓认为，通过展示文化情境可以超越对某一文化的了解， 达到对目标文化整体把握的高度。将该文化运用到语言实践中，可以培养文化能力。[88] 因此，需要通过文学或其他媒介来展示文化。

　　2000年前后，大部分韩国语教材都单独设置了"休息区""韩国文化""了解一下""Culture Capsule"等文化模块来介绍文化。这种零散的介绍方式可以高效介绍韩国文化项目。然而，如果脱离了韩语使用者实际生活的世界，就很难进行有效的韩国文化教育。如果只将文化概念化而不通过实际资料展示， 就会使具有流动性和情境性特征的文化过于模

85) 权五铉：《以交际为中心的外语教育中的"文化"——以韩国学校外语教育为中心》，《国语教育研究》第12辑，首尔大学国语教育研究所，2003，第247-274页。将韩国文化划分为概念范畴的有李锡柱、朴永淳等研究。李锡柱：《韩国文化的分内容分阶段目录编制试考》，《双语学》第21期，2002，第20-44页；朴永淳：《作为韩国语教育的文化教育》，《双语学》第23期，2003，第67-89页。

86) Kramsch, C., Culture in Language Learning: A View From the United States, In Kees DeBot, Ralph B. Ginsberg, Claie Kramsch(Eds.), Foreign Language Research in Cross-Cultural Perspective, John Benjamins Publishing Company, 1991, p.229.

87) Barry Tomalin & Susan Stempleski, Cultural Awareness, Oxford University Press, 1994, p.7.

88) 尹汝卓：《文学教育与韩国语教育》，《韩国语教育》第14卷 第1期，国际韩国语教育学会，2003年，第143页。

89) 参考 Barry Tomalin & Susan Stempleski, Op.cit. pp.5-151.

90) Hall, G., Literature in Language Education, Palgrave Macmilan, 2005, p.51.

91) 李圣熙:《活用故事设计韩国语文化教学方案》,《韩国语教育》第10卷 第2期, 国际韩国语教育学会, 1999, 第261-265页。

92) Hall, Op. cit. pp.49-51.

93) Kramsch, C., Op. cit. pp.236.

94) Lazar, G., Literature and Language Teaching: Guide for Teachers and Trainers, Cambridge University Press, 1993, p.17.

95) Scott, V., Reading Culture: Using Literature To Develop C2 Competence, Foreign Language Annals volume 35, 2000, pp.622-632.

式化。此外, 将文化作为表面的、简单的项目来教学也存在风险。当文化项目形成固定模式时, 可能会反映教师的主观观点, 无法准确传达具有多样性和动态性的文化项目, 反而会导致学习者产生误解和不信任。因此, 与其将文化内容项目化或概念化地展示, 不如展示实际资料, 在情境中对文化项目进行归纳和指导, 使学习者能够进行自然的类比。

为了使文化情境化, 应该活用电影、广告、电视剧、话剧剧本等各种文化素材。[89] 另外, 也可以在课堂上活用实际生活中的广告、报纸、杂志、各种指南、跳蚤市场等广告、各种宣传单等实际语料(authentic language materials)。霍尔(Hall) 认为, 要培养人们通过各种多媒体对伦理问题和政治问题进行批判性阅读和讨论的能力, 需要具备"读懂字里行间意思的能力(reading between the lines)"。为了培养这种能力, 从初级阶段到高级阶段都鼓励使用真实语料(authentic language materials) 进行学习。学习者在外语使用环境中, 需要应对自己语言熟练程度以外的突发状况, 因此在外语学习过程中必须通过实际资料来处理突发事件。[90] 用韩国语编写的各种资料, 无论以何种方式, 都应包含韩国文化。教师可以收集合适的文件、阅读材料、视听材料, 根据学生的实际水平进行加工或选取适当的部分, 为学习者提供有关韩国文化的信息和韩国语的实际使用语境。

利用电影、电视剧、戏剧等书面文本的文学作品进行韩国语文化教育大有裨益。文学作品可以帮助学习者理解韩国人的感情与历史文化词汇, 还可以拓展学习者的词汇量。[91] 此外, 文学作品中还包含了课本内语言教学中难以学到的突发内容。[92] 作为外国语学习者必然会接触到的一种文化话语类型, 文学作品作为既定文化的产物, 为学习者提供了卓越而深入的跨文化教育。[93] 文学作品将一个人在特定情境下的行为方式情境化, 为学习者提供了对关系、情感、态度等方面的有益洞察。由于文学具有多重意义, 因此有利于学习者进行讨论, 引发学习者的思考。[94] 此外, 文学不仅引导认知学习, 还可以引导情感学习。[95]

以教师为中心的传达式教学方法很难实现文化情景化教学。为满足上述目标，需要制定一套让韩语学习者能够自主体验和分析的教学方案。

3. 以过程为中心、以学习者为中心的教学法

维果茨基的社会建构主义学习理论为以学习者为中心的文化教学提供了指导。他强调了文化发达的符号系统在思维中的作用，以及与知识更丰富的个体进行社会互动的重要性。为了通过全面接触文化来提高实际沟通能力，需要采用参与式文化学习，使学习者真实参与韩国文化场景。因此，我们应重视学习者的认知能力和社会互动能力，采用建构主义方法，而非传统的教师传授式文化学习方法。

建构主义学习法认为，学习是学习者主动与现实世界相互作用，对世界进行解释归纳，从而构建知识的过程。这一学习心理理论试图解释人们对概念的理解与建构是如何产生的。[96]　建构主义将学习者视为能动的主体，让其独立探索目标文化。

以过程为中心的学习方法是实践建构主义理论的最佳教学方法。　在文化教育中，以过程为中心的教学法有助于增强学生对陌生话题的理解、内化并培养亲近感。赖特(Wright) 提出了一种能有效提高文化教学效果的，以过课程为中心的教学法，如下所示：[97]

(1) 一定程度上模糊地提出问题和主题。

(2) 以学习者的方式整理问题。

(3) 让学习者与教师或同学分享意见、解决方案和策略，并用自己的语言提供证据。

(4) 给学习者提供探究性问题，并给予充足时间回答问题。

(5) 让学习者有机会对主题进行反思，并与其个人目标联系起来。[98]

Savoie and Hughes将(2) 的内容总结为"将问题与学生所处情况联系

96) 凯瑟琳·图米福斯纳 (Catherine Twomey Fosnot) 等：《建构主义理论、观点和实际》，赵富庆等译，良书苑，2001，第58页。

97) Wright , D. A., Culture as Information and Culture as Affective Process: A Comparative Study, Foreign Language Annals 33(3), 2000, p.335.

98) Savoie, J. M., and Hughes, A. S., Problem -Based Learnin g as Classroom Solution, Educational Leadership, 52(3), 1994, p.54.

起来, 给予学习者切实机会"。同时将(5) 中的内容总结为"要求学习成果通过课题实现可视化"。在学习过程中, 可以结合以学习者为中心的教学法, 给予学习者充分自主权与参与机会, 而非教师直接讲授。学习者结合自身需要、动机、经验、背景知识、兴趣和创造性技能进行学习。99) 在学习内容和方法上给予学习者选择的权利, 引导学习者主动参与讨论, 而教师可以担任讨论的参与者、助手或信息提供者的角色。

目标文化的学习必须基于对自身文化的对比和比较, 以产生对文化的共鸣和对文化差异的理解, 并以解决个人问题为出发点和落脚点。只有个性化的内容才会被记住, 才能形成有意义的学习。因此, 问题需要现实化、内在化、可视化。为了构建以过程为中心、以学习者为中心的课程, 我们需要了解学习者期待学习的文化项目, 将学习主题与学习者的实际问题联系起来, 提出有意义的问题, 激发热烈的讨论, 并给予学习者思考的机会。此外, 为了提高学习者在目标文化项目中的个人韩国语熟练度和认知成长, 我们应布置适当的课题, 并将其可视化处理。

4. 运用比较文化方法论设计社会文化教学方案

为了顺利沟通并提高跨文化能力, 需要在教学活动中运用比较文化方法论。100) 片面介绍韩国文化容易导致对其优越性的过分强调, 这将使学习者失去与本民族文化(C1, Culture1) 进行比较的机会, 并可能导致缺乏客观性。例如, 儒家文化中"吃饭时不发出声音, 安静地吃"等行为习惯101) 并非完全受儒家礼仪的影响, 更多地是文化普遍性的结果。因此, 将文化过于模式化或普遍化可能会混淆对韩国文化与世界其他文化共享普遍性的比较文化视角。在外语教学中, 文化教学旨在从与本民族文化(C1, Culture 1) 的联系中理解目标文化(C2, Culture2)。跨文化教学从单纯传达目标语言的文化, 转向重视语言的社会属性, 并关注文化作为本民族文化(C1) 与目标文化(C2) 意识的社会产物的性质。102) 同时, 学习

99) Nunan, D., The Learner-Centered Curriculum, Cambridge University Press, 1996, pp.21-29.

100) 赵恒禄、姜承惠：《针对初级阶段韩国语学习者的文化教学要目开发(1)》,《韩国语教育》第12卷 第2期, 国际韩国语教育学会, 2001, 第491-510页；金重燮：《面向外国人的韩国文化教育研究现状及课题》,《双语学》27, 双语学会, 2005, 第83页；黄仁教：《韩国语教育和文化教育》,《外语中的韩国语教育》31, 延世大学韩国语学堂, 2006, 第225页。

101) 李锡柱：《韩国文化的分内容分阶段目录编制试考》,《双语学》第21期, 2002, 第24页。

者需要对本民族文化和目标文化进行反思。在学习目标语言的过程中，学习者必然要面对本民族文化与目标文化的距离和差异，而这种差异意识将通过学习者文化与目标文化的对比显现出来。

在学习目标文化的过程中，学习者接触到与行为和语言相结合的新的文化意义体系，并通过这些体系经历重新思考文化能力的过程。教授外国文化的目的是引导学习者使用新的意义体系和相应的符号，以反思本民族文化和文化能力。103) 这个过程中，学习者会发现本民族文化中的矛盾和困境，并面临挑战，从而形成处理自我文化和目标文化相互影响的"第三空间"("third place")，这是比较文化方法论的核心。104) 通过对本民族文化和其他文化的距离和差异产生共鸣和理解，形成比较文化视角，我们便可以理解"母语和目标语言中所表达的意义(meaning)、思维方式(mentality) 和世界观(worldview) 等方面的差异"。在目标文化学习中，不可避免地会有本民族文化与目标文化的冲突，通过这些冲突，我们可以获得共情与差异的比较文化视角。对文化的理解和比较文化视角可以帮助学习者积极克服文化差异和冲突，进一步激发学习韩国语的动机。此外，从不同文化的普遍性出发去接近差异性，有助于我们理解本民族文化与其他民族文化之间的关系。普遍性使外语学习者更容易理解，而差异性则有助于多样化的体验。比较文化方法涵盖了(种族的、民族的) 身份认同、互动、文化相对主义、不同文化之间的关系、理解、同理心、洞察力、比较和参与观察等多个概念。105)

在比较文化方法中，重要的是"通过意义来体现个体的存在"。106) 另外，还需要考虑"语境的比较"(comparison with context)。107) 比较的目的在于深入了解对象。为了在韩语教育中有效实施文化教育，我们首先要摒弃对韩国文化的片面介绍，而是采用比较文化方法，从本民族文化与韩国文化之间的共同点和差异、普遍性和特殊性出发，揭示个体存在的意义和作用。与仅仅呈现文化项目相比，我们更需要一种教学方案，使学习者能够将韩国文化与自身的本民族文化进行比较，并融入其认知框架。

102) Kramsch, C., Context and Culture in Language Teaching, Oxford University Press, 1993, pp.205-206.

103) Byram, M., Cultural Studies in Foreign Language Education, Multilingual Matters, 1989, pp.44.

104) Kramsch, C. Op.cit. 205, pp.255-257.

105) 赵恒禄、姜承惠：《针对初级阶段韩国语学习者的文化教学要目开发(1)》，《韩国语教育》第12卷 第2期, 国际韩国语教育学会, 2001, 第491-510页。

106) 全京秀：《文化的理解》, 一志社, 1994, 第84-100页。

107) 全京秀：《文化的理解》, 一志社, 1994, 第104页。

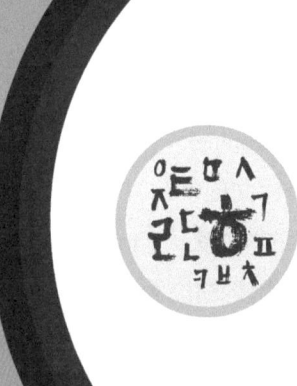 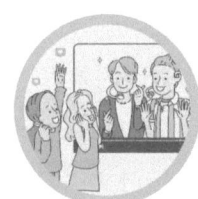 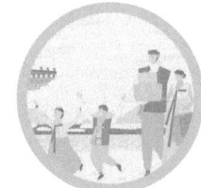

第 3 章

韩国文化教育研究与教学项目

韩国文化教育研究领域[1)]

为了使韩国文化教育在韩国语教学现场得到有效应用，必须设定韩国语与韩国文化的研究等级。崔正顺表示，韩国语与韩国文化的结合最终会面临两者关系的平衡问题，因此等级设定非常必要。[2)] 另外，赵恒禄也曾表示，在语言文化的内容方面，韩国国语学、韩国学、文化人类学等相近学科领域的贡献是绝对必要的。[3)]

文化领域十分广泛，文化渗透在生活的方方面面。为了能在规定的时间内进行有效教学，选择何种内容进行韩国语教学非常重要。因此，设计教学内容应以学术严谨性和教育实用性为核心原则。在这一过程中，我们可以借鉴斯特恩提出的"社会科学与语言教学的互动"理论。[4)]

1) 该内容是对李圣熙：《关于韩国文化教育的等级化及文化项目领域设定的研究》，《韩国语文化研究》第2卷 第1期，韩国语文化研究中心，2014中所载内容的修改补充。

2) 崔正顺：《韩国语教育与韩国文化教育的等价整合》，《语言与文化》第1卷，2004，第63-81页。

3) 赵恒禄：《韩国语教育学的学科认同性研究方法论小考》，《韩国语言文化学》，第2卷 第1期，2005，第275-287页。

4) 斯特恩(H.H.Stern)：《语言教学的基本概念》，沈永泽等译，夏雨图书出版，2002，第276页。

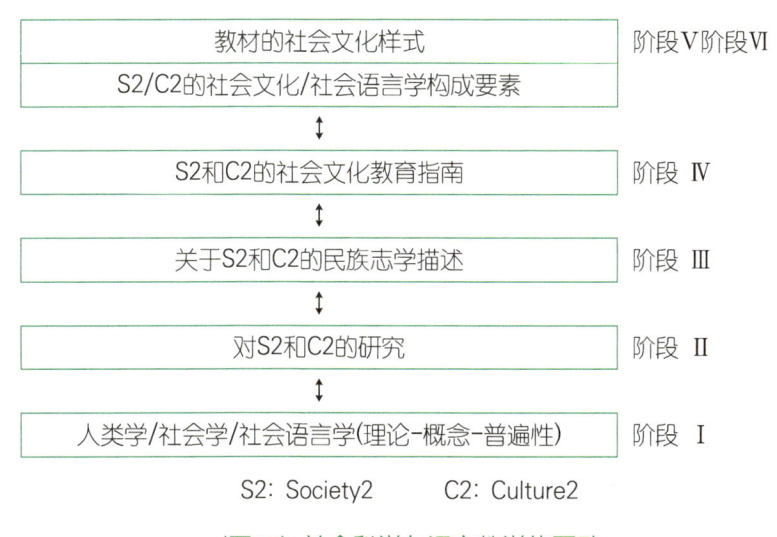

教材的社会文化样式	阶段Ⅴ阶段Ⅵ
S2/C2的社会文化/社会语言学构成要素	
↕	
S2和C2的社会文化教育指南	阶段 Ⅳ
↕	
关于S2和C2的民族志学描述	阶段 Ⅲ
↕	
对S2和C2的研究	阶段 Ⅱ
↕	
人类学-社会学-社会语言学(理论-概念-普遍性)	阶段 Ⅰ

S2: Society2　　　C2: Culture2

〈图13〉社会科学与语言教学的互动

以上表为基准,可以设定"语言中心文化论"与"文化中心文化论"的等级。其中,"语言中心文化论"强调围绕语言承载的文化要素开展教学,而"文化中心文化论"则侧重于将韩国文化进行项目化教学。语言中心文化论所强调的语言所承载的文化要素是要在阶段Ⅰ中,按照阶段Ⅳ的"S2和C2的社会文化教育指南"设定"社会语言学"的内容,并按照阶段Ⅴ和阶段Ⅳ的"S2/C2的社会语言学构成成分"进行设置。其中包括敬语、色彩词、派生词、惯用语、问候语、谚语、非语言交流等,以及各种韩国语法。对该领域的研究是语言学家、教授、教材编写者、各教育机构运营者等韩国语研究者的工作。

"文化中心文化论"认为阶段Ⅰ至阶段Ⅵ是相互关联的。在阶段Ⅰ、Ⅱ和Ⅲ中,人类学家、社会学家通过研究和实地考察形成了特定的理论或概念。在阶段Ⅳ中,韩国语教师将人类学、社会学和社会语言学的研究成果设定为适合韩国语教学的内容。在阶段Ⅵ中,文化理论及个别文化项目可以由教授、教材编写者和教学机构根据韩国语教学的学习目标、等级阶段以及实际情况进行设定并加以运用。

可以为韩国语能力高级以上的学习者单独开设文化课程。对于韩国语能力达到高级以上并且对韩国文化感兴趣的学习者，可以让其阅读第Ⅰ阶段的研究成果。教师可以筛选韩国文化概论书籍，并提供相关信息。

除上述内容外，韩国文化教育中还需考虑电子文化的生产和消费。由于电子文化可以实现无限复制与实时传输，其生产和消费速度非常迅猛。例如，世界知名歌手Psy凭借《江南style》一炮而红，有力地推广了韩国文化。特别是近期Psy的新歌在YouTube上的点击量超过2亿，这充分证明了通过网络进行文化生产和消费的速度之快。

> "截至29日，歌手Psy(鸟叔)的新歌《Gentleman》在YouTube上的点击率高达2亿4421万，引发商业连锁反应，这使Psy代言的品牌笑逐颜开。"《Gentleman》大卖后……PPL效果"令人惊愕"。
>
> 《数字时报》，2013年 4月 30日 第11版 报道5)

韩国文化教育也需要通过网络接触多元文化资料和多元教育方法。"对韩流·韩国文化的关注"是学习韩国语的大学生的最大学习动机。6)我们需要考虑到，K-POP和韩流是许多外国学习者学习韩国语的积极动机，可以利用其增进潜在的韩国语教育需求。

韩国语教育在时间和地点上并不受限制，这也是文化教育中需要考虑的重要变量。终身教育使得文化教育的时间范围得到延长。除了韩国语教育机构，韩国语教育也可以通过学习者自学和享受文化等多种方式进行。此外，在教育机构学习韩国语后，还可以通过旅游、图书、网络、电影、电视等多种方式学习韩国语和韩国文化。文化教育的对象、目的和方法都趋于多元化。

对于韩国语教育来说，如今的文化教育不仅限于教室内进行，还包括以教师和机构为中心的课堂内外文化教育、学习者自主学习和体验的文化教育，以及通过媒体接触的文化教育等。因此，我们迫切需要将文化教育层次化和项目化，以适应快速变化的文化代码。考虑到多元化的

5) http://www.dt.co.kr/contentshtml?article_no=201304300201117 6798008

6) 张美罗、金智亨：《基于文化的初级韩国语在线教育内容的教学要目设计及单元构成方案研究》，《语文学》第116辑，韩国语文学会，2012，第108页；关于韩流和K-POP对韩国语学习者产生的积极影响的研究可以参考以下内容。李恩淑：《面向外国人的以文化体验为中心的韩国文化教育方案考察》，《国语文学》，vol.48，2010，国语文学会，第335页。

学习环境与文化传播环境, 在阶段Ⅱ中, 增加"韩流"或"K-POP"等文化内容, 通过文化热点或网络等媒体获得素材, 扩展文化项目的研究领域将是明智之举。随着"韩流"等流行文化及网络媒体的深入影响和加速发展, 韩国语教育应该更加重视文化影响力的积极推动作用。

阶段Ⅰ可以设定人类学/社会学/社会语言学的学术层面和韩流或K-POP等韩国文化内容资料。

阶段Ⅱ可分为韩国学研究领域"阶段Ⅱ-1对韩国社会和韩国文化的研究"和"阶段Ⅱ-2韩国文化内容"。因此, 斯特恩的上表可以修改补充如下:

阶段	内容		主题
阶段Ⅰ	人类学/社会学/社会语言学 (理论-概念-普遍性)	生产	人类学/社会学/社会语言学研究者
		消费	高级以上韩国语学习者的人类学/社会学/社会语言学阅读、自学
			韩国语教师或教材编写者、各教学机构运营者等韩国语研究者
阶段Ⅱ-1	韩国学研究领域 一对韩国社会和韩国文化的研究	生产	韩国人类学/社会学/社会语言学研究者
		消费	韩国语教师或教材编写者、各教学机构运营者等韩国语研究者
阶段Ⅱ-2	韩国文化内容 -包括韩流或K-POP等在内的多种文化资料, 文化现象 -包括网络在内的多种媒体的文化素材	生产	文化生产者
		消费	初级以上的韩国语学习者享受韩流及K-POP
			韩国语教师或教材编写者、各教学机构运营者等韩国语研究者

阶段	内容		主题
阶段 Ⅲ	关于韩国社会和韩国文化的民族志学描述	生产	韩国人类学/社会学/社会语言学研究者
		消费	韩国语教授或教材编写者、各机关教授·学习运营者等韩国语研究者
阶段 Ⅳ	关于韩国社会和韩国文化的社会文化教育指南	生产	韩国语教师或教材编写者、各教学机构运营者等韩国语研究者
		消费	学习者
阶段 Ⅴ 阶段 Ⅵ	教材的社会文化样式 韩国社会和韩国文化的社会文化/社会语言学构成要素	生产	教师或教材编写者、各机构教学运营者等韩国语研究者
		消费	学习者

〈表12〉韩国文化与韩国语教学互动

　　文化研究的范围广泛，因此将其应用于韩国语教学并非易事。然而，正如前文所述，文化研究者进行专门的文化研究，教师采用适当的教学方法，并将其应用于韩国语课堂和教科书编写中，文化教育将变得更加有效。

02
韩国文化教育研究史

韩国文化教育研究的争议焦点主要围绕"语言中心的文化观""文化中心的文化观"以及"语言与文化的综合观点"。

"语言中心/限制性视角/微观研究"是在语言领域中寻找文化现象，"文化中心/包容性视角/宏观研究"是将语言现象作为文化领域的一部分进行讨论。[7]"语言中心/限制性视角/微观研究"强调在韩国语教育中，文化教育的目的在于语言教育，因此要对语言中所包涵的文化要素进行教育。"文化中心/包容性视角/宏观研究"认为文化是语言的背景，文化是影响语言的因素，因此应广泛进行文化教育。而二者结合的综合观点则是对以上两种观点进行综合处理的结果。

关于文化应该在语言中心领域还是文化中心领域展开的问题，与文化应独立教学还是与说读听写等活动联系在一起教学有关，不过这一争议因语言学和文学研究者的立场差异和个人观点差异而分别单独加以讨论。由于这些讨论是在各自领域单独进行的，无法统一设定等级，可能会影响效率。这种个别讨论导致了在展开语言中心文化论的同时，也将文化中心文化论纳入语言内容。为了提高文化教育讨论的效率，需要同时讨论以上问题，并设置相应层次。

闵炫植和金重燮分别以语言中心文化论和文化中心文化论为论点展

7) 闵炫植：《韩国语文化教育的概念与实践方向》,《韩国语言文化学》1-1，国际韩国语言文化学会，2004年，第59-103页。

开研究。闵炫植将语言中心文化论视为限制性观点，将文化中心文化论视为包容性观点。[8] 金重燮将语言中心文化论视为限制性、微观性的研究观点，将文化中心文化论视为包容性、宏观性的研究观点。两种讨论可总结整理如下：[9]

	语言中心文化论	文化中心文化论
闵炫植	限制性观点	包容性观点
	所谓"语言文化"，仅指在文化领域中，涉及语言学、文学、阅读、口语和写作等语言领域的文化现象。	"语言文化"是指在文学、政治、经济、科学、音乐、艺术、语言等所有文化领域出现的与语言相关的现象。同时，社会语言学关注语言结构，其对社会结构的关注旨在展现出差异性。
金重燮	限制性·微观观点	包容性·宏观观点
	将韩国语文化教育的内容限定在语言内涵范围内，将重点放在"语言文化"上。是以语言为中心，限制性·微观视角的研究。	以对韩国文化的理解为基本目标，对韩国文化要素进行整体把握，从广义角度探讨文化教育。将语言现象视为文化领域的一部分，以文化为中心，包容性·宏观视角的研究。

〈表13〉语言中心文化论与文化中心文化论

赵恒禄对于语言文化教育应强调语用还是社会文化的观点总结如下。[10] 强调语用的研究相当于语言中心文化论，强调对社会文化因素的研究则相当于文化中心文化论。

---

8) 闵炫植：《韩国语文化教育的概念与实践方向》，《韩国语言文化学》1-1，国际韩国语言文化学会，2004年，第65页。

9) 金重燮：《面向外国人的韩国文化教育研究现状及课题》，《双语学》27，双语学会，2005，第59-85页。

10) 赵恒禄：《试论韩国语文化教育论的内容构成》，《韩国语言文化学》1-1，国际韩国语言文化学会，2004，第199-219页。

	语言中心文化论	文化中心文化论
赵恒禄	语用层面	社会文化因素
	谁对谁使用什么语言，以及如何使用的层面。 通过这种方式培养使用目标语言的沟通能力。 → 教育意义在于提高沟通能力。	扩大对目标语言社会的理解广度。 → 对目标语言社会的理解意味着对沟通环境的理解。 有助于满足学习者的学习动机，促进动机持续产生。

〈表14〉语言的活用层面及社会文化因素

　　语言中心文化论强调语言的活用，将韩国语文化教育内容限定在语言内在，并将重点放在"语言文化"上。而文化中心文化论则强调对社会文化要素的学习，认为韩国文化有助于满足学习者的学习动机，促进动机的持续生产，可广泛进行文化教育。基于以上两种观点的界定，我们考察一下之前的讨论。

1. 语言中心文化论

　　李锡柱将韩国语内在语言文化特性划分为语言礼节和语言内容，并制定了相应的内容目录。[11] 语言礼节包括"谦虚地说话、请求、拒绝、回应称赞、在聚会上发言、询问对方个人信息、对话的态度、上下级之间的对话、语速、插话、终止说话、使用俚语或禁忌表达"等。语言内容包括"敬语法、称谓词、指称词、色彩词、存在与所有、我与我们(命运共同体意识)、复数表达、意义范畴的区别"等。李锡柱关于语言礼节与语言内容的分类有助于观察文化在韩国人言行中的反映方式。 但是其而提出的"存在与所有、我与我们(命运共同体意识)、意义范围的差异"等语言内容相对于语言内在要素而言，更能体现韩国文化的整体特征。因此，将这些项目纳入文化中心文化论的范畴似乎更为恰当。

　　金代行根据语言单位和文化内容将语言承载的文化进行了区分。[12]

11) 李锡柱：《韩国文化的分内容分阶段目录编制试考》，《双语学》第21期，2002，第19-43页。

12) 金代行：《韩国语教育与语言文化》，《国语教育研究》第12卷，首尔大学国语教育研究所，2003，第171-176页。

根据语言单位的划分包括语速的快慢、语调的高低等副语言要素, 手势、姿势等非语言交际要素, 以及单词、短语、句子、文本等。按文化内容的划分包括称谓、问候、提问、回答、笑话、报纸、广播、广告、比喻等生活文化, 以及歌曲、故事等艺术文化。其中"玩笑、报纸、广播、广告"等生活文化和"歌曲、故事"等更多属于社会文化要素, 而非仅仅蕴含在语言中的文化。因此, 将其纳入文化中心文化论更为恰当。

赵贤容将韩国语文化视为与韩国语的语言层面相关的文化, 提出韩文与韩国文化、非语言沟通、语言礼仪、韩国人的思考和表达等学习项目。[13]

赵恒禄和姜承惠围绕语言中所折射的文化内涵对语言本身、称呼语、指称语等文化语句1, 谚语、隐语等文化语句2, 语言礼仪、语言和思考方式、语言产物(文学、方言、名字、非语言性交际)、媒介和语言等进行了区分。[14] 其中属于语言和思考方式范畴的道德意识、主体意识、夸大意识、恨意识等, 这些意识与其说是语言中所承载的文化, 不如说是作为韩国人思考方式的文化内容。另外, 语言产物——文学, 与其通过与语言的关系来定位, 不如承认其作为韩国艺术文化的独立领域更为自然。除了以上两点, 赵恒禄对语言所承载的文化的划分是十分系统的。

语言中心文化论把通过语言实现的文化现象、文学作品也视为语言文化, 这是不合理的。这种观点会导致将文化教育内容限定在语言内在文化要素的范围内。因此, 需要在更广泛层次上设定文化教育领域, 将韩国人的仪式、礼节、生活文化、艺术等纳入文化中心文化论的范畴。若想设定文化中心文化论领域, 李锡柱提出的"存在和所有, 我和我们(命运共同体意识)、意义范畴的差异、用餐礼节、恭敬、语言礼仪"等内容, 金代行提出的"笑话、报纸、广播、广告"等生活文化和"歌曲、故事", 赵恒禄提出的"道德意识、主体意识、夸大意识、恨意识"等各种意识, 都可以纳入文化中心文化论的领域。

语言中心文化论提出的语言所承载的文化和语用层面上的文化研究涉及到交际策略。在使用韩国语进行交际时, 了解韩国语所承载的文化特性直接影响着策略能力的提高。

13) 赵贤容：《韩国语文化教育方案研究》,《双语学》22, 双语学会, 第491-501页。

14) 赵恒禄、姜承惠：《针对初级阶段韩国语学习者的文化教学要目开发(1)》,《韩国语教育》第12卷 第2期, 国际韩国语教育学会, 2001, 第491-501页。赵恒禄：《试论韩国语文化教育论的内容构成》,《韩国语言文化学》1-1, 国际韩国语言文化学会, 2004, 第199-219页。

如果深谙目标语使用者的喜好与禁忌，就可以建立理想的关系(rapport)，从而顺利沟通。熟练掌握谦虚的说话方式、请求与拒绝的表达、回应称赞的技巧、对话态度的把握、与上下级进行交流对话的技能、称谓的运用、问候的方式等文化性表达，可以提升韩国语交际策略能力，进而实现与韩国语使用者的顺利交流。

外国人在向韩国人提出请求或拒绝时，如果不够委婉、谦虚，或者不尊重长辈，就很容易导致沟通失败。这些语言内在的文化特征深受儒家文化、集体主义文化和高语境文化的影响。因此，在研究语言中心文化论的同时，有必要对韩国文化特征进行更广泛的考察，以更加精确地了解韩国语所蕴含的文化特征。因此，需要在语言中心文化论和文化中心文化论的基础上设定等级，细分研究领域，进行更细致的研究。

2. 文化中心文化论

裴贤淑和权五卿强调对韩国文化本身的教育。[15] 裴贤淑认为在韩国语教育中，文化教育的目标是对文化本身的教育。另外，权五卿将"文化能力"置于"沟通能力"上位，认为韩国语教育的目标是通过对韩国人的理解实现文化融合。

姜承惠提出了教材构成中所需的文化项目，依次为"现代日常文化〉传统文化〉历史〉政治〉经济"。[16] 通过对学习者需求进行分析，获取客观资料。该研究指出，相比韩国传统文化，学习者更倾向于学习日常生活文化，这一点具有重要意义。

朴永淳认为文化教育的内容包括"精神文化、语言文化、艺术文化、生活文化、制度文化、文化遗产、产业技术"等，这实际上把整个韩国文化当做文化教育的内容。朴永淳认为文化教育的功能与作用在于强化学习动机，提高学习效率和语言能力。他设定如此庞大的文化领域与他将学习者的心理动机设定为韩国文化教育的积极功能有关。[17] 他指出

15) 裴贤淑：《韩国语教育中文化教育的现状及问题》，《双语学》第21期，双语学会，2002，第178-199页；权五卿：《韩国语教育中韩国文化教育方向》，《语文论丛》第45期，韩国文化语言学会，2006，第390页。

16) 承惠：《在美侨胞成人学习者文化节目开发需求调查分析研究》，《韩国语教育》第13卷第1期，国际韩国语教育学会，2002，第1-25页。

17) 朴永淳：《韩国语教育中的文化教育现状及问题》，《双语学》第23期，双语学会，2003，第73页。

韩国文化的特征为"和谐的文化"，并列举出"儒家思考方式、集体意识、'我们'意识、宫殿等建筑、白衣民族、韩文、石窟庵"等作为韩国文化的代表。此外，还列举出韩国独特的风俗，如"宴会文化、雅号的使用、向初次见面的人询问身份信息"等。在"作为外语教育的韩国语教育"的教学设计中，如何将这些广泛的文化内容项目化，并确定合适的教学方法是值得深入研究的课题。

除此之外，在韩国语教育中，多数运用故事、诗、小说、电影、戏剧、谚语等讨论文化教育方案的研究，以及以教学经验为中心的文化教育方法论也可以纳入文化中心文化论领域。[18] 这些研究旨在向学习者讲解文化文本相关知识，以实现扩展学习者韩国文化知识的目标。

韩国文化知识的获取是通过对本民族文化和其他民族文化的理解，以客观的方式把握本民族文化，并朝着跨文化理解的方向发展，开拓了认知的广阔领域。 这种态度有助于韩国语学习者通过对本民族文化和韩国文化的比较，克服本民族中心主义的倾向，建立积极沟通和思考的基础。了解韩国文化可能无法立即提高学习者的韩语能力。例如，外国学生不会因为参观了石窟庵或佛国寺，就能在短时间内提高韩语的沟通能力。然而，通过参观石窟庵或佛国寺，他们可以接触到韩国的佛教文化，扩展有关韩国人对佛教的固有认识。这种认识不仅可以培养学习者的语言能力，而且可以培养全球化时代作为世界公民所必需的对其他文化的开放和包容的态度。学习外语的目的不仅仅是为了沟通，更重要的是通过外语与世界各国人民相处和交流，从而培养跨文化理解能

18) 李圣熙：《运用传说设计韩国语文化教学方案》，第10卷 第2期, 国际韩国语教育学会, 1999, 第257-271页；李善怡：《运用文学设计韩国文化教学方法》，《韩国语教育》第14卷 第1期, 国际韩国语教育学会, 2003, 第153-171页；金贤正：《运用俗语的韩国语文化教育研究》，首尔大学硕士学位论文, 2002, 第1- 104页；文恩珠：《韩国语教育中的文化体验教学方案研究》，汉阳大学硕士学位论文, 2004, 第1-109页；吴世仁：《运用诗歌的韩国文化教育方案研究——以对20世纪60年代至80年代政治社会的理解为中心》，《韩国语教育》第15卷第1期, 国际韩国语教育学会, 第111-135页；尹尚哲：《通过现场学习的韩国语文化教学方法研究》，庆熙大学教育研究生院硕士学位论文, 2004, 第1- 83页；崔恩圭：《利用报纸的韩国语教育方法研究》，《韩国语教育》第15卷 第1期, 国际韩国语教育学会, 2004, 第209-231页；杨敏贞：《面向外国人的韩国文化教育方案研究——以韩国古典文学为中心》《国际地区研究》第9卷第4期, 韩国外国语大学外国学综合研究中心, 2005, 第101-126页。Cambridge University Press, 1999, p.198

力和协作能力。从这个角度来看, 在外语教学中, 文化教育是必选项, 而非可选项。

如上所述, 语言中心文化论中与话语相关的交际策略维度, 以及文化中心文化论中与其他民族文化理解相关的文化知识维度, 都可以成为提高跨文化交际能力的教学内容。跨文化能力是指"一个人灵活应对不同文化的代表性行为、态度与期望的能力。"[19] 还包括心理上对外国人的开放性, 对陌生事物的开放心态, 从容应对对方沟通风格的能力。[20] 因此, 为了提高跨文化交际能力, 要把语言中心文化论和文化中心文化论的内容放在同一位置。为此, 设定各个讨论的层次与维度, 制定提高讨论效率的方案迫在眉睫。

3. 语言与文化的综合视角

一些研究以综合的视角, 将语言中心文化论和文化中心文化论相融合。其中, 成基哲认为文化教育是语言教育的一个方面, 因此在语言教育中, 可以采用语言统合教育和语言分离教育两种方法。[21] 成基哲借用了拜勒姆和摩根(Byram and Morgan 1994∶5) 以及欣克尔(E.Hinkel 1999∶7) 的观点, 强调在语言教育中将文化教育与语言教育完全融合是最理想的教育方法。具体的融合方法包括部分融合, 与语言相关的文化呈现, 以及体验的方法等。[22]

(1) 通过文化教育, 学习韩国语的文化表达方式。

(2) 通过文化教育, 提高韩国语的学习和应用能力。

(3) 在比较目标文化和母语文化的同时, 摒弃文化偏见, 培养客观正确的文化观, 正确理解文化, 提高文化认同能力。

(4) 培养正确获取、整理和评价目标文化信息的能力。

(5) 为目标文化与本民族文化的交流发展作出贡献。

19) Hinkel Ed. 1999, Culture in Second Language Teaching and Learning, Cambridge AppliedLinguistics,

20) 俞秀妍:《跨文化交际的理解》, 韩国文化社, 第103-105页。

21) 成基哲:《韩国语教育与文化教育》,《韩国语教育》第12卷 第2期, 国际韩国语教育学会, 2001, 第122页。

22) 闵炫植:《韩国语文化教育的概念与实践方向》,《韩国语言文化学》1-1, 国际韩国语言文化学会, 2004年, 第88页。

其中, (1) 相当于语言中心文化论, (2) 相当于文化中心文化论, (3)~(5) 相当于跨文化能力。

崔正顺主张将韩国语教育和韩国文化教育置于平等的位置上进行整合, 并指出以模块形式向学习者传授文化知识会导致学习者产生偏见。[23] 语言和文化都是可变的, 因此可以相互融合, 需要设计使学习者能够自主探索目标语言和文化的活动。 学习者应被置于文化和语言教育等价整合的核心位置, 并将语境置于文化教育的中心地位。

金正恩指出, 通过韩国语教材进行的文化教育更多地是介绍文化特色或内容, 而非培养韩语沟通能力, 这导致了语言和文化教育的分离。他还强调了语言与文化整合教学方案的紧迫性。[24]

黄仁教认为, 在语言教学中教授文化时, 应在教授词汇、语法、话语、言行等"语言"要素的同时教授语言所蕴含的文化内涵。在将语言与文化整合的基础上, 提出了以语言为中心的文化整合方法。[25]

林采勋主张设定韩国语文化语法。[26] "文化语法"指的是使用某种形态论或统辞论等语法形式将与特定文化相关的意义内容进行符号化。在这种情况下, 文化相关的意义内容是指对应语言中共有的知识(文化、或对生活的意义)。文化语法大致分为两种类型: 一种是文化范畴语法(categorical ethno-grammar), 包括敬语法、色彩词、派生语等文化样态构成的语法范畴; 另一种是文化知识语法, 如"치고""-기게 마련이다""-은/는 고사하고""조차/마저/나마"等。只有了解相关语言中共有的文化知识, 才能理解并使用这些语法结构。文化范畴语法被视为语言内在文化教学的一种形式, 而文化知识语法则是文化中心教学的必要基础。

语言和文化综合观点将语言中心文化论和文化中心文化论进行了融合。这种融合观点同时接受语言中心文化论和文化中心文化论, 并将两者置于对等的位置。此外, 这一观点尊重语言内在的活用层面文化以及对语言使用产生影响的情境文化, 因此是非常可取的。不过, 仍需要仔细观察各个领域的等级关系, 并通过细致的讨论实现动态的统筹整合。

23) 崔正顺：《韩国语教育与韩国文化教育的等价整合》,《语言与文化》第1卷, 2004, 第67, 71-75页。

24) 金正恩：《文化教育的研究史和变迁史》,《韩国语教育论2》, 韩国文化社, 2005, 第381-383页。

25) 黄仁教：《韩国语教育与文化教育》,《外语中的韩国语教育》31, 延世大学韩国语学堂, 2006, 第215页。

26) 林采勋：《关于韩国语文化语法(ethno-grammar)设定的可能性》,《韩国语教育》第22卷第4期, 国际韩国语教育学会, 2011, 第109-129页。

03 韩国文化教育的范畴及内容 ✽

以下是一位在德国生活的韩国语教师写的一封信， 她在信中诉说了自己的苦恼。下面让我们一起来看看韩国人在国外生活时，对于应该坚守什么样的韩国文化，以及如何守护韩国文化的问题与答案，一起探索韩国文化教育的范畴和内容。

《德国来信》

李圣熙教授：

您好！
我目前在德国的一所韩国语学校担任成人基础班教师。
作为一个刚加入韩人会不久的年轻管理人员，我想向您倾诉一下我的困扰。
在之前的报告中，我也简要提到了这个问题。
现在让我们先简单了解一下在德国生活的韩国人构成。
第一代韩国人主要是那些曾经作为矿工和护士来到德国的人，
他们的子女在韩国生活一段时间后跟随父母来到德国，形成了所谓的
"1.5代"。而第二代是在德国出生并长大的人，
他们的子女则是第三代……此外还有像候鸟一样飞来的留学生。
目前，德国的韩人会由已在德国生活大约40年的第一代韩国人领导。因此，
韩人会的高层通常年龄在60岁以上。

而1.5代和2代的韩国人已经完全融入德国社会，对韩人会几乎没有兴趣。
如果现在领导韩人会的人都离世了(现在到处都能听到葬礼的消息)，
似乎没有下一代能够接任韩人会领导的角色。在这种情况下，
德国的韩人会是否会消失？是否会以像我这样和1.5代结婚的人为核心，
或者以留学生为核心继续存在？
那么韩国文化是否能在德国占有一席之地呢？
我的困扰是……到底什么是韩国的特色…韩国文化的界限在哪里？例如，
现在的韩人会好像反映了60~70年代的韩国。
因为大部分人都是在那个时代从韩国来到德国的，
所以很多人仍然保持着那个时代韩国的文化和思维方式。因此，
如果举办韩人会的聚会，就会充满"韩式"风味，
从饮食到聚会氛围……但是最近，
由于韩国在全球化进程中引入了许多西方文化，
饮食和生活方式等方面都发生了变化。就我个人而言，
在韩国时我并不是很喜欢泡菜，现在也不会做泡菜。
在这里生活的第一代韩国人中，有很多人仍然亲自在家制作辣椒酱、大酱、
鱼酱等。但是在德国社会影响下成长的第二代韩国人，
或者像我这样的留学生，大多数都不擅长做韩餐。如果韩人社换代，
是否还会有人亲自做饭？即使亲自做饭，
是否还能像现在一样充满韩国特色呢？
我绕了许多弯子，
但核心问题是什么才是韩国的特色……我们应该如何将韩国文化作为一种文
化进行教育和保护。现在韩国发生了巨大的变化，
韩国传统文化正逐渐消失或已经消失。新的文化形式如练歌房(KTV)
和桑拿房等正在兴起。对于我来说，不知道如何坚守和传承韩国文化。例如，
尽管第一代韩国移民在德国仍然庆祝元旦、春节、
中秋节和忘年会等传统活动，甚至还有人过阴历生日，
但我在韩国只过阳历生日，光复节那天也只是玩乐而已。
与之前提到的困境相比，我生活中更多的是日常琐事的烦恼，
作为一名韩国语学校的教师，作为一名韩人会年轻的管理人员，
作为一个居住在德国的韩国人…
感谢您耐心阅读我的来信。期待本学期的这门课能够解决我的困扰，
所以我向您请教以上问题。谢谢！

赵贤南敬上(于德国)

赵贤南老师，

我认真阅读了您的来信，了解到您在德国生活的苦恼以及作为一名韩国语教师想要坚守韩国人本体性的困惑。在德国，第1代韩国人逐渐消失着实让人惋惜。在德国的韩国人共同体中，韩式气氛、韩餐等"韩国文化"逐渐消失更是令人遗憾。

如果第1.5代或第2代韩国人不去传承韩国文化，韩国文化可能会消失。但文化是如流水一般无声无息浸润的，我们不能强迫他人坚守韩国文化。只有当文化主体自己创造并享受文化时，文化才有真正的价值。那么，如何解决这个问题呢？我认为，在这方面，需要像您一样对韩国文化的传承和享受进行深入思考的所有同仁的共同努力。因此，您可以尝试与其他有相同困惑的同胞们联合起来，探索一个让更多人享受韩国文化的方案。现在在德国长大的第1.5代和第2代韩国人，很多时候无法体验韩国文化，并不是因为他们不喜欢韩国文化，而是因为缺乏机会接触。其他国家亦是如此。如果有机会接触韩国文化，不仅韩国人，即使外国人也会努力学习并接受韩国文化。如果具有这种问题意识的韩国人能够一起研究韩国文化，开发出优秀的韩国文化项目并广泛传播，那将会产生积极的效果。邀请第一代奶奶们一起学习制作韩餐，邀请韩国音乐专家一起学习韩国音乐和歌曲，大家聚在一起玩抓石子儿、踢毽子、尤茨游戏、跳绳、打四方等，该有多有趣呢？

知识决定眼界，文化也是如此，体验越多，享受也越多。体验过韩国文化的一代需要更努力积极地将其传授给下一代。从这个意义上说，将现在积极享受韩国文化的第一代作为文化传承的主体，您这一代人可以进行整体的策划和管理，创造一个激动人心的韩国文化交流平台。

正如您所说，在德国生活的现在这一代应该坚守什么样的韩国文化呢？首先应该是韩国人的传统文化，但正如前面所说，韩国人有时也会不坚守。因此，以目前在韩国传承的韩国文化，例如主要节日、国庆节、代表性饮食等作为标准是否更合适呢？

以前韩国没有汗蒸房、练歌房等，但如果在德国也有了类似的韩国新兴文化，一起去体验也是无妨。前面我提到，文化如流水般无法阻挡，也不能强行改变。因此，我们不能排斥当今韩国人喜爱的新兴文化，

只保护传统文化。如果仔细观察，会发现韩国人当下喜爱的新兴文化中渗透着韩国人的传统与感性，其中最具代表性的就是桑拿房、练歌房等"房文化"。"房文化"折射出韩国人的共同体意识和家庭意识。另外，很多在韩国留学的外国学生也喜欢这种"房文化"。在文化研究中，不仅要关注文化的传统性，

1. 韩国语教育中的文化教育范畴

27) Kramsch, C., The Cultural Components of Language Teaching, Language, Culture and Curriculum 8(2), 1995, p.6.

28) Landolf, J. P., Second Culture Acquisition, in Hinkel, E., Culture in Second Language Teaching and Learning, Cambridge University Press, 1999, pp.34-35.

29) 裴贤淑：《韩国语教育中文化教育的现状及问题》,《双语学》第21期, 双语学会, 第178-199页。

30) 权五卿：《韩国语教育中韩国文化教育方向》,《语文论丛》 第45期, 韩国文化语言学会, 2006, 第389-431页。

31) Kramsch, C., Context and Culture in Language Teaching, Oxford University Press, 1993, p.188.

基于维谷斯基(Vygotsky) 研究基础上不断发展的认知主义、建构主义的社会语言学研究认为, 语言不仅是对现实的反映, 而且是由语言使用者之间的互动所共同构建的。[27] 学习者通过参与社会语言交流的过程, 形成概念和概念性思维, 并从以自我为中心的语言(egocentric speech) 逐步发展为内在语言(inner development) 来进行语言学习。[28] 考虑到语言的社会性质以及语言和文化的紧密关系, 在提高沟通能力方面, 作为背景知识和语境的文化教育的作用日益凸显。因此, 文化教学不仅仅是传授文化知识本身, 而且还能提供成功交际所需的语言环境和背景知识。

在探讨韩国语文化教育的范畴时, 最大的分歧是应重点关注教授文化本身, 还是为了韩国语教育而教授文化。裴贤淑认为韩国语文化教育的目标是对文化本身的教育,[29] 权五卿将"文化能力"置于"沟通能力"之上, 认为韩国语教育的目标是通过对韩国人的理解来实现文化融合, 因此提高文化能力更为重要。[30] 但在韩国语教育中, 文化教育的范畴不应仅限于对文化本身的教育, 还应将其与文化设在一起进行教学, 从而更好地理解韩国语的使用语境。 韩国语教育中文化教育的范畴是：语言是社会性的产物, 学习语言就是学习文化。[31] 在各种社会背景和语境下, 如果没有对文化的正确理解, 想要正确使用语法并实现其功能是不可能的。[32] 也就是说, 为了进行"语言教育中必不可少的文化教育", 有必要在韩国语教育过程中对文化加以整合。

文化教育的范畴不能只限定在民族传统或物质领域。克拉姆什(Kramsch)

对外语课堂中过度压缩文化项目表示担忧，他指出每个国家都有不同的政治文化、知识风格、社会焦虑、希望、自豪，以及语言和文化中所内涵的不同意义和价值。我们通常使用的"文化"一词中，从民族志学角度来看，蕴含着全社会成员共有的传统、信仰和习俗。但是，在外语书中，"big C"指的是杰作；"littie c"(4F) 则指的是饮食、节日、民俗、统计资料 (Foods,Fairs,Folklore,and statistical Facts)"。[33) 文化教育不能仅仅局限于"4F"或传统文化、物质文化层面。而要拓展到认识论、哲学和世界观领域。这种拓展意味着：当语言反映文化时，我们不能将文化缩小为纯粹的物质文化或传统制度。反映在语言中的文化必须包括使用、发展和改造该语言的社会共同体所构建的思维方式、哲学以及孕育该语言的历史。这样扩展的文化概念可以作为理解阐释目标文化的认识论基础。

此外，韩国语教育中对文化的定义与人类学和民俗学中对文化的定义在出发点上存在一定的差异。研究各种族特征与差异的人类学或文化研究，以及民俗学中对文化的定义，虽然对文化教育的界定有帮助，但不能成为韩国语文化教育中必备的文化项目。另外，这与韩语学习者需要了解的韩国文化也存在差异。[34) 韩语学习者需要以自身文化修养为基础，全面而广泛地了解韩国文化。然而，这些文化项目并不能直接适用于韩国语的外国学习者。

32) Martin Cortazzi and Lixian Jin, Cultral Mirrors Materials and Methods in the EFL Classroom, in Hinkel, E., Culture in Second Language Teaching and Learning, Cambridge University Press, 1999, p.198.

33) Kramsch, C., Culture in Language Learning: A View From the United States, In Kees DeBot, Ralph B. Ginsberg, Claire Kramsch(Eds.), Foreign Language Research in Cross-Cultural Perspective, John Benjamins Publishing Compamy, 1991, p.218.

34) Hirsh的 "Cultural Literacy" 概念是为了提升其本国国民的素质教育，作为外国人学习文化的情况下应该有不同的强调点。Hirsch, E. D., CulturalLiteracy, Houghton Mifflin, 1987.

2. 韩国文化教育项目

(1) big C与 little c：布鲁克斯(Brooks, 1975)

"big C"("achievement culture", 成就文化)：古典音乐、舞蹈、文学、艺术、建筑、政治制度、经济制度等伟大的艺术作品。

"little c"("behaviour culture", 行为文化)：日常生活中表现出来的行为模式、态度、信念、价值体系等群体共有的概念, 涵盖了人类生活的各个方面。

在美国、英国、加拿大等国家, 学校课程中涉及的文化项目被称为"big C('achievement culture', 成就文化)"。其中包括历史、地理、习俗、文学、艺术、音乐、生活方式等等。它们是教科书式的知识, 属于固定的课程主题。

"little c('behaviour culture',行为文化)"是通过主流文化(host community)所接受的语言与文化行为表达出来的内容, 并且这一概念延伸到受文化影响的各个领域, 包括了文化产物、观念、行为模式等。[35]

20世纪60年代以前, big C, 即文化的形式层面受到重视。此后, 随着沟通功能不断得到重视, little c成为文化学习的重要目标。对于外语教学而言, 需要将文化定义为实用性的教学项目, 并纳入外语教学的整体框架中。在外语教学中, 之所以采用实用性的文化教学项目, 与二战后文化逐渐由文学艺术杰作向日常性、实用性转变不无关系。在二战之前, "文化(big C, Culture)"是指文学作品、社会制度和历史事件、文字语言所承载的知识。然而, 二战后, 随着语言学、社会学的发展以及市场经济的要求, 人们逐渐关注起语言和日常生活文化之间的沟通。高级文化的重要性逐渐衰退, 而意味着肢体语言、心态、生活方式和与之相互联系的语言交际风格的文化(little c,culture) 对于成功交流变得越来越重要。[36]事实上, big C不需要与目标文化直接接触就可以学习, 并使学习者获得关于目标文化的知识。但了解big C并不意味着就可以与该文化圈中的人成功交流。因此, 在文化教学中需要平衡big C与little c。

35) Tomalin, B. & Stempleski, S. Cultural Awareness, Oxford University Press, 2001, pp.6-7.

36) Kramsch, C., Intercultural Communication, in Carter, R. and Nunan, D.(ed.), The Cambridge Guide to Teaching English to Speakers of Other Languages, Cam bridge University Press, 2004, p.201.

(2) 语言教学中可涉及的文化类型：哈默莱(Hammerly, 1986)

信息文化(informational　culture)：受过一般教育的母语话者所了解
　到的关于自己所处的社会、地理、历史、英雄等信息和事实。

行为文化(behavioral culture)：日常生活的总体。作为一个民族的社
　会行为方式，包括人的基本需要、环境和传统的相互作用。

成就文化(achievement culture)：在目标语文化中取得的成就。

(3) 外语课堂应教授的文化范畴[37)]：盖尔·罗宾逊(Gail Robinson, 1985)

盖尔·罗宾逊拓展了little c(行为文化) 的概念，提出文化的构成要素如下：

---

little c(行为文化)

产物：文学、民俗、美术、音乐、加工产品
观念：信念、价值观、制度
行为模式：习俗、习惯、服装、饮食、休闲

　上述分类并非针对文化本身进行教育，而是为了在语言教学中引入文化要素。文化概念由原本重视文学艺术杰作和历史事件转向注重语言实际使用环境和日常性。文化教育的整体框架应建构在提高学习者的韩国语交际能力这一大范畴下，从这一点来看，上述分类是非常恰当的。

(4) 文化教育的内容：韩才英(2005)[38)]

① 韩国语言文化

- 敬语法、谦语法：阶称、'-시'、各种敬语词汇、固定表达
- 家庭、亲属称谓语
- 说话方法：格式体、非格式体、样态词尾表达

37) 盖尔·罗宾逊 (Gail Robinson), Crosscultural Understanding, Prentice Hall. 1985年，以外语教育教师为对象进行的 "相互文化教学法中应该教授的文化项目" 问卷调查中，对选择最多的项目进行了分类。Tomalin, B. & Stempleski, S. Cultural Awareness, Oxford University Press, 2001, 第7页重引。

38) 韩才英等，《韩国语教学法》，太学社，2005。

- 名字文化
- 外来语接受方式
- 习语、谚语、文化词汇随着时代的语言变化

文化基础词汇

- 在衣食住行中，代表该文化的最基本、最传统、最具象征意义的词汇。
- 文学、音乐、美术等艺术领域的概念，专有名词(如具有代表性的作者、作品或主人公名字)，文化的独特形式或主题。
- 韩国文化中的独特风俗或游戏相关的词汇。
- 典型习语和谚语。
- 语言礼仪的相关词汇。
- 讽刺或象征该时代政治、社会现象的新造词和流行语。

---

② 韩国人的日常生活

A. 韩国人的衣食住行

- 服饰：时尚潮流、染色技术、服装款式、韩服
- 饮食：韩餐种类、口味、烹饪方法、主食、节日饮食
- 居住：住房形式、卧室文化、坐式文化、全租

B. 其他日常生活方式

- 交通：车辆、首尔的交通拥堵、交通法规、公共交通(首尔地铁、公交车付费方式、通行方式)、汽车租赁
- 经济：半导体、汽车、移动通信、IT产业、食品购买方式、传统市场的砍价文化
- 韩国的医疗费用：医疗保险、看牙医
- 现代韩国人的娱乐文化：聚餐文化、KTV、网吧、网络文化(包括网络社交活动)

- 其他：手机使用、校友会、高考复读、垃圾分类制度、家政

C. 韩国人的人际关系

- 男女关系
- 老少关系
- 整体人际关系特征

D. 韩国人的思维方式与性格

- 情
- 礼节
- "我们"意识

E. 韩国人的礼节(包括动作语言)

- 公交车或地铁里的敬老让座文化
- 饮酒礼仪(与长辈共饮时的礼节)
- 吸烟礼仪
- 递送钱物时的礼节
- 用餐礼仪
- 在长辈面前的坐姿
- 拜访礼仪

F. 韩国的自然景观与旅游景点

- 雪岳山、济州岛、庆州、郁陵岛、江华岛
- 传统村落、南山韩屋村、安东河回村
- 首尔及各地的历史遗址

G. 韩国文化遗产

- 韩文、佛国寺、石窟庵、跆拳道、高丽人参、假面舞、白南准、郑京和、郑明勋、赵秀美、莎拉·张(韩国文化观光部选定的韩国文化象征)

H. 韩国的公共设施与制度

- 政府机关的办公时间
- 银行、药店、医院、图书馆的使用

I. 住宿设施的介绍和使用方法

- 寄宿、自助、单间公寓、写字楼、酒店、民宿、家庭旅馆(注：在韩国MT/社团活动中通常会集体包下民宿，属于一种特殊类型的民宿)
- 酒店的使用方法

J. 禁忌

⑤ 文化教育内容：李圣熙(2014)[39]

为了提高交际能力，我们根据培养跨文化能力和促进韩国语教学两个子目标，将文化教育分为语言内在文化要素和社会文化要素两部分。韩国语内在文化要素包括韩国语、韩文、形态论、统辞论、语义学、文化语、语言礼节、语言内容、非语言沟通等。社会文化要素层面以帮助理解韩国社会的文化知识为学习内容，以盖尔·罗宾逊所划分的产物、观念、行为方式等内容为依据，在此基础上适当增加细节内容。在产物方面，我们涵盖了文学、民俗、美术、音乐、加工品等；在观念方面，包括信念、价值观、制度等；在行为方式方面，涉及习俗、衣服、饮食、休闲等内容。

39) 该内容是对李圣熙：《关于韩国文化教育的等级化及文化项目领域设定的研究》，《韩国语文化研究》第2卷 第1期，韩国语文化研究中心，2014中的内容进行了修改完善。

主题	语言活用维度	社会文化因素
内容	学习韩国语中固有的文化要素	学习有助于理解韩国社会的文化知识
目标	提高跨文化交际能力的跨文化能力 形成比较文化框架的第三空间 • 为理解目标语而学习文化要素 • 通过韩国语学习交际策略 • 与韩国语话者展开顺利的交流(rapport)	• 通过对韩国人和韩国社会的理解,满足并激活学习者的学习动机 • 通过对本民族文化和韩国文化的比较, 克服本民族中心主义(ethnocentrism), 形成跨文化理解的视角 • 摒弃偏见, 对其他文化持理解和尊重态度, 形成多元文化理解视角
项目	韩国语	
	韩文、形态论、统辞论、语义学	产物
	文化语言	
	称呼语与指称语、问候语、比喻、谚语、谜语、隐语、存在和所有、亲属语、拟态语、拟声语、成语、熟语	文化遗产(石窟庵、 故宫)、 太极旗、爱国歌、故事等文学、民俗、历史、美术、歌曲(音乐)、戏剧、电影等艺术、玩笑、韩国的象征、广告、报纸、广播、杂志等媒体(K-POP等韩流)
	语言礼节	观念
	谦虚地说话, 请求与拒绝、回应赞美、 在聚会上说话、 询问私人问题、沟通态度, 上下级之间的交谈, 语速, 插话, 打断, 粗俗语的使用, 禁忌表达	存在与所有、我与我们(共同命运体意识)、意义范畴的差异、儒家思维方式(恭敬心)、高情境文化、集体主义(共同命运体意识、 和谐的文化)、思维方式(道德意识、 主体意识、 夸大意识、恨意识)、精神文化
	语言内容 敬语法·称谓语与指称词、色彩词、复数表达、语义范畴的差异	行为模式 衣食住行、 风俗习惯(用餐礼仪)、公共设施和制度, 产业技术、经济活动、学校生活、职场生活、休闲娱乐、 假期、 节日、 人生礼仪(周岁、百日、花甲)、交通、礼节、兴趣爱好、自然、地理、宴会文化、随礼文化
	非语言沟通	
	表情、肢体动作、视线、距离、犹豫、回避	

〈表15〉文化教育目标及内容

语言内在文化要素既包括与韩国语相关的韩文、形态学、统辞学、语义学等，也包括与韩国文化要素相关的称呼语、指称语、亲属语、拟态语等。通过学习语言内在的文化特征，我们可以提高与韩语话者进行交流所必需的策略能力。此外，这种学习内容还有助于避免文化误解，确保与韩语话者之间建立融洽的关系，实现亲密而高效的交流。

不同的语言和文化背景会影响人们的说话方式。例如，欧美人在交谈时通常保持一定的距离，而南美人则更倾向于靠近对方。南美人的说话方式有时会引起欧洲或美国民众的不适，成为高效交流的障碍。因此，在使用韩语进行交流时，学会韩国人约定俗成的谦虚说话方式、委婉地请求或拒绝、以及长辈与晚辈之间的对话方式是非常重要的。

在语言内容方面，敬语法和称呼等常常会困扰外国学习者。此外，不同文化圈对非语言交流的认知也存在差异。一个微小的手势或肢体动作可能会导致韩国人产生误解。因此，我们应该教授学习者如何通过理解非语言交流来减少不必要的误会。

语言的社会文化要素中包括"存在和所有·我和我们(共同命运体意识)·意义范畴的差异，用餐礼节·恭敬之心"，"笑话、新闻、广播、广告等生活文化以及歌曲故事"，"道德意识、主体意识、夸大意识、恨意识"等。

社会文化要素的学习主要目的是帮助学生理解目标社会的文化知识。通过了解韩国人和韩国社会，可以满足并激发学习者的学习动机。外国人通过接触K-POP和韩流文化对韩国产生兴趣，从而激发学习韩国语的动机。此外，对韩国文化的关注和兴趣也可以帮助学习者保持对学习韩语和韩国文化的热情。学习韩国文化，不仅可以更加深入地了解本民族文化，还可以加深其他文化的理解，从而克服本民族中心主义，获得跨文化视角。此外，消除对其他民族的偏见和误解，以文化"多样性"为基础，培养对其他文化的包容和尊重态度，是多元文化教育的重要内容。

3. 通过"深层文化·表层文化"及"大文化(Big C)·小文化 (Little c)"解读韩国文化

在外语教学领域，文化教学项目的选择始终是学界持续关注的焦点议题。与此同时，在原本仅教授语言就已十分紧凑的课程安排中，开展文化教学被认为是繁琐而棘手的事情。然而，经过学者们深耕细作的理论探索，文化教学项目的框架体系逐渐清晰，其具体实施路径也日臻完善。

在语法翻译法与听说教学法作为主流教学法的时期，文化要素并未纳入教学范畴。这两种教学法的目标是通过机械性重复练习来熟记语法和惯用表达，强化学习者的会话与听力能力。然而，单纯依赖记忆强化的教学模式导致学习者时常出现无法运用目标语言进行交流。20世纪70年代海姆斯(Hymes)之后，随着交际教学法的提出，作为真实交际语境的文化知识储备与情境解析能力开始受到重视。

交流场景是人与人之间的相遇为前提的。每个人都秉持着坚定而独立的个性在世间生活。一个人的个性与经历融合在一起，便造就了当下这个人。因此，仅凭只言片语就想了解对方的全部想法几乎是不可能的。为了进行有意义的沟通，不仅要了解对方的语言，还要努力去了解作为语言背景的文化。

选定文化项目需要一定的标准，深受外国学习者喜爱的K-文化，其本身便是独具魅力的文化项目。K-文化是韩国文化意义化的体系，它展现着韩国特色，是韩国人所享受的文化，涵盖文化产物、观念和行为方式等内容。通过代表韩国特性的"K"的融合，K-文化已经走出韩国，走向世界，成为全球人共享的韩国文化。[40]

---

40) 关于"K-文化"这一用语，当前学术界主要存在两种观点，一种观点认为"K-文化"是虚构的假设产物，因为无法找到单一的韩国性；而另一种观点则尊重其作为文化意义体系的真实存在。后者观点采用了本尼迪克特·安德森(Benedict Anderson)提出的"想象的共同体"理论，将其定义为"非虚构或虚假，而是可通过认知确认其真实存在的共同体实体。"并将这一理论应用于"K-文化"，认为"K-文化"是作为"文化意义体系的"存在。本书在叙述体系上赞同后者观点。当然，我们并不认为K-文化是一成不变的，也不视其为全体韩国人的代表性文化。尽管需要更深入的探讨，但在韩国语教学现场，应该从实用性角度来界定K-文化的概念与范畴，这需要持续的探索。金贤贞：《K-文化分析：以大型OTT平台爆款韩剧为中心》，《韩国与世界》第4卷第4号，2022；梁秀英、李胜民：《韩流的发展历程与展望》，《KOCCA FOCUS》，通卷第138期，韩国文化产业振兴院，2022；李志英：《想象中的K-文化：K-文化的认知论考察》，《影像文化》第42期，韩国影像文化学会，2023，第63-85页。

在时间和资源有限的前提下，我们要认真探讨韩国语教育中文化项目的内容。将广泛而复杂的对象进行分类需要一定的标准。为了对手中尚未掌握的对象进行分类，可以先运用"+与-"的对比视角进行二元划分。文化教学项目可以以效率性和扩散性为基准，将其分为"深层文化·表层文化"及"大文化(Big C)·小文化(Little c)"。

将混沌未分的文化现象进行二解构是列维-斯特劳斯之后结构主义者看待世界的视角。列维-斯特劳斯(ClaudeLe'vi-Strauss)通过对南北美洲印第安人庞大的神话体系进行剖析，试图揭示存在于人类思维深层的文化形成原理，即结构性无意识。而他试图寻找的这种结构性、普遍性的无意识本质，最终是通过差异对比与相似关联来生成象征与意义网络。世界被划分为生食与熟食、神圣与世俗、男性与女性、此物与他物等二元对立范畴。随着这种划分的不断重复，研究者的分析框架也随之获得迭代升级。[41]

表层文化与深层文化

爱德华·霍尔(E.T.Hall)在1976年出版的《超越文化》一书中提出"文化冰山"(the cultural iceberg)概念。这一理论创造性融入了德国心理学家西格蒙德·弗洛伊德(Sigmund Freud, 1856-1939)关于意识与无意识的学说。弗洛伊德认为，与语言表达相比，人类的行为更为重要，行为受控于意识无法完全掌控的隐秘驱动力，即无意识的支配。霍尔将弗洛伊德的无意识理念移植至文化维度，将那些未被人们认知却对意识产生持续影响的无意识定义为"文化无意识"(cultural unconscious)，并强调潜藏于深层的文化无意识对表层文化形态具有持续性塑造功能。[42]

继弗洛伊德之后，哈里·沙利文(Harry Stack Sullivan, 美国新弗洛伊德学派精神病学家, 1892-1949)和爱德华·萨丕尔(Edward Sapir, 美国语言学家、人类学家)将弗洛伊德的无意识理念引用于文化维度，将文化分为"显性文化(overt)"和"隐形文化(covert)"进行阐释，并引用了"冰山一角(the tip of

41) 克洛德·列维-斯特劳斯(Claude Lévi-Strauss) (1935, 2005) : 朴玉柱译《神话学 1》, 韩吉社, 第1-667页。

42) 爱德华·霍尔(Edward T. Hall) : 《超越文化》, 崔孝善译, 韩吉社, 1991, 第79-88页, 234-245页, 303-304页。

an iceberg)"的比喻。人类学家克莱德·克拉克洪(Clyde Kluckhohn, 美国文化人类学家) 将文化分为"外在文化(explicit)"与"内在文化(implicit)"。"外在文化" 是指如法律一般可作为话题讨论并具体化的内容；而 "内在文化" 则指诸如对成功的情感认同那样虽被集体共享却未被意识化的内容。拉尔夫·林顿(Ralph Linton, 美国文化人类学家, 1893-1953) 将文化划分为"显性文化"和"隐性文化", 并将其应用于行为及控制行为模式的基本前提。[43]

霍尔的文化冰山模型是对弗洛伊德之后心理学家与人类学家持续存在的二元视角的继承与发展。个体虽然意识不到文化无意识层面, 但文化无意识却在诸多不受意识控制的方面持续支配着个人行为。[44] 文化冰山模型不仅展示了可见的表层文化, 更彰显了潜藏的价值观念与信仰体系在深层文化架构中的根植作用。同时也展现出文化系谱的覆盖广度以及文化项目的多样性。文化项目的广度与多样性, 恰似人类文明生存范式的多元呈现, 是丰富多彩的。而简单把握这种丰富性本质是不可能的。为了解决这一难题, 霍尔将文化分为可视的意识层面与潜隐的文化无意识层面, 以此建立文化分析的二元模型。霍尔提出的文化冰山模型如下。

43) 爱德华·霍尔(Edward T.Hall)：《无声的语言(The Silent Language)》, 崔孝善译, 韩吉社, 1959, 2000, 第85-124页。

44) 爱德华·霍尔(Edward T. Hall)《无声的语言(The Silent Language)》, 崔孝善译, 韩吉社, 1959, 2000, 第43-56页。

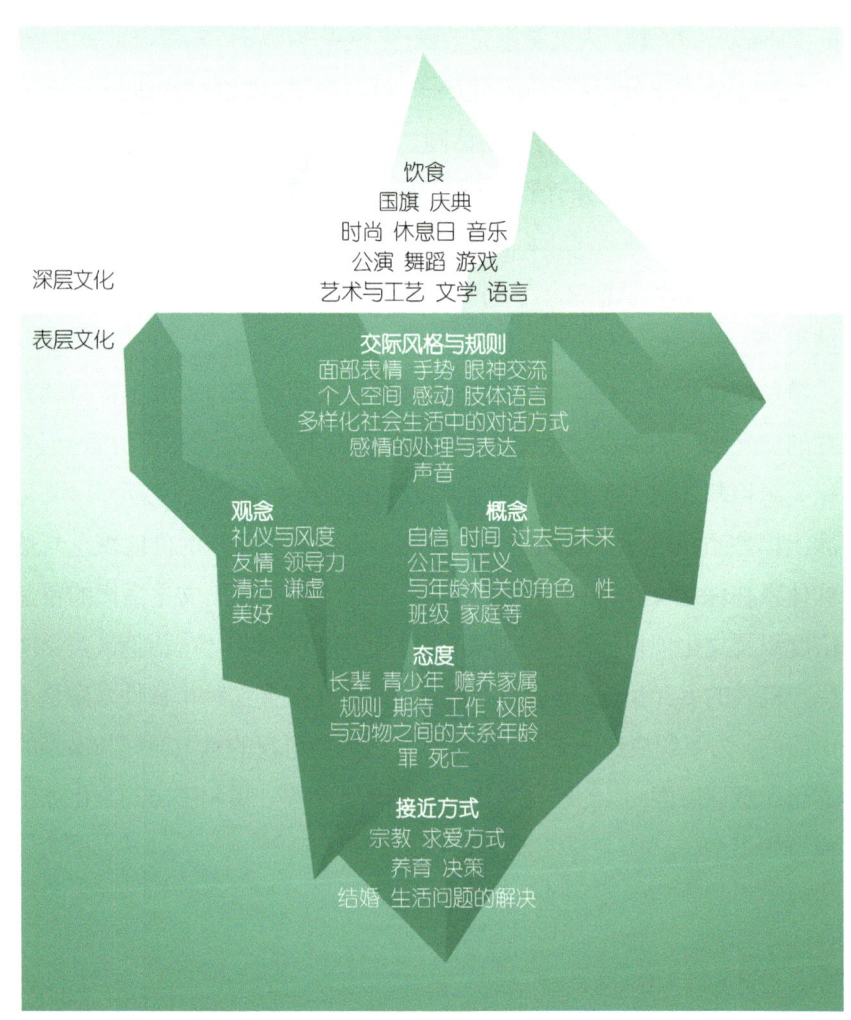

深层文化

表层文化

饮食
国旗 庆典
时尚 休息日 音乐
公演 舞蹈 游戏
艺术与工艺 文学 语言

交际风格与规则
面部表情 手势 眼神交流
个人空间 感动 肢体语言
多样化社会生活中的对话方式
感情的处理与表达
声音

观念
礼仪与风度
友情 领导力
清洁 谦虚
美好

概念
自信 时间 过去与未来
公正与正义
与年龄相关的角色 性
班级 家庭等

态度
长辈 青少年 赡养家属
规则 期待 工作 权限
与动物之间的关系年龄
罪 死亡

接近方式
宗教 求爱方式
养育 决策
结婚 生活问题的解决

〈图14〉文化冰山模型[45]

文化如冰山一样，只能看到表面的10%左右，而90%则潜藏于水面下方。

---

45) https://bccie.bc.ca/wp-content/uploads/2020/09/culturaliceberg.pdf;
https://ecampusontario.pressbooks.pub/intercultural/part/main-body/;
https://www.batestech.edu/wp-content/uploads/2024/03/Jan-18-Cultural-Iceberg-Bates-AAW.pdf

表层文化
饮食, 国旗, 庆典, 时尚, 休息日, 音乐, 舞蹈, 游戏, 艺术与工艺, 文学, 语言

〈表17〉表层文化

深层文化
交际方式与规则
面部表情, 手势, 眼神交流, 个人空间, 感动, 肢体语言, 多样化社会生活中的对话方式, 感情的处理与表达, 声音
观念
礼仪与风度, 友情, 领导力, 清洁, 谦虚, 美好
概念
自信, 时间, 过去与未来, 公正与正义, 与年龄相关的角色, 性, 班级, 家庭等
态度
长辈, 青少年, 赡养家属, 规则, 期待, 工作, 权限, 与动物之间的关系年龄, 罪, 死亡
接近方式
接近方式, 宗教, 求爱方式, 养育, 决策, 结婚, 生活问题的解决

〈表18〉深层文化

　　表层文化能够被直观观察, 并因文化圈不同而呈现出显著的差异。饮食、国旗等因国家与民族不同而呈现出不同的形态, 而这种差异成为人们探索其他文化的重要因素。在接触其他文化时, 首先接触到的即是表层文化, 表层文化成为吸引人们好奇心和关注的对象。

　　深层文化是潜藏在表层文化内部, 被文化共同体成员无意识共享的认知体系。随感情而发生变化的面部表情和眼神交流是交际时的重要因素。只有掌握目标语言使用群体的隐性互动范式, 表情管理与眼神交流才可能超越语言符号的边界。在韩国, 孩子被长辈训话时不能正视长辈是有礼貌的体现。而在美国, 眼神交流在沟通时尤为重要, 因此, 当孩子被训话时, 如果不正视长辈, 则会被误解为不礼貌的行为。语言、面部表情、眼神交流等作为交际时的深层文化，是与目标语话者进行顺畅沟通时需要掌握的文化项目。

了解韩国文化中的礼仪表达方式也是非常重要的。见到长辈低头行礼问好的礼仪，在其他国家不一定存在。对清洁的理解也因文化圈的不同而呈现差异。就韩国而言，与五六十年前相比，对清洁的标准要求显著提高。韩国文化中清洁标准的变化，是需要从文化可变性维度观察的指标。

对时间和空间的感知，对待长辈或事情的态度，婚姻生活中的问题解决方式等深层文化，是长期观察或研究韩国人的生活和思想时需要了解的内容。

前面提到，深层文化是潜藏在表层文化内部，被文化共同体成员无意识共享的认知体系。深层文化占据文化冰山的90%以上，并始终对占10%左右的表层文化产生影响。因此，为了准确地解释表层文化，首先需要了解深层文化。音乐作为韩国的表层文化，唯有通过解读其蕴含的审美观念体系，方能获得完整的意义解码。

霍尔提出了文化冰山模型，但他同时指出，理论模型都是不完善的。因为模型是通过定义抽象建立的，不可能涵盖所有情况。霍尔强调，被省略的内容与被保留的内容同等重要，某些情况下甚至更具决定性。因为整个系统的结构与形态，恰恰是由那些被省略的部分所建构的。[46] 霍尔提出的多样性文化项目包括国家、文化圈层、历史时期、代际差异、性别认同、宗教信仰、经济地位等，这些文化项目会受到多元变量的系统性影响。具体的文化项目需要文化研究者持续进行观察和研究。文化冰山与如同比喻一样，具有局限性。冰山给人的印象是静止的、稳定的，而文化则是动态的、复杂的。通过研究文化的动态性和复杂性，可以进一步深化对文化主体以及对他们生活的研究。

46) 爱德华·霍尔(Edward T. Hall)：《超越文化》，崔孝善译，韩吉社，1991，第35页。

(2) 大文化(Big C) 与小文化(Little c)[47]

① 大文化(Big C) 与小文化(Little c)

1956年本杰明·布鲁姆(Benjamin Bloom) 与其团队提出"教育目标分类体系(taxanomy of education objectives)"，将教育目标划分为认知领域、情感领域与动作技能领域三大范畴。[48] 斯特恩(H.H.Stern) 根据布鲁姆的教育目标分类体系，将文化教育目标分为认知领域(Cognitive)、情感领域(Affective) 和动作技能领域(Behavioural)。[49] 认知领域包括对目标文化特质的认知，对本国文化与他国文化差异的认知，以及陈述、分析、归纳、系统化的意志。

对目标文化特质的认知是指从认知维度来切入文化。即掌握目标文化的内容，了解各文化项目之间的关系，区分一般性项目与特殊性文化项目。斯特恩在认知领域研究中，借鉴了布鲁克斯(N. Brooks) 1975年的理论成果，将文化划分为"大文化(Big C)"与"小文化(Little c)"两个维度。情感领域是指激发兴趣、引起好奇心、引发共鸣的领域。动作技能领域包括解释文化行为的接受领域以及符合文化行为的生产领域两个维度。以上三个领域涵盖文化教学的内容和方法、激励机制、学习者成长等内容。

"大文化(Big C)"与"小文化(Little c)"隶属于认知领域，是划分文化项目的实用分析框架。学者对"大文化(Big C)"与"小文化(Little c)"进行了不同的阐释。"大文化(Big C)"是指成就文化、高级文化和产物；而"小文化(Little c)"是指大众文化和行为文化。

外语教学中使用最广泛的是布鲁克斯(N.Brooks) 的划分方法。布鲁克斯在1971年提出将文化分为"大文化(Big C)"与"小文化(Little c)"两个维度，这种提法至今仍在以美国德克萨斯大学教育学院为首的外语教学现场被不断继承和发展。[50] 保加利亚、意大利、西班牙、瑞士等欧洲国家在其跨文化教育网站将"大文化(Big C)"与"小文化(Little c)"分为"显性文化"与"隐形文化"，也即"表层文化"和"深层文化"。但表层文化的开

47) 本章内容对下列论文的主要内容进行了修改完善。李圣熙(2023)：《基于韩剧的"大C·小c"文化综合教学模式研究-2022世宗文化学院深化课程：以"阳光先生"和益善洞内容为中心》,《读写研究》, 第14卷 第4期 (通卷第54期), 第393-417页。

48) 郑兴昭：《基于布鲁姆(Bloom)的认知领域教学目标设定体系进行的课程目标设定与陈述方式研究》, 2005, 第7-8页；Anderson, L.W.& Sosniak, L.A. (Eds.)(1994), Bloom's taxonomy: A forty-year perspective. Chicago: University of Chicago Press, pp.3-21.

49) Stern, H. H.(1992), Issues and options inlanguage teaching: Oxford: Oxford University Press. pp.212-214.

50) https://coerll.utexas. edu/methods/modules/ culture/01/which.p hp, 2025年 2月 15日 访问。

放性范畴并未考虑历时性维度, 将"所有文学"、"所有艺术"纳入其中, 因此研究时具有一定的难度。莎士比亚、安东尼·高迪、米开朗琪罗等"永不消逝的"著名人物、文学、建筑、音乐、舞蹈、历史等被纳入"大文化(Big C)"范畴; 交际风格、口头与非语言符号、文化规范(社会交际中合规的和不合规的)、行为方式、神话和传说等被纳入"小文化(Little c)"范畴。[51]

② 大文化(Big C) 与小文化(Little c) 的争论

1968年, 布鲁克斯将文化领域设定为"生物性成长, 个体精雅化、文学与纯艺术、生活模式、整体生活方式"等五个维度。其中, 他特别强调, 在外语教学中要重点学习"生活模式"(Brooks, 1968:204-217)。生活模式对交际产生最直接的影响。理解构成对方当下性的文化要素, 能够对跨文化交际产生积极影响。

布鲁克斯提出生活模式的10个下位范畴, 具体包括"象征、价值、权威、思考方式、礼仪、爱、态度、幽默、美、灵性"。这10个文化项目抽象而具有象征性, 很难应用于课堂教学。此后, 学界深切意识到实践性文化教学的必要性, 提出大文化(Big C) 与小文化(Little c) 理论框架, 将原本相对抽象和象征性的文化要素赋予实质性内涵。

大文化(Big C)	小文化(Little c)
布鲁克斯(Brooks, 1971)	
文化MLA 伟大的音乐、文学、舞蹈、建筑、艺术作品 诸如奥林匹克文化之类的	文化"如十指连心、环环相扣一般"深度嵌构在社会成员的生命肌理之中
布鲁克斯(Brooks, 1975)	
人类生活最高级的 美国/英国/加拿大的学校课程 教科书知识、文字语言知识 历史、地理、习俗、文化·艺术·音乐杰作 社会制度、历史事件	涵盖人类生活各领域的文化 日常生活模式 BBV(信任、习惯、价值) 基石文化(积灰石)

51) https://erasmusmy
way.wordpress.

大文化(Big C)	小文化(Little c)	
莎莉(Sylee,1984)		
精英主义 艺术、文化、音乐、历史、地理	包含人们日常生活的全部 从传说到鲸鱼雕刻艺术品	
盖尔·罗宾逊(GailRobinson,1985)		
杰作、教科书知识	产物	文学、民俗、美术、音乐、加工品
	观念	信念、价值、制度
	行为方式	习俗、习惯、服饰、饮食、休闲

〈表19〉布鲁克斯(Brooks) 的大文化与小文化领域

布鲁克斯在1971年的研究中，大胆地以"文化教育的新领域(New Frontier)"为题，对大文化(Big C) 和小文化(Little c) 进行了区分。在研究中，布鲁克斯聚焦于小文化而非大文化。他认为，大文化类似于"奥林匹克文化"，属于单纯罗列、展示型文化项目，这种文化项目无法实现全面的文化教育。他强调应摒弃像奥运文化那样流于展示性、浮于表面的文化形态，应该教授"如十指连心、环环相扣般"深度嵌构在社会成员生活之中的文化。只有深深嵌入人们日常生活中的鲜活文化才是教学现场应该教授的的文化。

应摒弃像奥运文化那样流于展示性、浮于表面的文化形态，转而传授如同手指连于手掌、手掌连于手臂般深度融入社会成员生活的'小文化

此外，布鲁克斯在1975年的研究中强调，就外语教学而言，自第二次世界大战以后，文化逐渐由文学巨作转变为日常而实用的层面。随着市场经济的发展，高级文化的重要性逐渐衰退。与之相反，代表肢体语言与心态、生活方式与相处模式的小文化(Little c) 在成功交际中的重要性逐渐凸显，这一观点是基于人类学方法论(anthropological method) 而提出的(Brooks : 1975)。[52]

随着时代对日常性与实用性需求的增加，当代文化教学越来越重视

52) 对日常生活样态的观察基于人类学方法论。人类学的核心命题包括：作为"共享生活方式"的整体架构，作为"象征与意义体系"的认知框架，以及作为"关系结构"的社会实践网络。此处的文化概念涵盖对人类本质的哲学思考，审美活动及其物质化成果，生活风格，日常实践场域中的社会习俗与制度建构。金广亿：《文化的多学科探索》，首尔大学出版社，1998。

日常生活中的实际沟通能力。肢体语言、心态、生活方式、相处模式，可溯源于1971年文化人类学奠基性研究，其本质是对嵌入社会肌理的活态文化的元话语诠释。只有了解人们日常生活中的态度、思想、生活方式、交际方式，才能真正实现深度的跨文化交际。

在此研究中，将小文化(Little c)称为"积灰石"是非常有趣的现象。积灰石是指置于壁炉底部用于承接木柴灰烬的耐火石材。虽然在生活中不可或缺，但却无向他人可炫耀之处。没有积灰石，日常生活会很不方便；但又不能为了向他人展示而将其列入奥运会目录清单。"积灰石"这一隐喻生动地描绘出小文化(Little c)的特征。小文化是我们生活中的每一个日常，朴素而真实。无论外界是否关注，都能安之若素的生活状态。这种日常与精心打扮去外出的特殊日子相比，更加真实而可贵。布鲁克斯"积灰石"指的正是这种朴素真实的日常生活景观。

在文化教育领域，学界继承并发展了"大文化(Big C)与小文化(Little c)"的理论。莎莉(Sylee)和罗宾逊(GailRobinson)对布鲁克斯提出的理论进行了更加深入的探讨。莎莉(Sylee, 1984)将"大文化(Big C)"贬低为洗衣清单，这使人联想到1971年布鲁克斯将其比喻为奥运文化的发言。这些琐碎的清单枯燥无味，不会在人的心灵留下任何痕迹。莎莉(Sylee)认为，通过小文化来了解人们的日常才是真正的文化教育，并指出忽视小文化的精英主义将课堂教学变得枯燥无味。

罗宾逊(GailRobinson)将"大文化(Big C)"比作教科书知识。教科书知识对于了解相应的文化具有重要作用，但对于了解当下文化，却存在不足之处。他将小文化(Little c)分为产物、观念、行为方式三个维度。产物维度包括文学、民俗、美术、音乐、加工品；观念维度包括信念、价值、制度；行为方式维度包括习俗、习惯、服饰、饮食、休闲。罗宾逊对小文化(Little c)的分类，是对布鲁克斯提出的肢体语言、心态、生活方式、相处模式的立体化展示，在这一点上，具有重要的意义。

莎莉和罗宾逊认为，在当时的外语教学中，文化教学主要聚焦于大文化(Big C), 这对交际能力的提升并无太大帮助。这一观点是为了增加一直被忽视的小文化(Little c) 的教学内容, 而并非排斥大文化(Big C)。

拉朗德(Lalande, 1985) 认为, 片面强调小文化(Little c), 而排斥大文化(Big C), 会导致学习者知识结构失衡。即使无法实现大文化与小文化的等量配置, 仍需要在审美领域或科学领域, 系统培养学习者的高阶思维训练体系。

③ 通过大文化(Big C) 与小文化(Little c) 来了解K-文化

布鲁克斯在1971年和1975年提出关于大文化(Big C) 与小文化(Little c) 两种观点, 可谓是一脉相承。大文化(Big C) 涵盖一个语言共同体中具有代表性的文化、成就文化、作为杰作的艺术、被学者论证的社会历史事实、收录在教科书中能够传于后世的知识等。小文化(Little c) 包括当下可以观察到的日常生活模式, 嵌入生活当中的基石文化(Hearth stone culture-积灰石)。由于小文化(Little c) 是以人类学理论为根基, 因此其研究范式应以田野调查为主。

韩国文化的层级结构具有显著的历史纵深性, 五千多年的历史长河中, 文化不断积淀, 形成了丰富多彩的文化结构。像韩国这样历史悠久、文化层级结构丰富的国家, 将大文化(Big C) 与小文化(Little c) 进行统合教学是有效的教学方式。

大文化(Big C) 与小文化(Little c) 犹如莫比乌斯带一样内外相连、相互融合, 大文化(Big C) 构成深层的理论基础, 小文化(Little c) 通过日常可观测事件为文化认知提供具身化观察视角。布鲁克斯历经近8年苦心研究提出的大文化(Big C) 与小文化(Little c) 概念, 在明确划分文化教学领域方面做出了积极贡献。两者相互作用、彼此渗透、共同发展。对日常生活进行观察时需要进行细致入微的研究, 因为历史沉积与当代实践、本土基因与外来要素紧密融于日常生活当中。

在用韩语交流时, 不仅要了解称呼语、问候语、比喻、俗语、隐语、亲属语、拟声拟态词、禁忌等韩国文化, 同时还要了解谦虚表达、上下级之间的对话、语速、插话等语言礼节。[53] 在这里我们主要想设定用韩语交际时作为背景和语境的文化项目。

　　本书以布鲁克斯(1975) 以及罗宾逊(1985) 提出的分类标准为核心，设定韩语交际时的韩国文化项目如下：

大文化(Big C)	小文化(Little c)		
布鲁克斯(Brooks, 1975), 罗宾逊(GailRobinson,1985)			
韩国人在学校接受的公共教育课程体系，教科书知识 历史、地理、习俗、文化·艺术·音乐杰作 社会制度	渗透到韩国人的生活当中、 具有可观测性的韩国人的日常生活		
韩国文化杰作、教科书知识	产物	文学、民俗、美术、音乐、加工品	
		传说、春节民俗、民画、民谣	
	观念	信念、价值、制度	
		情义、孝道、儒教思想、共同体意识、家族中心主义、高语境文化、集体主义	
	行为方式	习俗、习惯、服饰、饮食、休闲	
		衣食住行、问候礼节、饮食礼仪、闲暇生活、休假、节日、人生礼仪(周岁/百日/花甲)、日常礼仪、兴趣与业余爱好、宴会文化、随礼文化	

〈表20〉韩国文化中的大文化(Big C) 与小文化(Little c) 项目

53) 李圣熙：《韩国文化教育的层级化与文化项目的范畴设定相关研究》,《韩国语文化研究》第2卷 第1期, 2014, 韩国语文化研究中心；韩语使用中的文化认知体系应作为独立研究领域进行系统性建构。 对此已展开了比较深入的研究, 建议参考。赵贤勇。

　　大文化(Big C) 中不仅包含韩国人共享的教科书知识以及世代传承的知识，也包括历史、地理、习俗、文化·艺术·音乐杰作等领域。从古朝鲜建国开始的历史发展，到世宗大王创制令韩国人骄傲自豪的韩文，从李舜臣将军设计的龟船，到守护国家领土不被外敌侵略的城墙，这些都属于大文化(Big C) 范畴。

　　布鲁克斯提出的"基石文化"，即小文化(Little c) 代表着日常性文化实践。这一理论框架的建构，实则植根于布鲁克斯研究之前学界关于"日常性"的丰富学术积淀。

自雷蒙德·威廉斯(Raymond Williams) 提出"文化即日常"(Raymond Williams, 1958) 这一观点以后, 与高级文化、上流文化相对的大众文化研究由此拉开了序幕。此后, 米歇尔·马费索利(Michell Maffesoli) 展开对文化消费主体, 即人类行为的研究, 并将研究聚焦于日常性上, 高度重视理论表征之前的集体性经验。他指出, 日常性是指多元要素相互适应, 形成有机整体(Michell Maffesoli, 1994:62-65)。此外, 一个时代、社会和个人所具有的人格结构是人类长期传承的结果, 其历史性、社会性和心理文化性格相互融合, 并以涌现的形式表现出来, 因此, 日常性研究应该受到重视。[54]

渗透于韩国人日常生活中且可被观察的小文化(Little c) 可细分为产物、观念和行为方式。如果说, 作为文学巨作的作品属于大文化(Big C) 范畴, 那么《黄豆鼠与红豆鼠》《仙女与樵夫》《兴夫与孬夫》等故事传说则属于小文化(Little c) 范畴; 如果申润福与金弘道的画作属于大文化(Big C) 范畴, 那么期待享受荣华富贵的无名氏绘出的红艳牡丹民画则属于小文化(Little c) 范畴; 如将朝鲜时代森严的宫廷中演奏的宫廷正乐视为大文化(Big C), 那么"前庭水车尚知环水而转, 家中憨郎却不解拥我同旋"这般婉转动听的旌善阿里郎则属于小文化(Little c) 范畴。

作为支配韩国人行为方式的深层原理, 情义、孝道、儒教思想、共同体意识、家族中心主义、高语境文化以及集体主义是小文化(Little c) 中需要深入考察的核心观念。

日常生活中可观察记录的行为模式, 堪称生活美学的具象化表征。衣食住行、问候礼节、饮食礼仪、闲暇生活、休假文化、宴会文化、兴趣与闲暇生活等时时刻刻在发生变化, 具有显著的动态特征。其形态因世代差异呈现动态变奏, 深刻映射特定历史阶段的文化表征。 然而重要的是, 尽管行为方式时刻在变, 而其内部存在一定的规则, 即我们前面所提到的观念。韩国人思想深处的观念长期稳定发展并逐渐发生变化。人们的行动方式受到这些观念的影响和支配。因此, 作为教育者, 我们应该研究韩国人的观念架构与行为模式, 并对其生成动因与运作机制进行系统剖析。

54) 李炳俊, 2013, 第5-6页。

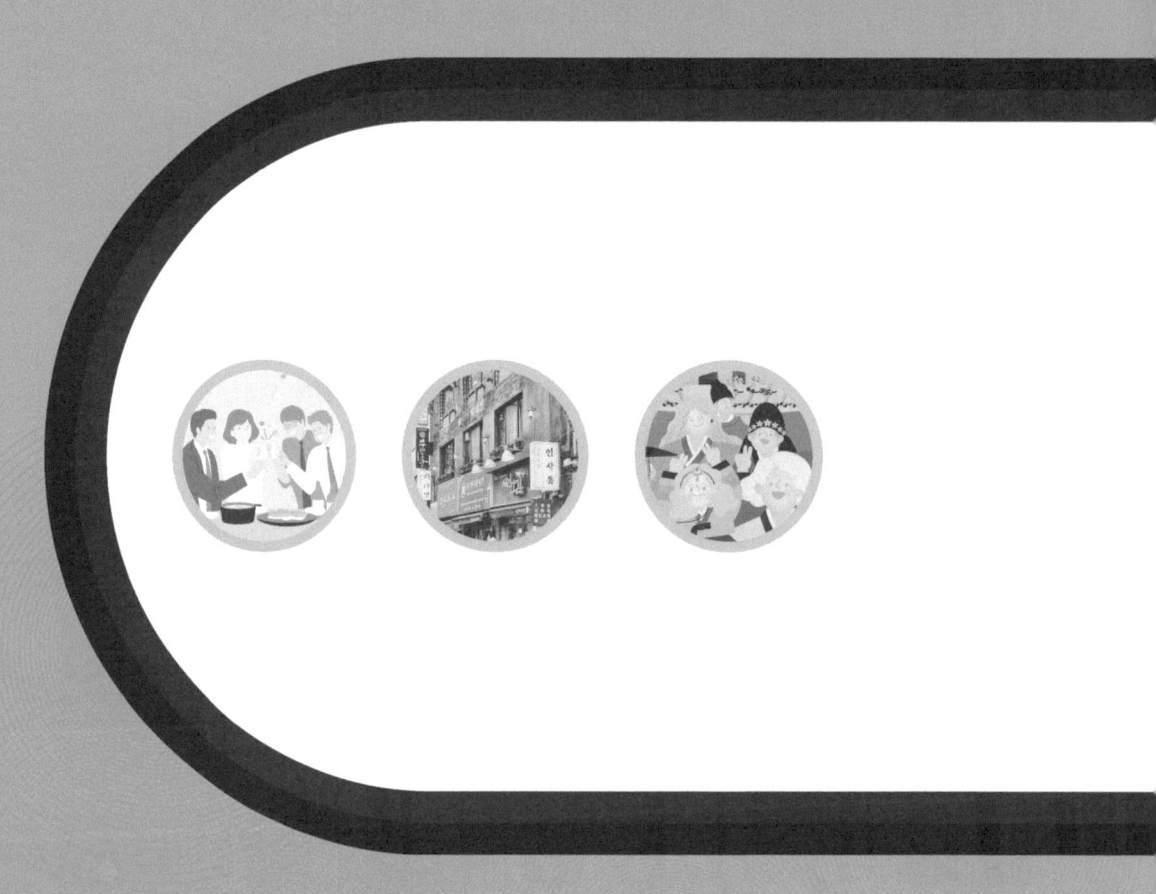

第 4 章

理解本民族文化与其他民族文化

跨文化差异的理解

✳

在韩国语教学现场存在着两种以上的文化，即韩国语教师的文化和学习者的文化。学习者来自不同的文化背景，学习者与教师的文化存在差异。要达到理想的学习效果，在韩国语课堂中必须创造一种能够认可和接纳这种文化差异的学习环境。

进行韩国文化教学时，应在承认韩国文化与其他文化存在差异的基础上，将其作为客观信息进行传达。为了客观了解韩国文化以及不同国籍和文化背景的学习者的文化，本章将在韩国文化和其他文化之间展开比较。

1. 英美文化与韩国文化比较

东西方文化在世界观和实际生活方面存在许多差异。首先，让我们比较一下代表西方文化的英美文化要素和韩国文化要素。

英美文化因素	韩国文化因素
科学理性主义思维	抽象思维
个人主义(individualism)	极权主义(totalitarianism)
多元化(diversity)、开放性(openness)	统一性、封闭性
基督教思想(thought of Christian)	儒学思想(thought of Confucianism)
智性的(intellectual)	静态被动的(passive=statical)
重视劳动	轻视劳动
尊重女性	男性中心
物质(physical)	精神(mental)
便利主义(opportunism)	尊重习俗(routinism)

〈表16〉英美文化与韩国文化比较 [1]

英美文化以理性主义为基础，注重个人情感表达。他们在承认多样性的同时，对待其他文化持开放态度。英美文化积极接受基督教思想，创造了多元的基督教文化形态。由于其注重理性思维，故呈现出鲜明的智性特征与分析倾向。 英美文化凭借这种智性和分析倾向取得了引人注目的科学和哲学成就。此外，他们传承重视劳动的传统，相较于韩国等东方国家，更尊重女性。基于科学思维，英美文化重视实质和物质，追求实用性和便利性。

相比之下，韩国文化更倾向于整体抽象思维，而非分析思考。此外，相较于个人，韩国更重视集体的极权主义，在整体中不突出个人，认为融合于集体中具有更重要的价值，因此韩国文化强调统一性与封闭性。由于受到儒学思想的影响，韩国在家庭、工作等构成集体的领域中表现出多样而根深蒂固的儒学倾向。此外，韩国文化是静态的、被动的，整个社会呈现出轻视体力劳动的倾向。长期以来，韩国社会以男性为主导，倡导父权制。韩国文化更倾向于重视精神层面的事物，尊重久经考验的儒家秩序和习俗。

事实上，很难将英美文化与韩国文化进行简单比较。随着社会和生活

1) 金英淑：《英语学科教育论：理论与实际》，韩国文化社，1999，第545页。

环境的变化，两者都发生着很多变化。此外，个人之间、地区之间、代际之间的差异也不容忽视。而且，从英美文化圈生活一段时间后来到韩国生活的那些人，他们的价值观究竟属于哪种文化也是未知，反之亦然。以上分析只是沿着主线简单比较了两种文化的差异。

2. 不同文化圈的写作方式[2]

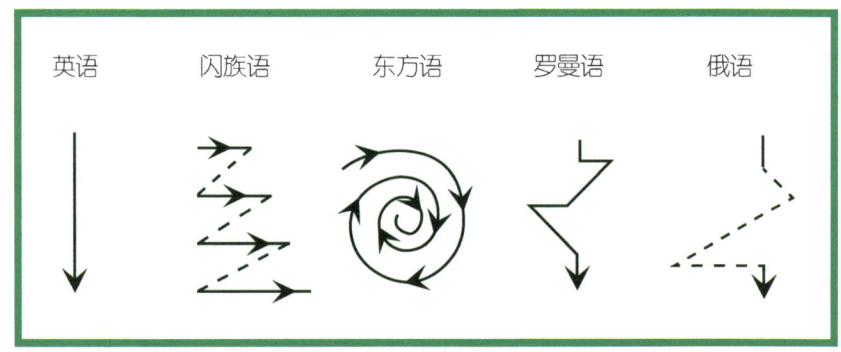

〈图14〉不同文化圈的写作方式

　　卡普兰(R.B.Kaplan) 注意到了同文化圈的文字构成方式存在差异。英语圈(English) 的写作方式通常采用直线形式，即序论、本论和结论的结构，适用于逻辑性强的文章。序论中提出本论中的关注点，在本论中明确主题，在结论中进行总结并提出展望。阿拉伯语圈(Semitic) 的写作则更倾向于采用渐进的方式展开论点，在叙述内容时通常会在阐述之前内容的同时进行扩展。东方语圈(Oriental) 话者一般会采取"旁敲侧击"的方式。他们不太直接表达想要传达的内容，而是先围绕整体主题展开叙述，然后逐渐缩小到真正的主题。然而，真正想要表达的核心思想往往藏于文末，因此很难通过前文准确把握主题。拉丁语圈(Romance) 的写作则常常在直接展开论点的过程中穿插有趣的故事，呈现出混合的风

2) R. B. Kaplan, Based on Culture, Communication and Conflict: Readings in Intercultural Relations, 2d ed., by, in G. R. Weaver, Needham Heights, MA: Simon and Schuster, 1998, p.47.

格。俄语圈(Russia)的说话模式与拉丁语圈类似, 但中间可能存在一些遗漏的部分。

　　不同文化圈独特的写作方式体现了各自在内容展开和构思方式上的多样性。与英语圈不同, 大部分文化圈更倾向于采用间接的内容展开方式, 即先引出其他话题再逐渐引出主题。这种方式也与各个文化圈的说话方式密切相关。例如, 韩国人喜欢绕弯子, 善于观察他人的眼色来进行委婉的表达。 越是难以启齿的话, 越倾向于采用迂回的间接沟通方式。这种倾向在写作方式上也有所反映, 韩国人更偏爱使用间接的方式来对自己想要表达的内容进行"暗示"。

02 霍尔(Hall)的高语境文化与低语境文化 ✳

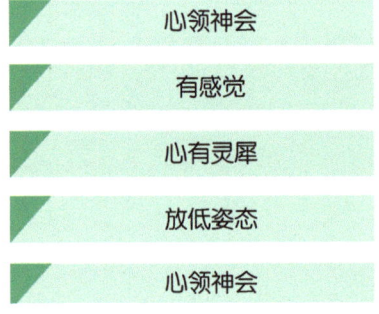

心领神会

有感觉

心有灵犀

放低姿态

心领神会

您听过这些说法吧?

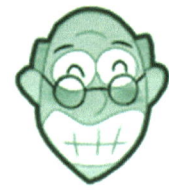

〈图15〉 高语境与低语境文化

霍尔(E.T.Hall) 将文化划分为高语境文化和低语境文化。高语境文化重视语境，而低语境文化注重信息传递而非语境。这里的"语境"指的是"情境"。在高语境文化中，若想了解交流的核心内容，更需关注情境而非信息。因此，在韩国、日本、中国等国家，人们需要敏锐地把握"眼色""感觉""心情"等因素。相反，在低语境文化中，语言信息承载着重要的交流内容。[3]

3) 金淑贤等：《韩国人与跨文化交流》, 交际图书, 2002, 第77页。

1. 高语境文化与低语境文化的理解[4]

(1) 语境——信息

高语境的交流或信息传递中，大多数信息蕴含在物理情境中或内化于人们内心，而没有明确编码的信息。低语境交流则恰恰相反，很多信息都被明确编码。

从沟通方式来看，在高语境文化中，人们更注重情境信息，通常会先问候对方情况，然后介绍自己的近况，最后简要提及用意。相反，在低语境文化中，重视信息的要点，倾向于从自己重要的事情开始讨论。

(2) 线性逻辑——螺旋逻辑

低语境文化圈一般是直接给出结论的线性逻辑方式。相反，高语境文化圈是到最后得出结论的螺旋式逻辑。在螺旋式逻辑中，并非话者下结论，而是将结论留给听者。矛盾重重的政治协商最后戏剧性达成妥协，可以看作是螺旋逻辑的一环。

线性逻辑由序论、本论与结论组成。文章内容中明确指出原因与结果。由蕴含自己主张的总论点和支撑总论点的分论点，以及支撑分论点的句子组成。

(3) 长期性人际关系——暂时性人际关系

高语境文化圈重视人际关系，人际关系一旦建立就希望能永久维持下去。因此，也从长远角度去考虑付出与回报(give-and-take)，这种人际关系跨越了私人领域和公共领域。

4) 金淑贤等：《韩国人与跨文化交流》，交际图书，2002，第77-85页。

2. 高语境文化与低语境文化的比较

(1) 高语境与低语境文化的沟通方式比较 [5]

高语境文化	低语境文化
以直接交流形式表达语义	根据社会文化语境暗示性表达语义
个人主义价值观	注重集体意识
暂时性人际关系的建立	长期或永久性人际关系的建立
线性逻辑	螺旋形、圆形逻辑
尊重直接的语言互动	尊重间接的语言互动
较少使用非语言表达	大量使用非语言表达
表达想法时尊重逻辑	表达想法时尊重感情
高度组织的信息，细节描述	简单而模糊的信息

〈表17〉高语境文化与低语境文化

低语境文化圈的人非常重视语言信息，因此期望信息详细明确。当重点不明确时，他们会对模糊性感到不满，或直接提出问题。

- 生活在高语境文化圈的人往往不太信任高度依赖语言信息的低语境文化圈的人。
- 各文化圈处理矛盾的方法也存在差异性。例如，高语境文化圈的人通常不会直接表达自己的想法，因为他们认为在沟通中引发冲突可能会造成伤害，所以他们不愿轻易表露自己的想法。
- 高语境文化圈的人在传达意义时，相较于语言信息，更注重背景中微妙的情感。

5) 金淑贤等：《韩国人与跨文化交流》，交际图书，2002，第77-89页。

(2) 高语境国家和低语境国家

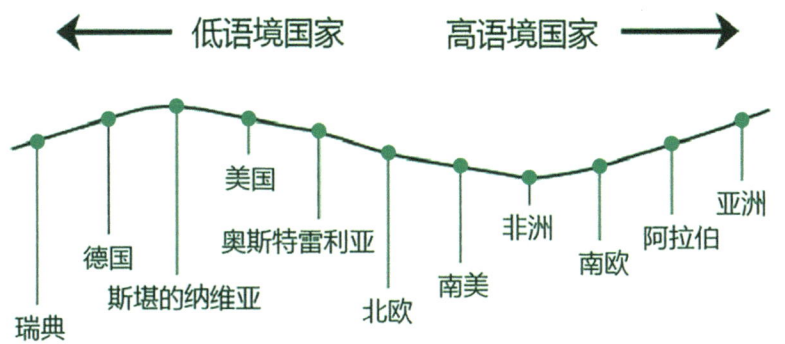

〈图16〉高语境国家与低语境国家类型[6]

6) Donald W. Klopf, Intercultural Encounters The Fundamentals of Intercultural Communication, Morton Publishing Company, 2001, p.167.

霍夫斯泰德(Geert Hofstede)的 五个文化可变性(cultural variability) 维度[7]

荷兰社会学家、心理学家霍夫斯泰德(Geert Hofstede) 在《文化的影响力(Culture's Consequence, 1981)》和《文化与组织(Culture and Organization, 1991)》中对不同国家的文化和价值观进行了研究。他对50个国家和三个文化圈的资料进行了分析，探讨了其工作方式、文化以及组织文化。

集体主义尊重相互依存的自我，个人主义尊重独立的自我

"人"

我们老公?

7) Hofstede, G., Culture's Consequences, Beverly Hills, CA:Sage, 1980; Hofstede, G., Dimensions of National Cultures in Fifty Countries and Three Regions, In J. Deregowski et al.(eds.), Explications in Cross-cultural Psychology. Lisse, Nethelands: Swets and Zeitlinger, 1983. 崔允熙：《跨文化交际》，交际图书，2013，第13-22页；俞秀妍：《跨文化交际的理解》，韩国文化社，第18-30页重引。

1. 个人主义/集体主义(individualism/collectivism)

个人主义是一种强调个人身份重于集体身份、个人权利重于集体权利、个人需要重于集体需要重要的文化价值取向。与此相反，集体主义是一种强调集体身份高于个人身份，集体义务高于个人权利、集体需求高于个人需求的文化价值取向。在各文化圈中，个人主义倾向与集体主义倾向共存，但当其中一种倾向处于支配地位时，就将这种支配性倾向称为个人主义或集体主义。

在个人主义文化圈的社会中，贸易谈判中以业务工作为主，而在集体主义文化圈中，更为侧重人际关系的维护。集体主义文化圈的人际关系是永久性的，蕴含着非对称相互交换概念。集体主义文化所重视的"义气"基于永续的关系，日后以另一种形式回报所欠下的人情。在集体主义文化圈中，地缘和学缘等因素备受关注，例如人们常问"老家在哪儿?""毕业于哪所学校?"等问题。

集体主义文化圈注重集体内部的和谐与体面，而个人主义文化圈则注重通过冲突与竞争来实现自己的目的。

> **案例**
>
> 一家马来西亚的日本公司以2万美元的价格从日本购买了一种在马来西亚市场上只需8000美元即可购买的设备，并且运费另附。
>
> 美国通用电气公司(General Electrics：GE) 的一名主管就出口产品提价一事与日本客户进行谈判。日本客户对涨价表现十分消极。为了缓和气氛，深知日本集体主义价值观的GE主管表示：若此次谈判失败，公司上司会对自己感到非常失望，他个人也会面临尴尬，并补充说明称其原因是未能贯彻公司提价的决策。听到这番话后，日本客户改变了之前的态度，表示接受这个条件。这是因为日本客户考虑到对方的面子。

集体主义和个人主义的价值观在很大程度上影响着人们的沟通方式。在个人主义文化圈，直接而具体的沟通方式非常重要。相反，在集体主义文化圈，比起“不”，人们更喜欢“这个嘛”“我会考虑的”等间接表达方式。

在个人主义文化圈中，人们会公开讨论引发冲突的问题，表明自己的立场或驳斥对方的观点。语言在这里被视为社会操纵的工具。相反，集体主义文化圈更倾向于使用间接的表达方式，如通过沉默或微笑委婉地表达不满，而非直接表达。

（案例）
美国女士金琳在了解韩国人用“微妙的微笑”表达婉拒之前，郁闷了许久。当主持人说“今天的会议大家都要参加”时，没有人提出异议，但会议开始前，有几个人收拾东西准备离开。尽管告诉他们不要走，但他们依然微笑着朝门口走去。这是韩国人独有的“是”“不是”以及“微笑”策略，让西方人很难理解。

位次	国家	个人主义指数	位次	国家	个人主义指数
1	美国	91	39/41	新加坡	20
2	澳大利亚	90	42	萨尔瓦多	19
3	英国	89	43	韩国	18
4/5	加拿大	80	50	委内瑞拉	12
6	新西兰	79	51	巴拿马	11
7	意大利	76	52	埃库多	8
39/41	西非	20	53	危地马拉	6

〈表 18〉个人主义指数

个人主义指数较高的国家有美国、澳大利亚、英国、加拿大和新西兰等。而集体主义指数较高国家的包括印度尼西亚、哥伦比亚、巴拿马、中国、日本、韩国等。

2. 权力距离(power distance)

在一个文化圈内，权力距离是指权力、声望和财富在机关或组织内的分配程度。它反映了拥有较低权力的成员对于权力不平等的期望和接受程度。在权力差异较大的文化圈体现为"等级秩序"，而在权力差异小的文化圈体现为"权力制约"。通常东南亚国家的权力距离较大，欧洲国家的权力距离较小。

权力距离较大的国家通常具有威权主义或专制政治传统，一般为威权性社会、垂直性社会，更加注重"经验"，主要与农耕社会有关。为了体现对长辈的尊敬，通常会使用特定的敬语。从重视地位和权威的角度来看，这可以称为"存在型文化(being culture)"。

权力距离较大的国家包括马来西亚、危地马拉、巴拿马、菲律宾、墨西哥等。韩国在53个国家当中排在第27/28位，日本第33位，美国第38位。权力距离较小的国家则更倾向于平等社会和水平结构，更加注重"创造力"。这与工业社会有关，同时也具有民主政治传统。从重视角色和能力的角度来看，这可以称为"行动性文化(doing culture)"。在权力距离较小的文化圈内部，虽然也存在等级秩序，但主要是指角色分配。他们设立官方渠道来制衡权力或表达不满。在权力距离较小的文化圈，重视对权力滥用的限制。权力距离较小的国家包括奥地利、以色列、丹麦和新西兰等。

以下是有关权力距离概念不同的文化冲突案例。

案例

一支美国企业家代表团访问中国台湾。台湾主办方为该代表团的CEO安排了豪华轿车，而为其他代表提供的则是面包车。面对这种不平等待遇，代表团感到不满，并自行协调，让所有代表既可以乘坐豪华轿车又可以乘坐面包车。

3. 不确定性规避(uncertainty avoidance)

不确定性规避指的是某些文化圈中，当人们面对没有固定体系、不明确或无法预测的情况时所感受到的不安程度。 在不确定性程度较高的文化圈中，人们对自己和他人的攻击性行为包容度较高。然而，为了避免矛盾和竞争，他们试图抑制攻击性，回避不确定性较高的情境，以减少社会生活或组织生活中的不确定性。他们追求安全，回避冒险，害怕失败，对变化持抵抗态度。这些文化圈通常存在较多的官僚规则，决策系统复杂，决策速度极为缓慢。

不确定性规避程度较高的国家有希腊、葡萄牙、比利时、日本、秘鲁、法兰西、智利、西班牙、阿根廷等，韩国在53个国家中排在第16/17位。

而不确定性规避度较低的文化圈会努力承受不确定性和模糊性， 也能很好地克服由此产生的压力。在决策过程中，少数人凭借较少的信息迅速做出决策，决策体系简单，处理事情迅速，承担风险而非规避风险的倾向更明显。不确定性规避程度较低的国家包括丹麦、美国、瑞典、挪威、芬兰、爱尔兰、英国、荷兰和菲律宾等。

4. 男性气质/女性气质(masculinity/femininity)

男性气质的文化中注重收入、晋升、挑战和他人的认可，重视财富、权力和决断力。 女性气质的文化中则重视与经营者的关系、合作、居住区、就业稳定性、生活质量、育儿、服务和相互依赖。男性气质和女性气质可以分别用"自我主张"和"谦逊"这两个概念来替换。

男性气质倾向较强的国家依次为日本、奥地利、意大利、瑞士和德国。而女性主义倾向较强的国家则包括瑞典、挪威、荷兰和丹麦。

5. 长期取向/短期取向(long-term orientation/short-term orientation)

　　霍夫斯泰德对23个国家的儒家思维的长期观点与短期观点进行了对比调查。在像美国、英国、菲律宾等长期取向指数较低的文化圈中，社会地位的考量通常不会优先于眼前的需求，忽视长者。因此，人们更倾向于满足当前的需求，而不是追求长期的目标。

※ 对霍夫斯泰德理论的批判
- 未融入时代变化
  - 进入后工业社会的韩国、日本、中国等国家尽管仍然重视血缘、学缘、
    地缘等集体意识，但随着岁月变迁，
    这种集体主义文化圈的年轻人身上也出现了很多个人主义倾向。
- 需要进一步将二分法式的标准多元化

04 外国人眼中的韩国文化 *

1. 外国女性对韩国文化的理解[8]

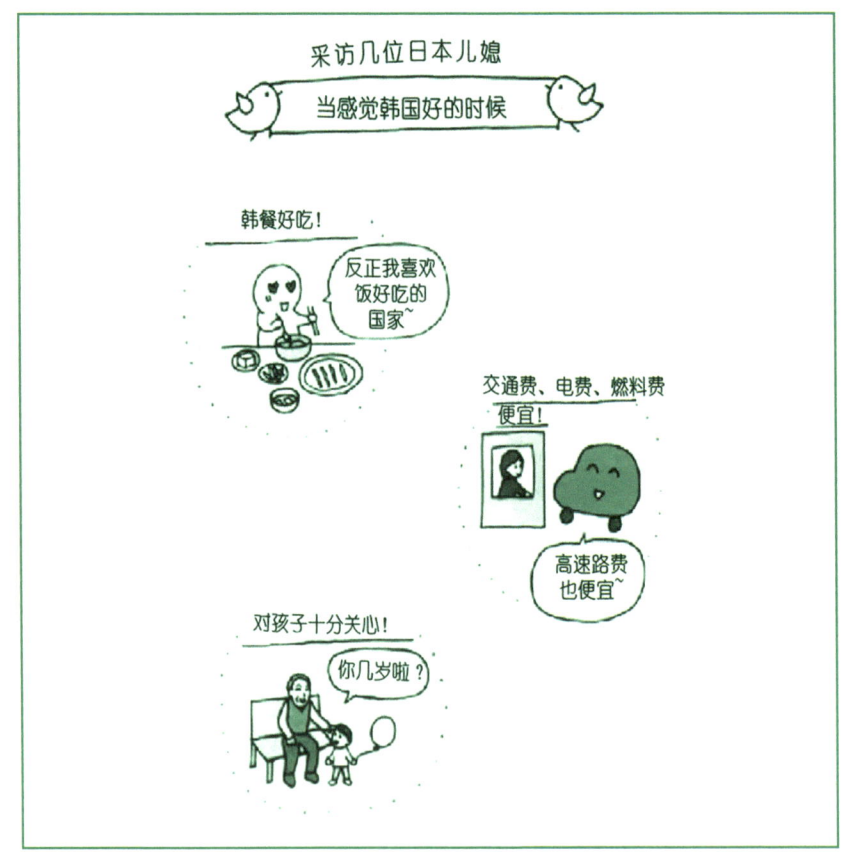

〈图17〉外国女性对韩国文化的理解

8) 田上洋子：《洋子的韩国生活》,小种子, 2008, 第96-100页。

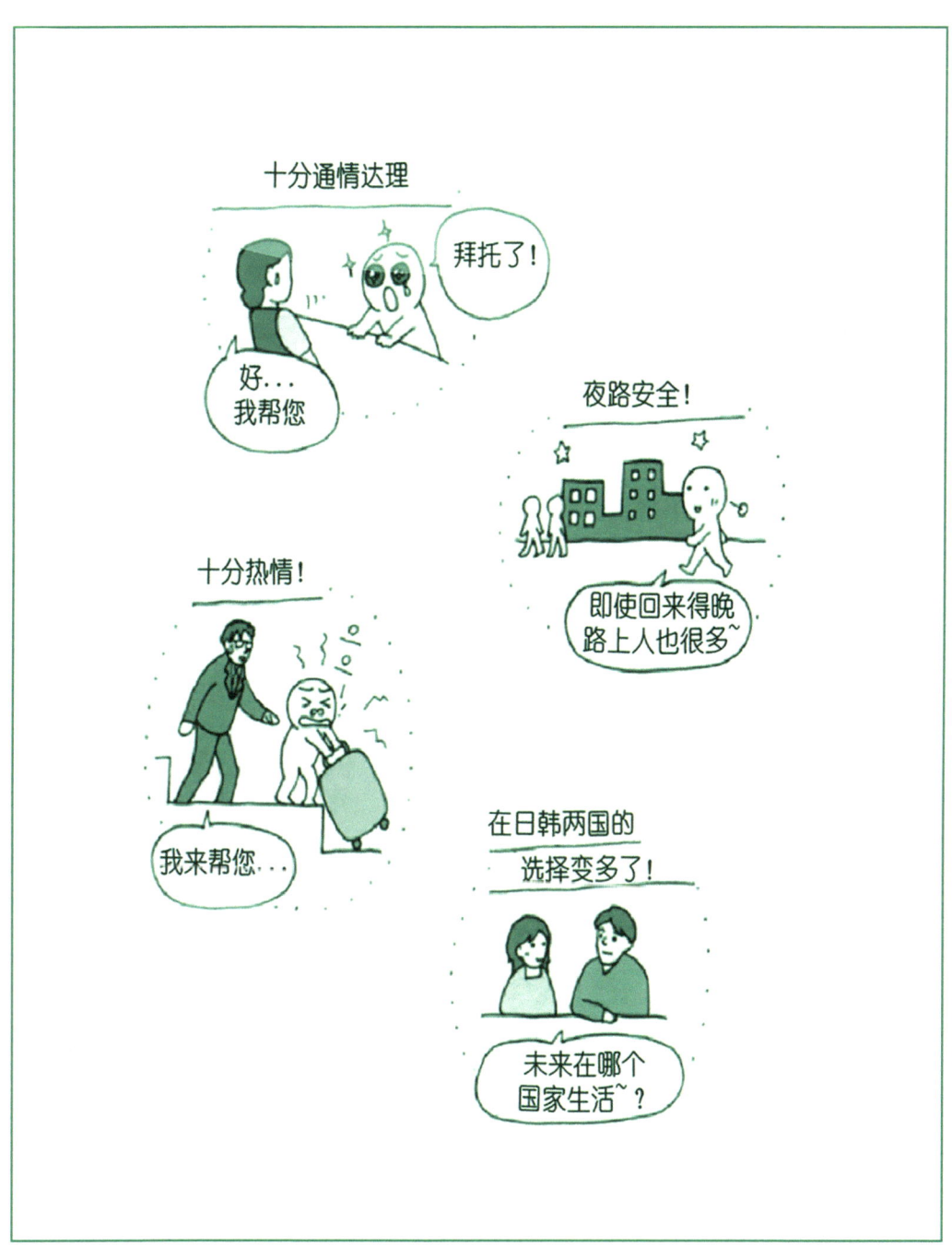

〈图18〉外国女性对韩国文化的理解

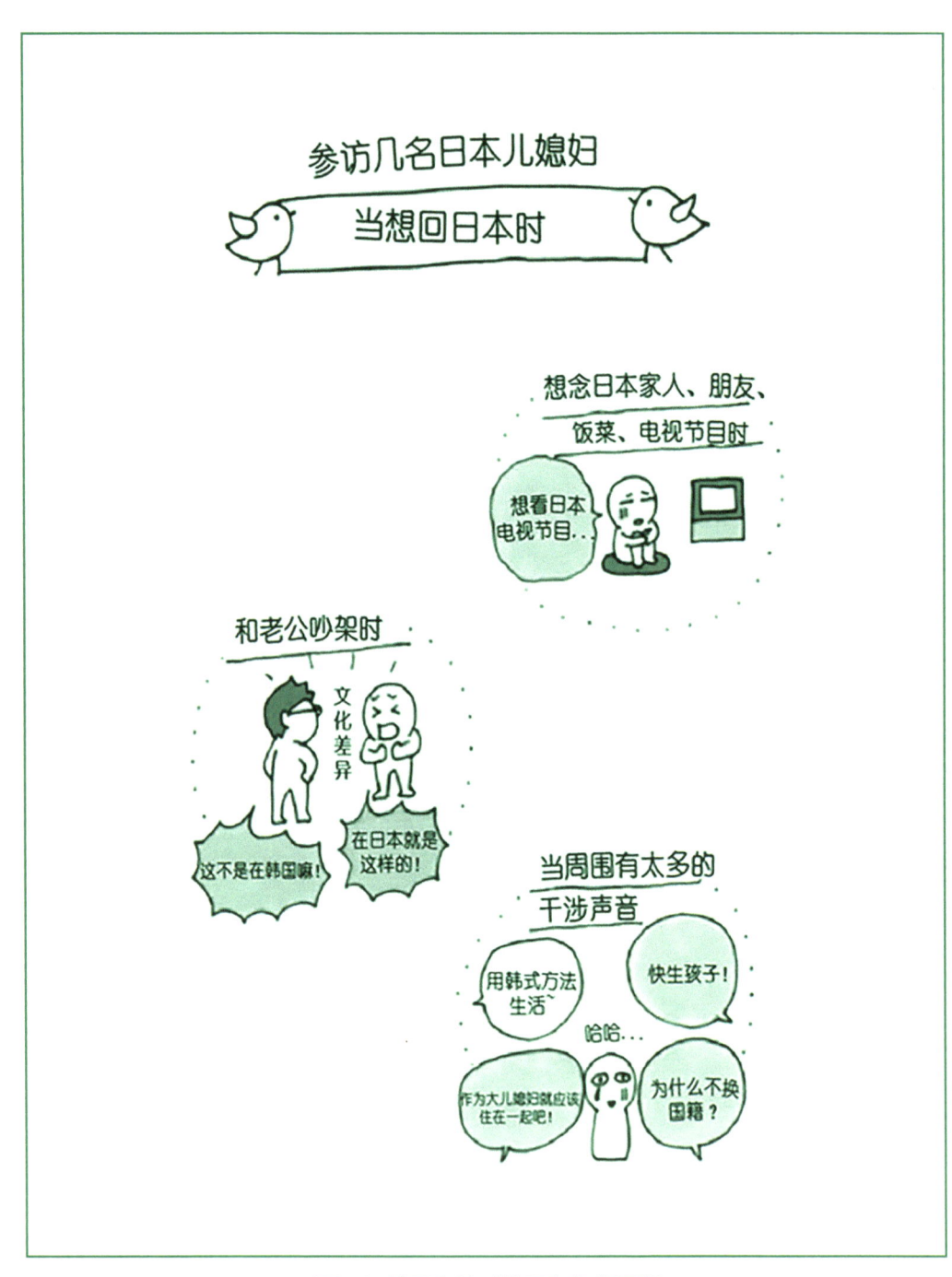

〈图19〉外国女性对韩国文化的理解

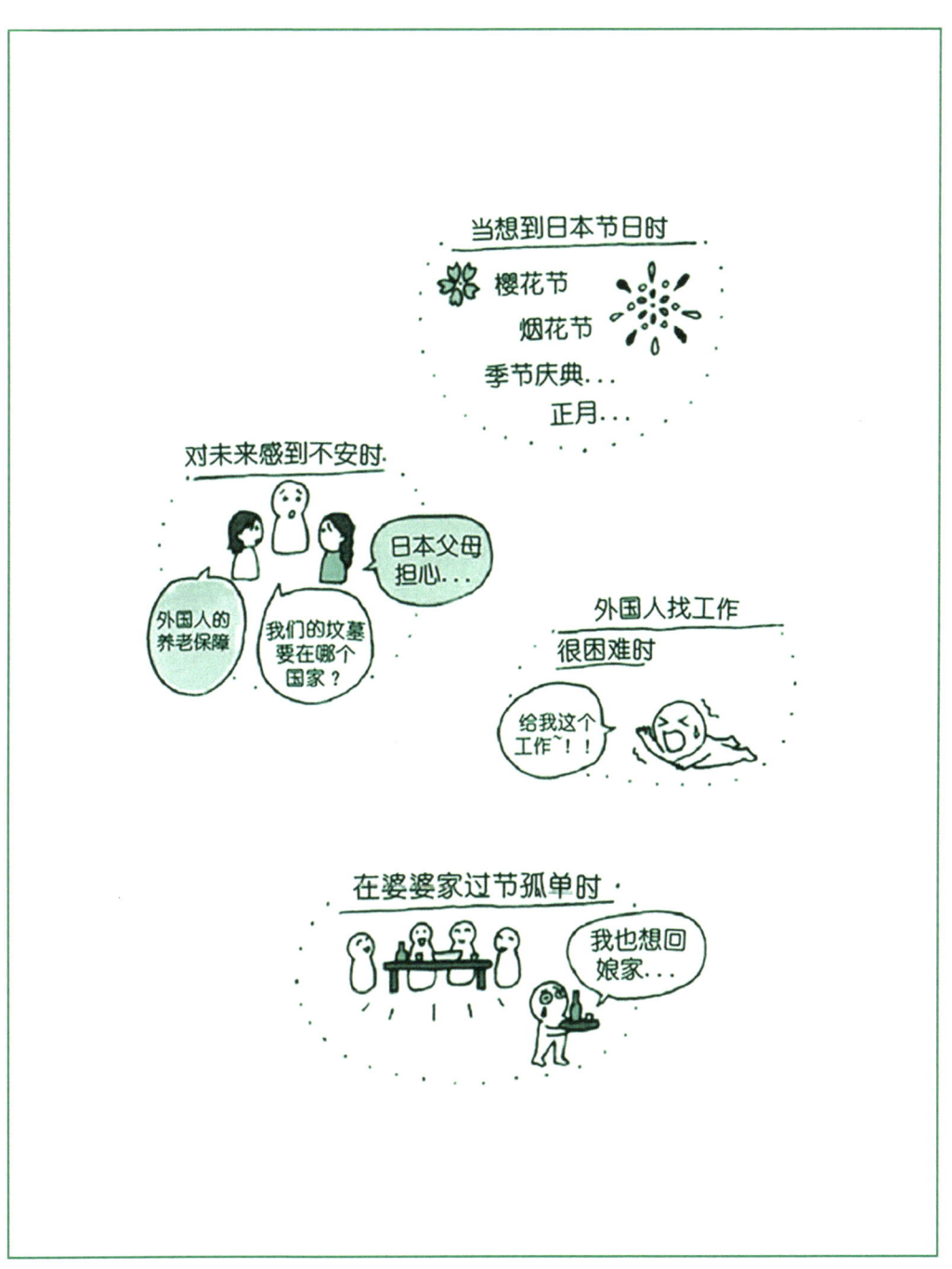

〈图20〉外国女性对韩国文化的理解

对于土生土长的韩国人来说, 韩国是一个极为熟悉的地方。然而, 正因为如此熟悉, 有时很难客观评价韩国生活各个方面的优缺点。但当他们在国外旅行或长期逗留时, 自然会将韩国文化与外国文化进行比较。

比韩国人更了解韩国文化优缺点的正是外国人。 经历了外国文化之后来到韩国生活会形成一种 "第三空间", 自然而然地将自己的本国文化与作为外来文化的韩国文化进行比较。

外国学生认为韩国文化的优点之一是 "在餐厅点米饭时会有各种各样的小菜, 想要多少就给多少"。对于韩国人来说理所当然的事情, 但对外国学生来说却是新奇的体验。在日本等国家, 加菜需要额外付费, 但在韩国则不然。因此, 对外国学生来说, 韩国餐厅被视为 "充满人情味的地方"。

韩国的公共交通也被视为该国文化的一大优点。特别是首尔、釜山、京畿道等地, 公交车和地铁连接畅通, 换乘几次也不增加费用, 这种交通网络对来自交通费用较高国家的学生来说是非常令人羡慕的的事情。此外, 由于韩国长期延续着集体主义传统, 对陌生人也比较亲切, 注重情感。尤其是韩国的长辈们对孩子非常友善, 不论是 "自己的孩子" 还是 "别人的孩子", 即使是不认识的孩子, 如果他们在路上或地铁等地方表现出不得体的行为, 长辈们也会进行劝告。这种文化对于来自严格区分自我与他人、重视个人主义的国家的学生来说, 是非常富有人情味的。

韩国的公共行政机关照顾个人情况, 对 "给啼哭孩子喂奶" 的行为予以照顾, 这些在外国学生看来都是优点。然而, 若换个消极的视角来看, 这也会被解释为公私不分, 秩序混乱。另一方面, 由于在韩国禁止携带枪支, 晚上人们的活动较为频繁, 治安良好, 这也是韩国文化的一大优点。

任何人都不可能成为完美的他者, 我们很难完全站在他人立场上去考虑问题。但是, 在全球化的今天, 我们每个人都必须从对方文化的立场出发, 进行文化反思训练。上述外国女性眼中的韩国文化为韩国语教师提供了另一个视角。

2. 从他者视角审视韩国文化

韩语教师在教授韩语的过程中经常会遇到来自不同文化背景的外国学习者。教学过程也是与学生进行沟通的过程，而要想进行有意义的交流，首要条件是深入理解学习者。那么让我们一起来探讨外国学生是如何看待韩国文化的吧。

学习者通过教材学习韩国语和韩国文化，但在韩国的实际生活中，他们从教材之外的世界学到的东西远比通过教材学到的要多。为了更好地了解学生对韩国文化的认识，我们对韩国语能力考试达到5级以上的韩国学专业学生进行了深入的访谈。这些学生学习韩语的时间跨度在1年至3年之间，且在韩国居住时间均超过1年。他们分别来自新加坡、越南、印度、乌克兰、日本、中国台湾、美国、中国、马来西亚、波兰等。

我们将从以下六个方面进行探讨，具体包括：外国学习者喜爱的韩国文化、不喜欢的韩国文化、在韩国受到的文化冲击、本国文化与韩国文化之间的三个相似点、本国文化和韩国文化之间的三个不同点、韩国人的异常行为。

(1) 外国学生喜爱的三种韩国文化

1	咖啡文化、打击乐器、大排档(新加坡，男)
2	桑拿房、化妆品、服饰(越南，女)
3	MT，自动售货机(印度，男)
4	安全、沐浴文化、外出就餐文化、有趣的广告、地铁(乌克兰，女)
5	桑拿房、韩服、奖学金制度、免费休学(日本，女)
6	聚餐文化、礼仪文化、电子产品(中国台湾，女)
7	心灵相通就可以对话，通过喝酒来学习的社会(美国，男)
8	自由政治文化、亲近大自然、热情的服务、多送小菜、无论做什么都聚在一起(中国，女)

9	运动、健康、服务、问候(马来西亚, 女)
10	饮食文化, 韩医院(波兰, 女)
11	买一送一文化、传统流行音乐、"我们"文化(缅甸, 女)
12	民俗文化、快节奏文化(中国, 女)
13	无应答

〈表19〉外国学生喜爱的韩国文化

咖啡文化是许多外国学习者提到的韩国文化特征之一。 虽然韩国人自己并未察觉, 但在外国学生看来, 韩国的咖啡消费量似乎比其他国家要大。过去, 外国学生常指出韩国人常饮用速溶咖啡。然而, 随着咖啡店在韩国如雨后春笋般的涌现, 外国学生对于"隔一家就有一家"咖啡店的现象感到十分神奇。 他们经常将韩国人过度饮用咖啡与韩国人长时间劳动联系在一起。然而, 最近高级咖啡店里总是座无虚席, 这进一步表明韩国真的是热爱咖啡的民族。

许多外国学习者也对韩国的休闲文化着迷。大排档、桑拿房、澡堂文化、外出就餐文化、以酒会友的社交文化、饮食文化、MT等, 都是韩国娱乐与休闲文化的代表。 这些文化的共同点在于, 人们常常聚集在一起, 直至深夜也不愿离去, 或是在澡堂或桑拿房里和他人长时间畅谈, 尽情享受互相交流的乐趣。这种"愉悦""安全""和谐"的氛围, 对于来自个人主义和封闭文化背景的学习者来说, 具有相当的吸引力。

对于那些在本国未能享受到社会公共设施或技术服务的学习者来说, 他们更倾向于欣赏韩国的电子产品、地铁、自动售货机等。甚至是一些经济发达的国家, 由于地理条件的限制, 无法提供优质服务, 因此很多外国学习者对韩国的地铁印象深刻。尽管未在文中提及, 但也有许多学习者对韩国的IT技术情有独钟。

女性学习者则喜欢享受自由舒适的购物文化, 包括购买化妆品、服饰等。明洞、东大门市场、弘益大学前, 这些都是她们钟爱的购物场所。

除了社会设施，许多人也欣赏韩国人的品德。服务周到，慷慨赠送小菜，体现集体主义的"我们"文化，尊重礼节的传统，以及商家实行的买一送一等文化，都是许多外国学生所喜爱的韩国文化的代表。这些文化共同构成了"韩国人情"的特质。据说在校外，许多韩国人都毫无保留地帮助外国学生，这些美德为外国学生在韩国的生活提供了便利。

1	饮酒文化，工作到深夜的公司文化，吐痰(新加坡，男)
2	吐痰(越南，女)
3	千篇一律赶时髦，忙忙碌碌，说好一起吃饭却不遵守约定(印度，南)
4	KTV、电视节目，认为只有韩国才有四季，没有个人空间(乌克兰，女)
5	认为长辈受到年轻人的关怀是理所当然的(在售票处插队)，骂人"猪"，MV中美化"自杀"(日本，女)
6	吐痰，吃狗肉，对外国人限制较多(在使用网络等方面)(中国台湾，女)
7	没有秩序，不遵守交规(美国，男)
8	较少使用汉字(日本，南)
9	集体主义，辈分文化，夜(酒)文化，狂热的爱国心(长白山、端午祭)(中国，女)
10	酒，无视陌生人(马来西亚，女)
11	儒家文化，不信守诺言，教会人员强制传道和胁迫(波兰，女)
12	"我们"文化，不道歉(缅甸，女)
13	酒，政治(中国，女)

〈表20〉外国学生不喜欢的二种韩国文化

从外国学生不喜欢的韩国文化来看，韩国人的"不礼貌"被提及最多。酗酒文化也是外国学生不喜欢的韩国文化之一。此外，也有相对弱势的外国学生因过度的集体主义和"我们"文化而受到伤害。

也有人指责韩国的本民族中心主义，比如认为只有在韩国才有一年四季，对长白山、端午节等展现的狂热的爱国心等，韩国人总是认为自己的国家是最优秀的，而在外国人看来，这是缺乏客观性的表现。

长辈认为得到年轻人的关照是理所当然的想法以及强制传教在韩国

人的生活中已经根深蒂固，这些行为给外国人带来不便，这是需要重新思考的问题。

1	韩国的示威文化(反对总统的示威) (新加坡，男)
2	购物(越南，女)
3	桑拿房，在印度有人穿着内裤洗澡(印度，男)
4	虽然是东方国家，但信仰基督教的人很多；认为必须努力学习，女人的着装风格很严格，在西红柿上撒糖吃(乌克兰，女)
5	认为店员在Migliore吃饭是理所当然的，在售票处插队(日本，女)
6	使用敬语，结婚的女人一律被叫"阿姨" (中国台湾，女)
7	没有秩序，等不及(美国，男)
8	日语和韩语有很多相似之处，例如"走""看""放"的使用(日本，男)
9	自由政治文化(中国，女)
10	在厕所用水冲洗、上了年纪的人经常爬山(马来西亚，女)
11	很少说"对不起"(波兰，女)
12	整齐划一的时尚风格(缅甸，女)
13	外来词多，快递速度快(中国，女)

〈表21〉在韩国受到的文化冲击

有一位来自新加坡的男生在看到反对总统的示威受到冲击时表示："在新加坡，这种事情想都不敢想。"据说在新加坡，国会不会发表反对意见，只是按照上层领导的决议来执行。因此，在新加坡同学看来，韩国的政治文化显得更加自由。在印度，有人在家中穿着内裤洗澡，但在韩国的桑拿房却需要和陌生人一起光着身子洗澡，这对印度学生来说是极大的文化冲击。

通过以上的文化冲击考察，大部分都是韩国人习以为常的事情。同样，如果韩国人到了国外，也会因外国文化与韩国文化的不同而受到文化冲击。外国学生所受到的文化冲击为韩国教师提供了新的视角。

1	快节奏文化, 重视教育, 周围有大国, 小国意识(新加坡, 男)
2	尊敬长辈, 对他人友善(越南, 女)
3	情(印度, 男)
4	厌恶政府, 历史上曾被支配(乌克兰, 女)
5	喜欢外国文化, 懂礼貌, 大妈们强势(日本, 女)
6	喝茶多, 对待外国人热情(中国台湾, 女)
7	多用私家车(美国, 男)
8	语言, 儒家文化, 教育和文化整体(日本, 男)
9	儒家文化, 哲学·建筑中的亲和大自然, 天地人和谐(中国, 女)
10	孝道文化, 饮食文化(马来西亚, 女)
11	以历史为荣(波兰, 女)
12	无应答(缅甸, 女)
13	汉字词发音, 节日(中国, 女)

〈表22〉本国文化与韩国文化的三个相似之处

学习者指出各自国家与韩国文化的相似之处, 结果与预期相符。来自中国、日本、越南等文化相近国家的学生提供了许多例证。通过探寻本国文化与韩国文化的共通之处, 学习者能够进行实质性的文化比较研究。

1	聚餐文化(多达4轮, 新加坡只有1轮)、敬语、国会文化(新加坡都赞成) (新加坡, 男)
2	小菜多(越南, 女)
3	在印度, 人们并不像韩国那样努力工作(印度, 男)
4	使用遮阳伞(乌克兰, 女)
5	韩国移民多, 整形手术, 服兵役(日本, 女)
6	24小时酒吧文化, 按地址走找不到路(中国台湾, 女)
7	大学生不带很多书, 吃饭时要等到长辈先动筷, 出行时不常开车(美国, 男)
8	人际关系中重人情, 感情丰富(日本, 男)
9	政治意识高, 比中国更加平等自由(中国, 女)
10	多民族、多元文化国家, 马来西亚生活节奏慢(马来西亚, 女)

11	职场文化中按指示工作，波兰通过会议决定，在韩国说话声音大(波兰，女)
12	无应答(缅甸，女)
13	敬语，饮食文化(中国，女)

〈表23〉本国文化与韩国文化的三个不同点

在与本国不同的韩国文化条目中，学习者在指出日常生活中的异同之处，包括饮食习惯、遮阳使用阳伞等方面。同时，他们还提及了韩国人性格与社会结构等问题，如"感情丰富""政治意识高""多元文化"等。

通过观察与本国不同的韩国文化，学习者可以明确以文化相对主义为基础的"第三空间"的存在。通过承认相异性，他们可以更深入地理解了本国文化与韩国文化之间的异同，从而提升跨文化交际能力。因为"不同"并不意味着"错误"。

1	在路上总是问路时(新加坡，男)
2	无应答(越南，女)
3	无应答(印度，男)
4	晚上12点在烤肉店吃烤肉，冬天买夏天的鞋子，饭钱都是前辈付(乌克兰，女)
5	约好请客吃饭却不遵守，在咖啡厅或地铁自拍，说已经到了却让人等半个多小时(日本，女)
6	不遵守约定时间，不考虑别人感受(中国台湾，女)
7	买地铁票时插队、邮局等公共机关服务态度不亲切(美国，男)
8	无应答(日本，男)
9	无应答(中国，女)
10	吐痰(马来西亚，女)
11	不遵守交通安全距离，在厨房用剪刀，一说肚子疼就以为是要去上厕所，在图书馆占位置(波兰，女)
12	不分时间、场所化妆(缅甸，女)
13	寒冬穿裙子(中国，女)

〈表24〉韩国人的异常行为

在外国人眼中，韩国人的一些异常行为有吐痰、不遵守交通法规、插队、不友善、图书馆占座等，这些行为与卫生和秩序相关。韩国人往往在没有受到惩罚的情况下会忽视这些细微的秩序。外国学生直言不讳地指出了他们在韩国生活中所遇到的这些琐碎问题。

"不遵守请客吃饭的约定""口头告知已到达，实际却让对方等待半个多小时"等现象在韩国人之间属于默认行为。尽管这些行为不可取，但已经成为了长期以来韩国人习以为常的"韩国时间"，并且被社会所容忍。

韩国人的一些不经意行为在外国人看来颇为奇特，如晚上12点吃肉、冬天购买夏季鞋、前辈支付饭费、自拍、厨房使用剪刀、一说肚子疼就以为是要上厕所、不分时间和地点化妆、寒冬穿裙子等，这些琐碎的细节令人忍俊不禁。韩国人看到这些行为会感叹："韩国人确实如此！"尽管在外国人看来，这些行为可能显得不可思议，但在韩国人看来，这些行为都是司空见惯的。冬天买夏天的鞋子是何逻辑？说肚子疼就代表要去上厕所又是何道理呢？然后韩国人之间约定俗成就可以容忍这些行为，因此，作为土生土长的韩国人，对于指责这些行为的外国人似乎也没什么可辩解的。自拍或不分时间和场所化妆等行为对于韩国人来说十分熟悉，但对外国人来说似乎很陌生。

韩国语课堂中外国学生需要具备比较文化视角。学生们在整合自己对韩国文化的想法并与本国义化进行比较时，已形成了"第三空间"。当教授韩国文化时，我们应当摒弃单向知识输出的传统范式，而是要聆听他们所看到的韩国社会鲜活图景。当我们在聆听他们心声的时候，他们也在聆听我们的声音。

3. 外国留学生想了解的韩国文化

> 盖尔·罗宾逊(Gail Robinson, 1985)[9]
> **文化要素**
> 产物 – 文学、民俗、艺术、音乐
> 观念 – 信仰、价值观、习俗
> 行为模式 – 习惯、服饰、休闲

在上述文化要素的基础上，增加了历史、旅游目的地、生活状况、饮食、风格、政治等几个方面，设定为外国学生希望了解的韩国文化项目。

(1) 产物

① 文学

神话、传说(乌克兰, 女)

著名的小说或古代传说故事(日本, 女)

现代说唱(中国, 女)

传说中的神话动物或怪物(中国, 女)

② 民俗

巫术的起源与意义(波兰, 女)

传统象征(波兰, 女)

传统棋牌游戏的介绍与练习(波兰, 女)

传统饮料(波兰, 女)

四象医学相关介绍以及四象医学对韩国人的影响(波兰, 女)

数字的含义(波兰, 女)

9) Gail Robinson, Cross-Cultural Understanding, Prentice Hall, 1985, in Tomalin, B. & Stempleski, S. Cultural Awareness, Oxford University Press, 2001, p.7.

城市的意义(乌克兰, 女)

行礼、拜年文化(乌克兰, 女)

颜色的含义, 拌饭和韩服中颜色的含义(日本, 女)

什么颜色蕴含美好寓意(中国, 女)

一些脏话的含义(日本, 女)

祭祀时的各种规定、食物摆放顺序、祭祀流程等(日本, 女)

各地方的饮食特征(中国, 女)

二十四节气的内容(中国, 女)

二十四节气的特色饮食或习俗(中国, 女)

韩国端午祭与中国端午节的差异(中国, 女)

年夜饭(中国, 女)

农具(中国, 女)

糕点文化(中国, 女)

姓与名的来源(马来西亚, 女)

迷信数字(马来西亚, 女)

产后护理与饮食(马来西亚, 女)

周岁宴、花甲、特色美食(马来西亚, 女)

生辰八字(马来西亚, 女)

禁忌(马来西亚, 女/中国, 女)

韩国人对"神降"的看法(马来西亚, 女)

蕴含着历史与民族特征的谚语(中国, 女)

"泡菜"的词源与由来(中国, 女)

茶文化(中国, 女)

民俗与传统文化(缅甸, 女)

③ 艺术

传统绘画的介绍——著名画家的介绍及时代背景(波兰, 女)

传统建筑与保存至今的韩屋(波兰, 女)

传统房屋、韩屋(乌克兰, 女)

韩屋(日本, 女)

传统房屋的特点及各地差异(中国, 女)

著名的童谣或民谣(日本, 女)

过去的文字(日本, 女)

传统茶的种类和功效(日本, 女)

韩国茶文化, 中韩茶文化的差异(中国, 女)

韩国假面舞和中国京剧的共同点及差异(中国,女)

④ 历史

韩国现代史、政变与日本帝国主义统治对现代韩国的影响(波兰, 女)

韩国总统的成就与过失(乌克兰, 女)

去战争纪念馆了解为什么韩国人那么讨厌日本人(乌克兰, 女)

历史以及历史中的人物(如金首露王的夫人) (马来西亚, 女)

历史(缅甸, 女)

韩国历代王(马来西亚, 女)

韩文创造之前的语言使用情况(中国, 女)

对于韩国人来说最具影响力的人物(缅甸, 女)

韩国人最尊敬的人物及其理由(缅甸, 女)

景福宫内各种建筑的用途(日本, 女)

韩国世界文化遗产种类及其特征(中国, 女)

⑤ 旅游目的地(新项目)

韩国鲜为人知的文化旅行路线(波兰, 女)

到韩国农村感受过去的生活(乌克兰, 女)

(2) 观念

① 信仰

韩国宗教(马来西亚, 女)

② 价值观

儒家文化与女性们的自我发展(波兰, 女)

中国人将想象中的动物龙视为国家的象征, 韩国呢?(中国, 女)

③ 习惯

韩国人共同体意识强烈的原因(中国, 女)

韩国辈分算法的由来, 只叫称呼不可以吗?(中国, 女)

为什么只强调孝道却不尊重女性?(乌克兰, 女)

(3) 行为方式

① 习惯

为什么韩国学生对待老师和教授的态度不同?(乌克兰, 女)

可不可以往厕所马桶里扔纸巾?

日本马桶几乎不堵, 韩国马桶有何区别?(日本, 女)

② 生活

军队种类, 军队生活(日本, 女)

晋升文化(乌克兰, 女)

桑拿房文化(乌克兰, 女)

自杀率高的原因(日本, 女/马来西亚, 女)

领养现状(马来西亚, 女)

韩国人很少领养孩子, 是因为法律还是血统原因?(波兰, 女)

多元文化在韩国能实现吗？是否可以让韩国人敞开心扉?(美国, 男)

韩国的多元文化对社会有什么影响?(缅甸, 女)

多元文化社会的优缺点是什么?(缅甸, 女)

大排档是否卫生安全？是否对健康有益？韩国人从什么时候开始制作和使用大排档?(日本, 女)

打纸牌的方法和规则(日本, 女)

管理自然的办法(中国, 女)

体育观光制度(中国, 女)

饮酒文化的影响(缅甸, 女)

韩国的快速发展对韩国文化有何影响?(缅甸, 女)

韩国的示威文化对市民的生活有帮助吗?(缅甸, 女)

韩国人如何看待外国人?(缅甸, 女)

为什么韩国父母的教育热情那么高?(缅甸, 女)

韩国学生不带很多书也不看书, 他们能有竞争力吗?(美国, 男)

剧场文化(乌克兰, 女)

课外教育文化(美国, 南方)

酒文化(乌克兰, 女)

快节奏文化(缅甸, 女)

③ 饮食

品尝补身汤、清国酱(乌克兰, 女)

米酒、泡菜和豆腐的制作方法(乌克兰, 女)

传统饮食中补品的种类(中国, 女)

泡菜的历史(马来西亚, 女)

④ 服饰与风格

除韩服外是否有其他传统服饰?(中国, 女)

韩国与中国的现代服饰比较(中国,女)

旧时发型(中国，女)

韩服是从朝鲜时代流传下来的吗？ 朝鲜时代以前韩国人的服饰风格
是什么样的?(中国，女)

韩国人没有个性、随波逐流的原因(缅甸，女)

韩国人看起来没有个性的原因(缅甸，女)

⑤ 休闲

韩国人为什么喜欢登山?(马来西亚，女)

韩国人的业余生活(中国，女)

⑥ 政治

韩国社会的烛光示威(波兰，女)

韩国人对南北统一有何看法?(缅甸，女)

拓展阅读

姜俊万，韩国生活文化辞典[M].人物与思想史，2006.

国际韩国语教育学会，韩国文化教育论[M]，萤雪出版社，2010.

国际韩国学会，韩国文化与韩国人[M]，四季，1998.

权英民等，面向外国人的韩国文化阅读[M]，美丽的韩国语学校，2009.

金文植等，关键词韩国文化套装[M]，文学村，2010.

金烈圭，用象征方式表达的韩国人与韩国文化[M]，一潮阁，2013.

金恩美，韩国人的谦卑心理：文化心理学分析[M]，韩国学术信息，
　　　2007.

金正恩，韩国人的跨文化交际[M]，韩国文化社，2011.

金海玉，面向外国人的韩国文化阅读[M]，韩国广播通信大学出版
　　　社，2010.

朴成昌、安京华、杨承国，韩国文化30讲[M]，博尔精出版社，2014.

朴汉娜、通读韩国文化[M]，博尔精出版社，2008.

裴圭范，面向外国人的汉字与韩国文化[M]，韩国文化社，2012.

白乐天等，面向外国人的韩国文化指南[M]，博尔精出版社，2009.

白峰子等，韩国语言文化听力教程[M]，夏雨图书出版，2005.

顺天乡大学韩国语教育院，通过文化学习韩国语1, 2[M]，报告社，
　　　2006.

申浩哲，韩国文化与词汇[M]，韩国文化社，2014.

王汉锡，韩国语·韩国文化·韩国社会[M]，教文社，2010.

李甲熙，用英语讲韩国文化[M]，韩国文化社，2014.

李炳旭，从精神分析看韩国人与韩国文化[M]，知音，2013.

李尚亿，韩国语与韩国文化[M]，沟通，2011.

李美惠等，面向外国人的韩国文化[M]，博尔精出版社，2010.

李善怡，面向外国人的鲜活韩国现代文化[M]，韩国文化社，2011.

李海英等, 生活中的韩国文化77[M], 韩文公园, 2011.

田美顺, 文化中的韩国语1, 2[M], Language Plus, 2011.

赵正顺等, 有故事的韩国语和韩国文化[M], 多乐园, 2010.

赵贤容, 韩国文化教育讲义[M], 夏雨图书出版, 2013.

朱永和等, 韩国学的乐趣[M], 人文主义者, 2011.

崔云植、金基昌等, 面向外国人的韩国、韩国人和韩国文化[M], 报
　　告社, 2009.

崔俊植, 韩国人没有文化? [M], 四季出版社, 2003.

韩国国学振兴院, 韩国人的文化基因[M], 人文世界出版社, 2012.

孙浩民, 韩国文化的理解[M], 高丽大学出版社, 2013.

KBS韩国人的饭桌制作组, 韩国人的饭桌[M], Sidpaper, 2011.

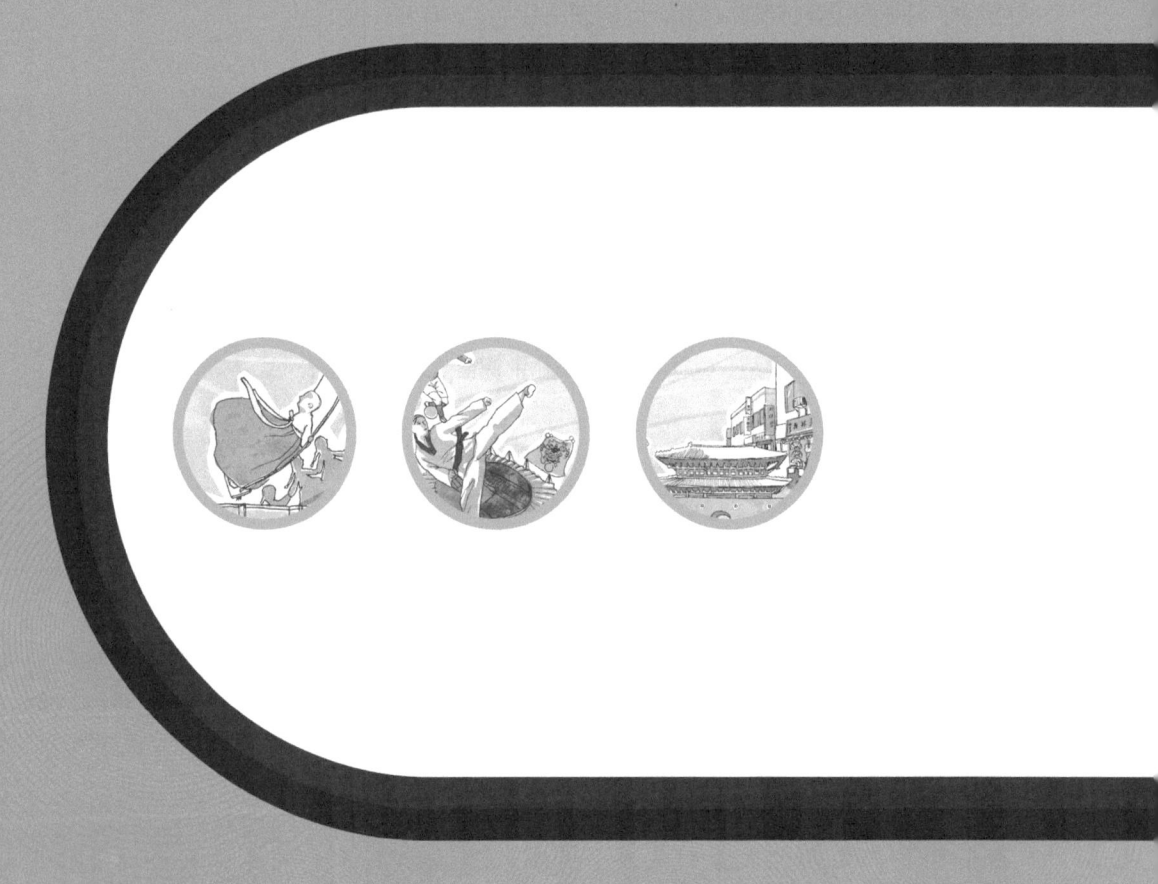

第 5 章

多元文化社会与文化

本章旨在探讨韩国多元文化社会在多元文化时代背景下的特征， 并思考在这一背景下韩国语教师的作用。首先，我们将通过阅读以下"中国朝鲜族妻子事例"来了解在韩国生活的外国人的观点。

【参考】多元文化社会，在韩国生活

【中国朝鲜族妻子案例】[1]

"我嫁到韩国快10年了。现在是一名美容师，我有两个上小学的孩子，在家里主要说汉语，所以可以同时使用两种语言。平时看似没有太多问题，但在压力过大或者感到疲倦的时候，问题就会显现。我想分享一下我和其他中国妻子的共同经历。

首先是饮食问题。因为我要以丈夫和婆家为核心来准备饭菜，我经常怀念中国的美食。一提想吃中国菜的话，总要看家人的脸色。他们会说，怎么能吃那种菜，并坚持让我做韩餐。中国菜也很好吃。要是他们不一味地强求吃韩餐，偶尔也吃一下中国菜，让他们感受我来自哪里，曾经的生活是怎样的，那该有多好呀。如果让他们也一年左右不吃韩餐，他们会有多想念呢？

其次，丈夫和婆家人似乎只关心他们自己的家庭。如果我与小区邻居交往或者跟别人交好他们就会不开心。他们认为只要好好照顾家人就足够了。尤其是在祭祀或者节日时，事情非常繁忙。在中国，祭祖三年就结束了，而在韩国，别说三年了，好像要把所有的祖先都供奉起来。

此外，我的丈夫很少进厨房。在中国，丈夫也会一同在厨房做家务，毕竟夫妻俩都在外工作，所以夫妻共同分担家务几乎是必须的。

韩国人说话不太在意对方的感受。有时他们口无遮拦，我听后不知有多受伤。一旦得知我是从中国嫁过来的，一般会先选择无视我，好像是我生活有多困难才被卖到韩国似的。

"现在我对韩国的生活已经很适应了，收入方面也比在中国高很多，虽然经济上过得比较富裕，但心里总是空落落的。"因为对中国家人的思念，因为不能自由地吃中餐，因为孩子们的疏离感，心里总觉得有一个角落是痛的、是空的。但既然我的孩子在韩国扎下了根，韩国就像是我的祖国一样，所以我会努力生活。对于韩国人，我期待得到的是鼓励。如果我有失误或者不清楚的事情，希望他们能友好地指出，而不是歧视。因为我会竭尽所能地成为一个对社会有益的人。"

1) Eunsook Lee, Zeilfelder: 《韩国社会与多元文化家庭》， 平泽大学多文化家庭中心译，良书苑，2008。

在异国他乡生活确实很有挑战。即便是通过婚姻组成的新家庭，适应丈夫本身已充满挑战，再加上文化差异，移民女性的生活可谓举步维艰。

作为异乡人，面临着家庭内部的重重困境。无法吃到从小就习惯的家乡菜的痛苦，韩国独有的祭祀文化和以家庭为中心的思考方式，"男人不能进厨房"的家长制观念等，这些无法被最亲近的家人所理解的悲哀比我们想象得更为深刻。

作为外国人，在家庭外部也会面临很多挑战。因为来自经济条件比韩国差的国家，他们会被忽视或者歧视，与这些韩国人相处绝非易事。他们需要的是温暖的目光和鼓励。

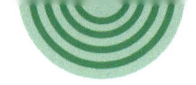

多元文化主义的理解

1. 何为多元文化主义?

(1) 概念

全球化已经将世界各地紧密联系成一个"地球村",经济、政治和文化之间的相互影响正在不断加深。传统意义上的"国际化"是指国家之间在政治、经济等方面存在着边界,并以本国为基础,与其他国家进行交流活动。与"国际化"这一概念不同,"全球化"意味着超越主权国家的国境壁垒,将整个世界重新组织为一个经济活动单位。赫尔德和麦格鲁对全球化现象进行了深入的概念性总结,指出全球化包含着 ① 远距离行为的影响,② 时间和空间的压缩,③ 相互依存程度的加深,④ 世界的缩小,⑤ 全球统合和地区间权力结构的重组等几方面。[2] 全球化趋势导致"移民"现象日益突出,同时也推动着韩国多元文化形态的快速发展。跨国企业的进驻,通过网络实现全球信息快速共享,引进廉价劳动力的必要性,与韩国男性结婚导致移民女性增加,留学生增加等,这些因素使韩国社会快速迈入多元文化社会。世界移民占总人口的2.5%以上,韩国也在2009年超过2.5%,步入多元文化社会。在生活中与多元文化移民接触的韩国人的比重也在增加。[3] 多元文化情境成为理解韩国文化和世界

2) David Held & Anthony Mcgrew, 2002, 第3页; 张明学:《全球化时代韩国的共和民主主义》,《以新自由主义的全球化和参与性的共和民主主义为中心》, 社会科学研究, 庆熙大学社会科学研究院, 第35卷第2期, 2009, 第22页重引。

3) 这些移民群体的动向呈多样化特征。就婚姻移民者的居留现状而言,具体考察如下:与2007年相比,2008年跨国婚姻移民增加了13.8%,截至2014年上升至151,439人。其中女性为85.3%, 男性14.7%, 中国41.1%,越南26.4%,日本8.2%,菲律宾7.0%,中国和越南占多数(统计厅2014年资料)。〈参考〉 2014国民配偶(结婚移民者) 滞留现状。

文化的重要途径。 如今韩国应该摆脱单一民族国家优越感的本民族中心主义，迈向一个具有强烈多元文化意识、更加包容开放的时代。

多元文化主义(multiculturalism)于20世纪60年代末以西方民权运动为导火索，在20世纪70年代通过美国、加拿大、瑞典等典型多民族国家的激烈论争，正式登上公共领域的舞台。[4] 相较于民族中心主义，多元文化主义(multiculturalism)认同一个国家(社会)内存在着多样文化，且尊重这些文化的独特性。

多元文化主义通常是指保障各种文化主体或少数特殊人群权利自由的"本体性政治(politics of identity)"。加拿大哲学家泰勒(Tylor)将多元文化主义定义为"认同性政治(politics of recognition)"，即文化多数群体承认少数群体是具有同等价值的群体。[5]

从广义上看， 多元文化主义相信现代社会能拥抱具有平等文化政治地位的不同文化群体。此外，多元文化主义还被用来指代移民群体的固有文化。然而，在哲学基础、概念定义、政治取向和方法论方面却缺乏统一标准。

多元文化主义主张"每个人都享有作为人的普遍权利，尊重每一种特殊的生活方式，致力于构建多元主义的社会、文化、制度和情感基础"。[6] 多元文化主义认为一个社会应该由不同种族、性别、性取向等异质周边文化构成，或者至少应包容这些文化。文化多元主义与文化相对主义(cultural relativism)都是文化人类学强调的概念，文化相对主义指出要防止将对本国文化的自豪感与对他国文化的忽视联系在一起。 1971年加拿大将多元文化主义纳入其移民公共政策中，澳大利亚、美国等国家也放弃了之前的同化模式，转向多元文化主义，从而改变了移民融入的方式。[7]

4) 吴景锡等：《韩国的多元文化主义》，韩蔚研究院，2007，第25页。

5) 韩庆九：《何为多元文化社会?》，《多元文化社会的理解》，东方，2008，第90页。

6) 社团法人无国界村：《社团法人无国界村小程序》，2006。

7) 崔忠玉：《多元文化社会与多元文化教育政策》，京畿道多元文化中心编撰，《多元文化教育的理论与实际》，良书苑，2009年，第51-52页。

(2) 多元文化主义、单一文化主义、文化多元主义[8]

尽管存在单一文化主义的概念，但实际上全球范围内，单一文化或单一民族国家不到10%。

文化多元主义/文化复数主义(cultural pluralism) 在承认多样性和追求社会融合方面与多元文化主义(multiculturalism) 是相似的，但在前提条件和实践方法上存在差异。文化多元主义承认文化的多样性和多元性，但其前提是存在主流社会。而多元文化主义则不承认主流社会的存在，而是强调各种文化应该获得平等的认可。美国主张的是自由主义的文化多元主义，而加拿大和澳大利亚的多元文化主义则倾向于国家干预和支持其他文化发展的方向。[9]

8) 韩庆九：《何为多元文化社会?》，《多元文化社会的理解》，东方，2008，第89-91页。

9) 宋钟浩，《打破单一民族幻想、向多元文化主义转变的时代》，多元文化主义—韩国，发表油印物，崔忠玉：《多元文化社会与多元文化教育政策》，京畿道多元文化中心编撰，《多元文化教育的理论与实际》，良书苑，2009年，第45页重引。

> • **多元文化主义**
>
> 　轻量级(light) 多元文化主义：亦称为温和型多元文化主义，由马丁尼埃洛定义，主要是对外国料理、音乐、时装等方面的消费。
>
> 　强硬型(hard) 多元文化主义：通过克服轻量级多元文化主义中存在的表层多元主义，进而对民族认同概念本身提出质疑的政治性理论讨论。
>
> 　市场多元文化主义：是企业基于有助于销售商品或获取利润，以及有助于管理员工等原因而推行的理念。
>
> • **单一文化主义**(monoculturalism)：立足于19世纪所认为的"一个国家或民族具有一种文化"的假设。以单一国家或民族的强烈同质性为前提。
>
> • **文化多元主义**(cultural pluralism)：在多元文化主义兴起之前，美国广泛使用的概念。指的是保持个体文化独特性的同时参与到整个社会活动中。（只要接受美国社会的法规和政策，并参与美国社会，便允许其在私人领域保持自己的文化习俗）

02 多元文化主义的类型 *

多元文化主义可分为自由多元文化主义、组合多元文化主义、激进多元文化主义等。[10]

1. 多元文化社会进程

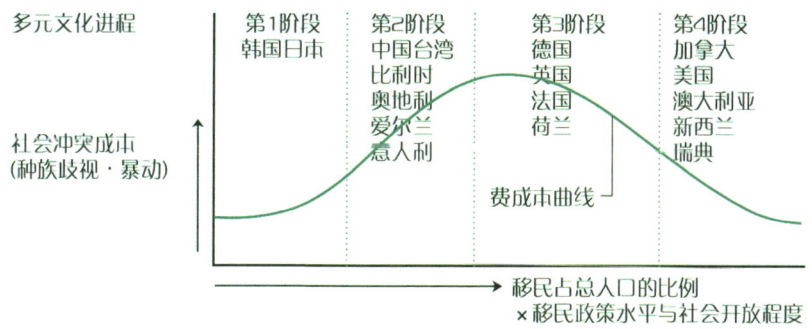

多元文化进程

| 第1阶段 韩国日本 | 第2阶段 中国台湾 比利时 奥地利 爱尔兰 意大利 | 第3阶段 德国 英国 法国 荷兰 | 第4阶段 加拿大 美国 澳大利亚 新西兰 瑞典 |

社会冲突成本
(种族歧视·暴动)

费成本曲线

移民占总人口的比例
× 移民政策水平与社会开放程度

※ 资料来源：每日经济 (2008.2.10)

〈图21〉多元文化社会进程和社会冲突成本[11]

10) 李龙胜：《澳大利亚多元文化主义的逆进》，《民族研究》 第30期，第15, 26-50页。申载汉、金在光、金贤真、尹英植著：《尊重多样性和差异性的多元文化教学设计理论与实际》，教育科学社，2014, 第15页重引。

11) 每日经济, 2008.2.10. 千浩成、李京汉：《多元文化社会的到来与多元文化教育》，教育科学社, 2010, 第23-24页。

第一阶段是引进阶段(移民≤5%)，移民率较低，移民政策尚处于初级阶段，社会对外开放程度不高，矛盾相对较弱，因此相关费用支出较少。第二阶段是移民全面涌入阶段(5%-10%)，制度的完善跟不上移民速度，导致社会成本迅速增加。第三阶段是在多元文化政策不够健全的情况下，移民不断涌入，最终引发人种歧视和社会动荡等问题。第四阶段多元文化主义在社会上得到落实，禁止歧视、将平等制度化，社会认识发生变化，支援少数群体并承认其参政权，从要求机会平等扩大到要求条件平等、过程平等、结果平等。[12]

然而，并非所有国家都是通过上述四个阶段进入多元文化社会的。爱尔兰最初处于第二阶段，但在十年间通过承认外国移民的参政权，社会生活满意度极高，成功转变为第四阶段的多元文化主义国家。在过去的20年里，积极推进多元文化社会政策，将第三阶段所带来的社会成本最小化。在移民的作用下，经济年增长率超过8%，达到较高收入水平。[13]

韩国目前仍处于第一阶段。因此，要实行有效的多元文化政策，将第二阶段和第三阶段所需的社会费用降到最低，并朝向第四阶段迈进。

2. 社会融合政策

同化模型与多元文化模型

	同化模型	多元文化模型
类似用语	熔炉类型(melting pot)	沙拉碗，种族马赛克，彩虹联盟
目标(理想)	移民者放弃本国语言、文化和社会特征，与主流社会成员没有差别。	移民者保留本国特征的同时，也能与整个社会和谐共处
类型	20世纪60年代之前的美国熔炉模型法国社会的共和主义模型	加拿大、澳大利亚、新西兰等

〈表25〉同化模型与多元文化模型

12) 崔忠玉：《多元文化社会与多元文化教育政策》，京畿道多元文化中心编撰，《多元文化教育的理论与实际》，良书苑，2009年，第114页。

13) 崔忠玉：《多元文化社会与多元文化教育政策》，京畿道多元文化中心编撰，《多元文化教育的理论与实际》，良书苑，2009年，第114页。

同化(assimilation)/熔炉(melting pot)

同化一直是美国移民社会研究的传统模式。 美国社会一直认为通过同化来适应主流社会是理所当然的。 同化是移民者与主流社会的支配性价值观和规范相接触，因此从文化影响的角度来看是单向的。

美国文化就像一个熔炉，各种不同移民的文化融入美国文化之中，创造出更新颖、 更有魅力的文化。 这意味着美国的身份不会发生急剧变化。也就是说，美国文化在自身没有发生较大变化的情况下，融合了其他文化的元素。这一概念最初在二战后大量欧洲移民涌入美国时出现。

(1) 多元文化/沙拉碗(salad bowl : tossed salad)

70年代后期， 亚裔、 西班牙裔移民等来自世界各地的人群在美国定居，他们保留各自国家的文化，并相互融合，这被形象地称为"沙拉碗"。"沙拉碗"并不是指各部分融化消失，而是像沙拉碗里的各种蔬菜一样，保留了各自特色，共同提升了整体的"味道"。

(2) 文化适应(acculturation)

舒曼(Schuhmann, 1978) 提出了"文化适应(acculturation)"模型理论, 解释了想要学习第二语言的群体/个人与不愿意学习第二语言的群体个人之间在社会认识上的差异。 舒曼认为这取决于这些群体如何看待彼此，以及如何看待彼此的语言。上层群体不想学习下层群体的语言。例如， 大英帝国时期，印度或非洲的英国人不愿意学习印度语和非洲语。也就是说，社会支配模式影响了第二语言的学习意愿。

将自己视为下层群体的少数语言群体有三种整合策略：一是像移民一样放弃自己原有的生活方式和价值观，认真学习语言(同化, assilmilation)；二是拒绝占统治地位的群体的文化，拒绝进行语言学习(拒绝, rejection)；三是接受自身文化和目标群体的积极一面，掌握多种第二语言

(适应, adaptation)。[14]

同化是指将自身原有的世界观转变为主体文化(host culture) 世界观的再社会化过程。另一方面, 适应(adaptation) 意味着人们拓宽自己的世界观, 熟悉主体文化的行为和价值观。 这并非是替代性改变(substitutive), 而是一种"附加(additive)"现象。同化的最后结果是成为"新人", 适应的最终结果是成为二元文化(bicultural) 或多元文化(multicultural) 的个体。二元文化或多元文化者在不丧失自己社会化的情况下, 会呈现新的面貌。[15]

文化同化(assimilation)：

呈现为一般同化与自发同化相结合。 发生文化同化时, 从移民群体或少数群体来看, 也可能伴随着文化淘汰(deculturation) 的现象。移民文化经历了大规模文化连变, 有时几乎被主体社会的文化完全同化。

文化交融/文化适应(acculturation)：

是指一种社会文化与另一社会文化接触后经历变化的过程。 在发生移民同化的情况下, 主流社会或接纳移民的主体社会通常被认为不会发生深刻变化。同时随着饮食、服装、音乐、舞蹈等外国文化要素的融入, 主体文化在一定程度上也会发生文化交融。

---

3. 韩国移民问题发展动向与多元文化主义

在韩国, 移民问题是急速近代化的产物。1988年以后, 随着外国移民数量的增加, 移名劳动者开始从事3D行业(3D：Dirty, Difficult, Dangerous), 但至今仍没有令人满意的制度。

在全世界184个国家中, 韩国与冰岛一同被列为世界上仅存的坚守单一文化的国家, 是创造"一种血脉、一个民族、一种文化"神话的传奇国家。然而, 单一民族主义和纯血统观念使其在国际社会难以立足, 因此

14) 斯特恩(H. H. Stern)：
《语言教学的基本概念》, 沈永泽等译, 夏雨图书出版, 2002,
第258-259页。

15) 崔允熙：《跨文化交际》,
交际图书, 2013,
第96页。

追求多元化和开放性的呼声高涨。

单一民族主义神话在对抗外来势力、凝聚民族力量的策略中产生。最早灌输韩国民族意识的是蒙古侵略，史书的编纂旨在治愈侵略带来的创伤，重振民族自尊心。近代的单一民族主义则源于日本殖民统治下主权丧失的痛苦历史。在近代以前，"民族"一词都没有出现在韩国祖先的话语中。[16]

在比韩国更早成为多种族、多元文化的国家中，也曾面临过移民问题，并实施了各种各样的移民政策。比如德国的土耳其劳工问题，日本面临的韩国移民与日本原住民(阿伊努族) 问题，法国面临的非洲马格里布(摩洛哥、突尼斯、阿尔及利亚) 及伊斯兰裔移民问题，英国面临的英联邦有色人种劳工问题，美国面临的种族歧视和亚洲、西班牙裔等少数族裔问题等。[17]

为解决移民问题，各国采取了不同的融合政策，包括非歧视模式(德国/韩国/日本)、同化模式(法国/英国/意大利) 和多元文化主义模式(美国/加拿大/澳大利亚)。非歧视模式适用于生产技能职业移民劳动者，而同化模式或多元文化主义模式适用于专业技术职业移民者。同化政策在劳动市场或社会政策领域实施，而多元文化主义政策在教育文化领域实施。值得注意的是，尽管法国中央政府坚持同化政策，但地方政府和社区却采用多元文化主义原则。[18]

在韩国，跨国婚姻家庭的比重远高于外国劳动者。跨国婚姻移民女性、男性及其子女是在韩国定居的主要对象，这一点尤为重要。然而，对于移民女性的政策仍然坚持基于纯血统的同化原则，未将其作为多元文化社会的平等主体加以对待。韩国迫切需要制定多种支持政策，以确保新移民家庭成员在韩国获得应有的社会地位。

移民女性并未将自身身份视为"永远的韩国人"。尽管因婚姻而在韩国定居，但有36.1%的移民女性希望在10年后回"本国"定居，46.7%的人希望退休后回"本国"定居，表明许多人选择将"本国"作为未来的理想

16) 金燕权：《多元文化社会与多元文化主义》，载京畿道多元文化中心编，《多元文化教育的理论与实际》，良书苑，2009，第21页。

17) 崔忠玉：《多元文化社会与多元文化教育政策》，京畿道多元文化中心编撰，《多元文化教育的理论与实际》，良书苑，2009年，第52页。

18) 薛东勋等，《跨国婚姻移居女性现状调查及保健福利支援政策方案》，保健福利部，2006；崔忠玉：《多元文化社会与多元文化教育政策》，京畿道多元文化中心编撰，《多元文化教育的理论与实际》，良书苑，2009年，第52页.

19) 郑甲英等, 《〈表23〉与祖国生活比较：收入、幸福度、压力/想居住的国家》, 《2010移民文化乡愁现状调查》, 韩国文化观光研究院；2010, xⅷ页。

20) 郑甲英等, 同上, xⅲ页。

居住地,[19) 移居女性并不认为韩国是自己应该继续居住的地方。此外，文化方面的最大难点是"没有机会享受本国的文化"，占9.7%；应该重点关注的政府资助的文化项目是"本国的文化艺术观赏/教育"， 占9.6%。即使生活在韩国，移民女性仍然渴望享受自己国家的文化。[20) 这些结果表明，即使移民女性目前居住在韩国，以她们为对象的"改造成韩国人"的同化主义政策也不会取得实效。在认知层面上，通过将本国文化与他国文化进行比较，实现对多元文化生活的总体理解，需要制定多元文化教育方案。

〈按年度人口对比的滞留外国人现状〉[21]

按年度人口对比的滞留外国人现状(2018~2024年)：整体人口中滞留外国人的比例因受新冠疫情影响，从2019年的4.87%降至2021年的3.79%，随后在2023年回升至4.89%，2024年上升至5.2%。

(单位：千人)

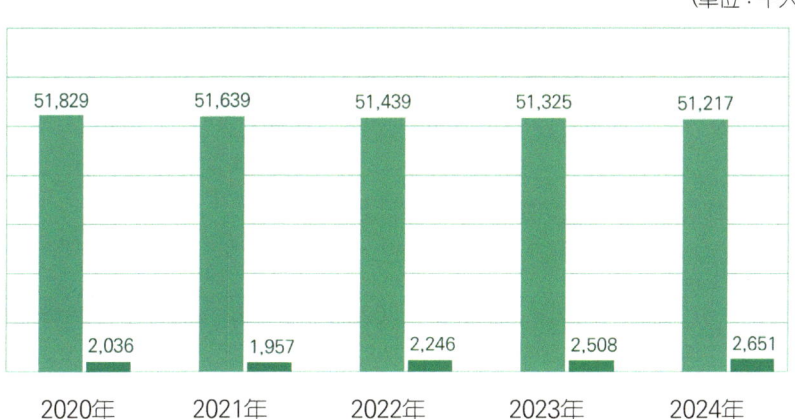

(单位：人)

区分	2020	2021	2022	2023	2024
整体人口	51,829,023	51,638,809	51,439,038	51,325,329	51,217,221
滞留外国人	2,036,075	1,956,781	2,245,912	2,507,584	2,650,783

〈表31〉按年度人口对比的滞留外国人现状

21) 法务部，出入境统计，https://www.moj.go.kr/moj/2412/subview.do，2025年 2月 5日访问。

〈按资格分类的注册外国人现状〉[22]

(截至2024年12月31日，单位：人)

统计	文化艺术 (D-1)	文学 (D-2)	一般研修 (D-4)	宗教 (D-6)	公司派驻人员 (D-7)	企业投资 (D-8)
	52	178,107	79,805	1,736	1,030	8,321
	贸易经营 (D-9)	教授 (E-1)	会话指导 (E-2)	研究 (E-3)	技术指导 (E-4)	专业职业 (E-5)
	2,467	1,801	13,348	3,397	208	2130
1,488,353	艺术演出 (E-6)	特定活动 (E-7)	季节性劳动 (E-8)	非专业就业 (E-9)	船员就业 (E-10)	访问同居 (F-1)
	4,013	62,975	19,690	328,114	21,548	96,797
	居住 (F-2)	同伴 (F-3)	永驻 (F-5)	结婚移民 (F-6)	访问就业 (H-2)	其他
	61,039	51,298	202,738	146,672	91,818	111,166

〈表32〉按资格分类的滞留外国人现状

〈韩国国民配偶(结婚移民者) 滞留现状〉

· 按年度增减趋势

(截至目前，单位：人)

年度	2019年	2020年	2021年	2022年	2023年	23年 12月	24年 12月
人员	166,025	168,594	168,611	169,633	174,895	174,895	181,436
同比增减率	4.3%	1.5%	0.01%	0.6%	3.1%		3.7%

〈表33〉韩国国民配偶(结婚移民者) 按年度增减趋势

〈韩国国民配偶(结婚移民者) 按国家、性别分类现状〉

· 按国家、性别分类现状

(截至2024年12月3日，单位：人)

国籍区分		总计	中国	韩裔	越南	日本	菲律宾	泰国	美国	柬埔寨	其他
整体		181,436	60,681	(20,878)	41,779	16,214	12,794	9,751	5,308	4,897	30,012
		100%	33.4%		23.0%	8.9%	7.1%	5.4%	2.9%	2.7%	16.5%
男		35,705	14,098	(8,165)	5,025	1,329	643	146	3,562	921	9,981
		19.7%									
女		145,731	46,583	(12,713)	36,754	14,885	12,151	9,605	1,746	3,976	20,031
		80.3%									

〈表34〉韩国国民配偶(结婚移民者) 按国家、性别分类现状

22) 出入境外国人政策统计月报，2024年 12月号。

03 多元文化社会中的韩国语教育 *

1. 韩国多元文化教育现状

(1) 多元文化教育对象

针对外籍工人及其子女：地方非政府组织、外籍工人中心、市道教育厅

针对跨国婚姻者及其子女：主要关注"女性"。女性家庭部、卫生福利部、司法部，教育人力资源部、劳动部、中央人事委员会、文化观光部、信息通信部、市道教育厅、联合国教科文组织韩国委员会

脱北者居民家庭子女：代案学校

种类	项目名称	项目内容(目的、对象、内容等)	备注 (项目示例等)
基本 项目	韩国语教育	- 通过实施系统化的韩语教育，协助结婚移民者融入韩国社会，促使其尽早稳定定居。 - 针对结婚移民者，按照不同水平分班，开设包括初级1·2、中级1·2、高级等五个阶段的韩语课程	集中教育、上门教育、在线教育、广播教育等并行实施
	多元文化社会理解教育	- 帮助结婚移民者轻松适应家庭、社会及韩国生活。 - 以结婚移民者为对象，围绕韩国的	

23) 女性家庭部网站
http://liveinkorea.kr

		法律及人权、婚姻与家庭理解、多元文化家庭生活教育等内容开展讲座及相关体验活动。	
	家庭教育	- 预防因沟通不顺畅或沟通缺失而引发的家庭冲突，并通过家庭成员教育提高对家庭角色和家庭文化的理解能力。 - 为多元文化家庭提供全方位教育，包括公婆教育、(准)配偶教育、子女支持项目等。	
	家庭个人咨询	- 了解结婚移民及其家属的问题，提供心理和情感帮助。 - 了解结婚移民及其家属的问题，包括夫妻、父母、子女、性别和经济问题，提供心理和情感帮助及相关信息。	
	就业联系及培训支持	- 为促进多元文化家庭参与经济活动，考虑地区特性及结婚移民者的需求，开展就业相关的培训项目	
种类	自发聚会	- 通过服务需求分析，与中心内外部机构合作，进行导师培训和相关活动。 - 通过中心与地方自治团体的合作，在法律支援、家政帮手等服务领域，利用地区社会人力资源，组建并运营多元文化家庭志愿服务团。	
	导师制、志愿服务团体等基于社区民间资源利用的项目	- 通过让健康定居的多元文化家庭参与志愿者活动，提高多元文化家庭的自豪感，充分利用地区社会资源。	
	多元文化认知改善工程	- 结婚移民者和社区成员通过体验多种多样的文化，促进相互了解，培养共同体意识。	
	加强社区合作网络	- 构建服务传达体系，并与服务提供机构保持联系，推动地区社会内多元文化家庭支援事业的综合、系统、高效推进。	

〈表28〉女性家族部多元文化家族支援项目[23]

女性家庭部致力于向多元文化家庭提供家庭教育、咨询和文化项目等服务，为结婚移民者早日适应韩国社会、在多元文化家庭中稳定生活提供支持。

主要项目包括多元文化家庭韩国语教育、多元文化家庭儿童养育支援、怀孕生育指导服务等"上门教育项目"。此外，还包括针对沟通困难的婚姻移民者提供口译和笔译服务的"婚姻移民者翻译服务项目"。针对多元文化家庭子女，设有专业、系统的语言发展服务项目，以及针对结婚移民者主要来源国语言的授课，即"多元文化家庭子女语言发展支援项目"和"语言英才课堂项目"等。

2. 韩国语课堂中的多元文化教育

(1) 多元文化教育目标

班克斯(Banks, J.A.) 多元文化教育的目标[24]

多元文化教育的目标在于消除教育不平等，实现机会均等，协助学生完成学业，发挥其作为民主社会成员的角色，并培养他们的批判性思维。班克斯提出的六个目标如下：

第一，多元文化教育追求深化自我理解。若仅从个人文化角度认知社会，就会产生狭隘视野。通过理解与学习，我们可以培养对其他文化的尊重，从而审视自身对待本民族文化的态度，进一步增进自我认识。

第二，多元文化教育旨在为主流教育课程提供对策。在美国，主流课程目标群体以白人为主，却未向白人学生传授少数民族文化的丰富性。少数族裔学生由于课程和学校文化的不同，难以掌握必要的社会技能。因此，以白人为中心的教育对主流和有色人种学生都会造成不利影响。

第三，多元文化教育旨在使所有学生掌握多元文化社会所需知识、技能和态度。白人学生可以学习黑人英语的独特性，黑人学生可以学习标准英语，以成功适应主流社会生活。

第四，多元文化教育旨在减少多元文化家庭子女因其种族文化特征

24) 牟景焕：《多元文化教育的概念与目标》，京畿道多元文化中心编，《多元文化教育的理论与实际》，良书苑，2009，第105-106页重引。

而遭受的痛苦与歧视。少数族裔学生为成功融入学校和主流社会，会刻意否认自身的民族遗产和民族认同感，甚至是家庭背景。民族认同感是构成自我认同的重要组成部分，否认自身民族文化和认同感会对少数族裔社会化进程产生不利影响。

第五，跨文化教育帮助学生掌握在全球科技世界生活所必需的阅读、写作和数理能力。

第六，多元文化教育帮助不同群体学生掌握在他们领域内发挥作用所必需的知识、态度和技能。多元文化教育的目标分为照顾少数群体、追求教育机会均等、培养公民素质、培养能力等方面。这些目标包括人性和智慧以及全球共同体成员的素质等，这些必须通过具体的教学方案来实现。

(2) 多元文化教育的领域

据班克斯(Banks, J.A.)认为，跨文化教育由五个维度组成，如〈图24〉所示：内容整合、知识建构过程、减少偏见、平等教学法、赋能式的学校文化和社会结构。[25]

25) Banks, J. A., C. A. M. ed, 2004, Handbook of Research on Multicultural Education, Boston: Allynand Bacon, 班克斯(Banks, J.A.)：《跨文化教育入门》，牟景焕等译，学术研究院，2008，第45页；牟景焕：《多元文化教育的概念与目标》，京畿道多元文化中心编，《多元文化教育的理论与实际》，良书苑，2009，第99-100页重引。

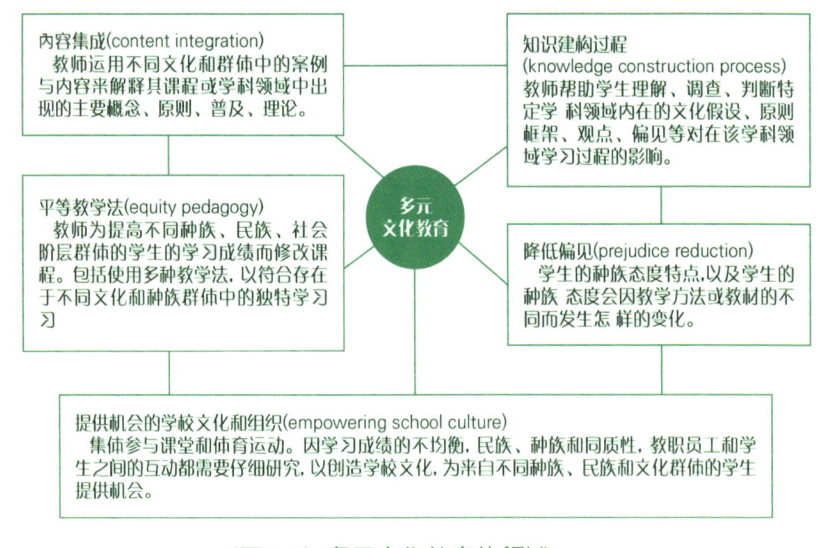

〈图 24〉多元文化教育的领域

3. 优秀的多元文化教师必备条件

(1) 成为一名优秀的多元文化教师应具备的条件[26]

① 多元文化教育主要范式相关知识
② 多元文化教育主要概念相关知识
③ 主要民族群体历史和文化知识
④ 将课程和教学法应用于来自不同文化、民族、语言和社会阶层的学生,满足这些学生独特需求的教学法知识

(2) 跨文化效能感[27]

"跨文化效能感(multicultural efficacy)"是指教师对自己能够有效指导各种学生,包括学习困难的学生,使学生充满自信(Guskey & Passaro, 1994)。教师的积极期望和对自身指导能力的自信被认为是学生成功的重要因素。

佩恩(Payne, 1994)指出,当教师教授与自己不同文化和经济背景的学生时,必须审视自己的信念。

比利加斯和卢卡斯(Villegas & Lucas, 2002)认为,对文化敏感的教师(culturally responsive teacher)在指导不同文化背景的学生时,有责任努力使学校更加平等,并认识到自己具备这种能力,将跨文化能力视为重要因素。

(3) 减少偏见原则[28]

① 在课堂教材中自然地融入不同民族和种族群体的积极而现实的形象。
② 帮助学生辨别不同种族、不同民族群体成员的面孔。最好的办法是在教学过程中呈现这些群体成员的面孔。
③ 让学生通过电影、录像、DVD、儿童文库、档案、照片和其他方式间

26) 班克斯:《跨文化教育入门》,牟景焕等译,学术研究院,2008,第78页。

27) 班克斯:《跨文化教育入门》,牟景焕等译,学术研究院,2008,第13页。

28) 班克斯:《跨文化教育入门》,牟景焕等译,学术研究院,2008,第155-156页。

接体验不同种族、民族、文化和语言群体成员。

④ 在多种族学校教学时，让学生系统地参与到种族接触的情境中。有效的种族接触必须满足Allport描述的四个特征(平等地位、共同目标、异质群体间合作、威权·法律·习俗的支持)。

⑤ 对有色人种学生提供语言或非语言形式的正向激励。

⑥ 让来自不同种族或民族群体的学生参与合作学习活动。

4. 多元文化教育对象

多元文化教育对象可以划分为四个维度：面向少数群体的适应教育、面向少数群体的身份认同教育、面向少数群体的共同体教育、以及面向多数群体的少数群体理解教育。[29]

维度	特征
面向少数群体的适应教育	• 基于同化主义者观点 • 关注少数群体向主流社会的同化 • 夯实基础学习能力，提高韩国语能力，关注其对韩国文化的了解
面向少数群体的身份认同教育	• 基于多元文化主义者观点 • 关注对少数群体身份认同的培养 • 承认少数群体的固有特性
面向少数群体的共同体教育	• 将重点放在确保少数群体的情感支持上 • 当少数族裔文化群体之间、少数群体内部发生冲突时，将重点放在减少冲突、拓宽思维层面上。
面向多数群体的少数群体理解教育	• 以多群体为对象，着眼于克服对少数群体的歧视和偏见

〈表 29〉多元文化教育对象的层次

29) 申载汉、金在光、金贤真、尹英植著：《尊重多样性和差异性的多元文化教学设计理论与实际》，教育科学社，2014，第33-34页。

(1) 面向少数群体的适应教育

少数群体适应教育是主流社会在接受移民的第一阶段为促进社会融合而广泛采用的教育模式，也是学校中常见的教学方法。该模式旨在帮助婚姻移民者、跨国婚姻子女等少数群体更好地适应韩国文化，推动社会融合进程。教学内容包括基础学习技能、韩语水平提升、韩国传统料理、礼仪、传统文化等，以及校园生活适应方案。

(2) 面向少数群体的身份认同教育

少数群体身份认同教育聚焦于培养少数群体对自身身份的认同。将语言视作形成认同感的重要因素，认为少数群体具有新的可能性。因此，鼓励开展韩国语和少数群体国家语言的双语教学，而非强迫他们融入韩国文化。此外，该教育模式也着重讲授少数群体国家的文化。

(3) 面向少数群体的共同体教育

少数群体共同体教育旨在促进文化少数群体与多数群体之间的良好关系。这不仅对多数人群体来说至关重要，同时对不同的少数群体之间相互建立联系也极其重要。因此，在韩国社会这一共同空间中，少数群体共同体应以文化相对主义的态度看待其他文化，相互尊重和认可，这也是教育的重要内容。

(4) 面向多数群体的少数群体理解教育

面向多数群体的少数群体理解教育旨在克服对少数群体的歧视和偏见，尊重种族、阶层、性别、宗教、语言、居住地等多样性。

在多元文化社会中若想实现和谐共处不能仅靠一方的努力，少数群体作为弱势群体应该努力适应与融入，而多数群体则应该努力承认和包容。因此，在多元文化社会中，教育不仅限于少数群体，也需要在对多数群体进行均衡教育的前提下实施。

5. 多元文化教育内容

文化本无优劣。多元文化教育的内容不存在主流和非主流、强国和弱国、中心国家和周边国家的概念，而应该是由多元文化主体介绍各种文化，并与自我文化进行比较，享受文化的多样性。多元文化教育的课堂应超越偏见与孤立，成为享受多样性的舞台。

领域	教育内容
文化	• 了解各文化之间相似性和差异的特征 • 培养对各种文化理解和尊重的态度 • 培养跨文化的积极态度
合作	• 增强与不同群体进行互动和协作的能力
摒弃偏见	• 形成对成见、偏见和刻板印象的批判性思维 • 培养应对问题的能力
身份认同的形成	• 培养积极概念 • 建立个体认同感和群体认同感
平等性	• 对国家、民族、性别、能力、阶层持积极态度 • 塑造人人平等的价值
多样性	• 承认各种个体和群体的存在 • 树立尊重多样性的心态

〈表30〉多元文化教育课程分领域教学内容[30]

研究	内容
金甲成(2007)	• 其他国家的传统服装及问候 • 主食、特产 • 外国歌曲
金元浩(2007)	• 节日饮食

30) 具贞花、朴允京、薛圭：《多元文化教育的理解》同文社，2009，第215-216页。

研究	内容
申英民(2005)	• 多样的民主教育内容 • 能够处理社会问题的内容 • 强调与地区社会的关联性
吴恩顺等(2007)	• 多元文化经验 • 多元文化主题和事件处理及问题解决等 • 本国文化和其他文化的共同点和差异
张英姬(1997)	• 多元文化事件、主题、问题 • 文化复合社会中社会、政治、经济实体 • 文化、人种、性别、民族、宗教、社会、经济地位等的多样性
张勇硕(2007)	• 外国饮食、传统文化
赵永达 等译(2006)	• 学习法国法律的市民教育
APCEIU(2006)	• 饮食、游戏、历史、风俗
Coelho(1998)	• 特别活动——非洲传统之月、东南亚历史之月
松本(2007)	• 跨文化交际 • 外国饮食

〈表31〉 多元文化教育的教学内容[31]

多元文化教育的内容主要包括传统文化介绍、多元文化话题探讨等，针对的对象主要是小学生和中学生。在韩国语课堂中，可以以这些内容为基础，面向成人学习者进行韩国文化的比较学习。在韩国语课堂上，大部分的文化教育都以传授韩国文化为主，附带对其他文化的简单比较，但在进行跨文化教学时，应将韩国文化视为多国文化之一，使其处于同等的地位。

跨文化教育方法应以学习者为中心，关注学习过程，设计个性化的学习内容。为此，应该设计以教学现场为中心、以体验为中心、以活动为主的教学方案。

以下是对多元文化教育教学方法研究的综述。[32]

31) 吴恩顺：《面向多元文化教育的教学方案》，京畿道多元文化中心编，前书，第174页。表内的书目整理在第196页的《拓展阅读》中。

32) 吴恩顺：《面向多元文化教育的教学方案》，京畿道多元文化中心编，前书，第175页。

研究	方法
金甲成 (2007)	• 外国物品展示会 • 外籍教师介绍本国文化
金元浩 (2007)	• 美食节 • 与美国学校交换学习(相互观摩课程、运动会、交换课程等) • 通过CCAP与母语者见面 • 利用假日和网站主页进行国际理解教育 • 建立与国际理解相关的各种主题社团
朴善英 (2005)	• 视、听、体验 → 产生亲密感 → 产生舒适感 → 建立联系 → 产生共鸣/移情 → 整合认知和行为
朴正文 (2006)	• 将身边的素材与周围的其他文化进行比较 • 角色扮演 • 提供更丰富的多元文化体验 • 整合分散在不同课程中的教学内容 • 提供与外国人直接交流的机会 • 通过与外国劳动者建立交流或跨国婚姻，从而充分利用居住在韩国的人力资源 • 感官多媒体资料 • 跨文化课程开发
孙晓燕 (2006)	• 在"劳动节"举办体育大会，使外国劳动者家长参与
梁英子 (2006)	• 跨文化主题剪报及相关写作
郑善熙 (1997)	• 跨文化课堂环境：语言、积木、戏剧游戏音乐和游戏、烹饪 • 营造视觉审美环境，书籍、戏剧游戏资料、美术资料、玩偶、拼图游戏资料 • 教师提供准确而无偏见的信息 • 教师具备对其他种族、民族、国家的丰富知识 • 教师对多元文化教育持坚定信念 • 了解幼儿的先前经验与文化背景 • 不带偏见或刻板印象的对话方式 • 包容与宽容的氛围
Ramsey (2004)	• 从照片中选出不同人种 • 利用不同人种照片、玩偶等进行搭配组合 • 展示成员以不太熟练的方式参与家庭活动(如做饭、吃饭、上学)的照片 • 播放不同语言的歌曲或故事 • 吃陌生的食物

- 使用代表不同文化群体的衣服、工具和材料进行游戏
- 与和自己持不同语言的朋友玩耍
- 将焦点放在多样的身体、肤色、瞳孔、颜色、头发等方面进行活动
- 描述家庭的传统日常

〈表32〉多元文化教育的途径

多元文化教育方法以"与外国人沟通"为主题，而在韩国语课堂上，学生来自不同国籍，这为策划各种活动提供了可能性。这些活动包括介绍本国物品、美食节、传统文化、报纸制作、演讲比赛、写作比赛等。韩国语课堂可以被视为"多元文化的平台"，韩国语教师可以充分利用这些资源，通过自己的努力将课堂打造成一个多元文化的庆典舞台。

※ 拓展阅读

权顺熙等：《多元文化社会与多元文化教育》，教育科学社，2010.

金甲成：《啊，换老师了》. 2007年度第四届国际理解教育论坛—跨文
化社会合作，亚太国际理解教育院，2007.

金元浩：《新任教师充满冲突的国际理解教育体验》，2007年度第四届
国际理解教育论坛—跨文化社会合作，亚太国际理解教育院，2007.

松本久彦：《山形县多元文化家庭政策的成果》，《未来社会的多元文
化家庭国际研讨会资料集》，平泽大学多元文化家庭中心主办，2007.

朴善英：《跨文化教育活动对幼儿情绪智力的影响——以文学和音乐
的综合方法为中心》，新罗大学研究生院硕士学位论文，2005.

朴正文：《小学生跨文化学习活动的反思性实践研究》，庆南大学研究
生院博士学位论文，2006.

申英民：《文化人类学视角下跨文化美术教育方案研究》，韩国教员大
学研究生院硕士学位论文，2005.

申载汉等：《尊重多样性和差异性的多元文化教学设计理论与实际》，
教育科学社，2014.

吴恩顺、姜昌东、陈义南、金善惠、郑镇雄：《跨文化教育的教学支援
方案研究（Ⅰ）》，《韩国教育过程评价院研究报告RRI 2007-2》，2007.

张英姬：《幼儿跨文化教育的概念及教学方法的理论考察》，《诚信研
究论文集》第35辑，1997，第295-314页.

张勇硕：《蒙古少女尹秀琼(无言的孩子)》，2007年度第四届国际理解教
育论坛-跨文化社会合作，亚太国际理解教育院，2007.

张仁实等：《跨文化教育的理解与实践》，学知社，2012.

赵英达、尹熙元、权顺姬、朴尚哲、朴成赫：《多元文化家庭教育支援
的资料开发研究》，《教育人力资源部政策研究课题2006-指定-21》，
2006.

Coellho, Teaching and Learning in Multicultural Schools, UK：
Multilingual Matters Ltd, 1998.

第6章

韩国语教育与文化内容

01

文化产业与文化内容

※

1. 文化产业的理解

文化被称为"软实力"，这是与军事实力、经济实力等物质力量的"硬实力"相对应的概念。软实力并非强制性物质力量，而是一种能够激发自发行动的力量。 这个术语最早由哈佛大学肯尼迪学院客座教授约瑟夫·奈(Joseph S. Nye) 提出。软实力包括教育、学科、艺术、科学、技术等理性、感性和创造性的领域。约瑟夫·奈指出："一个国家的软实力主要取决于三种形式的资源：即该国文化在受欢迎地区的影响力，该国政治价值观在国内外的遵守情况，以及该国对外政策被认为具有正当性和道德权威。"其中，文化是某一社会中创造意义的价值体系和惯例，包括吸引精英层的高级文化和聚焦于普通民众娱乐的大众文化。[1] 至今为止，支配各国间秩序的力量是军事实力和经济实力。下面通过与军事实力和经济实力的比较来考察软实力的各个方面。

1) 约瑟夫·奈(Joseph S. Nye) : 洪秀元译,《软实力》, 世宗研究院, 2004, 第21-72页。

	行为	主要手段	政府的政策
军事实力	强制力、威慑力、保护力	威胁，行使军事力量	高压外交、战争、同盟
经济实力	诱导，强制	补偿，制裁	援助、收买、制裁
软实力	魅力，议程设置	各种价值、文化，各项政策、制度	一般外交活动，双边或多边外交活动

〈表33〉实力的三种形式

　　在全球化信息时代，软实力的重要性日益突显。文化已经超越了以往的军事实力和经济实力，正以一种无形的力量影响着世界。就像美国的可口可乐、好莱坞电影、麦当劳等在世界各地传播并产生深远影响一样，韩国文化通过"韩流"在异国他乡生根发芽，展现了文化的巨大力量。这种文化与资本的结合催生了新的产业，即"文化产业"。

　　文化产业(cultural industry) 这一将文化视为一种产业的概念，在第二次世界大战中由法兰克福学派(Hokheimer、Adorno、Marcus等) 首次使用。此后，在开展有关文化现象的讨论时，在创作(creation) 与产业(industry)、文化(culture) 与市场(market forces)、原作(original works) 与复制品(multiple copies)、文化多元主义(cultural pluralism) 与符号标准化(standardization of tastes) 之间关系的讨论过程中，认为越来越有必要将其视为一个产业。20世纪50年代以后，随着各种大众传媒的发展，大量复制、传播成为可能，大众接触文化的机会增多，大众文化出现并不断传播。在这一过程中，不仅精英文化得到传播，与人们生活方式相关的各个领域的文化也逐渐受到接纳。一些以创造利润为中心的文化通过媒体迅速商业化，引入了文化产业的概念。[2]

　　韩国的文化产业概念于1999年 2月首次确立，并在2002年1月专门修订的《文化产业振兴基本法》中得到了具体定义。该法律将"文化产业"定义为"文化产品的开发、制作、生产、流通、消费以及相关服务的产业"，将"文化产品"界定为"凝聚文化要素、创造经济附加价值的有形产品和无形产品(包括文化相关内容和数字文化内容)、服务及其复合体"。[3]

2) 金宰范：《文化产业的理解》，首尔经济管理图书出版，2005，第6页。

3) 金宰范：《文化产业的理解》，首尔经济管理图书出版，2005，第5页。

2. 产业类型的变化

(1) 各时代产业类型的变化

20世纪90年代以前	烟囱工业时代(劳动与技术密集型制造业)
20世纪90年代以后	IT产业、电子信息产业
1995年以后	文化产业通过数字技术迅速发展

〈表34〉产业类型的变化[4]

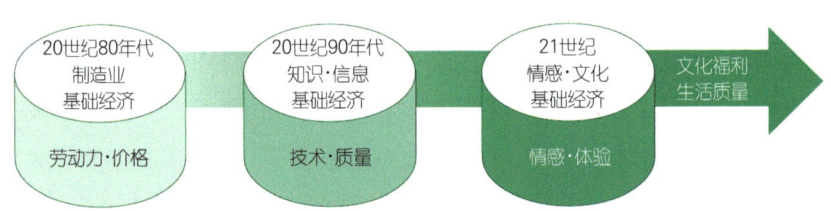

来源：文化观光部政策咨询委员会(2007),《未来的文化, 文化的未来》

〈图25〉韩国产业结构的演变过程[5]

(2) 产业类型的变化与模式

区分	烟囱工业	信息产业	文化产业
核心价值	产业资本	知识信息	文化创意
经济基础	劳动经济	知识经济	体验式经济
核心技术	生产技术	信息技术	文化技术(CT)
主要产业	工厂工业	IT产业	M&E产业
产业形态	劳动密集型	知识密集型	感性(体验) 密集型
媒体类型	大众媒体	媒体网络	媒体融合
媒体消费方式	单向性(one-way)	双向性(two-way)	相互作用性(interactivity)
有关效益	经济效益	知识效果	文化效果
参与程度	文化控制	文化民主主义	文化福祉
关键动因	劳动力	知识能力	创造力

〈表35〉与产业类型相应的转换模式[6]

4) 郑昌权：《郑昌权教授的文化内容学讲义(深入理解)》，交际图书，2007，第8-9页。

5) 文化和观光部政策咨询委员会：《未来的文化 文化的未来》，2007。

6) 金珉奎：《模式的变化与游戏的未来》，《第三届未来的游戏论坛》，韩国文化产业振兴院，2003，第5-6页。http://www.kocca.kr/cop/bbs/view/B0000150/1276572.do?menuNo=20090

产业类型从烟囱产业时代到信息产业时代，再到如今的文化产业时代。在烟囱产业时代，核心技术是劳动生产技术，而劳动力是主要推动力。大众传媒促进的大众文化消费相对普遍，呈现出单向媒介消费的特点。随着IT技术与知识信息的发展，知识成为最高价值，而媒体消费方式呈现双向性。进入文化产业时代，以创造力为基础的感性密集型产业得到重视，创造力成为核心动力。主要涉及媒体与娱乐(M&E)行业，包括广播、广告、出版、电影、游戏、唱片和动漫产业。当代社会中的休闲活动与M&E行业直接相关。随着文化产业时代的来临，M&E产业成为支柱产业，韩国文化教育应通过多元化的文化内容开发来满足韩语学习者的需求。

3. 世界各国文化产业发展趋势

让我们来看一下各国文化产业的发展现状[7]

> **美国**：将文化产业与军工产业并列为国家的两大支柱产业，加快了文化产业复兴的步伐。电影、动漫、音乐剧、唱片、卡通人物等是其主力产业。
>
> **英国**：将文化产业界定为创意产业，并给予支持。致力于出版、广播、电影、演出、卡通形象、旅游产业等领域。
>
> **日本**：将文化作为七大新兴产业进行开发，并提供支援。致力于漫画、动漫、游戏、卡通人物产业等软实力。日本的专门组织"酷日本"(Cool Japan) 是由外务省下属的"文化宣传外交战略科"(临时名称) 管理。Cool Japan是宣传动漫、时尚、饮食等日本文化的一体化项目。
>
> **中国**：成立"动漫游戏产业振兴基地"。
>
> **韩国**：1999年 2月 制定文化产业振兴基本法，年均增长率为10.5%。被称为"韩流"的电视剧、电影、K-POP等多种文化产业正在不断发展。

7) 郑昌权：《郑昌权教授的文化内容学讲义(深入理解)》，交际图书，2007，第18-19页。

02

文化内容的理解

1. 数字时代的理解

(1) 从模拟时代到数字时代

1993年，美国的安德里森创造了"马赛克(mosaic)"网络浏览器。次年，该浏览器更名为"网景(Netscape)"，拉开了互联网普及的序幕。1999年，随着个人电脑的普及，互联网在韩国得到广泛普及。[8]

(2) 数字融合时代·广播与通信、互联网的融合

随着广播和通信、互联网的融合，我们正式进入了数字融合时代，新媒体不断涌现。[9]

8) 郑昌权：《文化内容叙事》，韩国图书，2008，第14页。

9) 郑昌权：《文化内容叙事》，韩国图书，2008，第14页。

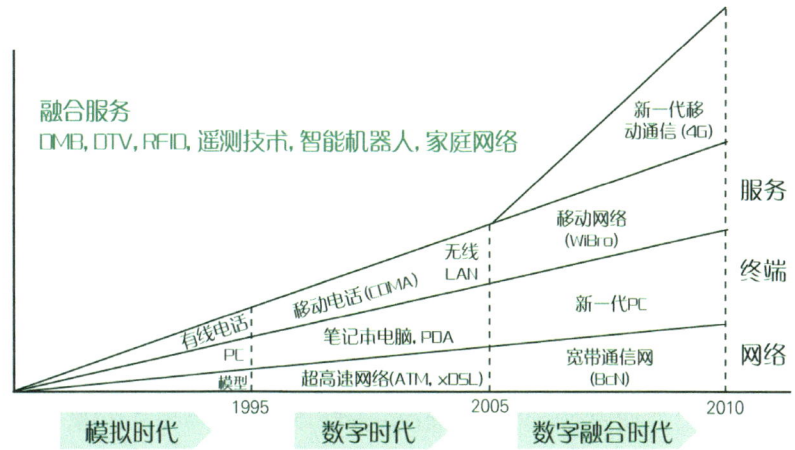

融合服务
DMB, DTV, RFID, 遥测技术, 智能机器人, 家庭网络

新一代移
动通信(4G)

服务

移动网络
(WiBro)

终端

无线
LAN

新一代PC

有线电话

移动电话(CDMA)

网络

PC
模型

笔记本电脑, PDA

超高速网络(ATM, xDSL)

宽带通信网
(BcN)

1995   2005   2010

模拟时代   数字时代   数字融合时代

(来源：韩国文化观光政策研究院(2006), 《无所不在的媒体产业振兴方案研究》,
郑昌权, 在《文化内容叙事》中重引)

〈图26〉数字融合的类型 10)

2. 文化内容的理解

(1) 叙事(讲故事)

> **文化内容** 11)
>
> 信息的快速性、准确性、多媒体性、交互性使得信息能够无限复制、变形、
> 传输, 这些都是在数字时代可利用的内容。
> 出版、漫画、广播、电影、动漫、游戏、卡通人物、演出、唱片、展览、庆典、
> 旅游, 数字内容(数据库、教育娱乐、互联网内容)、移动内容, 以及文学、
> 音乐、美术等纯艺术以及广告、设计、体育等内容。

"叙事"一词于1995年在科罗拉多州举行的数字叙事节上首次被提出。叙事以计算机为依托生成"数字叙事", 指的是在电脑上发生的所有叙事行为, 如游戏和网络互动多媒体叙事创作。不仅包括文本, 还涵盖

10) 韩国文化观光政策研究院,《无所不在的媒体产业振兴方案研究》, 郑昌权:《文化内容叙事》, 韩国图书, 2008, 第15页重引。

11) 郑昌权:《文化内容叙事》, 韩国图书, 2008, 第18-19页。

图像、音乐、声音、视频和动画等元素。叙事素材基本来自于故事、人物、谜团等。[12)

故事和讲故事的关系就像戏剧(play) 与表演戏剧(playing) 的关系。如果说故事是静止的叙事，那么讲故事就是通过游戏、视频、音乐和图像等形式在数字网络上再现叙事。讲故事强调的是当前情境，即通过将演讲者和听众置于同一脉络中进行讲述。它可以还原现场，成为扩展的口述文化维度。这里的"ing"包含了情境的共享，交互性的含义。[13)

这种讲述情境随着信息通信的发展而成为可能。随着数字技术的发展，人们开始使用多媒体展开交流。多媒体的使用与相互作用，使得讲述情境的效果超出预想。虚拟空间中的交流环境呈现出感性、游戏性，最终呈现出叙事性特征。叙事可以说是强化了故事性、现场性和互动性的当代叙事形式。

数字媒体具有以下总体特性：第一，完全可复制性(perfect duplicability)；第二，即时可访问性(random accessibility)；第三，交互性(interactivity)；第四，网络性(networkability)；第五，复合性(multimodality)；第六，可操作性(manipulability) 等。[14)

叙事是基于互联网传播的电子文化。在前面第二章中，我们探讨了口传文化、书写文化、传播文化和电子文化的特点。由于数字技术的发展，叙事逐渐具备完全可复制性、即时可访问性、网络性、复合性等特征。互动性、可变性等是口传文化和电子文化所共有的特点，故事的生产者和受众可以互换的"主体和客体不分离"的特征也是口传文化和故事所共有的特征。

---

12) 崔惠实：《从书写文化到电子文化，媒介在进化，故事在诞生》，韩吉社，2007。

13) 崔惠实：《为什么是讲故事》，《文化产业与故事》，多媒体，2007年，第11页。

14) 金柱焕：数码时代的美术，《月刊美术》，2001，第5，84-85页；崔惠实：《为什么是讲故事》，《文化产业与故事》，多媒体，2007年，第134页重引。

(2) 叙事类型

娱乐叙事

小说、童话、漫画、电视剧、电影、动画、游戏、卡通人物、表演、展览

信息叙事

节日、主题公园、纪录片、教育娱乐、数据库、互联网内容、虚拟现实

其他叙事

广告、品牌、商品、设计、企业管理

(3) 一源多用(OSMU, one source multi-use)

窗口效应(window effective) 是指在文化产业领域内创造的文化产品，在保持其本质要素不变的情况下，只经过部分变化，使其作为文化产业或其他产业的商品继续使用，从而达到逐渐增值的效果。通过"OSMU"(One Source Multi-Use) 的形式，窗口效应实现了收益最大化，因此在文化产业中具有重要意义。即，OneSource Multiyuze充分展示了一个文化产品不断被运用的过程。[15]

在叙事转化为其他媒介的同时，也涌现出各种各样的媒介。作为叙事形式原型的故事变奏成多种媒介，产生了大量文化商品的现象，这是窗口效应的典型体现。

15) 金宰范：《文化产业的理解》，首尔经济管理图书出版，2005，第14页。

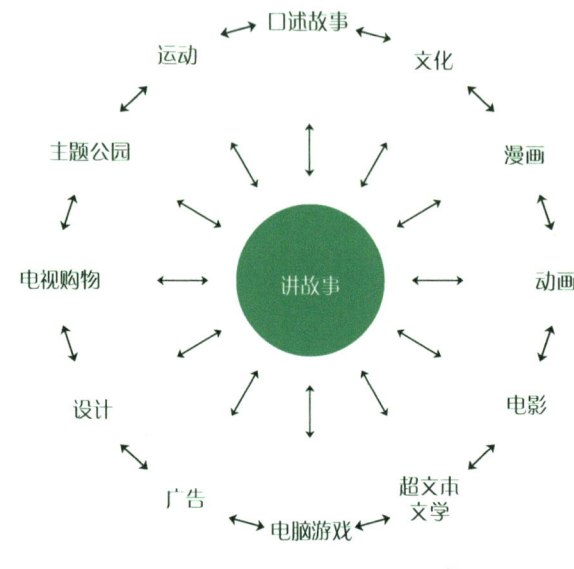

〈图27〉叙事的OSMU方法[16]

16) 崔惠实:《与文化内容故事相遇》,三星经济研究所, 2006, 第105页。

17) 崔惠实:《为什么是讲故事》,《文化产业与故事》,多媒体,2007年,第11页。

　　随着融合时代的到来,迄今为止被视为不同文化领域的类型通过数字媒体呈现出融合的趋势。文化内容可以分为文本内容(出版、报纸、杂志、出版文化)、非文本内容(工艺品、美术品、表演)、数字内容(动漫、游戏、数字、手机)。其中,叙事是涵盖文学、漫画、动画、电影、游戏、广告、设计、电视购物、主题公园、体育等各种类型的上位范畴。[17]

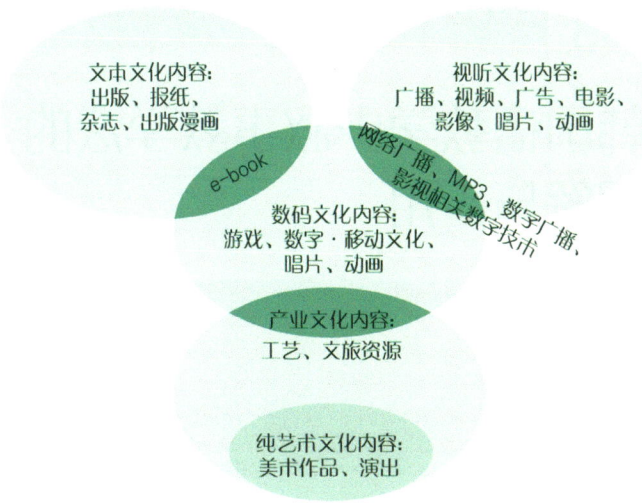

〈图28〉文化产业的融合现象

【信息叙事示例】[18]

> **基于"延乌郎与细乌女"传说，打造主题公园**
> **——以浦项延乌郎与细乌女主题公园为例**
>
> · 延乌郎与细乌女的故事主题：爱情、生态、文化英雄、和谐
> · 分析场所
> · 主题空间化

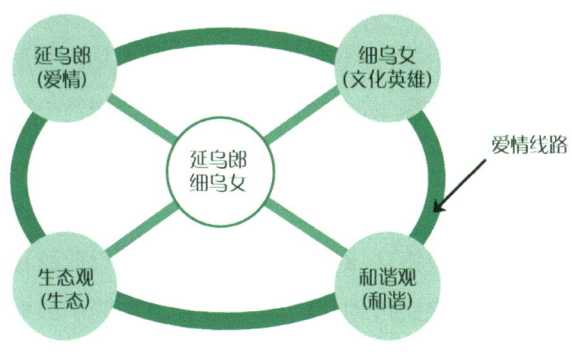

〈图29〉延乌郎与细乌女主题公园空间化

18) 该内容是作者作为研究员参与的浦项"延乌郎细与乌女主题公园"的故事案例。

03

韩国语教学中叙事教学法的理解与应用 ✳

文学、漫画、动画、电影、广告、视频等多种资料可以通过数字媒体应用于韩国语课堂。本研究旨在以叙事教学为导向，系统考察作为韩国文化教育基础素材的民间故事文本。

1. 基于叙事教学法的韩国语·文化教育 [19]

(1) 活用故事作为文化内容

故事是民俗资料，在现代被广泛阅读，成为新创作主题的重要来源。故事从不同角度被重新解读，也被改编成影视剧、话剧等形式得以不断传承。故事作为文化内容，是OSMU的代表类型。作为一源多用的素材之一，故事的运用已成为数字故事研究中的一个讨论焦点。

诸如托尔金(J.R.Tolkin) 的《指环王The Lord of the Rings》和J·K.罗琳(J.K.Rowling) 的《哈利波特》科幻小说系列，作品都以北欧和英国的故事原型和相关素材为源泉进行创作的。 这些尝试证明了故事题材即便到了现代也可以随时改编为经典作品。

19) 该内容由对李圣熙：《运用传说设计韩国语文化教学方案》，《韩国语教育》第10卷 第2期, 国际韩国语教育学会, 1999, 第257-271页 内容的修改补充。

故事资料不仅承载着深厚的历史价值，而且与现代文化紧密相连，它们不断地与当下对话，展现出跨越时代的生命力。这些资料与现代文明的先进技术相融合，将在众多文化领域中持续发挥作用，以创新的方式被重新诠释和利用。

(2) 通过韩国语进行文学教育

故事在文学上具备完整的结构，内容感人且富有趣味。故事可以有效地培养感知能力、提高道德品质，并可作为文学教育的重要载体。另外，由于故事具有普遍性的内容和引人入胜的元素，因此容易引起学习者的共鸣。

通过韩国故事学习韩国语更加具有吸引力，因为故事本身就是一种教育资源。不同国家的学习者都有接受本国文学教育的经历。利用这些教育模式，可以进行更高级别和更高水平的文学教育。

韩国语外语学习者可以通过韩国故事体验文学，被文学所感动，并通过内化来实现个人成长。

(3) 故事感染力(趣味性) 驱动的学习效果

故事的趣味性和感染力能够增进学习效果。

故事常常以"很久很久以前……"开头，吸引了许多学习者的注意力。由于故事情节不是发生在当下或当地，主人公也不是学习者本人，因此更容易引起学习者好奇心和兴趣。 故事描述的是人类生活中经历的各种事情，如矛盾与冲突、惊险与悬念、幸福与不幸等，因此很适合唤起兴趣。如果将有趣的元素融入文本中，会进一步增强学习效果。

(4) 理解韩国人的品性·习惯·美德·礼仪

韩国故事经长时间积淀而成，渗透着韩国人的梦想、希望、思想与情感。在文字产生之前, 长久以来人们口口相传, 反映了韩国人的思想、情感、风俗和世界观。

此外, 故事还反映了韩国人的传统习俗及价值观等。因此, 比起其他体裁, 故事更有助于学习韩国人独有的特性、价值观、生活习惯等。科利和斯莱特(Collie & Slater) 认为在语言教育中要教授文学, 其原因在于: 文学是经日常生活检验的可靠语料, 具有使文化和语言更加丰富多彩、个人享有等诸多优势。文学作品通过与社会的紧密联系, 使其承载的文化呈现出更为丰富的社会属性。 文学作品刻画了许多不同社会背景人物完美而生动的故事, 读者可以在作品中了解到相应文化的思想、情感、习俗与购物习惯、信仰、恐惧、喜好、说话方式、个人隐私等等。文学作品中的世界虽然不是真实世界, 却能展现语言使用地区的 "生活方式", 可以通过 "生动的想象世界" 来展现现实世界的世界观及生活方式。[20]

韩国人非常重视礼仪和习惯, 如果不遵循这些规范可能被视为不适应社会。这种倾向在与 "傻瓜" 有关的故事中表现得淋漓尽致。这些故事描述了无法适应婚姻、家庭关系、人际关系等相关群体的生活。这些故事除了能够引起学习者的学习兴趣外, 还能自然地展示出韩国人所重视的一般性习惯、礼仪和美德。

韩国保留着悠久的儒家传统, 其中包括孝道思想和尊敬长辈的传统。韩国人尊重长辈的礼仪体现在日常生活中, 如在公交车或地铁上给长辈让座或孝顺父母等。此外, 韩国有着系统完备的敬语体系。通过《沈清传》等孝道故事, 可以深入了解韩国人的孝道观念、儒家伦理和道德观念。

(5) 历史文化教育

20) Joanne Collie & Stephen Slater, Literature in the Language Classroom, Cambridge University Press, 1991, pp.3-6.

野谈集或其他传说集中讲述的故事记录了历史人物和事件。通过学习这些故事, 可以在了解有趣的故事情节之余了解历史事件及历史人物。了解相应的文化和历史背景, 比单纯学习语言更能体现出学习效果。麦凯(Mackay) 认为, 语言的复合性与文化背景的效应有着紧密的联系, 对文化的理解可以使学习者在写作活动中发挥丰富的想象力。[21] 韩国最古老的故事集和历史书《三国遗事》中不仅涵盖了三国时期的历史, 还囊括了古朝鲜、箕子朝鲜、伪满朝鲜、伽倻国等时期的历史, 是了解以檀君神话为代表的神话、传说、民间故事的宝贵资料。如果以这些材料为基础进行教学, 不仅能提供故事与历史高度结合的高水平教学资料, 同时也可以让学习者接触到相关历史的基本词汇。

(6) 通过相关谚语、惯用语扩展词汇

理解故事内容后, 可以对故事中出现的词汇进行扩展学习。对于当下常用词汇, 可以通过举例进行说明；对于当下不常用但在谚语或惯用语中得到传承的词汇, 可以与相关的谚语或词汇一起学习。这些活动将为学习者提供自然有效地学习与应用谚语或惯用语的机会。

(7) 从比较文化角度学习故事

21世纪是地球村时代, 一个充满国际化和文化多样性的时代。在强调文化多样性的同时, 韩国文化课程也应以开放的视角接触并接受其他文化。

故事诉诸于人类的普遍情感, 体现着人类永恒理想的真、善、美, 追求着人类无限的梦想、灵魂、智慧和风趣, 便于外国学习者对照本国故事进行学习。通过这种方式, 可以在文化相互比较的过程中, 搭建跨文化学习、跨文化交流的平台。从比较文化视角研究中国、日本、东南亚、韩国共同传承的仙女和樵夫的故事时, 可以发现具有相同情节的故事在中国、日本、东南亚却呈现出不同的主题。在韩国, 该故事强调孝道观与母爱。[22] 在讨论各国传承的故事和文化的同时, 通过与其他文化的"比较", 进一步彰显自我文化的个性和独特魅力, 这种文化体验有益于学习者和教师的人文反思。

21) Sandra MacKay, Literature in the ESL Classroom, TESOL Quarterly, Vol.16, No.4, Dec., 1986, pp.192-193.

22) 李圣熙：《重读仙女与樵夫》,金振英等,《女性文化的新视角2》,月印, 2000, 第267-292页。

2. 韩国叙事资料的分类

(1) 世界共通的故事

在讲授故事时，并不一定要局限于韩国故事。世界范围内有许多相似的故事。比如，"驴耳朵的皇上"类似于希腊神话"迈达斯"的故事，韩国的"樵夫与仙女"类似于中国的虎女传说、日本的友谊传说和西方的"天鹅姑娘(Swan Maiden)"。另外，韩国的《黄豆鼠和红豆鼠》和西方的《灰姑娘(Cinderella)》《成为日月的兄妹》《狼和羊羔(The Wolf and the Kids)》有着共同点。还有《兔子传》、《老虎和柿饼》、《鼹鼠挑女婿》、《洪水故事》等很多故事在世界范围内都有分布。[23] 通过讲授这些故事，可以对两国文化进行自然的比较，并加深对双方文化的理解。另外，从世界共同的故事中可以推测出自己已知内容的变化情况，相当于在阅读前就对故事情节有所了解。即使是结构相同的故事，故事内容也会因不同国家、不同民族的生活方式和文化背景差异而出现变异。学生在韩国接触到自己熟知的故事，在了解其内容的情况下，可以掌握这些故事的韩语表达方式与文化变异因素。

(2) 韩国人普遍熟知的故事

学习韩国语时，若不了解韩国人普遍熟知的故事，就会失去韩国人共有的文化背景。《兴夫与孬夫》《黄豆鼠红豆鼠》《沈清传》《春香传》等都是韩国人从小就熟悉的故事。对于韩国人来说，兴夫和黄豆鼠是善良的化身，孬夫和红豆鼠是贪心和自私的代表，春香是坚守爱情和节操的典型。对韩国人来说，这些就像被内化的公式一样，是从儿童时期开始就接触并印刻于心的。对于学习韩国语的外国人来说，有必要了解这些人物形象和思维方式，从而理解韩国人的品性。

23) 崔云植：《韩国故事研究》，集文堂，1991，第57页；参见崔来玉：《韩国传统童话集11》，创作与批评社，1994，第42-44页。

(3) 鲜为人知但有趣的故事

通常被归类为笑话的故事风趣且幽默，因此可以用作有趣的阅读材料。在此基础上，可以加入适当的技能和句型，在激发学习者学习欲望的同时，提升学习者听说读写等能力。

(4) 具有较高文学艺术水平的故事

有一些作品表现出很高的文学艺术水平。这些作品采用小说般的结构，通过细致入微的人物描写展现出卓越的文学形象。这些作品可以进行精读，其中涵盖了关于爱情与权力、名誉的冲突，信念的较量等丰富而全面的主题，因此可作为深入讨论的素材。这些故事能够引发关于爱与恨、艺术与人生、牺牲与奉献、理想与现实、自我与世界等文学探究的普遍话题，同时也能够体现学习者的价值观，成为引发热烈讨论的话题。这些故事包括《都弥与盖娄王》《志鬼新话》《石楠花》等。

3. 韩国语课堂中叙事资料的活用方案

单向授课方式，教师无法与学生进行顺畅的交流，因此需要设计多样化的活动，营造与现实生活密切相关的学习氛围。此外，还应鼓励学生成为学习过程中的主动参与者，使他们能够积极参与讨论、对话和写作。因此，有必要对听力、阅读、口语和写作课程进行整合构建。要让学生在积极运用所学知识的同时，尽可能多地在情境中学习，引导他们熟悉韩国文化。

此外，故事融合了当代和传统元素，因此有必要将当代韩国文化与传统韩国文化进行整合，并加以呈现。

> · **讨论**
>   故事的主题是什么？主人公为什么会做出那样的行为？
>   主人公的想法与你的想法有何不同之处？
>   是否认识与故事中相似的人物？如果你是故事中的某个角色，
>   你会怎么做？
> · 扮演故事中的角色并阐述自己的立场
> · 法庭情境演绎(包括法官、检察官、律师、被告、原告等)
> · 尝试创作与作品不同的结局
> · 将故事拆分成几部分，让学生猜顺序
> · 将故事划分成几段，让学生想象构思
> · 续写结局
> · 角色扮演
> · 尝试以现代为背景改编故事(尝试将相似的事件在现代的人物、
>   背景中进行重新改编)
> · 分角色朗读(确定角色，融入感情)
> · 改编成戏剧/电视剧剧本
> · 写读后感
> · 给主人公写信
> · 讲述自己国家相似主题的故事
> · 填空——在故事的中间设置空格进行填空，或者在主人公的对话中设置
>   空格填空。

　　通过故事进行韩国语教育，使学生能够准确地学习韩国语，达到更高知识层次的韩国文化和文学水平。

　　故事作品中所使用的词汇、句子长度、句子类型及难度等应根据学习者的水平(初级、中级、高级)进行设置，故事内容也应根据学习者的年龄、智力水平和现实条件来选择。应避免过分依赖小学教科书类型的作品，而是选择那些能够给青少年和成人带来新鲜感的文学作品。

　　利用故事进行韩国语教育，应该是师生之间、生生之间展开活跃交流，充分体现每个人的个性和学习欲望。为此，教师应设计多种活动，根据学习者的特点让学生选择活动，通过综合活动，使学生的听说读写能力得以均衡发展。

拓展阅读

金永顺、白承国：《文化产业与教育娱乐内容》，韩国文化社，2008.

金平秀、尹兴钧、张奎秀：《文化内容产业论》，交际图书，2007.

朴昌顺：《文化内容学概论》，交际图书，2006.

刘秀悦等：《理解讲故事》，文享，2007.

克里斯蒂安·萨尔蒙：《讲故事——通过编故事将精神格式化的装置》，刘恩英译，现实文化，2008.

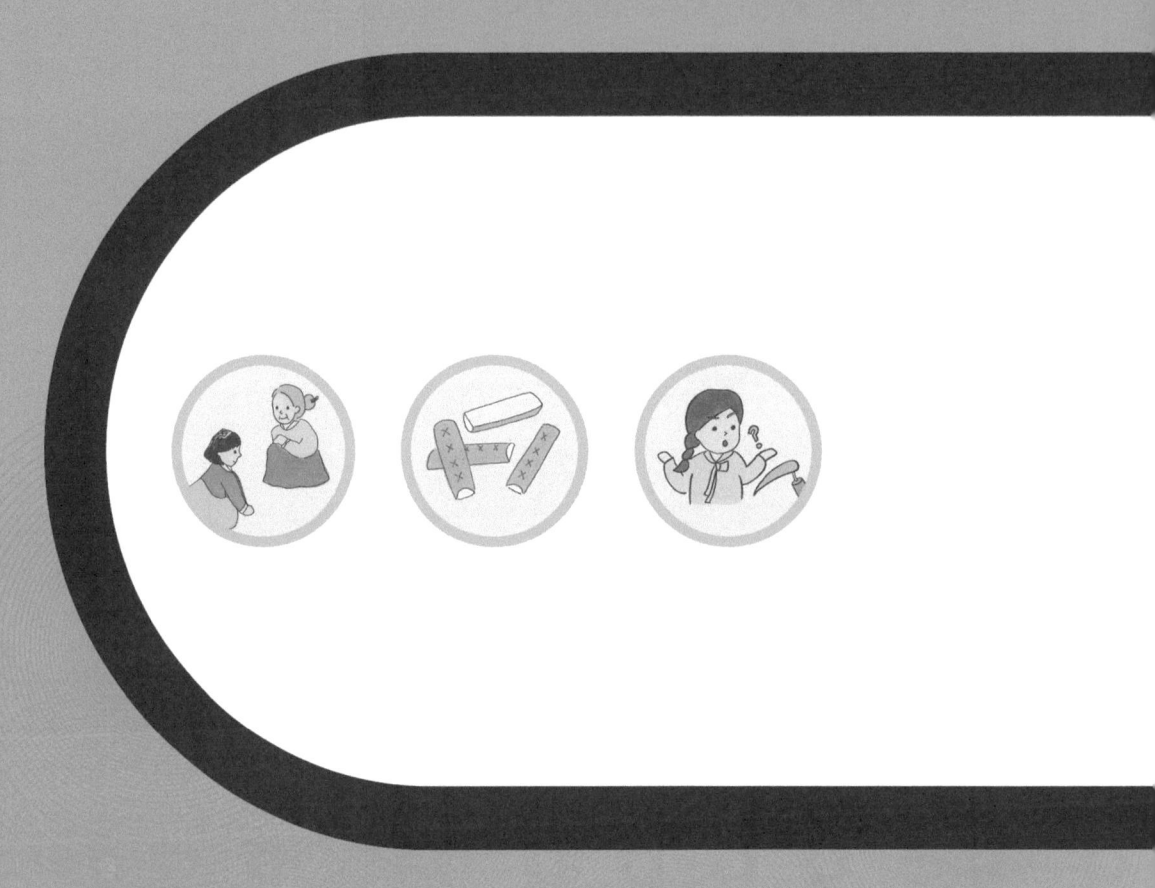

第 7 章

韩国语课堂中的
文化课程构建

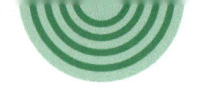

01

教师——文化传递者

1. 文化教学为什么难?

在韩国语课堂进行文化教育并非易事。对教师而言, 将教科书上的文化内容原原本本地传达出来相对简单, 但是在没有规定内容的情况下, 进行构思设计, 展开教学是十分困难的。如果再加上制定教学计划, 难度更是倍增。

对于文化教学的难点, Galloway指出:"许多教师在紧张的教学日程中, 并不愿意将文化纳入教学范围, 因为他们认为应该先学完语法或单词再学习文化。"[1] 在外语课堂中抽出时间进行文化教育给教师增添了很大压力。相对于语言, 文化被视为是次要的, 学习语言被视为首要任务。如果不是强制要求, 想要摆脱这种负担是理所当然的。

但对于这些问题, Seelye指出:"对大多数学生来说, '以后'这个词并不适用。"与学习目标语言一样, 学习目标语言国家的文化对学习外语的学生来说至关重要。许多教师由于自认为对文化了解不够, 将其视为一个模糊、难以把握的领域, 因而害怕进行文化教育。但即使教师知识有限, 也不应该单纯地向学生传达事实, 而应该引导学生通过事实来获取文化知识, 培养他们发现目标文化的能力。[2]

1) OmaggioHadley, Teaching Language in Context, Heinle & Heinle Publisher slnc, 1993, p.357. Textbook Company, 1974, 1984. in Omaggio Hadley, Ibid. pp.357-358.

2) Seelye, H. Ned. Teaching Culture: Strategies for Intercultural Communication, Lincolnwood, IL: National

教师应根据精选的教材和资料制定适当的教学方案，而不是依靠自己的直觉盲目地进行文化比较。此外，在教学过程中要坚持跨文化的态度，不断学习和研究多样且广泛的文化，以最有效的方式传达给学生。如果能拥有这种态度，文化教育将成为教师和学生共同享受知识乐趣的平台。

为何不能以"事实"为主来对待文化[3]

"事实(facts)"与情境或生活方式有关，总是流动变化的。详细的数据随着时间、地区和社会阶层的变化而发生改变。

"唯信息(information-only)"方法因循守旧，而且也未能体现出文化多样性。只提供堆砌的信息，会使学生无法应付意想不到的文化情境。如果不了解基于情境的问题解决方法论(problem-solving contextually based approach)，学生就无法学习到解释新文化现象的方法。

比起讲解与"事实"相关的知识，更应该树立培养跨文化视角的过程性目标。

2. 文化教学应规避的因素

文化教学中产生本民族中心主义和偏见的几个误区[4]

• 夸张地展现某一方面或某一特征的刻板印象(stereotyping)
 一应该学会鉴别作为一般特征(common traits) 的类型(type)
   和作为固定形象(fixed images) 的刻板观念(stereotyping)。
• 将文化的多样性视为渺小而琐碎的(triviality)
 一将绚烂多彩的文化多样性贬低为不可理解的、过时的、不合理的
 一脱离语境，只从单纯的意义上考察，而忽视文化内容

---

3) Scelye, H. Ned, Ibid.

4) Patrikis, Language and Culture at the Crossroads, pp.13-24 in A. J. Singerman, ed., Toward a New Integration of Language and Culture. Reports of The Northeast Conference on the Teaching of Foreign Language. Middlebury, VT: Northeast Conference, 1988, Omaggio Hadley, Ibid.

我们都存在或好或坏的偏见。我们以自身知识经验为基础看待事物。然而，教育的目标是消除这种偏见，引导学生从无知到理解。虽然完全客观是不可能的，但我们的自觉意识可以使我们朝着真正客观的方向发展。

在文化教育中，本民族中心主义、刻板印象和偏见会破坏文化的平衡感。在对文化进行价值评价之前，我们需要以客观的视角来学习文化项目。在进行韩国文化教学时，教师应该摒弃对韩国文化的本民族中心主义态度，尊重学习者的文化。此外，还应全面帮助学习者摆脱对韩国文化的刻板印象和偏见。

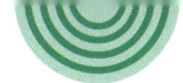

02 文化课程构建 ✳

1. 文化课程的构建方法 5)

(1) 文化课应与语言活动相融合，精心组织。

(2) 主题应结合当前文化，尽可能结合语法内容一同展示。语言练习活动需要提供与语法相关的文化情境。

(3) 应使用多种教学技能，包括说、听、读、写，不应将文化活动限制在讲解或介绍层面。

(4) 灵活运用课本中的插图和图片，设计探究性问题，从而帮助学生描述和分析图片和实物教材中所蕴含的文化的重要性。

(5) 在单词教学时要使用文化信息。讲授生词的隐含意义，按照文化关联性将单词分组。

(6) 在文化教学中可以通过小组讨论、头脑风暴和角色扮演等活动。

(7) 避免只传达"事实"，尽可能将经验和过程融入教学。

(8) 进行文化内容教学时尽量使用目标语言。

(9) 和语言评价一样，要细心地评价学生对文化的理解。

此外，应该明确划分文化熟练程度等级，设定认知领域和情感领域，将文化学习内容与学习者的个人文化相关联。在教学过程中，教师应该

5) Lafayette, Robert. Teaching Culture: Strategies and Techniques, Language in Education: Theory and Practice Series, no.11. Washington, DC: Center for Applied Linguistics, 1978；Integrating the Teaching of Culture into the Foreign Language Classroom, pp.47-62 in A. J. Singerman, ed., Toward a New Integration of Language and Culture. Reports of The Northeast Conference on the Teaching of Foreign Language. Middleburry, VT: Northeast Conference, 1988, in Omaggio Hadley, Ibid. p.374.

摆脱作为文化权威的身份，而应设计以学习者为中心、以过程为中心的课程。

2. 文化课程构建时的检查事项

文化课程检查项目[6]

(1) 这门课是否重视作为学习者文化一部分的习俗和信仰体系？

(2) 这门课是否能避免呈现贬低包括学习者文化在内的所有文化价值的刻板印象？

(3) 这门课是否能避免对学习者母语的过度贬低？

(4) 这门课是否意识到受到集体主义、个人主义和权力等因素影响，学习者自由参与的意愿程度存在差异？

(5) 这门课要求跨越对学习者本民族文化的不确定性回避的安全地带时，是否将其移情并巧妙解决？

(6) 这门课对学习者文化中认知的男性和女性角色是否敏感？

(7) 这门课是否将特定的语言素质(语法范畴、词汇、对话等) 与思想、感觉和行为的文化方式充分联系在一起？

(8) 这门课通过何种教学策略，能够有效激活学生包含多元文化体验在内的丰富既有经验？

6) 道格拉斯·布朗 (H. Douglas Brown)：李兴秀等译，《外语教学原理》，皮尔森教育韩国公司，2010，第227-228页。

这份检查表的八项内容代表语言与文化相联系的不同方面。每一项都适用于正在计划中或已经进行的教学活动。

3. 文化课程设计

(1) 春节玩尤茨游戏

让我们一起设计春节民俗游戏——尤茨游戏的文化课吧。 本次课的教学目标是讲授韩国尤茨游戏相关知识，并比较不同民族的春节民俗。韩国春节民俗游戏包括踢毽子、放风筝、跳跳板等等。而目前传承最活跃的民俗游戏只有尤茨游戏。尽管讲授更多民俗游戏也是不错的选择，但在韩国语课堂中教授文化内容时， 为了在有限的教学时间内取得最大的成效，有必要优先教授当地人当前所享受的文化。因此，关注"现时性"这一尺度变得尤为重要。为了与韩国人进行有效交流，在韩国文化教育的前提下，我们应该教授现代文化以及延续至今的民俗文化，其中尤茨游戏是一种易于在课堂上教授的文化项目。此外，尤茨游戏的文化意义在于其蕴含着作为农耕文化的韩国社会特色，有助于学习者理解韩国人的意识和思考方式。

教学对象：韩国语初级(1~2级)

【学习目标】

认知领域

·了解韩国春节相关信息。
·掌握传承至今的韩国春节民俗尤茨游戏的意义。
·掌握尤茨游戏的玩法。

情感领域

·能够将韩国的春节民俗和本民族文化中的春节民俗进行比较。
·能够在玩韩国尤茨游戏的同时享受文化的乐趣。

行为领域

·能够了解韩国尤茨游戏的玩法并亲身体验。

① 导入

询问学习者国家的春节。

导入问题

(1) 설날이 언제예요? (春节是什么时候?)
(2) 설날에는 어떤 음식을 먹어요? (春节吃哪些食物?)
(3) 설날에는 어떤 놀이를 해요? (春节玩什么游戏?)
(4) 다음 그림을 연결해 봅시다. (让我们连接下图。)

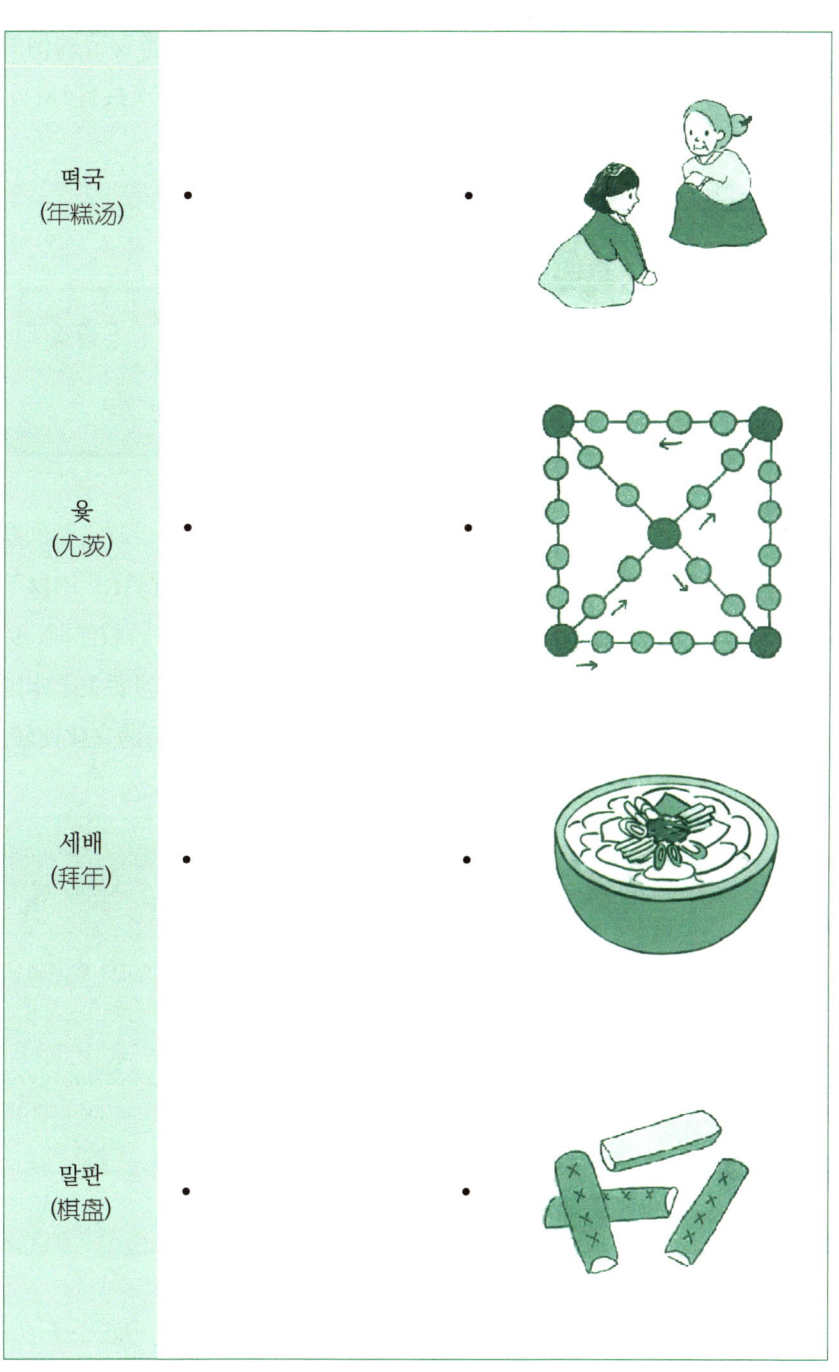

떡국
(年糕汤)

윷
(尤茨)

세배
(拜年)

말판
(棋盘)

〈图30〉拜年·〈图31〉棋盘·〈图32〉年糕汤·〈图33〉尤茨

在将单词和图片连线的过程中，学生会自然而然地熟悉春节的相关词汇。向学生展示尤茨和棋盘的实物资料，并告诉他们尤茨共有4块板，除了正中心的圆圈外，还有28个圆圈。

② 提示

> 韩国的春节是阴历的1月1日，也是新年的第一天。在春节期间，人们穿着新衣服祭拜祖先，向爷爷奶奶和父母拜年，然后吃年糕汤。
> 过春节时，全家人聚在一起玩尤茨游戏。让我们一起来玩尤茨游戏吧。

在对"阴历"进行讲解的同时，以"今年春节是阳历几月几日？"等问题引导学生对阳历和阴历进行比较。说明韩国传统节日有春节、中秋节等。春节、中秋是直系亲属团聚的日子。在中级或高级阶段教学时，更可以附带讲解"民族大迁徙""交通拥堵"等词语。询问学习者关于本国节日的日期、聚集人群、传统食物和游戏等内容，以便进行跨文化比较。

> - 分组。
> - 按"甲组-乙组"的顺序坐成一个圆圈。通过"剪刀-石头-布"来定顺序，输的一方先扔板。
> - 翻1个板为"猪"，翻2个板为"狗"，翻3个板为"羊"，翻4个板为"牛"，全部板翻过来为"马"。
> - 在棋盘上，"猪"走1格，"狗"走2格，"羊"走3格，"牛"走4格，"马"走5格。掷出"牛"或者"马"，则可以再扔一次。
> - 先回到起点的一方获胜。
> - "도, 개, 걸, 윷, 모"各自代表什么呢？猪是最常见的动物，所以在棋盘上只能走一格。牛相对珍贵，所以走四个格，马最贵，所以走五个格。

可能有学生不熟悉"剪刀-石头-布"，可以向他们解释。"剪刀-石头-布"这个游戏是很多国家共有的，因此可以自然地进行跨文化比较。尤茨游戏和投石子游戏、拔河比赛等一样，是通过村庄之间的对决来预测一年农事收成的游戏。棋盘仿照与农事丰歉息息相关的二十八宿星座。最先回到起点的一方获胜。二十八宿的星座与农事直接相关，因此先返回的一方获胜。尤茨游戏从春节一直持续到正月十五，原本是村庄之间进行的游戏，现在已经缩小到以家庭单位进行的游戏。

③ 练习

A. 根据图片提示填表。

	板模样	移动格数	动物模样	象征动物
도 (猪)		1格	—	
개 (狗)		2格	狗	
걸 (羊)		3格	—	
윷 (牛)		4格	牛	
모 (马)		5格	—	

〈表36〉尤茨游戏

"猪、狗、羊、牛、马"作为象征性动物，也与农事活动有关。通过解释动物的价值，可以向学生展示韩国人与动物共同生活的传统。

通过棋盘和动物象征解释韩国是农耕社会。如果是高级阶段学习者，则向其解释稻作与星座的关系。另外，"大米"在英语中仅是"RICE"一词，而在韩国有"秧-稻-米-饭"等多种多样的表达，可以以此为例说明水稻种植的重要性。

B. 在空格中适当填入下列单词

가위-바위-보　　세배　　말판　　걸　　말　　4　　떡국

- 설날 아침에는 _____을/를 먹어요.
- 설날 아침에는 어른들께 _____을/를 해요.
- 윷 던지는 순서를 정할 때는 _____을/를 해요.
- 윷놀이에서는 _____의 출발점에 먼저 돌아온 편이 이겨요.
- '도, 개, _____, 윷, 모'
- 윷이 나오면 _____칸을 가요.
- 모는 동물 중에서 _____을/를 상징해요.

④ 活用

A. 一起玩尤茨游戏吧。

B. 比较一下春节活动。我们家做的是什么？你想做什么？

韩国	我家(国家名称：　　　　　)	想做的事情
拜年		
年糕汤		
尤茨游戏		

〈表37〉春节期间的活动

C. 最近我们班流行什么游戏？让我们玩个有趣的游戏吧。

(2) 一起学谚语

谚语长期以来被语言共同体代代相传，承载着该共同体的价值观念和思维方式。谚语不仅反映了语言共同体所处的自然环境和人文环境的各个方面，还蕴含了处世哲学、人生智慧的深刻意义。在不同语言共同体中流传的谚语，有些在表达和意义上完全一致，有些虽表达不同但意义相通。由于不同语言共同体中普遍存在相似的谚语，因而我们更方便比较和探索各个语言共同体之间的共通之处。

在学习韩国谚语的过程中，学习者往往会自然地将其与本国的谚语进行比较。例如，在韩语课堂上，当教授韩国谚语时，学生们常常会说出与之类似的本国谚语。在此过程中，教师应尽可能地尊重学生的自发表达，引导他们自然地比较韩国和本国谚语。通过这种方式，学习者不仅能够探索不同文化之间的相似性，还能深入理解人类生活的共性，从而增强跨文化的理解和感知。

教学对象：韩国语中级(3~4级)

【学习目标】

认知领域

· 了解韩国谚语。
· 通过韩国谚语了解韩国人的思维方式。
· 能够背诵常用的代表性韩国谚语。

情感领域

· 能够比较韩国谚语和本民族文化中的谚语。
· 在了解韩国谚语意义的同时，能享受其比喻和象征内涵的乐趣。

行为领域

·能够说出与图片内容相符的韩国谚语

① 导入

询问学习者国家的谚语。

> **问题**
>
> (1)"시간이 약이다(时间是良药)"是什么意思?
> (2) 大家的国家也有类似的谚语吗?
> (3) 说说你所知道的谚语吧。

"时间是良药"与英语谚语"Time heals old wounds."意思相通。让学习者说出自己所知道的谚语,并指出谚语的特点。

② 提示

A. 谚语的特点

> 谚语十分简洁。
> 韩国谚语承载着韩国人的思想与哲理。
> 对话中使用谚语,可以使意思表达更加明晰。

　　谚语是社会和文化的产物,只有得到广泛共鸣的谚语才能流传下来。谚语以简练的语言传递人们的普遍体验和感受, 是经过社会长期试验和选择而广为流传的。因此,谚语不仅接地气,还能直观地传达深层次含义,包括处世原则、信念、社会讽刺及人生观。谚语凝练简洁,言简意赅,且多用比喻和象征的手法,丰富着语言生活。[7]

7) 张德顺等:《口碑文学概论》,一潮阁,2009,第250-261页。

谚语是通过比喻和象征将各语言共同体的经验浓缩成最简洁的形式而创作出来的。比喻和象征往往是各语言共同体约定俗成的，因此不同的语言共同体可能对同一谚语有不同的解读。例如，"사공이 많으면 배가 산으로 간다(人多嘴杂反而误事)"这句韩国谚语在不同文化中的解释可能差异巨大，有些外国学习者将其理解为"兄弟同心，其利断金"。这种解读差异正是谚语高度比喻和象征性的结果，也是社会共识的体现。

教师在教学中需要向学生指出：学习韩国谚语是理解韩国人思想和文化的一个窗口。这些简洁的表达形式蕴含着韩国人世代传承的智慧与人生哲学。

B. 让我们来了解一下下面这些谚语的含义。

▶ 가는 말이 고와야 오는 말이 곱다.
对别人说善言，自己才能听好话。

▶ 가재는 게 편이다.
物以类聚，人以群分。

▶ 낫 놓고 'ㄱ'자도 모른다.
目不识丁，无知。

▶ 돌다리도 두드려 보고 건너라.
无论什么事都要谨慎从事，以免出错。

▶ 등잔 밑이 어둡다.
近处发生的事反而更不知道。

▶ 모난 돌이 정 맞는다.
性格有棱角的人容易和别人发生冲突，会惹人讨厌。

▶ 보기 좋은 떡이 먹기도 좋다.
外表美，内心才美。内容重要，但形式也重要。

▶ 지렁이도 밟으면 꿈틀한다.
即使是弱者，受到过分的委屈也会抗议。

> ▶ 콩 심은 데 콩 나고 팥 심은 데 팥 난다.
> 凡事有因有果。
>
> ▶ 하늘의 별 따기
> 难如登天。

教师采用图卡辅助教学，首先描述图片内容，随后阐释其含义及象征意义。通过设定与学生相关的简单情景，可以有效激发学生的学习兴趣。例如，在讲解"가는 말이 고와야 오는 말이 곱다(你说不得我头秃，我笑不得你眼瞎)"这一谚语时，教师先利用图卡展示相关情景，再以教室中的学生作为实际例子进行解释说明。

> 教师：李娜对尤基说，"尤基，你今天真漂亮。"那尤基会怎么回应李娜呢？
> 学生："你也很漂亮。"
> 教师：对吧？如果李娜称赞尤基很漂亮，尤基也不会说李娜难看。这时候就用俗语"가는 말이 고와야 오는 말이 곱다(你说不得我头秃，我笑不得你眼瞎。)"

通过使用学生的真实姓名进行举例，学生的参与感和兴趣会显著提高。教师还可以自行绘制一些简单的图画辅助讲解。由于谚语常通过比喻和象征方式表达，形式凝练，因此往往需要额外的解释和图片等视觉材料来更好地阐明其含义。

C. 了解一下和韩国谚语形式相同、意义也相同的英语谚语吧。

> ▶ 뿌린 대로 거둔다
> As you sow so shall you reap.
>
> ▶ 좋은 약은 입에 쓰다.
> Good medicine is bitter in the mouth.

> ▶ 피는 물보다 진하다.
> Blood is thicker than water.
>
> ▶ 빈 수레가 요란하다.
> Empty vessels make the most sound.
>
> ▶ 시장이 반찬
> Hunger is the best sauce.

D. 了解一下和韩国谚语形式不同、意义相同的英语谚语吧。

> ▶ 사공이 많으면 배가 산으로 간다
> Too many cooks spoil the broth.(厨师多了，汤就糟了。)
>
> ▶ 쥐구멍에도 볕 들 날이 있다.
> Every dog has his day.(每只狗都有自己的日子。)
>
> ▶ 남의 밥그릇이 더 커 보인다.
> The grass is greener on the other side of the fence.
> (隔壁的草坪看起来更绿)
>
> ▶ 발 없는 말이 천리 간다.
> Words have wings and cannot be recalled.(话有翅膀，不可收回)
>
> ▶ 실패는 성공의 어머니
> You must spoil before you spin well.(失败了下次才能做得更好)

　　通过比较韩国谚语与学习者本民族文化中的谚语，能够有效地学习文化。可以将谚语分为以下几种类型比较：同形同义、异形同义、同形异义、本民族文化中不存在但意义可理解的谚语、以及本民族文化中不存在且难以理解的谚语。[8]

　　以上分类以英语和韩语的比较为例，但实际操作中可以根据学习者的具体国家和文化背景进行调整。教师应围绕这五个分类标准，根据不同国家的具体情况选取谚语，引导学生进行深入的比较和讨论。

③ 练习

※ 请写出适合下列情况的谚语。

> 가는 말이 고와야 오는 말이 곱다.　　돌다리도 두드려 보고 건너라.
> 하늘의 별 따기　　　　　시장이 반찬　　사공이 많으면 배가 산으로 간다.
> 피는 물보다 진하다.　　　　　　실패는 성공의 어머니

- 擅长的事也要小心谨慎去做。

　　　　　　　　　　　　

- 没有人一开始就做得很好。经常练习的话会做得很好的。

　　　　　　　　　　　　

- 很多人各持己见，事情就会进展不顺利。

　　　　　　　　　　　　

- 非常困难的任务

　　　　　　　　　　　　

- 饿的时候吃什么都香。

　　　　　　　　　　　　

8) Alice Omagio Hadley, Teaching Language in Context, Heinle & Heinle, 1993, pp. 394-406. 这本书第 302页，"来! 活用谚语" 中作了详细阐述。

可以根据课堂情境和学习者水平设计不同的习题。 做练习的目的是掌握谚语的基本含义。练习方法包括：在练习本上书写，或教师说出前半句让学生猜后半句。学生掌握后，也可以采取个人竞猜的形式进行。

④ 活用

※ 看图找出合适的谚语。

使用谚语卡片进行教学，每张卡片的正面配有相关的谚语插图，背面则印有谚语内容。

初级：教师展示带有谚语图片的卡片正面，同时朗读谚语内容，学生需要在卡片中找到与之对应的图片。

中级：教师展示卡片的图片，学生根据所见图片说出相应的谚语。

高级：采用竞速的游戏方式，由教师展示图片，学生举手抢答谚语。

【谚语卡片】

※ 正面为谚语图片，背面为谚语内容

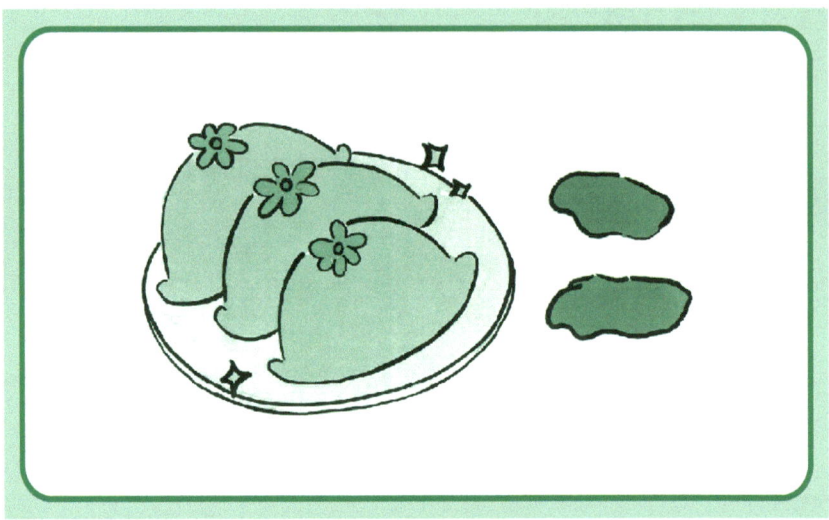

〈图34〉好看的糕也很好吃

보기 좋은 떡이 먹기도 좋다.

(好看的糕也很好吃)

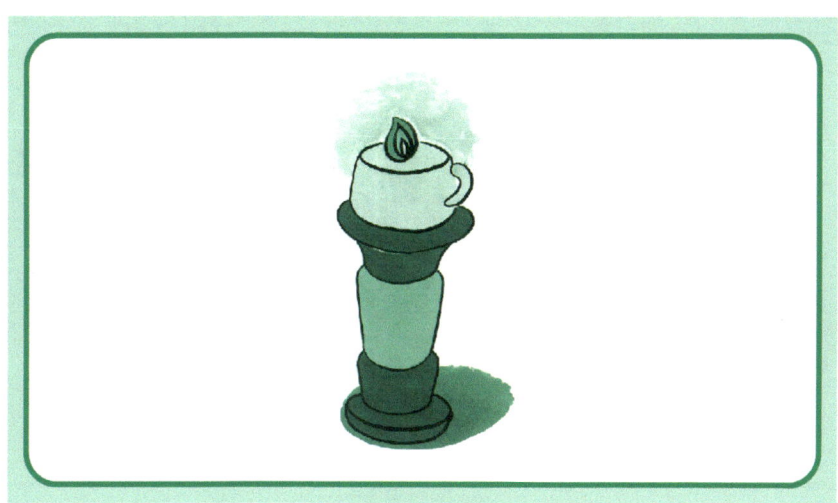

〈图35〉灯下黑

등잔 밑이 어둡다
(灯下黑)

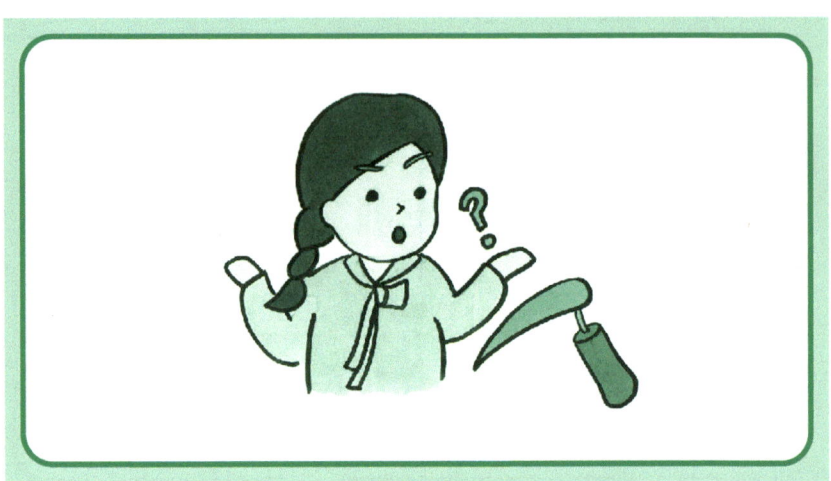

〈图36〉目不识丁

낫 놓고 'ㄱ'자도 모른다
(目不识丁)

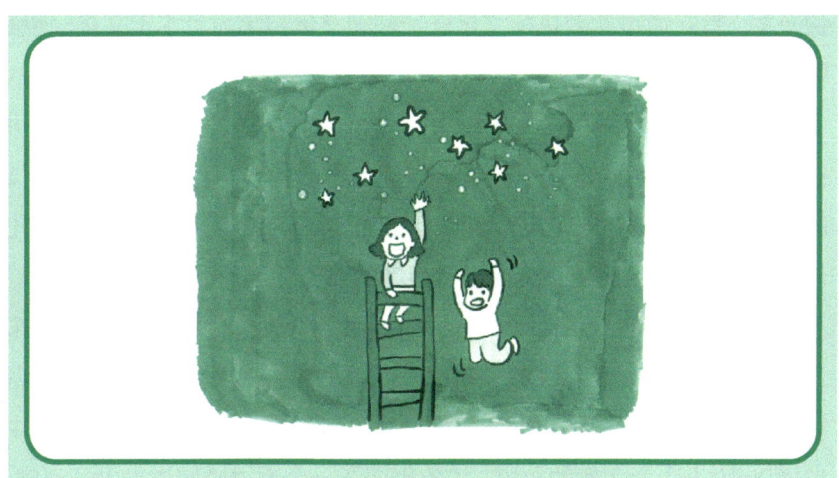

〈图37〉难如登天

하늘의 별 따기
(难如登天)

(3) 女婿的失误

本次课以韩国传统故事《女婿的失误》为素材[9]，设计120分钟的文化课教案。旨在通过比较目标文化——韩国文化与学习者本土文化，增强韩国语高级学习者的跨文化能力。鉴于本课程是将韩国语作为外语的文化课，为避免单纯以知识传授为中心，计划将文化内容与语法知识进行整合。为超越简单的文化介绍，课程内容涵盖听、说、读、写各项技能。通过展示纱帽、砂锅等具有文化象征意义的图片，帮助学习者深化理解，并设计探究性问题，促进学习者的跨文化理解。

韩国语学习者在学习韩国语的同时接触到韩国文化。对于学习者来说，韩国文化较为陌生。学习者在学习韩国文化的过程中往往会出现各种"失误"。为了有效地引导学习者分享这些失误经验，从韩国故事当中选择以"失误"为主题的故事。该故事围绕一个通过婚姻进入妻子家庭、面临许多不熟悉情境的女婿展开。通过对其失误的探讨，可以在一定程度上减轻学习者因经历韩国文化失误而造成的负担，从而最终实现通过文化教学促进学习者在认知领域和情感领域发展的目的。认知领域关注学习者对韩国婚姻文化及由此产生的家庭关系的理解；情感领域则侧重于学生之间共享克服文化冲突的经验，增强彼此之间的共情能力。

教材：女婿的失误

教学对象：韩国语高级(5~6)

【学习目标】

认知领域

·了解韩国婚姻文化中的上门女婿制度。

·了解因婚姻而形成的岳父、岳母、女婿等家庭关系。

·了解砂锅、纱帽等韩国传统文化；了解砂锅的当代用途。

---

9) 孙东仁，李俊妍，崔仁学：《朝韩儿童一起阅读的传统童话》，四季，1991。

情感领域

·能够比较本民族文化和韩国文化中岳父、岳母和女婿、儿媳等关系，也可以将本民族文化和其他民族文化(韩国文化之外的其他文化) 进行比较。

·在学习韩国文化的过程中，能够分享个人的失误经历和应对方法，并探讨克服文化冲击的问题。

语法：

-(으)니 만큼

-(으)을 테니

① 导入

在准备阶段，询问学生关于结婚后的家庭称谓，并确认学生对韩国器皿以及朝鲜时代贵族知识的了解程度。随后展示实物资料(纱帽图、砂锅图) 并进行说明。

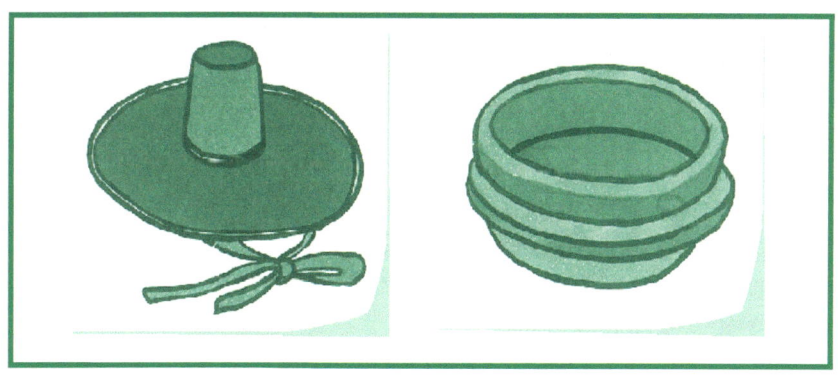

〈图38〉纱帽·〈图39〉砂锅

【问题】

·纱帽: 什么时候使用? /是否见过? /什么材质? /在韩国人心中, 纱帽有什么作用?

• 砂锅：什么时候使用？/在哪里见过？/什么材质？/在韩国人心中，砂锅有什么作用？

② 展示

A. 课文展示

教材中使用的材料如下：

故事原文 : 〈사위의 실수〉

옛날 어느 곳에 외동딸만 둔 부부가 살고 있었습니다. 이 부부는 아들을 낳지 못하였으므로 딸을 다른 집으로 시집보내지 않고 사윗감을 데려다가 데릴사위로 삼아 한 집에서 살기로 했습니다. 그러나 이 사위는 무슨 일을 시켜도 한 번 제대로 하는 일이 없었습니다. 가령, 물을 좀 떠오라고 하면 불을 가져오고, 문을 닫으라고 하면 문을 여는 수가 많았습니다. 항상 이런 식으로 행동하니 장인과 장모는 속이 상하고 화가 나서 사위를 내쫓으려고 했습니다.

하루는 장인이 사위를 불러서 돈을 주며 말했습니다.

"이 돈을 가지고 장에 가서 뚝배기 하나하고 갓 하나를 사 오너라."

사위는 돈을 받아 들고 자기 방으로 돌아왔습니다. 방에 있던 부인은 남편이 과연 장에 가서 물건을 제대로 사올 수 있을지 걱정이 태산 같았습니다.

그래서 부인은 남편에게 뚝배기와 갓을 살 때 주의해야 할 일들을 한 번 더 자세히 설명해 주었습니다.

"여보, 뚝배기는 구멍이 있는 것을 사면 안 되니 만큼 잘 살펴보고 사야 해요. 사기 전에 뚝배기에다 물을 한 번 부어 보고 새지 않는 것을 골라 사야 돼요."

"알았어요. 그럼 갓은 어떻게 사면 되는 거예요?"

"갓은 탄탄하고, 머리에 꼭 맞아야 하는 거예요."

"그러니까 한 번 써보고 사야 해요."

"내가 잘 사 올테니 염려 말아요 부인."

장에 온 사위는 우선 뚝배기 가게로 갔습니다. 그리고는 얼른 뚝배기 하나를 집어 들더니 안팎을 이리저리 살펴보았습니다. 그러나 사위는 부인이 그렇게 꼼꼼히 일러던 말을 거꾸로 생각했습니다. 뚝배기를 머리에다 써 보라는 줄 알고 뚝배기를 머리에 뒤집어썼습니다. 그리고 그것이 맞나 안 맞나 하고 돌려 가면서 만지작거리다가 그만 놓쳐서 깨뜨리고 말았습니다. 뚝배기는 산산조각이 나 버렸습니다.

그러자 가게 주인이 화를 냈습니다.

"아니, 이 양반이? 여보시오. 무엇 때문에 남의 뚝배기를 머리에 뒤집어쓰고 만지작 거리다가 깨뜨리고 말았소? 자, 어서 뚝배기 값이나 물어주오. 참 나 원, 뚝배기 장사를 오래 했지만 별 사람을 다 보겠네."

사위는 할 수 없이 뚝배기 값을 물어주고 가게를 나섰습니다.

이번에는 갓을 파는 가게로 찾아갔습니다. 사위는 갓을 하나 들고 만지작거렸습니다.

"아까 잊어버리고 물을 부어 보지 못했기 때문에 그런 일이 생겼어. 이번에는 생각난 김에 꼭 물을 부어 보아야겠어."

이렇게 생각한 사위는 물 한 바가지를 얻어다가 갓 속에다 부었습니다. 그러자 물이 주르르 새어 나왔습니다.

"응, 이 갓은 못 쓰겠는걸. 물이 새는데……."

이번에는 또 다른 갓을 집어 들고 물을 부어 보았습니다. 역시 그 갓도 마찬가지였습니다. 사위는 다시 다른 갓을 들고 물을 부으려고 했습니다. 그 때에 이 광경을 지켜보고 섰던 가게 주인이 화를 냈습니다.

"아니, 이 사람아! 남의 물건을 이렇게 못 쓰도록 망가뜨려 놓다니? 잔말 말고 어서 갓 값이나 물어내라. 나 원! 미쳐도 이렇게 미친 사람은 처음 보겠군 그래."

사위는 이번에도 망가뜨린 갓 값을 물어줄 수밖에 없었습니다.

사위는 빈손으로 집으로 돌아왔습니다. 사위가 아무 것도 안 사고 빈손으로 돌아오자 장인이 궁금해서 그 까닭을 물었습니다.

"여보게 어떻게 되었나? 왜 뚝배기와 갓은 사지 않고 맨손으로 돌아왔지?"

사위는 자기가 겪은 일을 그대로 말했습니다. 장인은 하도 기가 막혀서 '허허' 웃고 말았습니다.

故事译文：《女婿的失误》

很久以前，有一对夫妇。由于他们没有儿子，只有一位女儿，便决定不把女儿嫁出去，而是招上门女婿住在一起。但是这个女婿不管让他做什么事情，都会出差错。比如，如你让他拿水来，他给你拿来火，你让他关门，他给你开门。因为他老是频繁出错，岳父岳母很伤心，也很生气，想把女婿赶出去。

一天，岳父叫来女婿，给了他一些钱，并对他说："拿着这些钱去集市上买一个砂锅和一个纱帽回来。"

女婿拿着钱回到了自己的房间。房间里的妻子担心丈夫是否能买好东西，于是再次仔细地提醒丈夫购买砂锅和纱帽时要注意的事项。

"老公，砂锅不能买有洞的，要看清楚再买。"买之前要往砂锅里倒一次水，挑不漏的买。"

"知道了。那纱帽怎么买呢？"

"纱帽是要结实的，一戴在头上正合适的。所以你买之前要试一下。"

"我一定能买好，放心吧，夫人。"

女婿来到集市后先去了砂锅店。他拿起一个砂锅，里里外外左看右看。但是，女婿却记反了夫人的嘱托。他把砂锅戴在头上，正想着它是否合适，来回摆弄的时候，不小心失手把砂锅摔得粉碎。

店主大发雷霆。

"嘿，我说这位先生，你怎么把砂锅扣在头上弄来弄去的，还给我摔碎了，快把砂锅的钱赔我。真是的，做生意这么长时间，真是活久见了。"

女婿只好付了砂锅钱，离开了店铺。

然后他去了一家卖纱帽的店，拿起一个纱帽开始摆弄。

"因为刚才忘了倒水，所以才会发生那样的事情。这次我想起来了，一定要倒点水试试。"

想到这，女婿取了一瓢水倒在纱帽里，瞬间水哗啦啦地漏了出来。

"嗯，我不能戴这个帽子。漏水……"他又拿起一个纱帽往里倒水。那个纱帽也是漏水。女婿又拿了另一个纱帽，准备倒水。这时，站在一旁目睹这一切的店主生气了。

"天哪，你这个人！为什么损坏别人的东西？别废话，快把钱赔了。见过疯子，可没见过你这种！"

女婿这次也只好赔了钱空手回家了。

女婿什么也没买，空手而回，岳父很好奇，问他原因。"喂，怎么回事？为什么没买砂锅和纱帽，空手回来了呢？"

女婿把自己经历的事情原原本本地告诉了岳父。岳父气得无语，只好"呵呵"苦笑了一下。

在课文展示阶段，可以采用多种方法。

教师将学生分为4~5人一组的小组后，将上述文章概括为4~5部分，并将资料分发给学生。学生可以将他们所掌握的信息口头表达出来，而其他学生则可以一边总结一边记录。最后，按照顺序将这些信息重新组织成一个完整的故事。

B. 词汇展示

외동딸, 가령, 걱정이 태산 같다, 이리 저리, 꼼꼼히, 일러주다, 만지작거리다, 산산조각, 물어주다, 주르르, 따귀, 힘껏, 맨손으로, 기가 막히다, -고 말았다.

C. 语法讲解

a. -(으)니 만큼

b. -(으)ㄹ 테니

D. 谚语讲解

a. 砂锅

뚝배기보다 장맛 砂锅丑, 酱味香。比喻外丑内秀。

뚝배기 깨진 소리 破锣嗓

뚝배기로 개 때리듯 拿着坛子打狗(狗没打着, 坛子倒碎了。)
比喻无法抑制自己的愤怒, 故意出气, 但心里并不痛快。

b. 纱帽

갓 사러 갔다가 망건 산다 去买帽子结果买了网巾。比喻因为没有想买的东西而买到与之相似或用途完全不同的东西。

갓 쓰고 망신 带着纱帽出洋相。比喻文明人不做文明事。

갓 쓰고 자전거 탄다 戴纱帽骑车子。不伦不类。驴唇不对马嘴。

在解释了"砂锅"和"纱帽"的相关谚语之后, 提供相应的使用场景, 并通过适当的谚语进行会话练习。学习者掌握这些谚语, 不仅可以丰富韩语表达的多样性, 还有助于提升韩语综合能力。

E. 阅读与讲解

提出探讨的问题。

a. 为掌握课文内容提出的问题

- 岳父岳母为什么要赶走女婿?
- 妻子让丈夫如何挑选纱帽和砂锅?
- 女婿是如何挑选纱帽和砂锅的?
- 挑错纱帽和砂锅的女婿心情如何?

b. 为提高跨文化能力提出的问题

- 你们国家也有"上门女婿"制度吗?
- 岳父、岳母和女婿的关系有何变化?
- 你们国家也有关于女婿、儿媳的故事吗? 是什么样的内容?

③ 练习

A. 句型练习

组建4人左右的小组后分发A卡片和B卡片。 一个人读A卡片的内容, 剩下的学生在B卡片中找到合适的句子, 并使用 "-(으)니 만큼"、"-(으)ㄹ 테니" 等句型完成句子。

a. -(으)니 만큼

요즘 경제가 어려워요
한국은 교통이 복잡해요
한국에는 집 값이 비싸요
매출액이 늘었어요

특별 보너스를 주겠어요
지하철을 타는 것이 좋아요
절약해야겠어요
전세 사는 사람이 많아요

b. -(으)ㄹ 테니

제가 운전할게요
곧 가을이 올 거예요
이 약이 처음에는 따끔따끔할 거예요
내년에 다시 올 거예요

섭섭해 하지 마세요.
마음 놓고 마시세요
조금만 참으세요
긴팔 옷을 사야겠어요

B. 造句

进行补充完成后半句的练习。

a. -(으)니만큼

한국에 여행 온 만큼_____.

이제 대학생이 된 만큼_____.

b. -(으)ㄹ 테니

항공권은 내가 예약해 놓을 테니_____.

모자라는 예산은 나중에 보충할 테니_____.

④ 活用

在语法教学中, 活用阶段是以实际应用为前提进行练习的阶段。鉴于这是一堂文化课, 我们将设计讨论环节, 旨在提升学生的跨文化交流能力。为此, 我们在前述涉及跨文化能力问题的基础上拓宽思路, 以此丰富学生的情感体验。

A. 提高跨文化能力的相关问题

• 你何时感到韩国文化最为陌生?
• 你在韩国经历过哪些失误?

- 你是如何解决这些失误的?

B. 提高跨文化能力的相关讨论

- 你是如何适应韩国人际关系的?
- 在对待外国人的态度上,韩国人有哪些方面需要改进?

前面我们用《女婿的失误》这一故事设计了一堂120分钟的高级阶段课堂模型,设计时将文化与听、读、说、写四项语言技能进行了整合。教师单方面的讲解无法进行顺畅的交流, 因此需要通过多种活动让学生参与课堂,积极讨论并进行听说读写练习。为了使学生能够活用所学知识,教师应尽可能多地提供具体语境,引导学生深入了解韩国文化。

语言活动大多是综合性的,文化教学也应当以一种综合性的方式进行,以激发学习者的兴趣并为他们的实际生活提供帮助。实际上,要在韩国语教育中有效地利用韩国故事, 需要研究者对韩国故事和语言教育保持持续的热爱和努力。 这涉及到广泛的资料搜集和多种理论的研究,虽任重道远,但成果将极具价值。

(4) 通过故事学习韩国语[10]

可以通过活用故事展开一系列简单的活动。在本环节中,我们设计了几项基于故事内容的活动,包括寻找隐藏单词、练习拟声词和拟态词、给故事主人公写信等。

10) 该内容是对李圣熙在美国韩国学校协会(NAKS, The National Association for Korean Schools) 主办的 第25届学术大会(2007年)上发表内容的修改和补充。《孩子们, 一起用有趣的故事来学韩语吧》

1) 找出隐藏的单词

授课对象：韩国语中级(3~4级)
活动：单词理解及阅读活动

　　词汇活动是一种既能使学习者对文本产生亲密反应，又有助于理解文本的方法。它可以独立使用，也可以在阅读前使用。以游戏的形式进行，而非简单的单词说明，可以引起学习者的兴趣。

• 下图隐藏着故事中的单词。找出来圈一下吧。

아	우	장	님	사	라	교	민	말	마
자	돼	햇	볕	밀	걱	내	일	만	치
다	효	녀	정	교	정	왕	비	팔	자
사	속	약	복	한	고	점	점	분	수
옴	표	혼	하	실	아	버	지	한	초
피	칠	따	자	실	봄	자	학	생	상
임	철	금	뜻	서	차	날	산	필	팔
연	치	을	며	한	해	끙	끙	지	잔
옥	날	짜	칠	옷	장	눈	집	그	희
금	실	토	학	선	물	교	만	무	창

要找的单词 : 효녀, 햇볕, 따뜻한, 봄날, 아버지, 혼자서, 며칠, 그만, 끙끙, 약속, 점점, 내일, 걱정, 눈물

• 让我们一起读一个故事。

原文 : 효녀 심청

햇볕이 따뜻한 어느 봄날이었어. 앞을 못 보는 청이 아버지는 혼자서 밖으로 나왔어.
그런데 이 일을 어쩌면 좋아? 청이 아버지가 그만 개울에 빠지고 말았어. 지나가던
스님이 청이 아버지를 구해주었어. 청이 아버지는 물에서 건져준 것이 고마워서 절에
쌀 삼 백석을 드리겠다고 약속했어. 며칠 후 청이 아버지는 그만 끙끙 앓아누웠어.
절에 쌀을 드리기로 약속한 날짜는 점점 다가오는데 집에는 먹을 쌀도 없었어.
청이는 걱정이 되어 아버지께 왜 그러시냐고 여쭤봤어. 아버지는 사실대로 말했어.
아버지의 말씀을 다 들은 청이는 고개를 끄덕였어. 어떻게 해서든 아버지의 약속을
지켜드리고 싶었어.

译文 : 孝女沈清

那是一个阳光明媚的春日, 沈清失明的父亲独自一人走到了户外。不幸的是,
他不慎跌入了一条小溪。恰好路过的一位和尚见义勇为, 救了他一命。
沈清的父亲为了报答和尚救命之恩, 承诺向寺庙捐赠三百石米。然而,
几天后, 沈清的父亲突然患病, 约定捐米的日期迫在眉睫,
家中却连米粒都寥寥无几。沈清感到非常担心, 询问父亲该如何是好。
在听完父亲坦诚的讲述后, 沈清点了点头,
决定想尽一切办法来履行父亲的承诺。

2) 拟声词、拟态词练习

授课对象 : 韩国语中级(3~4级)
活动 : 拟声词、拟态词练习

在传统故事中, 出现了多种多样、形象生动的拟声拟态词表达。拟声
词和拟态词是韩国语中特有的一种表达方式, 通过故事可以有趣味地
熟悉这种表达方式。

原文 : 노래하는 혹부리 영감

(1) "혹부리 영감 혹부리 따러 가세."
   아무리 놀려도 마음씨 착한 혹부리 할아버지는 (하하하) 웃기만 했지.

(2) 어느 날 마음씨 착한 혹부리 할아버지가 산에 나무를 하러 갔대.
   "뚝딱뚝딱 나무를 하자. (쓱싹쓱싹) 나무를 베자."

(3) 그러다 보니 어느새 깜깜한 밤이 되었지. 할아버지는 (허둥지둥) 산을 내려
   오다가 그만 길을 잃고 말았어.

(4) "나무나무 뽕나무, 방귀 뀌는 뽕나무
   나무나무 가시나무, 따끔따끔 가시나무."
   도깨비들은 신이 나서 (덩실덩실) 춤을 추었어.

译文 : 唱歌的瘤子爷爷
"瘤子爷爷去摘瘤子吧"
不管怎么取笑，心地善良的瘤子老爷爷只是(哈哈哈) 地笑。
听说有一天，心地善良的瘤子老爷爷去山上砍树。
"咔嚓咔嚓砍柴吧,(咔啪咔啪) 砍树吧。"
不知不觉间就变成了黑夜。爷爷慌慌张张下山的时候迷路了。
"树呀树呀大桑树，放屁桑树呀"
树呀树呀荆棘树，刺痛刺痛荆棘树。"
鬼怪们兴高采烈地跳起舞来。

• 选择合适的一项填入(1) 中。
① 하하하 ② 호호호 ③ 랄랄라 ④ 짹짹짹

〈练习〉 내가 구두를 닦아드리자, 아버지께서 _____ 웃으십니다.

• 选择合适的一项填入(2) 中。
① 벌컥벌컥 ② 쓱싹쓱싹 ③ 쪼로록 ④ 빙그레

〈练习〉 나무를 벨 때는 _____ 소리가 나요.

• 选择合适的一项填入(3) 中。

① 스르르 ② 허둥지둥 ③ 방긋방긋 ④ 방실방실

〈练习〉 성호는 아침에 늦잠을 잤어요. 그래서 _____ 옷을 입었어요.

• 选择合适的一项填入(4) 中。

① 후루룩 ② 훌훌 ③ 덩실덩실 ④ 짝짝짝

〈练习〉 할머니는 기분이 좋아서 _____ 춤을 추셨어요.

3) 给主人公写信

教学对象：韩国语中级(3~4级)

活动：阅读文本练习句子

① 讲故事

方法1) 教师一边展示《黄豆鼠红豆鼠》童话书，一边阅读

方法2) 教师提前看书练习，给学生们讲故事

原文：콩쥐 팥쥐

새어머니에게는 팥쥐라는 딸이 있었어.
팥쥐는 얼굴도 못생겼지만 마음씨는 더욱 고약했지.
"이 신발도 내 거, 이 옷도 내 거. 콩쥐 것은 다 내 거야."
팥쥐는 콩쥐가 가진 것을 모두 빼앗아 버렸어.
아버지가 돌아가시자 새어머니는 콩쥐를 더욱 심하게 괴롭혔대.
콩쥐는 하루 종일 일만 했어.
잠시도 쉬지 않고 말이야.
"아, 맛있다."

② 写信

使用句型进行练习

−(을) 수 있다, (을) 수 없다, −고 싶다, −(으)ㄴ/는데, −(이)ㄴ데, −아서/어서,
못 안 / 못 왜 −(으)ㄹ 거예요 −(으)ㄹ 거야

A. 可以给黄豆鼠、红豆鼠、过世的黄豆鼠母亲、红豆鼠母亲、父亲、元大人的儿子写信, 写信的对象由学习者自行决定。

B. 学习者自由选择写信对象, 不受其在文本中出现频率的限制。这种做法可以激发学习者的想象力, 并促进其广泛的认知发展, 使他们能够从更广阔的角度思考问题。

学生在写信的过程中经历头脑风暴(Brainstorming)、制定提要(Summarizing)、写草稿(Drafting)、修改(Revising)、打磨(Polishing) 的过程。

- 你计划给谁写信？为什么选择这个人？
- 在开始写信之前，请整理好你想表达的内容。

_____에게 이 말을 꼭 하고 싶어요.

하나, _____
둘, _____
셋, _____
넷, _____

- 从所学的表达中选择要使用的句型。
- 使用所选句型写一封信，如下所示。

예) 콩쥐에게.

마음씨 착한 콩쥐야, 슬픈 일이 많았을 텐데 어떻게 다 참았어? 나는 네가 너무 슬퍼 보여서 눈물이 나왔어. 만일 내가 너를 만나면, 꼭 안아줄거야. 이제 그만 울라고.

_____

콩쥐에게
_____(으)ㄴ 콩쥐야.
_____(으)ㄹ 텐데 어떻게 _____?
나는 _____ 았/었어.
만일 내가 _____(으)ㄹ거야.

即使是写作能力较弱的学生，一旦确定了写信的对象，也能够自然而然地撰写出信件。在写信的过程中，学生不仅可以练习韩语口语，还能够熟练掌握韩语中的敬语、平语和缩略语等表达方式。

以上提到的活动，如寻找隐藏单词、练习拟声拟态词、给故事主人公写信等教学活动，教师可以根据课堂的实际情况，在不同的故事内容中灵活运用。

✦ 参 | 考 | 资 | 料

金紫妍：《韩国童话文学研究》，书文堂，2000。

申宪宰：《故事题材的阅读指导》，《阅读教育的理论与方法》，曙光学术资料社，1994。

李圣熙，《活用故事设计韩国语文化教学方案》，国际韩国语教育学会，第10卷2期，1999.

李圣熙，《活用故事的韩国语教育的实际》,发表论文集, 国际韩国语教育学会，2000.

李宗兰，《面向学生和家长的传统童话中的哲学》，哲学与现实社，2001。

崔云植、金基昌，传统童话教育的理论与实际，集文堂，1998。

孙东仁、李俊妍、崔仁学编著，《朝韩儿童一起阅读的传统童话》，四季，1991年。

李基文：谚语词典，一朝阁，1980。

一然：《三国遗事》，李敏秀译，第1卷 奇异第1，乙酉文化社，1995。

林东权，《韩国民间故事》，书义堂，1996。

林锡宰，韩国口传故事1-10，平民社，1996。

中央教研编，名牌教研主题名传童话，中央教研，2003。

崔乃玉编，韩国传统童话集11，创作与批评社，1985。

韩国精神文化研究院，韩国口碑文学大系1~82，1986年。

✦ 参 | 考 | 网 | 站

韩国文化
国立民俗博物馆 http://www.nfm.go.kr/folk/fo_bri.jsp
(博物馆虚拟体验室，用视频看一生礼仪)

韩国民族文化大百科全书http://www.encykorea.com
民族文化辞典 http://www.koreandb.net/dictionaries

故事
布基的童话王国 http://www.buki.co.kr
热爱童话研究所http://www.donghwasarang.com
童话王国 http://www.dong-hwa-nara.com
童话屋 http://www.donghwabang.com
右脚左脚 http://www.childweb.co.kr
过去的故事 http://www.iwmu.com/kid/library/oldstory/old-list.htm
点击一下！儿童世界 http://www.click.childweb.co.kr
芝麻小子 http://www.kebikids.com
首尔读书研究会 http://www.readingchildren.com

4. 教科书中韩国文化教学构成之考察

(1) 高级阶段韩语教材中的韩国文化项目

韩国语教科书在初级、中级及高级各阶段均设有专门的文化模块。一般初级阶段是一般性的文化与现代文化，随着级别的升高，领域逐渐扩大到细节性文化和传统文化。 本书将介绍《韩国语高级1》(金重燮、 方成元、金知衡、李圣熙著, 庆熙大学出版社, 2003) 高级阶段韩国语教材中的韩国文化项目。

文化因素	主题	内容
产物	文学	神话、传说、古典小说、随笔、诗歌
	民俗	新年习俗、韩国婚礼、祭品、山神祭、铜祭、中秋节(做松饼时用针算命)、半途相会、"不多不少，只要像中秋节一样"、春节习俗、传统游戏、跆拳道、私塾、四物游戏、板索里、民谣、伽倻琴

	艺术	电影、书法、韩国画、陶瓷、民画
	音乐	流行歌曲,乱打
产物	历史	首尔奥运会、世界杯、各国哲学家(栗谷李珥)、李济马的四象医学
	地理	韩国的城市与地方、平壤、韩国的旅游胜地、韩国的季节、公州、扶余、庆州
	信仰	佛教
观念	价值	吉祥动物、韩国俗语、男女平等、孝与敬老、各国的象征色彩、韩国人的性格、"我们"意识
	习俗	乔迁礼物、"买一送一"文化、民间疗法、问候礼仪、用餐礼仪
	音乐	流行歌曲,乱打
	衣食住行	水稻、大米、豆腐、拌饭、泡菜、韩服
行为模式	生活模式	联谊会、出租车、东大门市场、咖啡自动售货机、信息通信、韩国人的休闲生活、交通卡、电视节目、失礼行为、货币、职场生活、饮食疗法
	制度	培训、选举和投票、各种法律条文、面试

〈表38〉高级教材中的韩国文化项目

(2) 介绍韩国文化的单元构成

A. 项目与内容

在韩国语教材中，韩国文化有时作为阅读或听力文本的一部分来呈现，有时还会在书中专设小专栏或休息区来进行详细介绍。其中最为有效的做法是将教材中的某个单元完全围绕韩国文化主题来设计。在此，我们找到一个整个单元全部以韩国文化为主题的例子，试图探讨其构成方式和内容。让我们了解一下《韩国语高级1》(金重燮、方成元、金知衡、李圣熙著，庆熙大学出版社，2003) 中"第二课 民俗与生活"这一单元的韩国文化构成。

项目	内容
单元名称	民俗与生活
主题	节日风俗，想象的动物，结婚流程，乔迁礼物
导入	关于乔迁宴的跨文化问题，引出春节、中秋等词汇，比较各国节日
语法	假设表达，符合情境的问候表达(祝贺、安慰、吊唁)
词汇/发音	关于春节和中秋节的词汇，'ㅐ'和'ㅔ'的区别
听力	关于龙的象征的对话，对韩国婚姻流程的解释
阅读	乔迁礼物，中秋风俗
写作	联想单词，记录想法，根据既定的主题写作，完善思路
会话	协调意见，根据具体情况进行问候，在规定时间内会话，比较各国春节习俗

〈表39〉 高级教材中的韩国文化内容

　　这本教科书综合了听说读写四个领域的教学内容。单元名为"民俗与生活"，主要聚焦于民俗。主题内容涵盖节日习俗、东西方对"龙"这一想象中动物的不同看法，对比各国的婚礼流程，并介绍韩国乔迁礼物的含义等。语法部分涉及与民俗相关的祝贺、安慰和吊唁等表达方式。写作环节以"民俗中的特殊日子"为核心，设计了以"我人生中最精彩的一天"为主题的过程描述性写作。会话练习则包括不同情境下的问候方式，以及比较韩国与本国春节习俗的活动。

　　该教材以韩国春节为中心设计文化学习项目，提出了进行文化比较的问题，鼓励学习者介绍自己的文化。因此，该教科书在介绍韩国文化时摒弃了韩国民族中心主义的视角，有效地促进了学习者的跨文化理解能力。

(2) 了解韩国文化构成

让我们来了解一下上述教材中的韩国文化构成内容。

① 导入

导入部分提出了关于乔迁宴的跨文化问题，涉及春节和中秋相关词汇，各国节日比较的问题。

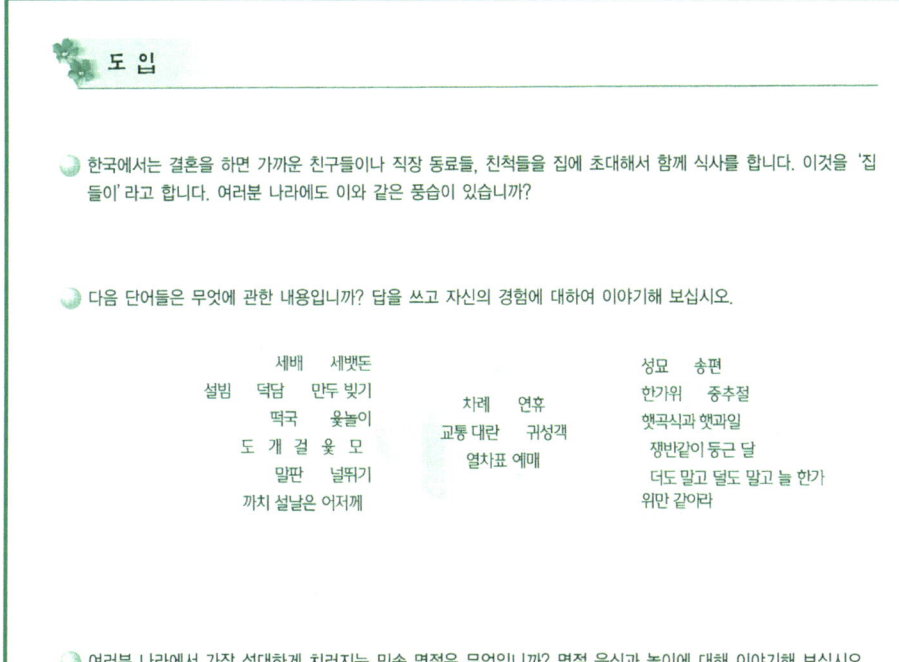

도 입

● 한국에서는 결혼을 하면 가까운 친구들이나 직장 동료들, 친척들을 집에 초대해서 함께 식사를 합니다. 이것을 '집들이' 라고 합니다. 여러분 나라에도 이와 같은 풍습이 있습니까?

● 다음 단어들은 무엇에 관한 내용입니까? 답을 쓰고 자신의 경험에 대하여 이야기해 보십시오.

세배　세뱃돈
설빔　덕담　만두 빚기
떡국　윷놀이
도 개 걸 윷 모
말판　널뛰기
까치 설날은 어저께

차례　연휴
교통 대란　귀성객
열차표 예매

성묘　송편
한가위　중추절
햇곡식과 햇과일
쟁반같이 둥근 달
더도 말고 덜도 말고 늘 한가
위만 같아라

● 여러분 나라에서 가장 성대하게 치러지는 민속 명절은 무엇입니까? 명절 음식과 놀이에 대해 이야기해 보십시오.

〈图40〉《第二课 民俗与生活》导入部分 [11]

导入部分旨在对听力和阅读材料进行预习。"乔迁宴"是阅读材料1的主题，教师在向学习者讲解对他们而言较为陌生的"乔迁"词汇时，要积极引导学生分享各自民族文化中与乔迁类似的民俗。事实上，在深入学习这一单元时，学习者普遍表示，尽管各国的具体表现形式各异，但在结婚或搬家等场合，普遍存在类似乔迁的民俗活动。在英美文化中，甚至还会提及如婴儿洗澡等其他相关民俗。

11) 李圣熙等：《韩国语高级1》，庆熙大学出版社，2003，第28页。

② 听力2

 듣기 2

🔵 여러분 나라에서는 결혼식을 어떻게 치릅니까? 독특한 결혼식 절차에 대하여 이야기해 봅시다.

	결혼식 전	결혼식	결혼식 후	독특한 점
나				

🔵 잘 듣고 질문에 답하십시오.

1. 들은 순서대로 번호를 쓰십시오.

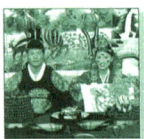 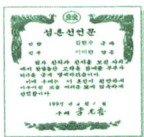 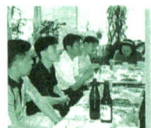 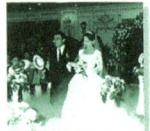

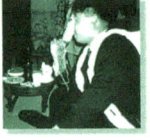 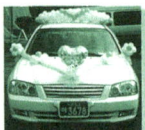 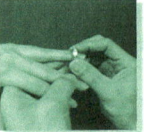

2. 들은 내용과 같은 것을 고르십시오.
   ① 함은 결혼식 전에 신랑이 지고 갑니다.
   ② 성혼 선언문은 부부가 된 것을 알리는 것입니다.
   ③ 신랑과 신부 부모님께 폐백을 올립니다.
   ④ 한국에서는 신혼 여행에 친구들이 동행합니다.

🔵 여러분 나라와 다른 점에 대해 이야기해 보십시오.

  왕영 : 중국에서는 피로연이 화려해요. 보통 호텔이나 대형 연회장에서 하는데 신랑, 신부가 피로연장 앞
   에서 하객을 맞는 것으로 시작해서 모든 하객에게 술을 따라 주는 것으로 끝나요.

🔵 결혼식을 새롭게 구성한다면 어떤 순서를 넣고 싶습니까? 새롭게 넣은 절차에 알맞은 이름을 붙여 보십시오.

〈图41〉《第二课 民俗与生活》, 听力2 [12]

12) 李圣熙等：《韩国语高级1》, 庆熙大学出版社, 2003, 第31页。

听力部分以韩国的婚礼流程为主题，婚礼流程包括"送函(卖盒子)、新郎新娘入场、朗读成婚宣言、交换礼物、合影留念、聘礼、新婚旅行及乔迁宴"。在正式进行听力练习前，设计了跨文化比较相关问题，引导学生描述各自国家的婚礼流程。在听完韩国婚礼流程的相关内容后，学习者将其与本国的婚礼流程进行比较，探讨两者的不同，并就此提出相关的跨文化问题。此外，还设有个性化问题，询问学习者如果自己筹办婚礼，会选择何种方式。通过这种方式，学习者不仅能够学习韩国的婚礼文化，同时还能将本国婚礼和韩国婚礼进行比较，从而获得一个更为广阔的比较文化视角。

③ 阅读1

🟢 지금까지 받은 선물 중에서 가장 기억에 남는 선물은 무엇입니까?

🟢 여러분 나라에서 특별한 날 주는 선물에는 어떤 것이 있습니까? 또 피해야 하는 선물에는 어떤 것이 있습니까?

🟢 다음 글을 읽고 질문에 답하십시오.

집들이 선물

한국 사람들은 다른 사람의 집을 방문할 때 선물을 가지고 가는 것이 보통입니다. 작은 것이라도 성의 있게 준비한 물건이나 음식을 가지고 가지요. 정성스런 선물은 서로 간의 '정(情)'을 확인하게 해 줍니다.

새로 꾸민 신혼집이나 이사한 집에 친구나 친척 등을 초대하는 것을 '집들이'라고 합니다. '처음으로 집에 들어오게 한다'는 의미겠지요. 집들이에 갈 때에는 평소보다 좀 더 특별한 선물을 준비합니다. 집들이 때는 어떤 것을 가지고 갈까요? 한국에서 다른 사람의 집들이에 가 보셨나요? 어떤 선물을 가지고 가셨어요?

집들이 선물로는 뭐니 뭐니 해도 세제나 화장지가 제일이지요. 한국 사람들은 집들이에 초대 받았을 때 대개 세제나 두루마리 휴지 등을 가지고 갑니다. 물론 신혼집에 갈 경우에는 신부가 미처 준비하지 못한 가전제품이나 가재도구를 사 가는 경우도 있지만요.

세제는 슈퍼에 '집들이 세트'라는 이름으로 판매되고 있을 정도로 일반적인 선물입니다. 왜 세제를 사 갈까요? 빨래를 열심히 하라고요? 세제를 사 가는 데에는 나름대로의 이유가 있답니다. 세제의 원래 기능인 '더러움 제거'와는 별개로 세제의 다른 특성과 관련이 있습니다. 세제를 쓸 때 거품이 많이 나지요? 세제는 문지를수록 더 많은 양으로 불어납니다. 바로 여기에 세제의 수수께끼가 있습니다. 지금보다 훨씬 많은 돈을 모으고, 많은 자녀를 낳고, 기타 등등 좋은 일이 많이 생기라는 바람이 세제 선물 속에 담겨 있는 의미입니다.

두루마리 화장지도 마찬가지입니다. 두루마리 화장지가 끊임없이 계속 나오듯이 좋은 일이 많이 생기라는 의미입니다. 재미있는 것은 이 두 가지가 단순히 '의미'에서 끝나지 않고 '실용성'을 함께 갖추고 있다는 겁니다. 세제와 화장지는 의미도 좋지만 일상 생활에서 계속 사용되는 것이니 실용적이어서 주는 사람이나 받는 사람 모두에게 기분 좋은 것이지요. 좋은 의미로 주니 좋고, 받는 사람은 실용적으로 쓰니 좋고, 누이 좋고 매부 좋고 아니겠어요? 게다가 아무리 쌓아 놓아도 상하지 않잖아요. 난로를 많이 쓰던 시절에는 성냥이나 초를 선물했습니다. 난로를 쓰니 성냥이 꼭 필요했는데, 성냥의 의미는 '불처럼 확 일어나라', '살림이나 사업이 크게 번창하라'는 의미였지요. 초도 마찬가지입니다.

여러분 나라에서는 어떤 선물을 합니까? 특별한 의미가 있습니까?

1. '한국인과 선물' 에 대한 내용 중 맞는 것을 모두 고르십시오.

   ① 한국인은 특별한 날에만 선물을 한다.
   ② 다른 사람의 집에 갈 때에는 선물을 하는 것이 일반적이다.
   ③ 다른 사람의 집에 음식을 가져갈 때도 있다.
   ④ 좀 비싼 것을 하는 것이 일반적이다.

2. 집들이 때 세제나 화장지를 선물하는 이유를 모두 고르십시오.

   ① 신부가 미처 준비하지 못했기 때문에
   ② 의미도 좋지만 실용성이 있어서
   ③ 오랫동안 쓸 수 있으므로
   ④ 좋은 일이 많이 생기라고

3. '누이 좋고 매부 좋고' 와 같은 의미인 것을 모두 고르십시오.

   ① 꿩 먹고 알 먹고
   ② 일석이조(一石二鳥)
   ③ 까마귀 날자 배 떨어진다.
   ④ 고운 사람 미운 데 없고 미운 사람 고운 데 없다.

 의미와 실용성을 고려한 선물을 생각해 봅시다.

〈보기〉   생신 선물
고향에 계신 어머니의 생신입니다. 어머니의 생신은 쌀쌀한 바람이 부는 초겨울입니다. 언
제나 어머니를 생각하는 제 마음을 기억하며 겨울을 지내시라고 포근한 스웨터를 선물하려
고 합니다.

▣ 승진   ▣ 결혼   ▣ 입학   ▣ 정년 퇴임

   십들이   성의   정성스럽다   절   세제   화장지   미처   가재도구   별개로   문지르다

수수께끼   바람   두루마리   끊임없이   실용성   누이 좋고 매부 좋고   상하다   번창하다

> • -(으)니 -(으)니 해도 / -느니 -느니 해도
> 좋으니 안 좋으니 해도 구관이 명관이더라고요.
> 뭐니 뭐니 해도 오래된 친구가 제일이지요.
> 혼자 사는 게 속 편하다느니 결혼하면 고생이라느니 해도 결혼하면 다 행복해 하더라고요.
>
> • -(으)로는 -이/가 제일이다
> 양식이니 뷔페니 해도 피로연 음식으로는 역시 갈비탕이 제일이에요.
> 설악산이니 경포대니 해도 수학여행지로는 제주도가 제일이죠.

〈图42〉《第二课 民俗与生活》, 阅读1 [13]

13) 李圣熙等：《韩国语高级1》, 庆熙大学出版社, 2003, 第34页。

阅读部分的主题为"乔迁礼物"。在先前的听力练习2中，乔迁宴被介绍为新郎新娘在婚礼后进行的活动。在提问环节，采用个性化提问的方式，通过讨论"最难忘的礼物"来引入主题。此外，讨论还包括各自国家在特殊节日常赠送的礼物，以及应避免赠送的礼物，这有助于拓展跨文化理解。

　　课文部分解释了韩国人对乔迁礼物赋予的特殊含义。赠送洗涤剂或卫生纸等礼物，不仅考虑到其"象征意义"和"实用性"，而且寄托了希望收到礼物的人生活中顺遂如意的美好愿望。这些风俗习惯涉及民俗学的内容，不同国家在民俗意义方面具有相似之处。因此，通过阅读这篇课文，学习者可以更深入地理解和解释自己国家的民俗意义。

④ 会话

> 오늘은 12월 31일입니다. 올해의 마지막 날입니다. 이제 두 시간만 있으면 새해가 시작됩니다. 앞에는 딱 1분 동안만 불을 밝히는 촛불이 켜져 있습니다. 1분 동안 새해의 소망을 말해 보십시오.

여러 나라의 새해 풍습을 알아보십시오.

	한국
양력 / 음력	음력
명칭	설날
전날에는	청소, 목욕, 음식 준비
의상	한복
아침 인사	"새해 복 많이 받으세요."
아침에 하는 특별한 행사	차례, 새배
음식	떡국
놀이	윷놀이, 널뛰기, 연날리기

1. 설 전날 재미있는 행사를 하는 나라가 있습니까? 어떤 행사를 합니까?

2. 각 나라의 독특한 아침 인사가 있습니까? 어떤 인사가 재미있습니까?

3. 설 전날이나 설날 아침에 하는 특별한 행사에 대해서 말해 봅시다.

4. 여러분 나라의 재미있는 놀이를 소개해 보십시오. 다른 나라와 비슷한 놀이가 있는지 비교해 봅시다.

〈图43〉《第二课 民俗与生活》, 会话 [14]

14) 李圣熙等：《韩国语高级1》, 庆熙大学出版社, 2003, 第34页。

会话内容是谈谈自己国家的新年民俗。新年习俗虽然看似简单，但让各个国家学习者进行介绍时，会发现他们所说的文化内容比想象中丰富得多。尤其要关注新年民俗中春节前的活动比春节当天多的情况，围绕春节前的活动设计一些问题。此外，还需要让学习者思考关于春节的问候语、民俗活动、饮食、游戏等内容。

前面的韩语教材中设计了跨文化问题。编者力图使韩国文化的介绍不仅仅停留在信息传递层面，更使其成为提升学习者跨文化理解能力的平台。

此外，编者还设计了个性化问题，因为个性化问题被视为最有效的学习方式，它是以学习者为中心的教学策略的关键部分，旨在通过文化学习，最终帮助学习者实现个人成长。

目前韩语课堂汇集了来自不同国籍的学生，尤其是来自中国、日本等东亚文化圈的学生较多。在进行跨文化讨论时，应确保各国学生的发言机会均等。特别是对来自英美、中南美、欧洲、蒙古或俄罗斯等人数相对较少的文化圈的学生，要赋予他们介绍自己独特文化的机会，这是教师在跨文化讨论中扮演的一个重要角色。

基于文化的跨文化理解课程是学习者和教师相互比较本国文化和他国文化并进行探索与沟通的平台。在韩国语课堂上，世界各国的学习者和教师以韩国文化为纽带，通过韩国语来学习世界各国文化。想想看，像韩国语课堂这样，对了解文化能持续保持好奇心和兴趣的地方也并不多。在同一个教室内，通过韩语交流全球文化本身就是一种奇妙的经历。

世界上语言多样，文化亦是形形色色。与来自不同语言和文化背景的人们相遇，本就是一件充满新奇和趣味的事。作为韩国语教师，我们与世界各国学习者相遇，不仅教授韩国语，还介绍韩国文化，这是一件非常有意义的事情。虽然我们可能无法完全掌握他们的语言，但他们通过学习韩语与我们及其他文化背景的学习者交流自己的文化，这让人深受感动。

文化教学无疑是充满挑战的，文化的多样性有时可能为韩国语教师带来一定的压力。然而，作为韩国语教师，我们应保持对文化多样性和相对性的开放态度。在逐步深入了解韩国文化的过程中，我们不仅传递知识，也实现了自我价值的提升。坚持这种积极的观点，文化多样性将转化为源源不断的乐趣而非负担。因此，将韩国语课堂打造成一个展现文化多样性的舞台，是每位韩国语教师义不容辞的责任。

5. 利用教科书重构文化教学

随着作为外语的韩国语教育逐渐普及，各种类型的韩国语教材相继出版。这些教材介绍了丰富多彩的韩国文化内容，以供相应的课堂上讲授。然而，由于每个机构的情况和日程安排不同，有时需要教师根据实际情况对教材内容进行判断和重构。因此，我们将探讨教材内容重组的原则和方法。本书将以庆熙大学高级教材中的韩国故事《仙女与樵夫》为例，探讨如何在课堂上巧妙运用这些故事。首先，我们将针对各种韩国语教学现场的情况，讨论如何利用教材来组织文化教学。

(1) 单元重构的必要性和方法[15]

① 教学过程重组

A. 可以根据单元目标，调整教材的教学顺序。查看课程中的类似项目和指南中的"相关单元"，根据教学内容的层次性和系列性，重新安排教学顺序。

B. 根据课程特点，可将两个课时合并安排，而非单独安排每个课时。

C. 需要根据教学环境或课堂的实际情况，重新构建教学模式和方法，如调整"讲解、示范、提问、活动"的顺序，以优化课堂效果。

15) 崔志贤等：《国文专业教学方法》，亦乐图书出版，2007，第117-118页。

② 教材资料重组

A. 有必要对材料进行重组, 调动各种补充材料, 以创造性和批判性地利用教科书进行教学。

B. 对教材中给出的谈话和图形材料, 有必要通过增加或删减、重组或替换等方式重新构建。

③ 单元重组时的注意事项

A. 在重构单元内容时, 应尽量保留教师的自主性并考虑学生的水平与特点, 但不超越课程的设定范围。

B. 在重新编排教材时, 不应随意删除或修改设定好的文本体裁, 以保持教材原作者的意图。

韩国语教学现场多种多样, 既可以是韩国, 也可以是遥远的国外某个国家。学习者的水平、年龄、兴趣大相径庭, 教学目标和教学方法也各不相同。教材是为韩语教学现场精心设计的重要工具, 教师应充分利用这些教材来适应各种教学环境。特别是想要更积极地进行文化教学时, 可以运用教材来实现"文化教学"目标。如上所述, 可以为文化课改变或重构教学顺序、时间安排、教学模式等。此外, 还可以根据时刻变化的世态潮流, 添加新鲜多样的视频、图片、照片、图形等资料。现代文化变化很快, 教师根据教材内容补充最新资料, 对教学来说是大有裨益的。

单元重组时, 重构内容不得超出课程范围, 教师不得随意删除或改写, 要在尊重教材编者意图的基础上去重构教材。

(2) 单元重构的实际

让我们重新组织一下庆熙大学《韩国语高级2》第8课 阅读部分中《仙女与樵夫》的内容。我们将增加一些跨文化方面的问题, 以拓宽跨文化视角。同时，通过观看仙女与樵夫的视频资料、旧时房屋照片、旧时故事书和图画卡片等形式，丰富故事的相关素材。

① 阅读前活动

A. 提问

- 在你们国家，有关于来自天堂或大海的女性和生活在陆地上的男性之间的爱情故事吗？
- 在你们国家，什么样的男性很难结婚？请比较过去和现在的情况。
- "结婚"在你们国家意味着什么？结婚是必须的还是可选择的？

B. 观看图片或视频

- 观看仙女和樵夫的视频资料。
- 观看仙女和樵夫故事背景的旧时房屋照片等。
- 通过仙女和樵夫的旧时故事书、插图和展品照片等，让学习者了解韩国人对仙女和樵夫故事的熟知程度。

② 阅读 16)

A. 仔细阅读原文。

原文 : 선녀와 나무꾼

옛날 금강산 깊은 골에 한 나무꾼이 홀어머니를 모시고 살고 있었는데, 어느 날 나무를 하는데 노루 한 마리가 헐떡거리며 달려오더니 자기를 좀 숨겨 달라고 했어. 사냥꾼한테 쫓기는 노루였어.

나무꾼은 노루를 나뭇단 속에 숨겨 주고 뒤쫓아온 사냥꾼을 다른 곳으로 빼돌렸지. 목숨을 건진 노루가 예쁜 아내를 얻는 법을 일러 주었어.

"어디 어디로 가면 하늘의 선녀들이 내려와 목욕을 하는 곳이 있으니 가만 숨었다가 선녀들이 벗어 놓은 날개옷 한 벌을 감춰 두면 좋은 일이 생길 것이오. 그런데 선녀와 결혼하게 되더라도 아이를 셋 낳을 때까지는 날개옷 감춘 데를 일러 주면 안 되오."

나무꾼은 노총각으로 혼자 사는 것에 지칠 대로 지친 마당에 체면이고 뭐고 따질 겨를이 없었단다. 그래서 노루가 시킨 대로 날개옷을 숨겼지. 한 선녀만이 옷이

16) 金仲燮、方成元、金知衡、李圣熙:《韩国语高级2》，庆熙大学出版社，2003，第123-124页。

없어서 올라가지 못하고 울고 있었어. 나무꾼은 다가가 이왕 이렇게 되었으니
혼인하자고 했어. 선녀는 할 수 없이 나무꾼과 살면서 아이를 둘 낳았어.
나중에 선녀가 남편에게 날개옷이 어디 있냐고 틈만 나면 묻고, 하루는 하도
졸라대는 통에 노루가 일러 준 말을 깜빡 잊어버리고, 아이를 둘 낳았으니 이제 와서
무슨 일이 있으랴 싶어서 날개옷 있는 데를 일러 주었단다. 그러자 아내는 아이를
양 옆구리에 끼고 천장을 뚫고 하늘로 올라가고 말았어.
나무꾼이 너무도 허망하여 울고 있으니 노루가 다시 나타났어.
노루는 두레박을 타고 하늘나라에 가는 방법을 알려 주었어. 두레박을 타고 하늘에
올라간 나무꾼은 아내와 자식들을 만나 행복한 나날을 보냈단다.

译文：仙女和樵夫

从前在金刚山的一个深谷里，有一个樵夫和单亲妈妈住在一起。有一天，
他正在砍柴，一只被猎人追捕的狍子气喘吁吁地跑过来，
请求樵夫把自己藏起来。
樵夫把狍子藏在柴捆里，将追来的猎人引到别处。
幸免于难的狍子告诉樵夫如何能娶到漂亮的妻子。
"……如果你去那个地方，天上的仙女们会降临凡间洗澡。你躲起来，
然后将仙女们脱下的一件羽衣藏起来，好事就会发生。
但在你们生育三个孩子之前，你不能告诉她你将羽衣藏在哪里。"
樵夫是一个年过而立仍未婚的青年，他已经厌倦了孤独的生活，
根本顾不上什么体面，所以就按照狍子的指示把羽衣藏了起来。
只有一个仙女因为没有衣服无法飞天而哭泣。樵夫走过去，说既然这样，
我们就结婚吧。仙女只好和樵夫生活，生了两个孩子。
后来，仙女每当有空闲时就会问丈夫羽衣放在哪里。因为仙女老是缠着他问，
樵夫就忘了狍子告诉他的话，觉得已经生了两个孩子，
现在应该不会有什么事了，就告诉她藏羽衣的地方。
于是妻子把孩子夹在两肋穿过天花板，飞上了天。
樵夫绝望地哭着，狍子又出现了。
狍子告诉樵夫如何乘坐吊桶前往天堂。樵夫乘坐吊桶上了天堂，
与妻子和孩子团聚，并过上了幸福的日子。

• 单词

노루 나무단 빼돌리다 체면 겨를 깜빡 옆구리 허망하다
두레박 천마 호박죽 목덜미 그만 영영 수탉

B. 通过提问掌握课文

a. 遇到仙女之前，樵夫是什么处境？和遇到仙女后对比一下谈一谈。

b. 请选出与上述内容完全一致的选项。
   ① 樵夫将被猎人追捕的狍子藏了起来。
   ② 猎人将狍子藏在别处。
   ③ 狍子告诉樵夫如何娶到仙女。
   ④ 樵夫厌倦了一个人生活，从未想过要结婚。

■ 狍子让樵夫"生三个孩子之前，不要还给妻子羽衣"的原因是什么？
  如果樵夫遵守了这一禁忌，故事结局会有什么不同？

C. 语法练习

   ■ -(으)ㄴ/는 마당에
   • 어떤일이 이루어지는 상황이나 처지, 소극적이거나 부정적인 표현이 많이 온다.
     表示某一事件发生的情况或处境，多用于消极或否定的情况。
   • 이제 함께 일할 날도 얼마 남지 않은 마당에 굳이 듣기 싫은 소리를 할 이유가
     없었다.
     如今，一起共事的日子所剩无几，没有理由再说难听的话。
   • 어차피 그르친 일이 되고 만 마당에 네 탓 내 탓을 할 기분이 아니었다.
     反正事情已经搞砸了，就没有心情去指责谁是谁非了。
   • 떠나는 마당에 구차하게 변명할 필요가 있겠어요?
     已经要离开了，何必苦苦辩解呢?

D. 阅读后活动

   • 想象故事结局

以下是《仙女与樵夫》的后续故事，对于这样的结局，大家怎么看？

原文：

나무꾼은 하늘나라에 가서 아내와 자식을 만나 살게 되었지만 마음이 즐겁지만은 않았단다. 두고 온 홀어머니 때문이었지. 날이면 날마다 홀어머니 걱정을 하니 아내가 하루는 천마 한 마리를 얻어 주며 땅에 다녀오라고 했어. 그러나 몸이 조금이라도 땅에 닿으면 다시는 올라올 수 없으니 절대로 천마에서 내리지 말라고 했지.

나무꾼은 천마를 타고 아래로 내려와 어머니를 만났단다. 어머니는 아들에게 호박죽이라도 먹고 가라고 했어. 나무꾼은 호박죽을 먹다가 너무 뜨거워 말 목덜미에 흘리고 말았어. 그러자 천마는 혼자 하늘로 돌아가 버렸단다. 이제 사랑하는 아내와 아이들을 영영 볼 수 없게 된 나무꾼은 괴로워서 죽을 지경이었지. 결국 나무꾼은 인간 세상에 남아 죽을 때까지 하늘만 바라보며 울다가 지쳐 숨이 지고 말았단다. 나무꾼은 죽어 수탉이 되었지. 그래서 지금도 수탉은 하늘에 두고 온 아내와 자식이 그리워서 지붕에 올라가 하늘을 보고 운단다.

*두레박: 줄을 길게 배어 우물물을 긷는 데 쓰는 그릇

译文：

樵夫去了天上，见到了妻子和孩子，但内心却不快乐，
因为他心系着留在人间的孤身老母亲，每天都为母亲的安危担心。
于是妻子赐给他一匹天马，让他回到人间探望母亲。然而，
妻子告诫他一旦身体着地，就无法再次返回天上，叮嘱他不要下马。
樵夫骑着天马下凡去见母亲，母亲让儿子喝了南瓜粥再走。然而，
当樵夫喝南瓜粥的时候，不慎将热粥洒在天马的脖子上。随后，
天马突然独自回到了天上，樵夫再也见不到他心爱的妻子和孩子，
因而痛苦万分。无奈之下，樵夫被留在人间，只能望着天空哭泣，
直至生命终结。樵夫过世后，他化为一只公鸡。因此，
时至今日公鸡仍然在屋顶上凝望天空，怀念着他在天上的妻子和孩子，
悲鸣不已。
*吊桶：用长绳打井水的器皿

- 通过选择场景来组织角色扮演

■ 会话
- 分析人物性格
- 选择场景，组织角色扮演
- 改编故事

让我们对《仙女与樵夫》的故事进行角色扮演吧。分析人物性格后，请选择一个场景进行改编。

■ 分析人物性格
　① 樵夫　　② 仙女　　③ 母亲　　④ 狍子

> **例**
>
> 우유부단하다/ 성실하다/ 이기적이다/ 독선적이다/ 의리가 있다/ 헌신적이다/
> 치밀하다/ 주도면밀하다/ 어리석다/ 정이 많다/ 친절하다/ 결단력이 있다/
> 욕심이 많다

■ 选择场景

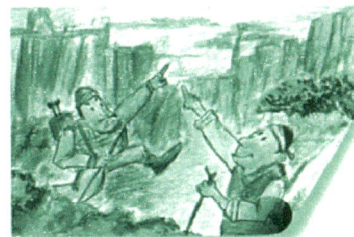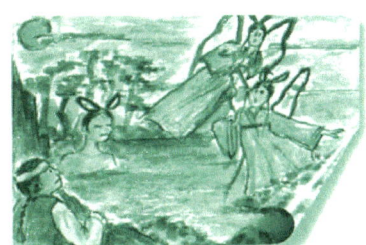
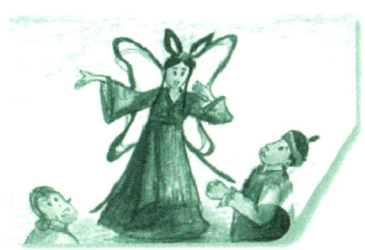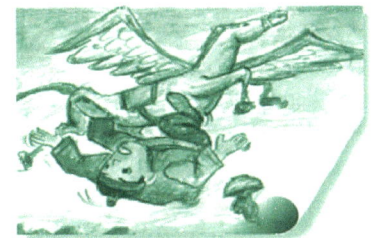

〈图44〉仙女与樵夫

■ 改编故事

让我们改编一下《仙女与樵夫》的故事吧。

请从同学当中选出一名樵夫。
如果这个人变成了樵夫，故事会怎样？选择上述场景之一，尝试重塑角色进行扮演。
重塑的角色和原来的角色有什么区别？为什么会产生这样的差别呢？

E. 阅读后文化活动

你们国家也有类似《仙女与樵夫》的故事吗？让我们通过对比完成下表。

	韩国	我们国家（ ）
题目	"仙女和樵夫"	
主人公名字	无/仙女？樵夫？	
男主人公是做什么的？（职业）		
怎样认识女主人公的？		
相遇后的故事		
我的想法		

〈表40〉阅读后文化活动

第 8 章

利用教学资源进行韩国文化教育

在韩国语课堂可以活用多样的文化教学资料。

本章试图探讨通过报纸、电影、文化、课堂活动、跨文化交际方法、

讲座等多种方式来考察文化教学方法。

利用报纸进行韩国文化教育 *

1. 应用报纸的教育意义[1]

(1) 可以引导学生自然习得语言

母语话者通常不会完整地阅读报纸，而是会浏览一些感兴趣或引人注目的文章，或者只寻找必要的信息进行阅读。然后，他们会与他人分享所读到的内容。我们可以将这个过程应用到报纸活动课上，进行自然的报纸阅读活动。

通过阅读目标语言的报纸，学习者能够增强自信心，对报纸产生亲切感，并在课堂之外自主阅读报纸。

(2) 可以开展韩国社会和文化教育

文化通过介绍人物、地点、团体、习俗、传统等方式渗透到语言中。更深入地说，文化还通过文化相关词汇、共同经验、知识、价值观、信仰、情感以及作者的态度等载体渗透到语言中。[2] 在报纸中，文化以语言资料的形式呈现，内容丰富多样，学习者可以通过报纸了解韩国社会和文化知识。

1) 崔恩圭：《利用报纸的韩国语教育方法研究》，《韩国语教育》，第15卷第1期，2004，第209-231页。

2) Sanderson, P., Using Newspapers in the Classroom, Cambridge University Press, pp. 1-18. 崔恩圭，前论文第211页 重引。

(3) 有助于充分利用真实资料中蕴含的丰富信息资源

报纸是无尽真实资料的来源，也是丰富信息的源泉。特别是对于以居住、就业或学习为目的的学习者来说，报纸是了解该社会的重要途径。新闻报道具有时事性，因此能够向学习者提供关于"此刻此地"正在发生的事情的信息，并激发他们的兴趣。

(4) 有利于激发学习者语言学习的内在动机

报纸通过报道现实生活中的事件，很自然地唤起人们对周围世界的好奇心。报纸包含多方面丰富多样的信息，学习者可以选择感兴趣的主题，激发内在学习动机。

(5) 是训练阅读策略的有效材料

通过报纸可以训练"查找式阅读"和"浏览式阅读"等重要阅读策略。可以从新闻报道中找出信息，如名字、地点、日期、价格、概念的定义等，以进行阅读练习。也可以进行浏览式阅读训练，让学习者在短短的限定时间内默读，然后检查所读内容。这样可以加快学习者的阅读速度，提高流畅性。

(6) 可进行综合语言教学

可以以报纸为基础，通过听说读写等活动进行综合语言教学。

(7) 有利于学习专业词汇

阅读报纸可以拓展专业词汇，从而减少因缺乏特定领域的词汇而遇到的困难。尤其对于高级阶段的学习者来说，这一点尤为有效。

2. 选择和使用新闻报道时的注意事项[3]

新闻报道评中阅读材料的选择标准如下：

> **阅读材料选择标准[4]**
> - 内容的适用性：为了满足学习者的个人学习目标，选择学习者认为有趣的、值得尝试的、适宜的材料。
> - 可利用性：促进语言和内容目标的实现，为指导工作和技能提供实用性，并可与其他技能(听、说、写)相融合。
> - 可读性：选取的词汇和结构虽具挑战性，但不至于令学习者感到不适，相反，它们能有效地测试并提升学习者的能力。

(1) 全面浏览整份报纸，选定报道

根据新闻的时事性和重要性挑选合适的报道。

(2) 根据学习者的语言和知识能力选择能引起学习者兴趣的报道。

考虑学习者的语言能力，以免学习者失去动机和兴趣。真正意义上的读报是在中级阶段以上进行的。

(3) 选定长度不可过长

在选择文章时，要兼顾语言的复杂性、信息的密度、主题和内容、课时等因素。

(4) 选择有助于了解韩国社会和文化的内容

在挑选材料时，应力求保持对韩国社会和文化的中立态度。

3) 崔恩圭：《利用报纸的韩国语教育方法研究》，《韩国语教育》，第15卷第1期，2004，第215-220页。

4) Nuttal, C., Teaching Reading Skills in a Foreign Language, Oxford: Heinemann, pp.5-30.

(5) 选择多样化的新闻类型和内容

不仅选择普通新闻报道, 还应包括主题报道(feature article)、社论、评论、读者来稿、漫评、时事漫画、广告、照片及图表等, 以涵盖政治、经济、社会、文化、国际等多个领域。

(6) 尽可能选择最近的报道

报纸的时效性能够保证为学习者提供生动的实际材料, 从而激发兴趣和好奇心, 因此要尽可能选择最近的报道。

(7) 利用报纸时的注意事项

- 从简短的漫画、照片、广告等引人入胜的内容开始, 循序渐进地引导学习者。
- 全面浏览报纸, 了解时事动态和话题走向, 重点关注一到两篇报道。
- 提前告诉学习者要重点讨论的文章, 并提供与主题相关的生词列表。
- 整合阅读与听、读、写等其他学习领域, 采用以学习者为中心的参与式教学方法。
- 根据不同的文章类型采用相应的阅读策略, 如阅读社论时需理解作者观点并与个人思考比较, 新闻报道则侧重寻找"六何原则"信息。
  (译者注："六何原则"被视为一篇新闻报道应该让读者知道的讯息, 即：何事(What)、何人(Who)、何时(When)、何地(Where)、为何(Why)、如何(How))

3. 综合性教学实施方案

(1) 阅读与写作

① 阅读新闻报道, 撰写评论

② 阅读新闻报道，撰写生活类新闻报道

③ 阅读招聘广告，撰写求职申请书

④ 阅读新闻报道，撰写标题

⑤ 阅读争议性文章，发表意见

(2) 阅读与会话

① 阅读新闻报道，进行概括

② 阅读新闻报道，进行比较

③ 阅读新闻报道，进行讨论或角色扮演

④ 阅读招聘广告，进行面试

⑤ 阅读文章，进行报道

(3) 阅读与听力

阅读前活动：通过VOD、AOD在网上收听新闻

(4) 阅读、会话与写作

① 阅读人物报道并进行采访

② 阅读报道并在讨论后写讨论稿

③ 开展项目活动

02

通过电影进行韩国文化教育 *

1. 通过电影进行学习的效果 5)

(1) 介绍真实的韩国语

电影以日常会话速度和语调呈现，展示了实际通用的韩国语。

(2) 展现韩国文化的真实面貌

通过观察韩国人的价值观、习惯、衣食住行、思维方式、人际互动，可提高对韩国文化的认识。

(3) 激发学习者学习动机

电影能够有效激发学习者的学习动机。

(4) 提高听力水平

(5) 可以开展多种综合活动

5) 金敬之：《面向中级学习者的韩国语教育研究——以电影和歌曲为中心的课堂活动》，庆熙大学研究生院硕士学位论文，2001。

2. 选择和使用电影时的注意事项[6]

(1) 电影中的场景应能激发学习动机。

(2) 背景、出场人物、学习主题等应真实可信, 具有教育意义, 应尽量具有喜闻乐见的幽默元素。

(3) 每集观看时长不超过30分钟, 使一部电影能够分成四个部分进行教学。

(4) 学习内容要深入浅出。

(5) 为增强学习者的语言技能, 提供值得讨论的内容。

(6) 即使不逐句翻译, 所选素材的主题和内容也必须是学习者能够掌握的。

(7) 避免过于暴力或煽情、刺激、突显地方色彩、突出特定宗教的电影。

3. 电影教学的构成

(1) 电影是一种兼顾视觉和听觉的文化资源, 电影教学有助于学习者激发学习动机。

(2) 使学习者通过观看电影来理解电影内容, 引导学习者对听不懂的部分进行推论。

(3) 运用归纳和演绎两种教学方式, 有效展示学习内容。

(4) 在观看电影之前, 提供剧本摘要作为第一手阅读材料, 帮助学习者理解电影内容;观影后解释重要表达方式, 帮助学习者全面理解电影内涵。

(5) 提出问题, 使学习者可以将本国文化和韩国文化进行比较, 培养文化感知力。

(6) 提供与电影相关的韩国文化资料, 拓宽对韩国文化的理解。此处可以活用韩国人的家庭观、恋爱观、经济、休假、节日、教育、城

6) 李正熙:《利用电影的韩国语教学方案研究》,《韩国语教育》10-1, 国际韩国语教育学会, 1999, 第226-228页。

市生活、韩流等多种文化资源。

4. 电影教学的实际 [7)]

(1) 自下而上过程的教学活动

自下而上的语言理解过程，是通过外部输入的语言数据本身——即从识别语音开始，逐步基于词汇、语法关系和语义等要素，逐层解码出所要传递的意义的过程。自下而上过程的缺点是可能导致背景知识不足，对整体情况不了解，从而造成理解过程的障碍。

① 大致听取听力材料，找出熟悉的词汇；

② 将听到的内容按构成要素划分；

③ 利用音韵学线索，确定话语中的信息焦点；

④ 利用语法线索，将听力材料组织成构成要素；

⑤ 查找重音音节；

⑥ 记忆谈话内容中相关联的单词

(2) 自上而下过程的教学活动

自上而下理解过程是指，语言信息的理解过程利用听者对内部资源，即谈话发生的情况、脉络、主题和背景等语言以外的知识，通过总体预测活动进行理解的过程。自上而下过程的缺点在丁其指导方法较为严格，且缺乏衡量学习效果的量化标准。

① 理解体裁和目的

② 将地点、对话者和事件联系起来

③ 建立因果关系

④ 预想结果

7) 应用了自上而下、自下而上、互动式阅读过程。参见崔延熙等：《英语阅读教学论——原理与应用》，韩国文化社，2006，第55-65页。

⑤ 推断谈话主题

⑥ 推断事件顺序

⑦ 推断没有听懂的细节

(3) 互动式过程的教学活动

互动式过程结合了上述两种过程, 一种是通过对资料的预测、内容的熟悉度、背景知识来理解内容的自下而上过程, 另一种是通过声音、词汇、短语等理解内容的自下而上过程。

① 利用相关词汇建立语义网络

② 识别熟悉词汇并将其归为某一类

③ 用语言知识弄清话语中被省略部分的含义

④ 利用文化背景知识和感官材料来准确理解文章结构

⑤ 利用文章结构和上下文信息来弥补信息缺失

⑥ 利用提供的信息提高对内容的预测准确度

⑦ 推断未听清的细节内容

03

通过文学进行韩国文化教育 ✳

1. 韩国语教育与文学教育

(1) 韩国语教育中文学教育的地位

在韩国语教育中，多种多样的文学作品被应用于教学。这些韩国文学作品不仅有助于理解韩国语的多种用法，还反映了韩国人的情感，是理解韩国文化的宝贵资源。本书将以现有研究成果为基础，探究韩国语教育中文学教育的地位。

① 文学教育的意义

在韩国语教学中，语言教育归根结底是基于语言本质的活动与探索。这种对语言本质的探索与通过文学能力来实现人性化文学教育的目标密切相关。也就是说，文学作品既是语言活动的具体表现形式，也是生动的语言素材。因此可以说，文学教育就是语言教育。此外，文学作品中所使用的语言最接近日常生活中实际使用的语言，因此文学作品的语言成为学习语言的宝贵素材。[8]

在韩国语外语教学中，文学教育也可通过学习韩国文学来学习韩国

8) 金代行等，《文学教育概论》，首尔大学出版文化院，1999，第6页。

语。外国学习者在学习作为语言素材的韩国文学时，需要精心挑选适合韩语学习相应阶段的文学作品。需要注意的是，并非所有文学作品都符合"文学语言接近日常语言"的原则。例如，诗歌、戏剧等使用象征和隐喻表达的文学体裁与日常语言存在较大差距。此外，小说、随笔等所使用的语言也与日常口语表达有一定的距离。因此，在面向外国学习者的韩国语教育中，文学教育应考虑韩语学习水平、上课次数、可操作性等因素。如果能注意到这一点，文学作品将成为韩国语教育中非常具有吸引力的韩国文化教育资源。

② 文学能力与人性的实现

文学能力涵盖对文学事实、概念、方法和态度的理解，贯穿生活的各个领域，包括身体、认知、审美、功能、情感、社会和道德等方面。文学能力指的是对文学信息的理解，对文学命题、事实或概念的认知和思考能力。文学能力不是停留在掌握技能层面，而是将文化内化，达到与文学共同思考、以文学化方式生活的境界，进而扩展为参与文学实践、共享文学价值、推动文学发展的综合性能力。[9]

文学教育的目标不是单纯地通过文学扩大知识面，而是提高学习者的文学素养。文学能力不能只停留在技能层面，而是通过文学的思考方式，并将其付诸行动，实现个人全面发展。在韩国语教育中，尽管提高韩国语能力的目标至关重要，但对于那些在自己国家通过一定的文学教育已经具备文学感知力的学习者来说，应该让他们享受韩国文学作品的乐趣。同时，我们也需要通过文学影响他们的情感和人格，帮助他们实现个人成长。因为文学不仅仅是表面的内容，它触及个体的情感，对个体的人格产生深远的影响。

9) 金代行等，前书，第34页。

(2) 韩国语教育中文学教育的必要性

① 桑德拉·麦凯(Sandra McKay)

通过文学作品, 学习者的语言结构阅读能力能够得到提升。文学作品反映了特定的文化观点, 因而对文化差异具有包容性。学习者还可以通过文学作品增强创造力和想象力。[10]

文学作品最大的优点之一是能够提高学习者的阅读能力。 韩国文学作品包括用韩语写成的多种体裁的阅读文本。 阅读多样化的文本对于理解韩语具有积极的作用。此外, 韩国文学作品还明显地反映了韩国的文化。

与日常对话、科学、技术、政治和个人交谈等一样, 文学是外语学习者必须进行的具有文化内涵的交流之一。进一步说, 文学是特定文化的产物, 外国读者在阅读时可能会面临跨文化的挑战, 这使得卓越而深入的跨文化教育成为可能。[11]

② 斯科特和亨廷顿(Scott, V.M., & Huntington, J.A.)

文学诉诸情感层面, 使有效的文化教育成为可能。 斯科特和亨廷顿(Scott, V.M., &Huntington,J.A.) 将学习者分为两组, 讲授了曾被法国殖民统治的"科特迪瓦(Côte D'Ivoire)"。[12] 一组只讲授殖民统治的历史事实, 另一组讲授饱含对殖民统治愤懑与悲伤的诗歌。 只学习历史事实的小组仅了解很少的信息, 而通过诗歌学习的小组对科特迪瓦的历史产生了深刻的共鸣。[13] 只学习殖民统治事实的方法, 仅对学习者的智力产生影响。然而, 通过诗歌来学习殖民统治可以通过触动学习者的情感, 激发想了解更多事实的学习动机。韩国文学教育也通过诉诸学习者的情感, 激发他们的学习欲望, 提高学习动机。

韩国文学全面反映了韩国人的集体主义情感、感伤主义特性等。韩国文学在选题、 素材选择和主题体现方式等方面与其他国家文学存在差

10) Sandra McKay, Literature in the ESL Classroom, TESOL Quarterly, Vol.16, No.4(Dec.,1982), pp.529-536

11) Claire Kramsch, Culture in Language Learning : A View From the United States, Foreign Language Research in Cross-Cultural Perspective, Kees De Bot, Ralph B. Ginsberg, Claire Kramsch(Eds.). John Benjamins Publishing Company. 1991, p.236.

12) 科特迪瓦是西非西南部的一个国家, 1893年成为法国殖民地, 1946年并入法属西非, 组成法兰西联盟。1957年成立自治政府, 次年作为法兰斯共同体的一员成为自治共和国, 1960年完全独立. 维基百科(http://zh.wikipedia.org/wiki/%EC%BD%94%ED%8A%B8%EB%94%94%EB%B6%80%EC%95%84%EB%A5%B4)

13) Scott, V.M., & Huntington, J.A. Reading Culture: Using Literature to Develop C2 Competence. in Foreign Language Annals, 35(6), pp. 622-631.

异。学习者在学习韩国文学作品的同时，以间接和诉诸情感的方式学习韩国文化。虽然学习韩国文化的方法多种多样，但通过诉诸情感的文学作品来理解韩国文学，对学习者的文化学习将起到重要作用。

③ 考利(J. Colie) 和斯莱特(S.Slater)

文学作品是有价值的、真实的材料(valuable authentic material)。初级阶段学习结束后，需要学习高级的文章，而描写、叙事、讽刺、比喻等高级的语言能力可以通过文学作品来培养。文学作品展现了文化丰富性(cultural enrichment)。文学作品中蕴含的文化脉络有益于文化理解。文学作品表现出语言丰富性(language enrichment)，文学作品中有丰富的语料。词汇、表达、文体等多种多样，有益于扩展学习对象的语言世界。在阅读文学作品的过程中，学习者可以通过接触目标语言来扩展想象力，培养高级的语言能力。[14]

④ 拉扎尔(Gillian Lazar)

通过母语熟悉文学的学习者对外国文学产生兴趣，可以激发他们思考并进行比较。通过文学，学习者可以接触到与目标语言相关的文化，这有助于促进语言习得。在课堂上，活用文学作品是讨论或小组活动中交流个人情感和意见的有效方式。由于了解文学作品可以对目标语言的整体特征更加敏感，因此可以学习独特的文体效果，拓展学生的语言知识。通过阅读理解，可以培养学习者推理与解释的能力，从而理解文学文本所具有的多重含义。文学教育是全面素质教育，可以激发想象力，提高批评能力和感性认知，从而培养学习者通过文本和语言将自己所在社会的价值和传统相关联的能力。[15]

在韩国语教育中，文学教育的必要性可以总结如下。通过挑选作家精心创作的文学作品中的文章，可以学到高品质的韩语。通过阅读文学作品，外国人可以跟随语境学习陌生的比喻、象征、惯用语、谚语等。通过

14) Joanne Collie & Stephen Slater, Literature in the Language Classroom, Cambridge University Press, 2000, pp. 3-6.

15) Gillian Lazar, Using Literature in the Language Classroom: The issues, in Literature and Language Teaching-A Guide for Teachers and Trainers, Cambridge Teacher Training and Development, 1993, pp.14-21.

文学作品所反映的时代背景，学习者可以了解社会和文化语境。通过作品中设定的社会关系等，可以了解韩国社会的真实面貌。文学作品在智力、意志和情感方面对人产生各种作用，因此可以从多个角度展开教学。此外，文学教育对个人情感成长也有帮助。从长远来看，这关系到一个人的生活质量，因此在韩语教学中，文学教育是一个不可忽视的重要问题。

(3) 韩国语教育中文学教育的内容及方法

① 利特尔伍德(William T. Littlewood)

利特尔伍德(William T.Littlewood) 将学习者的外语学习能力分为5个等级，不同等级看待文学的观点和学习文学的意义也不同。现将其简要整理如下：16)

阶段	文学学习内容
第一阶段	文学被认为是具有有限语言学结构以实现交流为目的的材料
第二阶段	文学是体现文体多样性的材料
第三阶段	从宏观角度来看，文学是接触外国文化的多种方式之一
第四阶段	象征性地体现作者价值观和世界观的材料
第五阶段	被看作是文学史的一部分

〈表41〉文学学习的内容

在第一阶段，着重强调语言学结构，第二阶段则要达到掌握不同文体多样性的水平。第三阶段则承担起了"文化"学习的角色。当进入第四和第五阶段时，学习者像目标语言的学习者一样，对文学本身进行审美理解和享受。

② 拉扎尔(Gillian Lazar)

拉扎尔将文学文本分为语言教学法、文学教学法和以个人成长为中心的教学法，并分别考察了其优缺点。17)

16) William T. Littlewood, Literature in the School Foreign-Language Course, in C. J. Brumfit & R. A. Carter, Literature and Language Teaching, Oxford University press, 1984, pp. 177-183.

17) Gillian Lazar, Approaches to Using Literature with the Language Learner, in Literature and Language Teaching-A Guide for Teachers and Trainers, Cambridge Teacher Training and Development, 1993, pp.22-42.

	基于语言的 文学教育	作为内容的 文学教育	作为丰富自我的 文学教育
方法论	• 语言教学整合语言和文学的教学要点 • 分析语言 • 学习者对目标语言的一般感知和理解增加	• 文学思潮、政治和社会背景、文学体裁和修辞方法、精典及其相关批评等尤为重要 • 可以使用母语,需要翻译	• 文学是学习者表达经验、情感意见的工具 • 学习者以知性、情感的方式参与学习并掌握目标语言
资料的 选择与 整合	• 要举例说明语言的文体特征 • 文学特征很重要	• 必须是文学经典或传统中重要的内容	• 由学生的兴趣和主题决定 • 涉及类似主题的非文学材料
优点	• 学习者通过语言学证据做出反应 • 有文本分析工具 • 语言知识得到增长	• 将文本置于文学、历史脉络之中 • 学习者将其广泛运用于真实材料之中	• 将学习者视为全人 • 很好地激励学习者
缺点	• 容易导致机械性教学,不能激发学习者的动机	• 材料语言较难理解,无法激发学习者的动机	• 与自身经验不同时无法做出反应 • 有可能不喜欢讨论个人情感

〈表42〉拉扎尔的文学教育内容

基于语言的文学教育旨在培养学习者对文学作品语言的理解。尽管这种方法可以扩展语言学知识，但过于以教师为中心的学习方式可能会降低学习者的兴趣。作为内容的文学教育则以对文学作品本身的学习为目标。虽然广泛掌握实际资料是这种方法的优势，但其中可能涉及许多难懂的词汇，学习时代背景和韩国文化等方面需要投入大量时间和精力，这可能不利于激发学习者的动机。作为培养个人发展的文学教育，以学习者的知性和情感成长为目标，采用以学习者为中心的教育方法。这种方法在学习者具有相应的韩语水平和文学感受力、并持开放态度时效果最好。然而，如果学习者不愿意谈论他们的感受，不积极与其他学习者分享他们的想法，就无法营造积极活跃的课堂氛围。

　　以上三种方法是文学教育常用的方法。教学者可以根据班级水平、学习者参与度和文学敏感性等因素，适当地结合使用这些方法。然而，在使用文学文本的韩语课堂中，文学作品本身就涉及人的情感体验，具有促进个人精神成长的意义，因此需要考虑将"培养个人发展的文学教育"作为一个领域来进行教学设计，以帮助学习者实现个人成长。

(4) 文学作品的选用标准

① 拉扎尔(Gillian Lazar)[18]

A. 课程类型

　　a. 学习者水平

　　b. 学习目标语言的理由

　　c. 期望的目标语言种类

　　d. 课程时长和课程集中度

B. 学习者情况

　　a. 年龄

　　b. 智力成熟程度

　　c. 感性理解程度

　　d. 兴趣爱好

　　e. 文化背景

　　f. 语言熟练度

　　g. 文学背景

C. 与文本相关要素

　　a. 文本的实用性

　　b. 文本的篇幅

　　c. 文本的运用程度

18) Gillian Lazar, Selecting and Evaluating Materials, in Literature and Language Teaching-A Guide for Teachers and Trainers, Cambridge Teacher Training and Development, 1993, pp.48-55.

d. 与教学要点的协调

② 利特尔伍德(Little Wood)[19]

A. 语言结构学适用性

根据学习者的语言能力，考虑作品语言难易程度。

B. 文体适当性

如果教学对象是想提高结构语言学能力的学习者，应避免使用古语体或形式上的语言学变化，而应选择与日常语言生活密切相关的文体材料。

C. 表层主题展示

文学作品要与学习者的兴趣和日常生活相关联，学习者应该具备一定的文化背景知识来欣赏文学作品。

D. 深层次主题理解

文本的领域和学习者自身的经验领域要相互关联，学习者不仅能理解浅显的主题，而且能理解深层的涵义。

E. 文学能力

脱离作品本身，在文学史脉络中研究文本材料，只适用于高级阶段的选择标准。如果学习者因作品的文学历史地位或文学活动而想深入研究作品，他们就必须拥有广泛的文学经验，不仅包括对个别作品的了解，还包括作品创作的语境。

(5) 文学教育方法

卡特和隆(Ronald A.Carter&Michael N.Long) 提出了文学教育的三种模式。根据文学教育的目标定位，可以划分为文化模型、语言模型和个人成长模型。[20]

19) William T. Littlewood, Literature in the School Foreign-Language Course, in C. J. Brumfit & R. A. Carter, Literature and Language Teaching, Oxford University press, 1984, pp.178-190.

20) Ronald A.Carter, Michael N。Long, Teaching Literature, Longman Pub., 1991, pp.2-3.

① 文化模型(The Cultural Model)

    A. 文学是表达人类思想和情感的重要手段，让人们能够触及到具有普适性的价值观念和合理认知。

    B. 文学蕴含历史思考和情感体验，通过学习文学可以超越时间和空间，理解不同世代、不同地域的文化概念和理念。

    C. 运用该模型进行教学时，可以使学生理解反映不同时空文化的传统思想、情感和艺术形式，但其缺点是以教师为中心，比起文本本身更注重"有关"文学的研究。

② 语言模型(The Language Model)

    A. 通过讲解文学作品，可以进一步促进语言的发展。这是因为文学与特殊的词汇、句法、语言操作技巧等联系在一起。语言是文学的媒介，学习者可以通过阅读文学作品和使用文学术语来提高语言能力。

    B. 该模型以活动为中心，教师帮助学生创造性地使用优美而丰富的语言，学生在自主探索文本的同时，从语言形态和文学意义的关系中理解字里行间的意义。

③ 个人成长模型(The Personal Growth Model)

    A. 该模型的目标是：通过指导学习者有效阅读文学作品，使其在脱离课堂的日常生活中也能享受文学，并终生热爱文学。如果教师能够引导学习者更加有效地阅读文学作品，学习者就会对人际关系和周围现象进行深入思考，通过这样的活动实现个人发展。

    B. 阅读文学文本的各种沉浸式活动是以学习者为中心的。在应用该模型的教学中，学生会将文学文本的主题与个人经验紧密联系在一起。该模型认为文学的作用在于帮助学习者理解社会制度和人际关系，促进个人成长，摒弃分析的方法或以信息和结果为中心的教学方法。

C. 教师应选择适合学生参与和回应的文学教材，并忠实于对文学本身的指导。

(6) 韩国语教学中文学教育的困境

达夫和马利(Duff & Maley) 将文学教育在外语教学中的困境进行了如下总结：[21]

① 存在结构复合性，以及词汇比重或话语组织方面的难点。
② 存在词汇方面的困难，持续阻碍任务的理解和执行。
③ 文本长度方面带来的挑战，特别是在学习较短的文本时，缺乏上下文语境或重复元素会导致更多问题产生。
④ 来自目标语言文化因素的困难。
⑤ 对于没有注解(note) 就无法深入欣赏的作品，需要哪些参考资料，需要多少，存在"范围"界定上的困难。
⑥ 当用简洁明快的语言表达时， 在理解文本所传达的概念方面存在困难。因为对特定的文本类型或作家的偏好，对特定的作品或玄学性的文字等几乎直觉地做出否定反应，存在接受(acceptance) 上的困难。

韩国文学作品由句法结构、词汇和话语组织构成，以满足韩国人的审美标准和感受。此外，其中包含了许多具有多种感情色彩的词汇，这对于外国人来说很难掌握。 短小的文本所传达的微妙氛围和难以解读的背景也增加了困难。若没有对文化和历史背景的了解，就会有很多无法理解的部分。此外，参考文献的选择范围也是一个难题。学习者面对"难理解的韩国文学作品"时会感到困惑，学习效率会受到影响，这可以说

21) Duff & Maley, Literature, in C. J. Brumfit & R. A. Carter, Literature and Language Teaching, Oxford University press, 1984, pp.289.

是最大的困难之一。

了解"韩国文学教学难"可以为韩国语教师在教学现场挑选文学作品时发挥警戒作用。教师应该选择与学习者个体息息相关、能够激发学习动机的作品，并考虑学习者的韩语水平，尽量减少对词汇、对话和结构的干扰，必要时可以进行适当修改。当然，在这种情况下，最好使用脚注标明原文词汇。如果是故事或小说，可以向学习者说明文本已经根据其韩语水平进行了润色。

文化元素则需要教师进行讲解，或者通过视频、图片、真实资料等方式向学习者进行单独说明。教师需要研究各种参考资料，并从中筛选出对学习者有实际帮助的资料。在提供给学习者资料时，应考虑上课时间、学习者的学习欲望和韩语水平等因素。如果能够关注与学习者个人相关的种种因素，就可以避免上述"理解"的困难。

在韩国语教学现场处理文学作品并非易事。然而，文学作品具有无穷的魅力，因此在韩国语教育中不能忽视文学作品的重要性。对于文学作品的运用，我认为需要持续进行研究并进行现场实践。

2. 通过文学进行韩国文化教育的实际

(1) 通过诗歌进行韩国文化教育

① 在韩国语课堂很难教授诗歌的原因[22]

    A. 从教授韩国语法的角度来看，诗歌的结构复杂，经常出现省略和倒置等现象。

    B. 从词汇教学的角度来看，诗歌中出现方言、诗人创造的特定词汇以及使用频率较低的词汇较多。

    C. 除非学习者专门研究韩国文学，否则诗歌对学习者来说缺乏实际的应用场景。

22) 金正宇：《通过诗歌进行韩国文化教育的可能性和方法》，《先清语文》29卷 0期，首尔大学国语教育学院，2001，第167-168页。

D. 由于诗歌中包含外国人较为陌生的独特文化元素，学习者很难理解，会产生一种陌生感。

E. 由于诗歌可以从多个角度进行诠释，难以确保给学习者提供准确的意义，可能导致学习者感到困惑。

F. 考虑到语言的四种技能，诗歌虽然可能有助于提高学习者的"阅读"能力，但对"说""听""写"能力的提升作用欠佳。

② 在韩国语课堂进行诗歌教学的理由

此前，外语教育大多倾向于"实用主义"。但是，为了提升话语能力(discourse competence)，不仅需要传达信息，还需要准确、恰当地表达意图。为了理解他人的想法、信仰、感情和态度，并能够对他们的态度、感情和行为产生影响，我们需要掌握能够全面理解社会的文化知识，而文学可以成为一个很好的替代方案。23)

韩国语学习者已经形成了本国文学学习模式。 文学在很大程度上诉诸于人的情感，因此，通过选择符合学习者个人兴趣、韩国语水平和对韩国文化关注的作品进行教学，可以激发学习者的学习动机。这将对学习者的韩国语言和韩国文化教育产生重要影响。

③ 通过诗歌进行韩国文化教学的模型

ⓐ 制定教学计划阶段
　　设定教学目标与教学内容

ⓑ 教学阶段
　　A. 阅读前阶段
　　　　说明与诗歌有关的历史、文化背景
　　　　解释诗歌中出现的重要词汇
　　　　说明诗歌创作背景
　　　　阅读与该诗相似背景下所创作的其它诗歌

---

23) Alice Omagio Hadley, Teaching Language in Context, Heinle & Heinle, 1993, pp.394 -406.

B. 阅读阶段

　　通过上下文语境理解诗歌

　　理解重要表达方式

　　理解文化内容的表达形式

C. 阅读后阶段

　　整理所理解的词汇、脉络内容

　　整理文化相关内容

　　结合本国文化进行讲述

　　与其他活动相关联

D. 教学评价阶段

　　进行教学活动评价，在后续教学中进行完善

(2) 通过小说进行韩国文化教育

与韵文诗相比，散文小说篇幅较长，涉及各种各样的人物，通过描绘矛盾的产生和解决过程，揭示人生中的各种问题。通过阅读小说，可以深入了解韩国社会的背景和发展脉络，为多角度韩国文化教育提供了契机。例如，《厢房叔叔和母亲》反映了当时社会风俗中难以改嫁的情况。小说虽是虚构的，但又反映了现实生活的真实面貌，因此在描写人生的真实面貌和人类群体形象方面比其他任何文学体裁都更加详尽具体。与诗歌、戏曲和戏剧等使用比喻和象征的含蓄语言相比，小说使用的是韩国人日常生活语言，因此更易于学习。通过小说进行韩国文化教育，可以运用上述"(3) 通过诗歌进行韩国文化教学的模型"。

04

通过课堂活动进行
韩国文化教育 *

以下课堂活动内容参考了欧麦琪欧·哈德利整理的内容 24)

1. 文化胶囊(Culture Capsule)

　　文化胶囊是一两段简短的记叙文， 用于描述本国文化与目标文化之间的差异。它可以与照片、图画或实物教材一起展示，并可以由学生或教师制作，也可以购买已有的文化胶囊。文化胶囊可以在自学、小组活动和整体课堂活动中使用。

阶段	内容
1	从与教科书相关的文化内容中，选择体现文化比较的内容。
2	从比较的角度阐述本国文化与目标文化的异同点。
3	对研究对象进行定义。
4	对特定内容进行结构化处理和概括。
5	根据学习者的水平(熟练程度) 写出摘要(capsule) 。
6	与母语话者和其他同行一起检查摘要内容和表达的准确性。

24) Alice Omagio Hadley, Teaching Language in Context, Heinle & Heinle, 1993, pp.394 -406.

阶段	内容
7	根据需要重写。
8	准备适当的多媒体资料(图片、电影、录像带、幻灯片、剪报、实物资料等)

〈表43〉文化胶囊制作阶段

教师对胶囊进行录音或阅读。可以在小组中分工阅读,进行听力和口语练习。

序号	内容
1	以教师提示的胶囊为基础进行角色扮演。
2	以胶囊为基础编写角色扮演剧本。
3	按组别编制与胶囊有关的文化集群。
4	就感兴趣的话题查资料并发表。
5	可以将胶囊的内容与听、说、读、写等语言学习相关联。特别是在写作上,可以联系听写、重写、短文写作、简历写作等进行指导。

〈表44〉可同时开展的活动

文化胶囊是通过展示鲜明文化对比的案例,来实现文化比较的活动。学习者会发现本国文化和目标文化之间的差异, 这是他们在本国文化视域内不易发现的。 例如可以通过韩国家庭文化和中国家庭文化的差异构建如下文化胶囊。

在中国,丈夫通常分担家务,和妻子一起在家做饭、洗碗、打扫卫生、育儿等。
在韩国,家务一直是女性的任务。近年来,随着双职工家庭越来越多,男性也开始分担家务,但女性仍然承担着很大一部分家务。

〈表45〉文化胶囊——中国和韩国的家务分担

基于中国和韩国对家务分担情况的文化胶囊，可以进行角色扮演、文化集群活动。如果进一步扩展，可以查找各国关于家务分担的杂志、书籍、论文等资料并发表。在此基础上，通过讨论和写作等方式，可以进一步拓展学习者对文化的认知。

2. 文化集群(Culture Cluster)

文化集群由Meade和Morain开发而成。该模型通过结合三个相互关联的文化胶囊，利用戏剧短片或角色扮演形式，创作出30分钟的电视剧模拟展示。这种模型可以展示多种文化场景，如问候、发出邀请、晚餐拜访等。

以下是一些具体的文化集群实例：

序号	内容
1	问候方式
2	发送邀请函
3	摆设桌子
4	做客礼仪

〈表46〉文化集群-招待客人

3. 文化同化者(Culture Asssimilators)

"文化同化者"是由社会心理学家开发的一种教学活动，是各种文化活动中最早被确定的教学项目。该项目由75~100个"决定性事件(critical incidents)"或插图组成，这些事件或插图源自本国文化与目标文化成员之间的冲突或误解。

序号	内容
1	描述一个涉及本国文化和目标文化成员之间产生误解或冲突的关键性事件。
2	向学习者提供四种可能的原因。
3	当学习者做出选择后，教师提供一个反馈段落，评价其选择的正确性。这个反馈段落不仅指出正确的文化动因，还有助于揭示构成该决定性事件的文化核心。错误选项应设计为能够引发学习者对自身可能存在的文化偏见或民族中心主义看法的反思。

〈表47〉文化同化者

4. 文化电视剧(Culture Minidramas)

文化剧是由3~5个小故事组成的教学活动，与"文化同化者"一样，每个故事都源于文化冲突或误解。在教师的引导下，学习者通过讨论来分析每个故事片段中交流失败的原因，并在最后的场景中得出结论。这种方法通过体验不确定性，让学习者感受到不同文化相遇时的日常事件及其带来的跨文化交际的挑战。通过这种互动，学习者能够认识到源自自我中心文化思维的行为如何导致错误的结论。

5. 挖掘文化内涵(Deriving Cultural Connotations)

(1) 单词联想(Word Association)

通过罗列单词中所蕴含的意义，学习者不仅可以认识到自己既是具有独立个性的个体，同时也是受文化制约的存在。

阶段	内容
1	教师给出课本上的一个单词，并让学习者写出几个相关联的单词。
2	如果是"家"，可以写大、层、砖、窗、家庭草坪、仓库等。
3	分组，从出现最多的单词开始排序。
4	教师对目标语言学习者和源语言学习者的排名进行比较。
5	通过讨论的结果比较相似之处和相异之处，让学习者懂得为了完全理解目标文化，一种语言不能用另一种语言进行一对一的翻译，而是要考虑文化语境。

〈表48〉单词联想

单词关联是韩国语课堂中最容易运用的方法。如上述例子一样，对于"家"这个词，学习者会根据自己的文化列出不同的单词。通过这个活动，学习者可以了解到他们所熟悉的自我文化与他国文化之间的不同，以及世界上存在各种不同的文化。

(2) 语义映射(Semantic Mapping)

语义映射是约翰逊(Johnson) 和皮尔森(Pearson) 为教孩子们单词而开发的。主要是制作与中心词、中心思想、中心概念等相结合的图画。海牙(Hague, 1987) 将语义学在外语教学中的映射划分为以下六个层次：

阶段	内容
1	将中心词或中心概念写在黑板上。
2	让学习者尽可能多地说出相关联的单词
3	将单词按项目排列(categorical clusters)，写在中心词或中心概念周围。
4	让学习者为项目起名
5	讨论词语与各项目之间的联系
6	讨论单词的各种含义和语气，然后修改。

〈表49〉语义映射

映射通常是头脑风暴下一阶段应用较多的方法，应用于文化教学时要考虑文化关联性，引导学习者建立文化架构。

(3) 拼贴(Collages)

拼贴活动通过使用杂志、报纸、照片等媒介中的元素来探讨文化议题。例如，通过收集关于"女性"的图片，学习者可以观察到不同社会阶层、年龄以及文化背景(如印第安人和非洲文化)如何影响对南美女性形象的呈现。这种活动使学习者能够深入讨论和比较不同文化中的审美标准和文化表达。

6. 假设精细化(Hypothesis Refinement)

乔斯塔德(Jostard)将学习者建立假设、修改并细化得出结论的过程总结为7个步骤。

阶段	内容
1	根据资料、教师说明和其他事项等作出假设。 例：在电影或广告等场景中，德国青少年骑自行车、摩托车等情况比开车更频繁。
2	通过上述假设撰写陈述。 例：相比于汽车，德国青少年更倾向于使用自行车或摩托车。 通过报纸、电影、幻灯片、书籍和其他媒体、实物以及目标语言话者，收集符合上述假设的材料。
3	例：学习者在广告、课本图片、杂志、论文等资料中看到年轻人骑自行车、摩托车等交通工具。 阅读新闻报道，其中提到德国的油价比美国贵3~4倍。 笔友或朋友说，一个德国家庭通常有一辆车，年轻人乘坐公共汽车、骑摩托车或步行。
4	对收集到的资料进行提问和比较，考虑潜在的领域，如出版、统计、受众和目标等。陈述、比较并发表结果。

阶段	内容
5	参考3~4的内容，对2的内容进行修改和细化。
6	对本民族文化中符合上述内容的文化资料进行调查。
7	将所作出的假设代入本民族文化和目标文化，并阐述两种文化的异同点。

〈表50〉假设精细化

假设精细化是建立假设并对此进行归纳证明的过程。假设是以科学推论为基础的。学习者可以运用自己的文化背景知识来设立假设。为了细化这些假设，学习者需广泛利用报纸、电影、实物和访谈等多种信息源。这种方法不仅能够促进对文化的深入学习，还能增强学习者解释文化现象的能力。通过对假设的系统验证，学习者能够更加主动地探索和学习他国文化，从而有效地将学习者置于文化解读的主体角色。

7. 研究工艺品(Artifact Study)

通过研究工艺品，学习者可以深入理解目标文化中各类物件的文化意义。教师将相关的工艺品、照片和图像带到教室，向学生提出一系列问题。

序号	内容
1	这个工艺品是什么样的？请尽可能详细地进行描述。
2	这件工艺品是如何制作的？它是手工制作还是机械制造？
3	有什么用途？
4	是装饰品吗？
5	这个工艺品在目标文化中起到什么作用？有什么社会意义？是否与社会地位、经济能力、权力、特权等有关？
6	在目标文化中有怎样的文化影响力？
7	如果你拥有这个工艺品，你会用它做什么？

〈表51〉工艺品学习

答辩后分组公布结果。教师对展示的工艺品进行明确的解释，并确认学习者的假设准确度。 学习者讨论他们的文化偏见是如何在假设中起作用的。

8. 摒弃刻板印象(Decreasing Stereotypic Perception)

阶段	内容
1	为了摒弃陈刻板印象，在本国文化中提供了80个清单，并对其进行分类。学员从中选择15~20个主题，与目标文化进行对比讨论。
2	讨论本民族文化与他国文化的价值； 例：本国文化(美国文化)中的快餐文化具有方便、高效、清洁等价值。相比之下，西班牙和法国饮食文化则通过家庭和谐、家庭成员之间的互动、摆好的餐桌来追求休闲的价值。
3	展开否定本民族文化价值、维护他国文化价值的争论。通过这些过程来审视自我文化的刻板印象。 例：学习者发现，当外国人观察本国文化(美国文化)时，他们可能会将其视为一种过分关注时间与清洁、缺乏"品位"、煞有介事的文化。

〈表52〉摒弃刻板印象

9. 活用谚语(Using Proverbs in Teaching Cultural Understanding)

谚语是理解目标文化的重要资料。 通过对比本国谚语与目标文化谚语，学习者能够更有效地进行文化学习。里士满(Richmond) 将英语和曼丁哥(Mandinka) 族的谚语从以下五个方面进行了比较。[25]

阶段	内容
1	目标文化谚语的含义和表达方式与本民族文化谚语相似。 英语：here is no grass growing on a busy street.(人多的路不长草。) 曼丁哥：人多的路不长草

25) 曼丁哥(Mandinka)部落是一个拥有170万人口的部落，于13世纪从马里独立出来，建立帝国，并在西非地区扩张，分布在塞内加尔、冈比亚、几内亚比绍、加纳、贝宁等国。很多非洲裔美国人都是加曼丁哥族的后裔。http://www.u3ps.com/xe/uupg/62909

阶段	内容
2	目标文化谚语与本国文化谚语含义相似，但表达方式不同。 英语：There's no use crying over spilled milk.(为已经洒了的牛奶而哭泣是没用的。) 曼丁哥：覆水难收
3	目标文化的谚语的表达方式与本民族文化的谚语相似，但意义不同。 英语：Don't close the barn door after the horse has bolted.(不要在马跑了之后，才关马厩，比喻预防是上策)。 曼丁哥：蛇跑了以后，跟着蛇的踪迹走是没有用的。 (比喻错失机会、时机不当)
4	在本国文化中没有，但含义可以理解的谚语 英语：无 曼丁哥：坐着的老人比站着的孩子看得远。
5	在本国文化中没有，且无法理解其含义的谚语 英语：无 曼丁哥：刀不站着，也不躺着(拒绝几次受邀机会)

〈表53〉活用谚语

10. 运用幽默(Humor as a Component of Culture：Exploring Cross-Cultural Difference)

阶段	内容
1	按学生的韩国语等级给他们讲漫画、幽默和搞笑的故事。
2	融入文化元素，包括童年经历。
3	讲授目标语言的幽默传统。
4	帮助学习者调查漫画和幽默的脚本或框架，以便使他们更好地分析幽默。
5	让学习者有机会交流目标语言的幽默。

〈表54〉运用幽默

学习幽默不仅可以激发兴趣，而且可以帮助学习者融入目标语言话者的社会生活。

通过现场学习进行
韩国文化教育

✱

1. 现场学习的意义

　　现场学习是韩国语学习者到访韩国各文化现场进行学习的一种方式。这种模式强调通过实际体验的学习，使学习者能够亲自走访韩国的不同场所，了解韩国语的实际应用场景。

　　通过现场学习，学习者可以了解学习语韩国语的重要性，同时通过在实地使用韩国语，切身感受到学习韩国语的意义。

2. 现场学习的过程

(1) 制定访问计划

- 通过分析学习者需求，根据学习者的韩国语学习年限、之前的访问经验、语言能力、兴趣点、国籍等因素来选择合适的访问目的地。
- 确定适当的预算。
- 选择旅游项目。

(2) 前期考察、调研和学习

- 通过前期考察和调研，熟知学习者需要了解的文化项目。
- 确认住宿、餐饮、交通等基础设施是否符合需求。
- 让学习者事先学习主要文化内容。

(3) 现场学习

- 确保学习者明白现场学习是韩国文化学习的重要组成部分，并鼓励他们记录活动中的重要内容。这些笔记将对未来撰写游记或报告提供帮助。
- 坚持本国文化和韩国文化比较的视角。

(4) 现场学习后的活动

- 撰写现场学习活动报告、纪行文，并围绕图片和视频进行演示。

3. 组织现场学习以增强跨文化能力

(1) 通过在现场学习时亲眼目睹的韩国人的生活状况，增加对韩国人的了解。

(2) 提前布置现场学习报告及心得体会作业，指导游客(学习者) 在旅行期间从比较文化视角观察本国文化和韩国文化。

(3) 旅行结束后，统一布置心得体会写作任务，并将其与提升韩语写作能力相结合。

(4) 教师提出跨文化问题，帮助学习者进行跨文化理解与比较。

(5) 通过以照片和视频为核心的演示和心得体会发表，让学习者分享在同一时间、同一地点所看所感的异同。

4. 现场学习场所

(1) 韩国旅游胜地

济州岛、雪岳山及东海、温阳、全州、西海、南海、江村、春川、南怡岛等

(2) 历史文物中心体验场所

庆州、扶余等历史遗迹城市
景福宫、昌庆宫、昌德宫等宫殿
海印寺、洛山寺、浮石寺等寺庙
独立纪念馆、西大门刑务所等

(3) 博物馆

国立中央博物馆、国家民俗博物馆、历史博物馆、泡菜博物馆、年糕博物馆

(4) 首尔

南山、明洞、南山韩屋村、北村、钟路、仁寺洞、清溪川等

(5) 游乐园及民俗体验

爱宝乐园、乐天世界、首尔乐园、民俗村等

(6) 跨文化体验场所

安山无国界村、惠化洞菲律宾街、梨泰院、大林洞华人街

(7) 生态体验

农村体验、渔村体验、有机农村体验等

5. 现场学习案例

旅行地：济州岛一带

旅行日程：○○年 9月 23日 星期三 ～ 9月 25日 星期五

日期	时间	日程和活动	备注
第1天 9/23(星期三)	09:30	集合(○○站检票口前) -乘坐地铁前往金浦机场	
	11:30	抵达金浦机场	机场二楼 便利店前
	12:05/13:10	金浦出发/济州抵达	
	13:30	导游会议/前往市中心	
	14:00	午餐	
	15:00	洼地	
	18:00	龙头岩及龙渊云桥	
	19:00	晚餐	
	20:00	前往住处/登记住宿	
	21:00	休息就寝	

〈表55〉现场学习第1天

日期	时间	日程和活动	备注
第2天 9/24(星期四)	07:00	早餐(自助早餐) 后出发	酒店内
	09:00	神奇之路与小人国主题公园	
	11:00	太平洋乐园(海豚表演)	
	13:00	午餐	
	14:00	独石怪、正房瀑布	

日期	时间	日程和活动	备注
第2天 9/24(星期四)	16:00	金宁迷路公园	
	17:00	泰迪熊博物馆	
	19:00	晚餐	
	20:00	到达住所/休息就寝	

〈表56〉现场学习第2天

日期	时间	日程和活动	备注
9/25(星期五)	07:00	早餐(自助早餐) 后出发	酒店内
	08:30	从酒店出发	
	9:00	购买纪念品/海女博物馆	
	11:00	太王四神记摄影棚/火山口	
	13:00	午餐	
	14:00	骑马体验	
	15:00	日出乐园/涉地岬	
	18:20	济州出发	
	19:25	抵达金浦	

〈表57〉现场学习第3天

06

通过跨文化交际训练方法进行
韩国文化教育[26) *

1. 案例研究方法

　　案例研究方法是对接触异文化后引起冲突的案例进行报告、分析和讨论。这种方法要求将冲突放在具体的情境和语境中考虑，尽可能客观地重构事件的时间、地点、社会角色、关系和兴趣等元素。

　　根据特定形式叙述和分析自己所经历的或从别人那里听到的事件，了解文化间差异和矛盾产生的原因。案例通常选取来自不同文化背景的两人以上参与的、在时间和空间上有明确界定的事件。这些事件可以发生在正式或非正式场合、职场或个人领域等。

　　给出案例 → 阅读 → 建立假设：该事件为什么会发生 → 解释 → 评估哪种假设最接近真相

---

26) Bhawuk, D. & Brinslin, R., Cross-Cultural Training : A Review. in Applied Psychology : An International Review 49/1, pp.162-191.

2. 危机情况的叙述

危机情况叙述作为案例研究方法的一部分，旨在对文化冲突事件进行更细致和客观的分析。这种方法不仅为经历过文化冲突的个人提供一个更客观的视角，也帮助小组中的其他成员以新的角度理解文化冲突。

3. 文化同化机制

这种训练方法的目的在于提醒学习者注意文化差异，而不是直接被目标文化同化。该机制由不同文化成员之间接触时发生的一系列典型事例组合而成。

以案例研究为基础，每种情况都给出4~5个冲突原因及假设。因为教师事先设置冲突的原因及假设，让学者从中选择正确答案，因此学习者十分喜欢这种方式。

作为一种认知教学方法，其主要缺点是没有充分考虑到情感因素。由于文化是不断变化的，教学内容需要随着时间的推移不断修订和更新，以保持其相关性和有效性。

4. 火星人类学家

这种方法是一种视角转换训练，旨在使学习者意识到自己认为熟悉且理所当然的文化元素，在别人眼中可能显得非常陌生，并可能有多种不同解读。

每个学习者都有一个任务：到他们日常生活中经常去的地方，以特定的主题观察一切，但要从火星人的视角描述地球人的生活。

通过将自己熟悉的、认为是理所当然的文化元素逐渐边缘化，使学习者意识到本国文化在别人眼中是不同的。

学习者根据个人兴趣自行选择一个主题，并围绕这一主题观察并记录日常生活的各个方面。这个主题可能涉及社会结构、日常行为、时间观念、社会角色、行为模式、等级秩序等。每个小组到外面有充足的时间进行研究，然后在规定的时间回来写报告，并在全组面前发表。

5. 跨文化交际练习

模拟	将组别分为代表多数群体的组别和代表少数群体的组别，让他们进入不同的空间，在不了解对方文化和沟通特征的情况下，教给对方自己组的文化与沟通特征。 例) 来自城市的多数群体和来自农村拥有大量土地的少数群体一起耕种。(间接/直接交流方式，正直/礼貌，男生优先/两性平等) 有一个叫莫迪斯的人，他想买下特拉多斯的土地修建一个度假胜地。在和特拉多斯人进行沟通的过程中，遇到各种沟通上的问题。 特拉多斯人遇见他人时需要触摸对方。如果你走过而不碰他，就意味着"我不喜欢你"。他们通过在胸前打"X"字来打招呼，握手被认为是不友好的。特拉多斯人在谈话中说"是"，是表示理解而非同意的意思。莫迪斯人无法理解这种沟通方式，因为这与自己国家的习惯正好相反。
正式沟通练习	用平时不用的表达，唤醒对语言的意识。
直接和间接沟通练习	学习者对某一特定主题持不同意见 ·大城市公寓内是否可以养狗？ ·公交车票价是否应该提高？ 一组以委婉方式交流，另一组以直接方式交流。
影片分析方法	观看影片并通过自己的见解进行分析
角色扮演	再现影片
问候仪式游戏	体验不同的问候方式
餐饮文化游戏	使学习者认识到不同国家有不同的饮食文化

〈表58〉跨文化交际练习

07 通过讲座进行韩国文化教育 ✳

1. 讲座[27]

讲座是课堂上最常用的教学方式。为了有效开展讲座活动，需要遵循以下原则：

(1) 讲座原则

① 简洁明了
② 通过影像资料、实物资料、个人经验等，增加讲座趣味性。
③ 关注特殊的文化体验。
④ 鼓励学生做笔记。
⑤ 提供后续练习，使学习者能够就讲座中学到的新生词、句子结构在文化场景中进行提问或练习。

(2) 讲座示例

食物单词演示

27) Alice Omagio Hadley, Teaching Language in Context, Heinle & Heinle, 1993, pp.374-377

① 学习目标

理解日常生活中的传统行为。

掌握单词和句子的文化内涵。

② 进行讲座

A. 对市场进行简单介绍。

B. 展示各种关于市场的幻灯片或者橱窗里的照片，也可以是超市的照片。

C. 展示幻灯片后，学生做笔记并说出相应的菜名。

D. 虽然时间有限，但教师可以简要介绍特定文化(如韩国文化) 中的饮食习惯和相关概念。

E. 当学生对重要单词记笔记时，教师可以开展如下各种活动，如：

活动1：学生围绕自己喜欢或不喜欢的食物进行问答。

活动2：制定购物清单或购物，围绕喜欢的食物进行角色扮演。

2. 邀请母语者授课

邀请母语者授课是获取目标文化最新信息的重要途径，有助于学生更好地理解和模仿目标语言使用者的表达方式。母语者可以参与个人讨论、特定话题的访谈或角色扮演。

(1) 邀请前阶段

① 拟定拟邀请名单，并根据需要随时更新。

② 决定酬谢方式，并考虑其出行方式。

③ 课前会见受邀对象，学生们准备讨论问题。

④ 准备相关国家的地图，让学生提前学习，了解该母语者的出生地情况。

(2) 授课阶段

① 鼓励学习者用目标语言提问, 如果学生无法用目标语言提问, 可以用母语提问, 但要求母语者用目标语言回答。

② 给出一些禁忌或不恰当的问题示例, 引导学生提出适当的问题。

③ 不能期望母语者给出正式官方的解释, 最理想的方式是就私人问题进行问答。

④ 在得到母语者同意的情况下, 可以留下访谈的音频或录像, 以便日后使用。

(3) 邀请后

① 给母语者以及给予活动帮助的人写感谢信。

② 布置写作任务, 让学生将他们的经验、思考和反应联系起来, 进一步巩固学习成果。

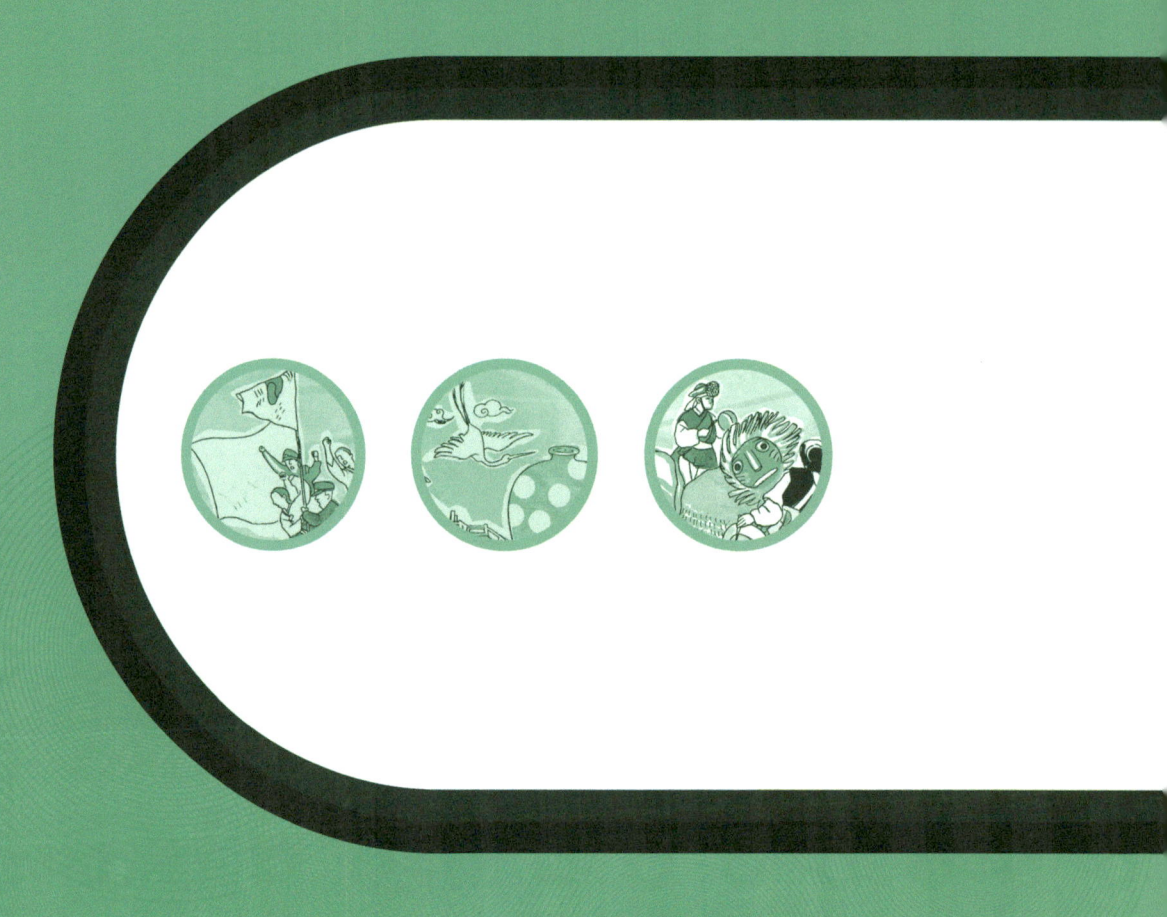

第 9 章

韩国文化教学的实际

01

面向英语圈高级学习者的韩国文学教学实际
——以"提高跨文化能力"和"个人成长"[1)]为中心

1. 导言

在韩国语文化教育研究中，教学方案的研究十分重要。但截至目前，与其他领域相比，相关研究还相对薄弱。在韩国语文化教育研究中，需要就教育过程、教学法、教学要目等具体的教育方法以及实际的教学模式展开讨论。

本研究以英语圈学习者为研究对象，提出韩国文学教学的实际方法。尤其是试图提出一些文学教学方案，以帮助学习者通过韩国文学作品比较本国文化和韩国文化，产生共鸣，从而提高跨文化能力(intercultural competence),[2)] 同时将文学作品主题个性化，实现个人成长。

---

1) 本篇论文是对李圣熙：《面向英语圈高级学习者的韩国文学教学的实际——以'提高跨文化能力'和'个人成长'为中心》，《韩国语教育》第21卷 第4期，国际韩国语教育学会，2010，153-182页的内容进行的修改和补充。

---

2) 跨文化教学法(intercultural pedagogy) 的领域，从教授正确的事实和符合文化的行为，进而从更广意义上转变为在比较文化(cross-cultural) 网络中教授孕育当前所面临的文化现象意义的社会和历史情况。 Kramsch, C., Intercultural Communication, In Carter, R and Nunan, D.(ed.), The Cambridge Guide to Teaching English to Speakers of Other Languages, Cambridge: Cambridge University Press. 2004, p.204

在韩国语对外教育中，关于文学教育的讨论大致可以概括为两种趋势：一种是通过文学进行韩语教育，另一种是针对文学本身的教育。[3] 在韩国语教育中，文学教育是为了熟练掌握韩国语，还是通过丰富的文学资料加强文学本身的教育成为争论的焦点。[4] 诸多主张通过文学进行韩国语教育的观点也指出不应单纯地将文学简单地应用于韩国语教育。可以看到，大部分论文都以通过文学进行韩国语教育为目标，同时也对文学教育本身进行了讨论。这种混乱现象表明，在韩国语教育中，对文学教育的定位并不是一个简单的问题。这种困难反而让我们期待在以后的韩国语教育中，将会更加活跃地展开文学教育领域的相关讨论。虽然以上两种讨论均具有重要意义，但本研究以通过文学作品进行韩国语教育和韩国文化教育的立场，进一步将重点聚焦为实现文学教育的目的，探索最合适外国学习者的文学教学方法。

本研究是在美国印第安纳大学东亚语言文化系韩国语项目2008 年春季学期 K302(韩语高级2课程) 中进行的。[5] 学习者在韩国语课程中接触到各种各样的韩国故事，对文学课程产生了极大的兴趣。[6]

---

3) 关于通过文学进行韩国语教育的讨论见以下论文：李圣熙，《活用故事设计韩国语文化教学方案》，《韩国语教育》第10卷第2期，国际韩国语教育学会，1999；尹英，《面向外国人的韩国小说教育方案》，梨花女子大学研究生院韩国系硕士论文，1999。关于对文学本身教育的讨论见以下论文：黄仁教，《面向外国人的文学教育论》，《梨花语文论集》第16辑，1999。

---

4) 黄仁教，《文学教育的研究史与变迁史》，《韩国语教育论2》，国际韩国语教育学会编，2005，第284-286页。

---

5) 该研究是笔者作为"2007、2008韩国学中央研究院海外韩国学讲义派遣教授"，在美国印第安纳大学东亚语言文化专业3年级授课时进行的。由于这门课不在常规课程中，所以在获得学生同意的情况下，每周安排一节课，分三期进行，为弥补缺课时间，在开始前两周给出了作业和文本。"3次课"的课时、以少数7名听课生为研究对象，可以说是该研究的局限性。这些局限希望通过以后的研究来解决。

---

6) 印第安纳大学东亚语言文化专业韩国语项目的K302由金南佶(金南佶 2000，University of Hawaii Press) 主讲的《Modern Korean：an Intermediate Reader》，每两周学习一课。这本教科书中收录了很多韩国文化内容，平时学生们对韩国文化很感兴趣。特别值得一提的是，在总共 24课的课文中，有《黄喜丞相》《韩石峰和母亲》《孝子老虎》《成为牛的懒汉》《檀君神话》等各种故事。

本研究选取了《三国史记》卷四十八、列传第八节收录的《百结先生》作为文学教材，并围绕该文本开展了阅读、讨论和写作等综合性教学活动。为了同时进行韩国文学教育和韩国语教育，本研究采用了韩国语文本。

2. 韩国语课堂中的韩国文学教育

(1) 韩国文学教育与跨文化能力培养

面向韩国本国人进行的文学教育旨在通过群体价值与情感、民族文化的传承与创造、民族认同与文学史来教授文化语境。[7]

在认知主义、建构主义背景下，外语教学的目标是提高沟通能力(communicative competence)。沟通能力不仅是说话的能力，而且是需要按照话语共同体(speech community)的标准理解话语与行为并采取行动的能力。[8] 这一能力的培养过程也是对文本的"意义协商过程(negotiating meaning for themselves)"。

为了提高学习者的沟通能力，需要培养社会语言学能力(sociolinguistic competence)。社会语言学能力是成功交际的关键，其中背景知识和共享假设(shared assumption)是理解话语的决定性因素。[9] 拜拉姆(Byram)强调了社会语言学的必要性，他指出如果教师们以提高沟通能力为目标，为学习者提供超出语法能力的知识，就会关注语言的社会特性，通过这种社会语言学分析，可以将目光转向"文化"的价值。[10] 另外，需要提高学习者的文化能力(cultural competence)和读写能力(literacy competence)。[11]

在交际教学法中，要想使学习者能够进行符合语境的交流，除了语法知识之外，前提是其需要具备在各种场合下与他人进行交流的跨文化能力。跨文化能力是指心理上对外国人的开放性、对陌生事物的开放心态、自然应对对方沟通风格的能力。[12] 如果说与目标语言话者能够在各种语境中恰当使用目标语的能力是交际能力的话，那么跨文化交际

7) 金代行等：《文学教育原理》，首尔大学出版社，2000，277-306页。

8) Hall, G., Literature in Language Education, N.Y.: Palgrave Macmillan. 2005, p.51.

9) Kramsch, C., Culture in Language Learning: A View From the United States, In Kees De Bot, Ralph B. Ginsberg, Claire Kramsch (Eds.). John Benjamins Publishing Company, Foreign Language Research in Cross-Cultural Perspective. 1991, p.217.

10) Byram, M., Foreign Language Education Cultural Studies, Clevedon：Multilingual Matters. 1989, p.42

11) Kramsch, C., Op. Cit. p.218.

12) 俞秀妍：《跨文化交际的理解》，韩国文化社，2008，第103-105页。

能力的前提是理解作为语境的文化、并采取相应行动的跨文化能力。跨文化能力提倡多民族、多文化，在追求"沙拉碗政策"的美国为韩国语学习者提供了有利的语境条件。

(2) 为提高跨文化能力而进行文学教育的必要性

为了避免将文化作为表层的、简单的项目来教学，最有效的方法之一是在语境中呈现文化。 文化的语境化有多种方法，但反映社会文化现状、使审美享受成为可能、使审美体验成为现实的文学才是文化语境化教育的有益选择。

我们将迎来的多元文化社会是一个脱离本民族中心主义(ethnocentrism)，以多民族、多国成员相互理解和共享文化的跨文化(intercultural) 理解框架为基础，相互沟通、理解、合作的社会。为提高学习者的跨文化能力，在知识、技能、价值和态度方面可以设定多种目标与任务，包括相互尊重，理解和共享多种价值，与来自不同文化背景的人沟通、协商、合作等。在提高跨文化能力的诸多领域中，特别是在知识教育领域，设置"学习不同群体的故事(叙事) 和记忆"的课题。[13] 了解一个民族的文学是提高跨文化能力的重要方法。为了了解不同国家的文化，需要学习作为文化基础的故事。

在多元文化时代的韩国语教育现场， 文化教育超越了对目标文化的接受和同化，需要让学习者体验跨文化交流，发现在由多种文化编织而成的世界上所存在的本国文化， 在这种情况下， 文学是非常重要的资料。因为文学文本是大众的、多样的、开放的文本，可以有多种解读方式。而且这样的课堂可以成为以他者眼光看待韩国文学的现场。[14]

---

13) Georgi, V. Citizenship and Diversity, Georgi, V.(ed.), The Making of Citizens in Europe : New Perspectives on Citizenship Education(Bonn : Bundeszentrale Fuer Politisdhe Bildung, 2008), 第84页。许永植、郑昌华：《多元文化社会中跨文化教育的现场扎根方向——以欧洲和德国的动向为中心》，《韩德社会科学论丛》，第19卷 第3期，2009，第47页重引。

---

14) 黄仁教：《文学教育的研究史和变迁史》，《韩国语教育论2》，国际韩国语教育学会编，2005，第298页。

美国民众整体上对韩国学、韩国文学的兴趣不断提高, 比较看好韩国文学的前景。韩国文学、电影、历史等韩国学课程不再被视为异国学问。[15)随着这种趋势的发展, 教授韩国文学也有助于提高学习者的满意度。

故事体裁不仅有利于培养感受性、理解人际关系、把握文化异同, 而且有利于通过移情拓展对话和沟通的机会。 故事能够提供丰富的想象和体验机会, 学习者通过对故事脉络中隐含的韩国人的生活状况、思考方式提出批判性见解, 进而扩展文化知识。[16)

(3) 韩国文学教育与学习者的个人成长

① 面向韩国人的文学教育中的"个人成长"

以韩国人为对象的文学教育目标大致包括:(A) 促进个人成长(personal growth);(B) 成人需求对比(adults needs);(C) 掌握跨课程工具技能(cross-curricular);(D) 确立文化认同感(cultural heritage);(E) 培养文化分析能力(cultural analysis) 等。[17)

通过文学实现个人成长可以归纳为以下四个部分:第一, 接触作为生活表达的文学, 实现个人成长;第二, 文学的具体性、部分性、个别性、真实性使多样的精神体验成为可能, 因此可以扩大体验的深度和广度;第三, 通过全局眼光和树立个人观点, 可以培养发展的眼光;第四, 从文学行为习惯化和价值观稳定两个方向引导人格成长发展。[18)

实现"个人成长"这一文学教育目标在韩国语教学中非常重要。文学教育的目标是希望一个人在阅读作品前和阅读作品后发生改变, 在看待生活的总体视角和态度上会发生变化。在韩国语教育中, 也应指导外国学习者通过韩国文学实现个人成长。

② 面向外国人的文学教育中的"个人成长"

在外语教学研究中, 很多学者将"个人成长"作为文学教学的目标。对

15) 刘英美:《美国的韩国文学教育》,《韩国语教育论2》, 国际韩国语教育学会编, 2005, 第333-339页。

16) 李圣熙:《活用故事设计韩国语文化教学方案》,《韩国语教育》第10卷 第2期, 国际韩国语教育学会, 1999年, 第259-267页。

17) 金代行等:《文学教育原理》, 首尔大学出版社, 2000, 首尔大学出版社, 第120页。

18) 金代行等:《文学教育原理》, 首尔大学出版社, 2000, 首尔大学出版社, 第44-49页。

此，可以借鉴以往的研究成果。

卡特和朗(Carter, R. and Long, M. N.) 将文学教育的作用项目分为文化模型(The cultural model)、语言模型(The language model) 和个人成长模型(The personal growth model)。个人成长模型是学习者享受并热爱文学的阶段，以此实现学习者的个人成长这一目标。[19]

吉利安·拉扎尔(Gillian Lazar) 将文学在外语课堂中的应用意义总结为以下几个方面：①激发动机的素材(motivating material) ②提供文化背景(access to cultural background) ③促进语言习得(encouraging language acquisition) ④拓展学习者的语言自觉和意识(expanding students'language awareness) ⑤提升学生的解读能力(developing students' interpretative abilities) ⑥素质教育(educating the whole person)。拉扎尔在关于"素质教育"的讨论中指出，文学除了在语言层面上的益处外，还具有广泛的教育功能。文学可以激发学生的想象力，进而提升他们的批判能力和感性意识。 此外，文学还能加强学习者将本国文化价值和传统建立关联的能力。[20]

科利和斯莱特(Joanne Collie & Stephen Slater) 提出了教授文学作品的理由：①资料真实(authentic) 有价值②文化内涵丰富③语言丰富④个人关联(personal involvement) 等。[21] 其中与个人成长直接相关的是"个人关联"。在语言教育中有"规则支配的体系"和"社会语义学体系"，通过想象的文学关联("社会语义学体系") 超越了外语的机械性("规则支配体系")。小说、戏剧、故事跨越时代，给人以共鸣。因此，学习者会沉浸在作品中，关注整体故事情节的展开，而不是仅仅关注单词或短语。他们会对故事的结局产生好奇，对作品中的人物感到亲近，并会产生与其相同的情感反应。通过这种方式，语言被"显化"(transparent) ——这意味着故事将学习者整个人(whole person) 带入故事当中。也就是说，个人关联、沉浸在作品中表现出情感反应的体验对整个语言学习产生影响。

综上所述，外语教学中的文学教学不仅仅涉及学习语言和表达，还能够激发学习者的感性和知性，提高他们的想象力和批判能力，使其沉浸

19) Carter, R. and Long, M. N. Teaching Literature : Longman Handbooks for Language Teachers, Harlow : Longman, 1990, pp.2-3.

20) Lazar, G., Literature and Language Teaching : A Guide for Teachers and Trainers, Cambridge : Cambridge University Press, 1993, pp.17-20.

21) Collie, J. and Slater, S. Literature in the Language Classroom: A Resource Book of Ideas and Activities, Cambridge : Cambridge University Press, 1991, pp.3-6.

在文学作品当中，从而对整个语言学习过程产生积极影响。本研究旨在阐述为实现跨文化能力培养和个人成长这两个教学目标而设计的教学计划，并介绍实施结果。

3.《百结先生》的教学设计

(1) 教师与学生变因分析[22]

教师是韩国古典文学专业的老师，具有韩国文化和故事教学所需的背景知识，在教学过程中采用了交际教学法和讨论式教学。教师的兴趣领域和以讨论为主的班级氛围对该课程产生了积极的影响。

学生为美国印第安纳大学东亚语言文化专业 1、2、3 年级的学生，他们韩国语上课时间达360小时(包括讲课和练习) 以上，具备相应程度的韩国语水平。7人均为美国国籍，其中美籍美国人1人，韩裔美国人4人，日裔美国人2人。

他们的韩国语能力在各种考试中高于平均水平，口语能力也相当高。其中6人是2007年秋季学期K301(韩语高级 I 课程) 的学生。在K301课程中，学生们通过"韩国文化与美国文化的比较""与韩国有关的经历"等各种主题写作活动，形成了对韩国文化的比较文化视角。他们对韩国文化很感兴趣，其中1名美籍美国人和1名日裔美国人分别在韩国居住了2年和1年。他们在韩国的文化体验起到了非常积极的作用，对韩国人和韩国文化产生了极大的好感。

学习者的学习风格倾向于讨论， 他们在课堂上积极地发表自己的观点。另外，他们善于以对韩国文化的批判性理解为基础来表达自己的意见，教师也因此可以在课堂上获得体验各种文化的机会。

22) 本项目参考了徐奕的标准。其认为教师的变因包括背景知识、兴趣程度、教学风格等，学习者的变因包括韩语能力、之前的学习程度、兴趣、学习风格等。徐奕：《国语专业教学设计与教学模式应用原理》，《语文教育学研究》第26辑，国语教育学会，2006，第209页。

(2) 学习者需求分析

学习者需求分析是以学习者为中心的教学法的重要步骤之一，根据学习者的意见来确定学习内容和方法。[23] 为了让学习变得更有意义，选择符合学习者需要的内容、采用适当的教学方法十分重要。要给予学习者充分的信任，满足他们在学习上的各种需求。为此，本研究对学习者进行的需求分析结果如下：

序号	教师提出的问题	学习者的意见
1	想了解哪些韩国文化？	想了解韩国人的生活、以前的故事、男人和女人的差异、艺术、歌曲、音乐、电视剧、电影、过去和现在；教科书上没有的内容……。
2	你想知道哪些老故事？	想知道更成熟一点的故事，而不是像黄豆鼠红豆鼠、仙女和樵夫这样的故事(7人)。最近的故事(1人) –重复回答。
3	你想用什么方式上课？	老师讲解(1人)，讨论(2人)，学生讨论为主、在有需要的时候得到老师的帮助(2人)，都可以(2人)
4	说、听、读、写当中你想学习哪个领域？	说(2人)，说读写(3人)，都可以(2人)

〈表59〉学习者需求分析

可以看出，学习者对韩国现代文化、男女关系、电视剧和电影等方面表现出浓厚兴趣，展现了20岁~23岁这一年龄段的典型兴趣。这表明美国学习者更关注当下的事物和日常文化。

通过对学习者的需求分析，研究者认为，即使讲述以前的故事，也要在与当下的关联中根据学习者的需求和兴趣进行讲述，才能实现最大的学习效果。

23) 努南(Nunan) 强调，只有摆脱"教师最了解"的偏见，选用符合学习者要求、希望、情感需要的教学内容，才能真正实现以交流为中心的学习。Nunan, D. The Learner Centered Curriculum, Cambridge: Cambridge University Press, 1996, pp.4-9.

(3) 教学过程设计

① 教学方法

该课程运用韩国语·文化统合教育的方法，在设计教学方案时，将韩国语各领域进行统合，综合运用文化情境教学法、以过程为中心以学习者为中心的教学法、比较文化方法论等方法。[24]

此处补充几点，整理如下：

第一，以学习者为中心的教学法虽然允许学习者自由表达意见，尊重个人的思考或感想，但稍有不慎就会出现混乱无序的情况，造成"无差别解释的多样性"。[25] 为了弥补这一缺点，采用了以实体为中心的教学法和以对话为中心的教学法。

实体中心教学法的目的是确保学习者对所学对象有正确的理解并传达正确的信息。这种方法要求学习者在进行解释和批评之前，先获取关于当代社会性质和文化背景的实体知识。 只有在获得这些基础知识的情况下，才能激发创造性想象力。[26]

另外，以对话为中心的文学教学法强调教师作为理想读者的角色。通过讨论或写作环节中提出问题，揭示作品的主题。将教师考量后设定的"主题"作为问题提出，确立讨论的框架后进行讨论，可以提高讨论的效率。

在综合韩国语各领域进行教学的同时，为了实现个性化教学，扩大了写作领域。为了使学习者更贴近文本，可以采用个性化学习(personalising)、说明、提问、进行文化比较、提示背景知识等策略。[27] 写作是一种可以在没有他人干涉或妨碍的情况下，表达自己内在想法的活动，因此可以认为个性化对个人成长产生最直接的影响。

尤其是在本研究中，将关注点放在 "符合学习者个体需要和兴趣时"教学效果最大化这一事实，主题设置符合"此时-此地"情况，努力满足学习者的需要，激发学习者兴趣。[28] 教育是教师与学习者的人格相遇，学习者既是知性的存在，又是感性的存在。因此，在学习之前开展一些活动，激发学习者对学习内容的需求与兴趣显得尤为重要。研究者认为

24) 李圣熙：《韩国语·文化综合教育的原理和方向》，《国语国文学》150期，国语国文学会，2008，第540-559页。

25) 崔志贤：《文学教学方法》，《国语专业教学方法》，亦乐图书出版，2000，第286-287，292-294页。

26) 金代行等：《文学教育原理》，首尔大学出版社，首尔大学出版社，2000，第11页。

27) Lazar, G., Literacy and Language Teaching: A Guide for Teachers and Trainers, Cambridge: Cambridge University Press, 1997, pp.67-70.

28) Nunan, D., Op.cit. pp.4-9.

这种个性化对本研究的目标——学习者的个人成长将会产生最直接的影响。

② 教学内容

在韩国语课堂中, 单纯介绍韩服、韩国饮食、电视剧或电影等具体对象、物品或事实, 是无法提升交际能力的。克拉姆契担心外语课上的文化项目被过度压缩为作为big C的著作, 或作为little C的4F, 即食物、节日、民俗、统计资料(foods、fairs、folklore和statistical facts)。[29] 另外, 发现本民族文化的矛盾和困境, 迎接挑战, 形成处理本国文化和他国文化相互影响的第三空间("third place"), 是外语教育中比较文化方法论的核心。[30]

提升跨文化能力的目标是在与本民族文化的联系中理解目标文化, 这一目标可以通过比较文化方法论来达成。在比较文化方法中, 重要的是"个体的存在是通过意义来体现的"。另外, 此时需要的是"考虑语境的比较(comparison with context)"。[31] 文化比较是以对某一对象或存在的理解为前提的。为了运用比较文化方法论, 可以一起讲授"价值观、世界观层面的文化"(如意义、思考方式、生活方式等), 这一层面的文化是"物质、习俗层面文化"(包括具体制度和传统的产物等) 的基础。从而使学习者运用比较文化方法, 以共同点和不同点、普遍性和特殊性为标准来理解本国文化和他国文化。

在讲授目前没有得到积极传承的韩国古老文化时, 教师们可能会感到困惑。在韩国语教学的效用性方面, 使用频度和实用性是非常重要的, 对于"玄鹤琴""碓""臼"等现在不经常使用的单词, 如何进行教学成了问题。首先, 与其将重点放在语言层面的韩国语教学上, 我们可以将重点放在"过去文化与现在文化的比较"和"本国文化与他国文化的比较"上。如下面〈表60〉所示, 我们将其分为"为比较过去/现在而进行的韩国文化比较项目"和"为比较共同点/不同点而进行的美国文化比较项目", 通过比较可以产生共鸣和理解。特别是韩国的过去文化中有"玄

29) C. Kramsch., Culture in Language Learning: A View From the United States, In Kees De Bot, Ralph B. Ginsberg, Claire Kramsch(Eds.). Foreign Language Research in Cross-Cultural Perspective, John Benjamins Publishing Company, 1991, p.218.

30) Kramsch, C., Context and Culture in Language Teaching, Oxford University Press, 1993, pp.205, 255-257.

31) 全京秀:《文化的理解》, 一志社, 1994, 第84-100页。

鹤琴""碓""臼"，而美国的过去文化中有现代共存的乐器、传统村庄中的"碓"等。通过使用"过去"这一尺度来比较文化，我们将本国文化和现代文化设定为比较对象。

《百结先生》的教学内容围绕"物质、习俗层面的文化"和"价值观、世界观层面的文化"进行了如下设置。

序号	教学内容	序号	〈百结先生〉文化项目	用于比较韩国过去与现在文化的比较项目	用于比较相同点和不同点的美国文化比较项目	现实性	相同点	不同点
(1)	物质、习俗层面的文化（饮食、庆典、民俗、艺术等）	①	玄鹤琴、碓、臼、谷物(糕)	过去和现代的韩国乐器，碓、臼、谷物	过去和现代的乐器，传统村庄中的碓、蛋糕	●	●	●
		②	新罗	大韩民国	过去·文明出现以前的生活			●
		③	春节（节日）	中秋、春节等节日习俗	感恩节、圣诞节的习俗	●	●	●
		④	磨坊歌	最近歌曲的内容	最近歌曲的内容		●	●
(2)	价值观、世界观层面的文化（生活方式、哲学背景等）	⑤	理想与现实的差距	理想与现实的差距	理想与现实的差距	●	●	●
		⑥	男女关系	男女关系	男女关系	●	●	●
		⑦	艺术家的生活	艺术家的生活	艺术家的生活	●	●	●

〈表60〉《百结先生》的文化项目教学内容

在(1)的项目中，有些缺乏现实性或共同点，但在(2)的项目中，存在现实性、相同点和不同点。"价值观、世界观层面的文化"可以为从比较文化视角理解和解释韩国文化和美国文化提供依据。由此，学习者不仅可以据此了解人类具有的普遍性，而且可以提升辨别本国文化与目标语言国家文化的能力，也可以通过以旁观者角度审视本国文化，最终实现对本国文化的理解。学习者通过此方式加深了对韩国价值观、世界观、生活方式的理解后，可以在使用韩国语的现实情况中更好地理解和解释韩国物质、习俗层面的文化。

在韩国文化教学过程中，需要注意避免陷入过度的"民族中心主义"。教师要避免陷入过分美化韩国文化，或围绕"新奇的""引起好奇心的"内容进行讲解的误区。为了规避以上错误，有必要在与其他多种文化的关系中，将韩国文化区分为具有共同点和差异点的对象进行教学。为此，我们以现实性、共同点、差异点为基准进行了上述教学内容的设计。例如，在该研究中，项目(1)中的"①谷物(年糕)"是韩国独特的饮食文化，是韩国逢年过节的庆祝食物。在这种情况下，可以以"庆祝食物"这一共同点为媒介，与美国感恩节的火鸡、圣诞节的各种蛋糕等进行比较。学习者可以将韩国文化项目与本国文化进行比较学习。此外，"百结先生过年没有东西吃"这句话，可以和美国人感恩节或圣诞节要冷冷清清地过，没有火鸡或没有礼物交换的情况结合起来思考。

③ 教学阶段

本研究将以活动为中心的文学教学流程与布鲁姆(B.Bloom) 的学习金字塔相结合，分散应用于各个教学阶段。其中以活动为中心的文学教学流程为："1. 反应·记述, 2. 比较·扩展, 3. 分析深化, 4. 对话·内化"。布鲁姆的学习等级金字塔为："1. 知识(Knowledge)；2. 理解(Comprehension), 3. 应用(Application), 4. 分析(Analysis), 5. 综合(Synthesis), 6. 评价(Evaluation)"。[32]

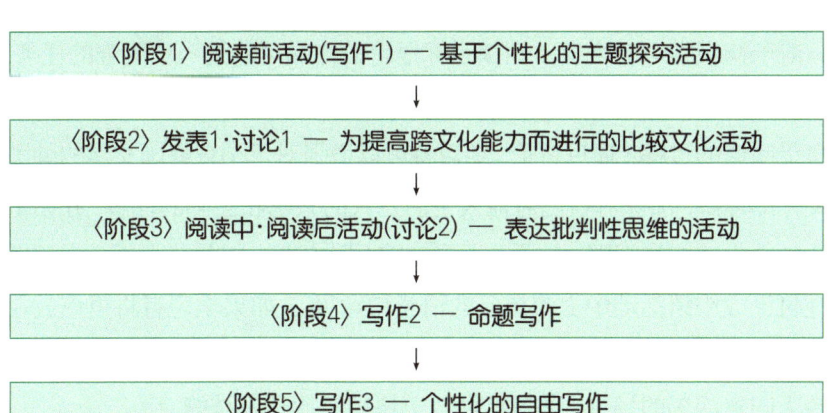

〈图45〉《百结先生》的教学阶段

32) 参考金代行：《文学教育框架的建构》，亦乐图书出版，2000，第164, 427-450页。

〈阶段1〉阅读前活动(写作1) — 基于个性化的主题探究活动

进行文学教学时, 为激发学习者的学习动机, 需要将问题视为现在的问题而非过去的问题, 视为自己的问题而非别人的问题来思考, 引出背景知识, 这样才能实现真正意义上的个性化。

在本研究中, 为了通过个性化学习实现主题的语境化, 提出了与"(2)价值观、世界观层面的文化"中的"⑤理想与现实的差异"和"⑦艺术家的人生"等相关写作课题作为阅读前活动。这是一种归纳方法, 可以避免仅仅进行说明性和知识性的讲解, 而是鼓励学习者将文学作品中反映的人生问题和哲学问题作为自己的问题来思考。

〈阶段2〉发表1·讨论1 — 为提高跨文化能力的比较文化活动

为了把握作品的脉络, 前文提到的"(1) 物质、习俗层面的文化"部分以学习者发表的方式进行。

"(2) 价值观、世界观层面的文化"是许多文学作品的主题。通过对主人公所面临的生活问题的思考, 可以将个人体验内化。将该项目设计成可以引导个性化提问的主题, 从而促进学习者之间的活跃讨论。

对于初级学习者来说, 阅读目标语言的作品可能是一项困难的任务, 但对于高级学习者来说, 他们可以沉浸在真实作品的情节和人物当中, 享受阅读的过程。通过讨论, 学习者可以增强对于孕育韩国文学的韩国文化的理解, 加深对自己与他人生活方式的共鸣和差异的理解, 并拓宽比较文化认知的视野。文学作品具有多层次维度, 因此非常适合学习者在讨论或小组活动中交流自己的情感和意见。 如果学习者将重点放在发表自己的观点上, 他们的语言能力将得到提高。通过使用韩国语表达令人印象深刻的场景, 学习者可以更快地掌握语言技能。[33]

---

33) 参考Lazar, Op. cit., pp.17-18.

〈阶段3〉阅读中·阅读后活动(讨论2) —表达批判性思维的活动

对本国文学有学习经验的学习者, 可以运用自己的模式, 批判地理解韩国文学并将其概念化。在进行讨论时, 只有尊重学习者对韩国文学的看法, 才能实现有意义的文学教育。

为此, 需要通过适当的提问引导学习者来解决问题。

〈阶段4〉写作2 — 命题写作

读者反应批评方法或后结构主义理论可以适当地应用于以沟通为中心的韩国文学教学。读者反应批评方法认为, 读者对同一文本的反应因人而异。读者反应批评的核心是具有不同背景、性别、人种、国籍的读者对同一文本必然会有不同的反应。[34] 这种教学方法承认了韩国文学课堂中学习者的多样性, 并将学习内容与学习者个人经验和感受相结合。

在本研究中, 通过设立阶段性的写作项目, 以《百结先生》作为学习内容, 旨在丰富学习者的个人认知和审美体验。首先, 通过"同意他人观点"的写作任务, 帮助学员理清思路。昌培的观点认为"艺术追求应与现实相协调", 永洙的观点认为"现实优先"、美兰站在妻子的角度出发认为"现实生活更重要", 并设置了"自由项", 以切入上述"理想与现实的差异"、"艺术家的生活"等主题。

〈阶段5〉写作3 — 个性化的自由写作

具有主观能动性与文学能力的学习者要想实现个人成长, 需要经历一个文学作品鉴赏后自己创作作品的过程。通过这一过程, 学习者可以把对作品内容的理解个性化, 结合自身实际问题进行思考, 发表自己关于作品的独创性见解。

34) Hall, G. Op. cit., p.49.

为了展现学习者个性化的文学鉴赏能力，设置最后一个任务：自由写作。

(4) 教学的实际

① 阅读前活动(写作1) — 个性化主题活动

阅读前活动 35)

※ 我们将学习韩国故事《百结先生》。这个故事的主题是"理想与现实的差距""艺术家的生活"。请写一个关于你所认识的人当中，因为理想与现实的差距而经历冲突，或者经历艺术和现实冲突的人物的故事。

针对这一写作课题，学习者写出了贝多芬(Beethoven)，沃伦·巴菲特(Warren Edward Buffet)、马克·库本(Mark Cuban)、汤姆·约克(Thom Yorke)、爱德华·德加(Edward Degas)、托马斯·爱迪生(Thomas Edison) 等人物的故事，并说明了自己喜欢他们的理由。这些人物的共同点是经历过身体残疾、贫穷等生活桎梏。学习者之所以选择这些人物作为蓝本，是因为他们选择了自己喜欢的事业而非金钱(汤姆·约克)，在艰苦的环境下也不屈服，坚持完成艺术创作(贝多芬)，为自己喜欢的发明献出一切(托马斯·爱迪生) 等。这些对讨论《百结先生》的主题起到了背景知识铺垫和预先学习的作用。

其中，也有学生写到自己叔叔很好地克服了理想和现实的差距的故事。

---

35) 像这样在给出原文之前先提出归纳问题，是为了弥补3) A中提到的以学习者为中心的教学所存在的不足。

　　了解学习者的想法、苦恼和关注点确实是一项具有挑战性的任务。确定学习者的学习需求也需要一定的努力。然而，在确定学习目标文化项目之前，通过个性化的主题可以更好地了解学习者的个人想法和苦恼。

② 发表1·讨论1 —— 为提高跨文化能力而开展的比较文化活动

　　本研究是为了掌握"(1) 物质、习惯层面的文化"而进行的。一位学生就"云鹤琴、碓、谷物(糕)、新罗、春节(节日)、碓歌"等展开调研，并以配图的形式呈现，以便其他学生以提问的方式参与其中。

　　在这次活动中，学生们讨论了云鹤琴和伽倻琴的区别，并与在美国可

36) 该文为学生的写作原文，未做任何修改。另，学生姓名作化名处理。

以看到的竖琴进行比较；讨论了碓和臼的区别，与在美国民俗村可以看到的碓进行比较；此外还讨论了为什么过节要吃年糕，与在美国过节吃火鸡和蛋糕进行了比较等等。遗憾的是，无法直接教学生玄鹤琴的演奏方法，也无法播放碓歌。

③ 阅读中·阅读后活动(讨论2) — 表达批判性思维的活动

阅读原文 : 让我们读一下这篇文章。

백결 선생

신라 백결 선생은 신라 자비왕 때 사람으로, 낭산(지금 경주의 낭산) 아래에 살았다. 집이 아주 가난하여 옷을 백번 기운 옷을 입어서 마치 메추리를 매단 것 같았다.

그래서 사람들이 그를 동쪽 마을의 '백결(百結) 선생'이라 불렀다.

일찍이 영계기의 됨됨이를 사모하다 거문고를 항상 가지고 다니며, 기쁘고 화나고 슬프고 즐거운 인간의 모든 감정과 불만스러운 일들을 거문고로써 풀었다. 한 해가 저물려고 할 때 (연말이 되자) 그 아내가 이웃집의 절구 소리를 듣고 말하기를 "사람들은 다 곡식을 찧거늘 우리는 없으니 어떻게 새해를 맞이할까요?" 했다. 선생이 하늘을 우러러 탄식하기를 "죽고 사는 것은 운명에 달렸고, 부하고 귀함도 하늘의 뜻에 있어요. 그것이 오는 것을 막을 수 없고 가는 것을 좇을 수 없는데, 왜 슬퍼하지요? 내가 당신을 위해서 방아 소리를 만들어서 위로하지요." 라고 말했다. 백결 선생이 거문고로 절구(방아소리)를 만드니 세상에 전하여져서 그 이름을 '대악(방아노래)'이라 하였다.
김부식 지음, 『삼국사기』권 48, 열전 제 837

译文 :

新罗百结先生, 新罗慈悲王人, 居狼山(今庆州狼山) 下。家极贫, 衣百结, 若悬。

时人号为东里百结先生。

当慕荣启期之为人, 以琴自随, 凡喜怒悲欢不平之事, 皆以琴宣之。

势将暮, 邻里舂粟。其妻闻杵声, 曰"人皆有粟, 之我独无焉, 何以卒岁?"

先生仰天叹曰"夫死生有命, 富贵在天。其来也不可拒, 往也不可追。汝何伤乎? 吾为汝作杵声慰之。"乃鼓琴作杵声。世传之, 名为乐。

金富轼著,《三国史记》卷48, 列传第837[37]

37) 金富轼：《三国史记》卷48, 列传第8, 申浩烈译, 东西文化社, 2007, 第840, 847页。

阅读理解过程包括学生发表和教师补充说明两部分。首先，上课前两周，提前将上述文本和文本中的重要单词和生词发给学生，以便学生进行预习。阅读的详细过程，由于篇幅原因，此处省略。

> **阅读后活动** : ※ 思考
>
> 1) 你认识的艺术家中有像百结先生这样过着清贫的生活，继续从事艺术的吗？如果有，请介绍一下。
> 2) 让我们思考一下百结先生的艺术观。百结先生对玄鹤琴演奏有什么想法呢？
> 3) 让我们思考一下艺术家和生活的问题(温饱问题)。如果你的生活因为艺术而变得困难，你会放弃艺术还是生活？你了解贫穷的艺术家是如何解决现实问题的吗？
> 4) 你有没有因为现实问题而放弃自己喜欢的事情的经历？
> 5) 如果你是百结先生，你会怎么做？
> 6) 如果你是百结先生的妻子，你会怎么做？
> 7) 如果你还有其他问题想和朋友交流的，请提出来。

中的问题是试图对主题进行个性化处理，是为了激活学习者自身认知框架。4)、5)、6) 也是将百结先生当时所发生的事件和"此时""此地"的自身情况结合起来的理解活动。对于教师提出的问题，学习者自己去寻找答案，在这一过程中，学习者对内心另一个自我提出的意见表现出接受或犹豫。接受不同观点或价值观的过程就是通过内在对话进行阅读的过程。[38]

38) 崔志贤等：《文学教学方法》，《国语专业教学方法》，亦乐图书出版，2000，第314页。

> 저는, 저번 겨울 방학 뉴욕에서 있었던 일인데, 제가 만난 아티스트는 벽에 스프
> 레이로 그림을 그리는 예술하는 예술가였어요. 그들은 이런 예술을 '그라피티'라
> 고 한대요. 그 사람들은 평소에는 파트 타임 잡을 하면서 한 끼씩 때우고, 여유
> 시간에는 벽에 예술을 한대요. 그들이 말하기를 뉴욕은 정말 예술가들의 천국이
> 라고 했어요. 왜냐하면 다른 도시에서는 벽에 이런 예술을 하는 것이 도시 환경
> 을 더럽힌다고 하지만 뉴욕 주에서는 이런 예술을 더욱 더 이끌어준대요. 그
> 사람들은 돈이 없음에도 불구하고 자신들이 정말 원하는, 그리고 또 행복해 하는
> 일을 하기 때문에 …… 저에게는 더욱 더 멋있었어요.
>
> 정현주 (한국계 미국인)

> 上个寒假我在纽约遇到了一个在墙壁上画画的艺术家。 他们将这种艺术
> 形式称为涂鸦。 他们平时会找兼职工作以勉强维持生活, 空闲时间就在
> 墙壁上进行艺术创作。他们告诉我, 纽约是艺术家的天堂, 因为在其他城
> 市, 涂鸦被视为破坏城市环境的行为, 而在纽约州, 这种艺术形式得到了
> 支持。尽管他们经济上并不富裕, 但他们能够追求自己真正热爱的, 并且
> 感到非常快乐……我觉得这太酷了。
>
> 郑贤珠(韩裔美国人)

    划线部分是学习者对照文本中的主题激活自己知识架构的例子。学习者把百结先生的主题——关于艺术和人生的问题引入当下、引入自身，从而产生了积极的学习态度。

    6) 中的问题是对"(2) 价值观、世界观层面的文化"中"⑥男女关系"的问题回应。通过该问题，学习者对韩国和美国的夫妻关系与男女关系进行了讨论。在这个问题上，学习者们的讨论比其他项目更加活跃，因为男女关系的问题才是这些20~23岁的年轻人关心的重要问题。[39] 学生们各抒己见，有"百结先生妻子的纯情是美丽的"，"为什么百结先生妻子没有反对丈夫的行为?"，"如果我是百结先生妻子，我就离家出走了"等等。也有学习者针对目前依然存在的韩国儒教思想中"男为天，女为地"的观念提出了质疑。

学习者是成年大学生，他们经过本国文学教育，形成了个人认知世界。尽管在用韩语表达抽象概念和情感时可能会遇到困难，但在认知层面上，他们能够与韩国大学生进行同等水平的讨论，充分实现"个人成长"这一文学教育的目标。此外，对于教师而言，以学习者为主体的讨论过程也为他们提供了一种比较他国文化与本国文化的有趣体验。

7) 是一个开放式问题，要求学习者主动发言，对此学习者提出了代表各自观点的问题。

- 你一生中是否为某件事疯狂过？你是否曾经认为自己像百结先生一样终生热爱这一事业？
  郑贤珠(韩裔美国人)
- 目前在韩国为了从事艺术而不顾生计的艺术家多吗？在美国呢？
  申佳旭(韩裔美国人)
- 韩国女性是否会像百结先生妻子那样无条件地服从丈夫？
  铃木千香(日裔美国人)

如上所述，学习者基于"当今韩国文化"和"美国艺术家的生活"相比较的问题展开了讨论。开放式提问能够有效吸引学习者积极参与，并引发他们进行符合个人兴趣的讨论。

在讨论过程中，学习者通过共鸣和差异来增强理解，梳理自己的观点，也确保了从他人视角中发现真正的自我。讨论式学习之所以能够通过比较文化视角促进文学教育，是因为这种方法可以帮助学习者更清晰地界定和表达自己的见解。

为了打造以学习者为中心的课堂，讨论环节由学生主导，以此减少教师的介入。主持讨论的学生负责设计每个问题的子问题，准备多种情境下的实例，并组织活跃的讨论。40)

教师在讨论中扮演梳理思路的角色，帮助学习者识别不同文化之间的共性与特性。他们提供客观信息，拉近学习者与代表"过去"与"异国"特征的韩国古典作品之间的距离，在讨论进展缓慢或遇到障碍时，教师还要发挥润滑剂的作用，以确保讨论的连续性与流畅性。

39) 正如学习者需求分析中所指出的，对于外国学习者来说，选择符合学习者年龄和智力水平的文本是非常重要的。向成人学习者讲授《黄豆鼠红豆鼠》《变成日月的兄妹》等童话类故事，如果不把教学的方向扩大到与自我文化的比较等方面，而只是简单的欣赏，由于认知水平与语言水平的差异，就会降低其学习的积极性。

④ 写作2 — 命题写作

　7位学生中有3位学生支持昌培的观点，2位学生支持永洙的观点，另外2位学生支持美兰的观点。支持昌培观点的学生认为，艺术与生活应该保持和谐。支持永洙观点的学生认为，热爱是不可放弃的。支持美兰立场的学生认为，现实生活问题更为重要。

> 저는 창배 씨의 입장에 동의합니다. 왜냐하면 자기 하고 사랑하는 것이 중요하다고 생각하지만 가족이 제일 중요하다고 생각합니다. 그리고 삶에서 그냥 한 것에만 집중하면 안 되고 많은 중요한 일을 해야 됩니다.
> 제가 고등학교 때 Winesburg, OH라는 소설을 읽었습니다. 그 책의 내용은 한 도시의 시민들에 대한 이야기들이었습니다. 그 사람들이 다 좋은 것 하나만에 너무 많이 집중해서 그 좋은 것을 나쁜 것으로 바꿨습니다. 백결선생도 좋은 열정이 있었는데, 너무 많이 그것에 집중해서 그의 가족이 명절 때 먹을 떡도 없었답니다. 음악과 예술이 아주 좋은것입니다만 다른 것에 신경 안 쓰니까 백결선생은 좀 그러네요. …… 제가 아는 사람들 중에 재즈를 하는 사람이 있습니다. 그분은 거의 주말마다 어디 가서 연주합니다. 하지만 주중에 직장 다니며 가족 생활을 합니다. 그 가족은 아주 잘 사는 가족이 아니지만 백결선생과 같은 못 사는 가족도 아닙니다. 그분이 사랑하는 것도 할 수 있고 가족 그리고 현실적인 것을 할 수 있습니다. ……
>
> 토마스 에드워드 (미국인)
>
>
> 译文 : 我支持昌培的立场。我认为坚持自己所爱固然重要，但家庭才是最为重要的。我们不应仅关注某一件事，而应做很多有意义的事情。上高中的时候，我读过一本名为《Winesburg, Ohio》的小说，讲述了一个城市居民的故事。他们太专注于做好一件事，结果将本可成就的好事逐一毁掉。百结先生对艺术的热情无可厚非，然而他对此过于投入，以至于他的家人在节日里都无饭可吃。追求音乐和艺术固然很好，但百结先生忽略了其他方面的需求。……我认识一个爵士乐手，他几乎每个周末都在外演出，但在工作日正常上班，维持家庭生活。他们的生活虽然不是非常富裕，但也没有像百结先生那样贫困。他可以追求自己热爱的事业，同时也能够兼顾到家庭和现实生活……
>
> 托马斯·爱德华(美国人)

40) 学生主导的讨论学习是K302课程"读后讨论"过程中一直使用的方法，学生们已习惯于参与和主持讨论。我认为这些经验对他们以后参加用韩语进行的会议、讨论、授课、发表等会有帮助。

上面划线部分是学习者自己运用比较文化视角进行的尝试。通过这种方法，我们能够在韩国和美国的背景下，以比较文化视角来认识"理想和现实的差距"以及"艺术家的生活"这两个主题，并将其具体化。

⑤ 写作3 — 个性化的自由写作

> ※ 通过学习《百结先生》了解韩国文化后，请写出自己的感受。
>
> **学员提交的自由写作题目**
> - 如果我是百结先生的女儿……
> - 百结先生，从那以后……
> - 百结先生夫人的想法与历史：碓歌之后
> - 百结先生与我的感想
> - 百结先生(2人)
> - 百结先生与他的妻子

在写作过程中，逐渐减少教师的干预。尽管学习者在写作方面面临较大的心理负担，但通过从"命题写作"到"自由写作"这一循序渐进的过程，我们可以观察到他们通过写作来表达自身的思考。在最后的写作任务中，学习者展现出比"写作1"更为深入的思考和表达能力。这可以视为通过会话、阅读和写作将文本主题个性化的结果，也是评估学习者韩语能力提升的契机。这一过程也为研究人员提供了重新思考学习者潜在能力的机会。为了便于读者更好地理解，将其中一篇作文以附录形式呈现。

4. 结论

本研究针对英语圈学习者，提出了一种实际的韩国文学教学方法。该方法能够帮助那些想要提高跨文化能力和个人成长的学习者，结合文化历史背景，从比较文化的角度去理解韩国文学作品，并将其个性化，从而最终促进个人成长。

以《百结先生》为对象，针对"物质、习俗层面的文化"和"价值观、世界观层面的文化"来设置文化项目的具体教学内容，整合了阅读、讨论、写作领域，构建了以学习者为中心的课程。在理解超越时空的韩国古典文学作品的过程中，学习者不仅能够提升以比较文化视角来理解与解释韩国文化和美国文化的洞察力，而且能够提高区分本国文化和目标语言文化差异的辨别能力。韩国的价值观、世界观、生活方式被学习者内化于心，从而帮助他们更好地理解和解释韩国的物质、习俗层面的文化。

为了实现以过程为中心的教学，课程设置为以下几个阶段：

〈阶段1〉阅读前活动(写作1)：进行个性化主题探索活动；

〈阶段2〉发表1·讨论1：提高跨文化能力的比较文化活动；

〈阶段3〉阅读中·阅读后活动(讨论2)：表达批判性思考的活动；

〈阶段4〉写作2：命题写作；

〈阶段5〉写作3：个性化自由写作。

另外，在各个过程中加入了讨论式阅读，构成了会话、阅读、写作的综合教学。在本课中，将"写作"进行了阶段性建构，使学习者能够主动参与从通过阅读来欣赏和接受作品，到通过写作来输出的全过程。

鉴于当前韩国文化研究在一线实践中的不足，本研究对现场教学内容建构具有重要意义。

백결선생과 내 마음

"죽고 사는 것은 운명에 달렸고, 부하고 귀함도 하늘의 뜻에 있어요. 그것이 오는 것을 막을 수 없고 가는 것을 쫓을 수 없는데, 왜 슬퍼하지요?"

이 말은 백결 선생이 아내한테 했던 말이다. 처음에 내가 이것을 읽었을 때, 그 말에 감동했다. 그 말 안에 어떤 의미가 있는지 생각해 봤고, 나 나름대로 의미를 해석을 해 보았다. 백결선생은 집이 아주 가난하여 옷을 백번이나 기워 입었지만 아직까지 많은 사람들에게 알려져 있어 대단하다고 생각한다. 아마 백결선생은 마음이 넓고 정신적으로 강한 사람이었을 것이라고 생각한다. 그것은 백결선생에게는 사는 보람을 느껴지는 것이 있었기 때문이다. 그리고 확실히 생활은 아주 가난했지만, 백결선생의 마음은 가난하지 않았을 것이라고 생각한다. 오는 것은 사람뿐만 아니라, 자기에게 덮치는 다양한 것이고 요컨대 어떤 때도 내일을 생각해 살아가는 것이라고 생각한다. 그리고 가는 것은 지난 것으로, 과거는 신경쓰지 않고 앞만 보며 걸으라고 나아가라는 의미라고 생각한다. 그것은 나에게 볼 수 있는 행복을 소중히 하는 것과 같고, 백결 선생도 자기의 운명을 있을 그대로 받아들이고, 눈에 보이는 현실을 행복하게 보낼 수 있는 사람이었다고 생각한다. 하지만, 인생을 행복하게 보내기 위해서 희생하지 않으면 안 되는 것이 몇 가지 있다. 혹시, 그것이 백결 선생에게 있어서는 '가족'이었는지도 모른다.

백결 선생의 이야기에는 백결 선생이 기쁘고 화나고 슬프고 즐거운 인간의 모든 감정과 불만스러운 일들을 거문고로써 풀었다고 쓰여 있는데 백결 선생의 아내는 그런 백결 선생님을 어떻게 생각한 것일까? 나는 인간은 모두 제멋대로 인 생물이라고 생각한다. 적어도 나는 제멋대로인 인간이다. 왜냐하면, 만약에 내가 정말로 하고 싶은 것이 있으면, 무엇인가를 희생해서라도 붙잡고 싶다고 생각하기 때문이다. 또한, 나는 인생이라는 것이 살아가며 잃기만 하는 것이라 어떠한 희생이 따르더라도 새로운 것을 찾아내는 것이 인생이라고 생각한다.

백결선생처럼 그의 '거문고'로 한 사람이 아니라 많은 사람들의 마음을 풀 수 있는 것은 정말로 대단한 것이다. 나는 물론 백결 선생의 거문고를 들어본 적이 없지만, 훌륭한 음색이었을 거라고 생각한다. 왜냐하면, 마음이 없으면 훌륭한 음색을 연주할 수 없기 때문이다. 그래서 백결선생은 거문고뿐만 아니라 사람들의 마음을 풀 수 있는 뭔가가 있었던 것이라고 생각한다. 아무리 돈이 있어도 행복하지 않은 사람도 있으며 억만장자도 병이 들어 버리면 행복하지 않다.

그래도 돈이 없어도 행복하게 살고 있는 사람도 있다. 아마 그런 사람들은 돈을 행복의 잣대로 여기는 것이 아니라 진정한 행복을 알고 있는 사람이라고 생각한다.

백결 선생이 말했던 '죽고 사는 것은 운명에 달렸고, 부하고 귀함도 하늘의 뜻에 있어요. 그것이 오는 것을 막을 수 없고 가는 것을 쫓을 수 없는데, 왜 슬퍼하지요?' 라는 말에는 백결선생의 따뜻한 마음이 있고, 바로 백결선생의 살아가는 모습이라고 생각한다. 나도 앞으로 백결선생처럼 마음이 풍족하고 언제나 자신 앞에 있는 것을 생각하고 발전적인 인생관을 가지고 살고 싶다. 그리고 언젠가 내가 썼던 말로 누군가의 마음을 풀 수 있는 책을 출판하고 싶다. 그것이 내가 기쁘고 화나고 슬프고 즐거운 인간의 모든 감정과 불만스러운 일들을 풀 수 있는 방법이라고 생각하고 있으니까…….

译文：

百结先生与我的感想

"夫死生有命，富贵在天。其来也不可拒，往也不可追。汝何伤乎？"百结先生对妻子说道。当我初次阅读到这里的时候，被这句话深深打动了。于是深思这句话的内涵，并尝试以自己的方式来解释其意义。百结先生家境贫寒，衣服补了又补，但至今仍然有名，我觉得他很了不起。我认为百结先生大概是一个心胸开阔、意志坚强的人，因为他能感受到生存的价值。他虽生活清贫，但精神世界一定十分富足。他所面对的不仅仅是人，还有他必须面对的各种事物，时时刻刻都思考着未来。"往"是过去，意味着不念过往，勇往直前。对我而言，这就像是珍惜能够看到的幸福。我认为百结先生是一个能够接受自己命运的人，能够幸福地面对现实。然而，为了人生的快乐，我们经常不得不做出牺牲。或许，对百结先生来说，他所牺牲的就是"家庭"。

故事中讲述了百结先生用玄鹤琴来化解所有的喜怒哀乐与不满。那百结先生的妻子是怎么看待这样的百结先生的呢？我觉得人都是任性的。至少我是个任性的人。因为我觉得，如果我真的有什么想做的事，即使需要做出一些牺牲，我也愿意去做。此外，我认为人生就是在失去中度过，所以无论付出怎样的牺牲，只要能找到新的追求，那就是人生。我们如果可以像百结先生一样，用"琴"解开一个人乃至许多人的心结，真的是一件很了不起的事情。当然我没听过百结先生的琴声，但我相信那一定是美妙的音乐。因为只有用心，才能奏出如此绝美的音色。所以百结先生不仅仅是用琴声，还用心来解开人们的心结。即使拥有财富，也有人不幸福，即使是亿万富翁，如果生病了也无法幸福。但即使没有财富，有的人也过着幸福的生活。也许这些人知道什么才是真正的幸福，而不是把金钱作为衡量幸福的标准。

百结先生所说的"夫死生有命，富贵在天。其来也不可拒，往也不可追。汝何伤乎？"展现了百结先生温暖的内心世界，我想这正是百结先生的生活写照。我也希望将来能像百结先生一样，内心充实，时刻关注当下，以积极的人生观面对生活。而且，我希望有一天能出版一本书，用我自己的文字来解开他人的心结。因为我觉得，这是我表达人类喜怒哀乐与不满的方法……

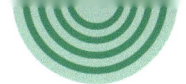

02

《檀君神话》在韩国语教材中的接受情况考察及收录标准探索

——以原典接受方式为中心[41]

1. 导言

在外语教育中，文学作品不仅有助于韩国语学习，还可以帮助学习者理解韩国文化，提高他们的情感和智力能力，从这一点来看文学作品是非常有用的教学资料。[42] 在韩国语作为外语的教学中，文学作品因其丰富多样的语言特性，能够满足以学习者为中心的教学模式中教师和学生的需求，成为不可或缺的教学资源。通过在各种语境中使用文学语言，学习者能够更自然地掌握韩国语。此外，文学作品以其多层次性展

---

41) 该论文是对李圣熙：《"檀君神话" 在韩国语教材中的接受情况考察及收录标准的探索——以元典接受方式为中心》，《精神文化研究》第33卷 第4期(通卷第121期)，韩国学中央研究院，2010，262-289页所载内容的修改和补充。

---

42) 关于外语教学中文学教学的意义及目标，可以借鉴以往的一些优秀成果。吉利安·拉扎尔(Gillian Lazar) 将文学在外语课堂中的意义概括为：①激发学习者兴趣(motivating material) ②提供文化背景资料(access to cultural background) ③促进学习者语言习得(encouraging language acquisition) ④提高学习者语言自觉(expanding students' languageawareness) ⑤提高学习者解释能力(developing students' interpretative abilities) ⑥实现全人教育(educating the whole person)。Gillian Lazar, Why we use literature in the language classroom? Literature and Language Teaching-A Guide for Teachers and Trainers, Cambridge Teacher Training and Development, 1993, pp.17-20；科利和斯莱特(Joanne Collie & Stephen Slater) 提出进行文学作品教学的原因：①资料真实(authentic) 有价值 ②文化内涵丰富 ③语言表达丰富多样 ④个人参与(personal involvement) 等。Joanne Collie & Stephen Slater, Literature in the Language Classroom,Cambridge University Press, 2000, pp.3-6.

现了丰富的文化价值观，深刻反映了社会的各个方面，可以帮助学习者更全面地理解目标语言社会。[43] 而韩国古典文学作品不仅蕴含着韩国人共通的民族情感，还记录了韩国的历史内容，它超越了时间和空间的限制，至今仍然对韩国的语言和文化产生深远的影响。[44] 韩国古典文学作品中蕴含着传统的价值观、生活方式、精神和民俗等元素，构成了文化教育的基础，覆盖了日常文化、生活文化和成就文化等多个方面，有助于学习者理解韩国人的生活。[45]

在韩国语教学领域，对文学教学的可行性论证以及教学方法等问题已经进行了广泛讨论。这些讨论涉及文学文本的选择、教学模式、文体研究、以及课堂应用等方面，活跃且深入。[46] 然而，这些研究往往因缺乏实地基础研究而缺乏实际应用性。本研究着眼于韩国文学作品在韩国语教材中的呈现方式和选用标准。关于这项研究的必要性，可参考以下讨论。

在教学资料的使用上，文学文本的研究不仅仅局限于作品的选择问题，更强调需要对教学材料的"重组，并制定出与教学活动相关的实用方案"。这意味着，在选择文学作品时，必须考虑到学习者的具体需求和教学现场的实际状况，积极探索如何对文学作品进行重组、摘录、修改和概括，以适应教学需求。也就是说，进行与教学现场紧密相关的研究是必要的。文本重构的标准和依据直接影响教学效果，因此，有必要对

43) 参见黄仁教：《面向外国人的韩国文学教育——以基础阶段的文学作品阅读为中心——》，《梨花语文论集》16，梨花语文学会，1998，第213-234页。

44) 李圣熙指出，这些故事通过口传，丰富了民众的思想、感情、风俗、世界观，因此在韩国语和文化教育中可以得到很好的运用。其指出，通过故事可以理解韩国人的性格，理解历史文化词汇，理解习俗、美德、礼仪礼节，俗语、谜语等，通过故事的有趣要素极大激发学习欲望，有效宣传韩国文化等。李圣熙：《活用故事设计韩国语文化教学方案》，《韩国语教育》第10卷2号，1999，国际韩国语教育学会，第261-265页。

45) 杨敏贞：《面向东亚圈韩国语学习者活用神话文学教育研究》，《国际地区研究》第11卷第4期，韩国外国语大学外国学综合研究中心，2008，第149页。

46) 黄仁教：《文学教育的研究史与变迁史》，《韩国语教育论2》，国际韩国语教育学会编，2005，第287-300页。

47) 黄仁教：《文学教育的研究史与变迁史》，《韩国语教育论2》，国际韩国语教育学会编，2005，第287-288页。

此开展更深入的研究。[47]

当前的韩国语教材中收录了丰富多样的韩国文学作品。然而，目前尚未形成介绍这些韩国文学作品的相关规定和标准。尽管多数韩国语教材倡导将文学作品纳入教学，并收录了一些作品，但由于缺乏统一明确的标准，教材编纂者之间无法达成一致。通过韩国文学作品来教授韩国语和韩国文化的意图是正确的，但在缺乏明确标准的情况下，可能导致对文学作品的误解。因此，思考并寻找适当的标准，以引导未来韩国文学作品的收录方向，可说是文学教育领域中迫切需要解决的任务。

本书对韩国语教材中经典文学作品的原典接受方式进行了调查研究。为此，我们将研究韩国语教材中《檀君神话》的重组、概括、修改等呈现方式，并探讨相关的标准。我们将查阅各教材收录的《檀君神话》原文，了解其以何种方式进行重组、概括、修改，以及在这一过程中发生的变化和增减情况。本书的最终目标是通过这些工作探讨在韩国语教材中收录古典文学作品时应该遵循的标准。

2. 韩国语教学中的《檀君神话》

(1) 韩国语教育中的《檀君神话》研究

韩国语教育中有关《檀君神话》的研究如下：

杨敏贞主张，应该通过檀君神话，向韩国语学习者教授韩国的天神崇拜思想、人类肯定思想、数字3的吉数认识、和谐与生成、光明思想等韩国文化原型。[48]

金敏喜将《檀君神话》中所展现的天神崇拜思想、天父地母思想等，确立为宗教和思想的范畴，并提出了运用《檀君神话》进行实际授课的模式。[49]

为了考察教材中对古典文学作品的接受情况，可以参考语文教学的成果。[50] 崔光锡认为，在《檀君神话》的原典接受方式上，过度的缩减和

48) 杨敏贞：《面向外国人的韩国文化教育方案研究——以韩国古典文学为中心》，《国际区域研究》第9卷第4期，韩国外国语大学外国学综合研究中心，2006，第101-125页。

49) 金敏喜：《运用故事的韩国语言·文化教育方案研究》，韩国外国语大学硕士学位论文，2007，第32-35页。

50) 崔光锡：《〈洪吉童传〉的教科书接受模式和目标学习活动的重构》，《语文学》第108辑，韩国语文学会，2010，第133-162页；任智均：《促进古典小说理解与传播的教育方案》，韩国古小说学会，《古典小说教育的课题与方向》，月印，2005，第63-86页。

添加可能会限制学习者思考和留白的空间，从而阻断其思维，甚至改变原典的叙述，破坏原典的意境，这种做法是不恰当的。[51] 此外，任智均指出，随着教育阶段的提高，教材中收录的内容应更贴近原典。他强调虽然完整地收录原典不现实，但处理过程中也不能损害到原作的精神和风格。他还指出，应考虑作品的氛围和基调，使学习者能够以现代语言去阅读。[52]

以上两项研究虽然是针对语文教学的，但对教科书在处理原典文学作品时的接受模式提供了重要启示。首先，在教材中呈现文学作品时，对原文的缩减和添加必须极其谨慎，确保在转化为现代语言的过程中，能够保留作品原有的情感和氛围。特别是对于古典文学，为了使其超越时代界限并具有说服力，必须克服语言上的障碍。在这种情况下，教材编写者需要精心处理，使作品对当代读者具有意义。这些是语文教育中关于古典文学作品处理的相关结论，但在韩国语教育中则需要引入更多的标准。因为对国内学习者而言，跨越时间的障碍来欣赏古典文学已经具有一定难度，对于外国学习者，除了时间外，还需克服国籍、文化背景及语言等多重障碍，这无疑增加了教学的复杂性。

为了探究古典文学在教材中收录的相关问题，我们可以借鉴韩国语教材中诗歌收录标准的研究。尹汝卓指出，当前教材中收录的韩国文学作品过于侧重于韩国文学史，而没有充分考虑韩语学习者的特殊需求。他建议应收录那些能够很好展现韩语语法、有助于理解韩国社会文化的作品。[53] 因此，我们应收录能够有效展现韩国人思维体系的古典作品。

本书将借助上述研究成果，探讨外国韩国语学习者对韩国经典文本的接受问题。

(2) 韩国语教学中《檀君神话》的教学意义

神话探讨人类的原始情感，直接触及人类的本质，因此容易引起文学上的共鸣。[54] 神话融入了民族固有的生活和情感，因此成为最能正确理

51) 崔光锡：《〈洪吉童传〉的教科书接受模式和目标学习活动的重构》，《语文学》第108辑，韩国语文学会，2010，第142-145页。

52) 任智均：《促进古典小说理解与传播的教育方案》，韩国古小说学会，《古典小说教育的课题与方向》，月印，2005，第63-86页。

53) 尹汝卓：《韩国语教育中的文学教育方法——以现代诗为中心》，《国语教育》111，2003，韩国国语教育学会，第519页。

解该民族的资料。[55] 神话通过反映民族共同体的集体经验, 完整地展现该集体的思维体系, 即精神文化和社会现实。透过神话, 我们可以窥探到一个民族的历史风情, 提炼出民族文化的特质和理念, 把握民族精神文化的原始面貌。[56]

由于建国神话的传承主体仅限于民族, 它承载着该民族成员的人生观和世界观, 代表了该民族最原始的文学形式。建国神话展现了一个民族理想中的国家观, 不会随着时间的推移而改变。直至今日, 仍深深植根于国民心中, 形成了一种集体无意识, 成为了一种具有持久影响力的文化标志。

韩国的建国神话集语言、文化及历史因素于一体, 这对学习韩语的外国学习者了解韩国文化大有裨益。这一点与卡特和朗(Carter, R. & Long, M.N.) 所提出的文学教育的三种模式——语言模式、文化模式和个人成长模式相符合。建国神话为学习者提供了丰富的语言资源, 帮助他们获取实际的韩国文化和历史知识, 将各种象征和意义与个人体验联系起来, 从而拓展学习者对自身及世界的认识。[57]

建国神话的教学性质因教学对象的不同而有所差异。当面向韩国本国国民教授建国神话时, 可以培养他们的民族自豪感和自信心等。但向学习韩国语的外国学习者教授相关内容时, 需要谨慎处理, 以避陷入民族中心主义(ethnocentrism)。[58] 因此, 向韩国语学习者教授韩国建国神话时, 应更多地关注其他方面, 而不是单纯强调韩民族的优越性或自豪感。

[54] 神话的这种特征既有世界普遍性, 又有民族特殊性, 在作为象征语言这一点上与诗的特点有相通之处。A. Maley 与 A. Duff 将诗歌在外语教学中运用的优势总结为：世界性(universality)、不寻常性(nontriviality)、动机化(motivation)、传承(hands on)、模糊性和交互性(ambiguity and interaction)、反应和个人关联(reaction and personal relevance)、易记性(memorability)、节奏(rhythm)、执行性(performance)、适用性(compactness) 等。Maley, A. & Duff, A, The Inward Ear-Poetry in the Language Classroom, Cambridge University Press, 1989, 尹汝卓, 前文, 第515-516中重引。

[55] 徐大锡：《韩国神话研究》, 集文堂, 2001, 第3-8页。

[56] 崔南善：《六堂崔南善集V5》, 乙酉文化社, 1973, 第16页。

[57] 卡特和朗(Carter, R.&Long, M.N.) 将文学教学模式划分为语言模式、文化模式和个人成长模式。语言模型是用语言学习材料来教授文学文本, 理解语言形态和文学意义。文化模型是教授文学文本的外在脉络, 使人了解反映不同时间和空间文化的传统思想、情绪和艺术形式。个人成长模型的重点是通过以学习者为中心的活动, 将文学文本的主题与学习者的个人经验联系起来, 帮助个人成长。Carter, R. & Long, M. N., Teaching Literature, Longman, 1991, pp.1-10.

[58] 崔云植整理了长期以来对檀君神话的研究成果, 提出了几个以韩国人为对象的关于檀君神话的教育性质的项目。这里包括韩民族的优越性、悠久的历史、帝政一致时代的司祭、王、民族志向的理念(新国家建设的理想、地上天国建设的现世主义理念、弘益人间的理念)、韩国文化的原型等。崔云植：《檀君神话的教育性质和意义》,《国语教育》第79期, 韩国语教育学会, 第369-393页。

59) 约瑟夫·坎贝尔著：《世界英雄神话——阿波罗、神农氏到青蛙王子》，李润基译，大元社，1991，第10-33页。

60) 在文学作品的遴选标准中，作品长度是重要因素之一。池贤淑考虑到注重实际性和趣味性的韩国语学习者的最新倾向，在选择文学作品的标准中列出了"体裁、现代性、语言及内容难度、作品长度"等条目。池贤淑：《韩国语教育学中以题材为中心的研究动向和今后课题》，《诗学与语言学》第18期，诗学与语言学会，2010，第25页。

61) 赵恒禄：《韩国语教材开发的基础性讨论——从教材类型论的观点看教材开发的现状和主要争论点》，《韩国语教育》14-1，2003，国际韩国语教育学会，第249-278页。

62) 本文拟用"教材"一词代替"教科书"。原则上在韩国语教学中使用的是教科书，但本文将教材一词作为广义的概念来使用，包括在正规课程中未被应用而在特别课程中被应用的教材，以及自学用教材。

任何一个国家都有自己的神话，这些神话既有作为神话的普遍性，又有各自的特殊性。[59] 这种普遍性和特殊性可以成为韩国语课堂上有益的讨论话题，成为理解彼此文化的基础。以世界神话的普遍性为基础，探索韩国神话的特殊性时，学习者不仅会发现神话的共通之处，还能进一步深入了解韩国神话的独特特质。通过神话增强对文化间差异的理解和共鸣，促进跨文化能力的提高。

学习《檀君神话》有助于韩语学习者超越对韩国文化的片面了解，深入理解韩国人的集体意识以及延续至今的情感。通过这种深层次的理解，他们在使用韩语与韩国人交流时，能够更好地掌握语言在实际交流中的应用，从而提升有效沟通的能力。

《檀君神话》虽篇幅简短，却浓缩了丰富的内容，适合作为一篇完整的文本收录。[60] 篇幅较长的故事、古代小说等古典文学作品或小说、随笔等现代文学作品在收录到韩国语教材时，常会被任意删减或省略。而《檀君神话》由于篇幅较短，可以完整地收录全文，无需进行任意删减。

3. 韩国语教材中的《檀君神话》

教科书规定教学内容，体现学习目标，是教学策略和学习策略的基础，同时也具备提供评价对象和提供资料的功能。[61] 包括教科书在内的韩国语教材作为韩国语教学的核心，帮助教师规划韩国语课程，在教学现场中扮演着核心角色，在教师与学习者之间充当中介桥梁，是学习者学习的主要内容，最终也作为评估学习成效的依据。[62] 鉴于通过定量手段难以全面把握韩国语教学的多样性，可以通过对韩国语教材的详细考察来初步构建其整体框架。在过去几年中，市面上已经出版了许多高水平的韩国语教材，其中很多都收录了各种文学作品。考虑到教材出版的增长趋势，有必要对各项指标进行细致分析，并制定收录时的统一标准。

韩国语教材一般有初级、中级、高级或一级到六级等。但是，在按照等级进行收录的过程中, 在没有明确标准的情况下, 会出现收录者任意省略或添加、损毁原文的现象。当学习者看到原文或进行深入学习时, 这些问题会成为干扰因素。另外, 最重要的是要正确地介绍韩国文学作品, 从这一点来看, 也需要改善。[63]

在教材中收录文学作品时, 只要信息明确, 就应明确标注原文和作者出处。若有改编, 必须同时注明原文、原作者以及改编的具体内容。《檀君神话》是众多学习者通过课本接触到的作品, 本应明确阐明其原文。 如若在没有明确说明的情况下进行了改编, 就会导致与原文产生偏离。[64]

本研究旨在探索如何克服原文和收录作品之间存在的差异, 并提出改善方案。以高校机构常用的教科书和文化教材作为研究对象, 通过对《檀君神话》各个段落展开比较, 分析其内容上的差异。[65] 研究将深入探讨各教材如何重组、概括、修改《檀君神话》的原文, 以及在此过程中所出现的变更和增添情况。为此, 我们将以段落的方式呈现原文, 整理各教材对原文段落进行的添加、删减和修改情况, 并分析其原因, 探索设立相应的标准。

(1)《檀君神话》的内容

《檀君神话》存在多种异本, 其中包括《三国遗事》《帝王韵纪》《世宗实录地理志》《东国舆地胜览》等。这些异本的差异主要体现在是否包含"弘益人间"理念, 以及是否涉及"熊成为女人""吃药化人"的主题。以下是对这些差异的初步整理。[66]

63) 这种问题意识是笔者在韩国语教学时确认学习者所掌握的《檀君神话》有关背景知识的过程中提出的。在各种机构学习韩国语的学习者背诵并叙述了原文中没有出现的内容。在韩国语教材中呈现的文本内容被学习者们视为绝对事实。因此, 明确区分原典中出现的内容和原文中没有出现的内容是一个非常重要的问题。

64) 即使是口头传承的情况, 如果是直接采录, 也应该注明采录者、场所、说话者等。如果是在《口碑文大系》等上记载的情况, 就应该通过书的书刊事项注明原文。更何况, 对于明确存在原文的"檀君神话"来说, 如果不进行上述工作, 其变化局面将无法控制。

65) 以庆熙大学、高丽大学、西江大学、首尔大学、延世大学、梨花女子大学的教材和文化教育用教材为研究对象。教材详情见参考文献。

66) 这里参考以下论文中提供的资料, 以主要段落为中心整理成表格。金正学:《檀君神话与图腾崇拜》, 李恩峰编:《檀君神话研究》, 世界图书, 1986, 第63-89页; 李政宰:《檀君神话异本研究Ⅱ——以天界和地界的神为中心——》,《韩国文化研究》第3辑, 庆熙大学民俗学研究所, 第137-157页。

	比较内容	《三国遗事》	《帝王韵纪》	《世宗实录地理志》	《东国舆地胜览》
1	桓因名字	桓因：帝释	上帝桓因 -帝释	上帝桓因	上帝桓因
2	桓雄名字	桓雄天王	檀雄天王	檀雄天王	桓雄天王
3	来到凡间的原因	俯瞰三危太伯，想弘益人间。	俯瞰三危太伯，想弘益人间。	希望下凡成为人类。	希望下凡成为人类。
4	带来的东西	三个天符印	三个天符印	天三印	天三印
5	变成人的经过	雄女在檀树下求子，桓雄化作人与其生下了孩子。	让孙女吃药化人，与檀树神结婚生子。	让孙女吃药化人，与檀树神结婚生子。	雄女在檀树下求子，桓雄化作人与其生下了孩子。
6	檀君名字	檀君	檀君	檀君	檀君

〈表61〉《檀君神话》各异本比较

　　《三国遗事》中收录的《檀君神话》是最古老的记载，不仅具备神话的结构特征，而且蕴含着韩民族的起源、历史、文化和思想。[67] 如上表所示，《帝王韵纪》和《世宗实录地理志》中记载"令孙女饮药化成人身"的情节，与《三国遗事》的叙述大相径庭。此外，《世宗实录地理志》和《东国舆地胜览》中均未提及"弘益人间"的理念。相反，《三国遗事》中的《檀君神话》不仅包含"熊变成女人"的情节，还融入了"弘益人间"的理念，这些内容已经通过学校教育，成为韩国人的共识。[68] 而《檀君神话》中的"弘益人间"理念则是韩国教育法第一条内容的基础。[69]

(2)《檀君神话》的段落构成

《三国遗事》的内容分段整理如下。[70]

A. 昔有日之神桓因，庶子桓雄，数意天下，贪求人世。

B. 父知子意，下视三危太伯可以弘益人间。

C. 乃授天符印三个遣往理之。

D. 雄率徒三千，降于太伯山顶(今平安北道妙香山) 檀树下，谓之"神市"，
是谓"桓雄天王"也。

E. 将风伯、雨师、云师，而主谷、主命、主病、主刑、主善恶，凡主人间
三百六十余事，在世理化。

F. 时有一熊一虎同穴而居，常祈于桓雄，愿化为人。

G. 时神遗灵艾一柱，蒜二十枚曰：尔辈食之，不见日光百日，便得人形。

H. 熊虎得而食之，忌三七日，熊得女身，虎不能忌，而不得人身。

I. 熊女者无与为婚，故每于檀树下，咒愿有孕；

J. 雄乃假化而婚之，孕生子，号曰檀君王俭。

K. 以唐高(尧) 即位五十年，都平壤，始称朝鲜。

L. 又移都于白岳山阿斯达，御国一千五百年。

M. 周虎(武) 王即位己卯，封箕子于朝鲜。

N. 檀君乃移于藏唐京，后还隐于阿斯达为山神。寿一千九百八岁。

(3) 各教材檀君神话收录比较

本研究以高校常用的教科书和文化教材作为研究对象，通过对《檀君
神话》各个段落展开比较，分析其内容上的差异性。为了进行全面的讨
论，本书将基于段落分析，对教材中出现的内容添加、删减、改变等情况
进行系统分类和整理，并对发现的问题进行归纳总结，从而提出可行的
改进方向。

67) 崔云植：《檀君神话
的教育性质和意义》，
《国语教育》第79期，
韩国语教育学会，
第371页。

68) 在七次教育过程中使
用的12种(包括汉文
经典) 高中汉文教科
书中，收录《檀君神话》
共有7种版本，这7种
教科书都引用了《三
国遗事》中的《檀君
神话》。李宗文：《关于
〈三国遗事〉所载檀君
神话原文的一个疑
问》，《汉文教育研究》
第22辑，2003，第349
-351页。

69) 崔云植：《檀君神话的
教育性质和意义》，《国
语教育》第79期，韩国
语教育学会， 第387-
389页。

70) 此处遵循以下解释：
一然著，李敏秀译，《三
国遗事》，乙酉文化社，
1995，第51-53页。

下面将对教材中各个单元进行分析和整理：

序号	机构名称/作者	教材名称	教材分类	单元	收录方式
(1)	庆熙大学	《韩国语中级2》	教科书	8.《过去的故事》	改编成小说
(2)	高丽大学	《韩国语3》	教科书	18.熊居然变成了人？	父与子的对话
(3)	西江大学	《西江韩国语4B》	教科书	5.叙述与推测(阅读·会话)	改编为小说
(4)	首尔大学	《韩国语4》	教科书	2.檀君建立了朝鲜	神话摘要
(5)	延世大学	《思考的韩语阅读4》	教科书	9.寻找老故事老歌曲	改编成小说
(6)	延世大学	《100小时韩国语4》	教科书	15.韩国的神话	神话摘要
(7)	梨花女子大学	《流畅的韩语V》	工作书	3.看待历史的视角	说明文
(8)	田美淳	《文化中的韩国语》	文化教材	25.檀君故事	话剧剧本

〈表62〉分析对象教材中《檀君神话》的收录情况

　　下面将以上述教材为对象，分别整理各教材添加部分、删减部分、改动部分，并分析其原因。

① 添加部分

序号	段落编号[71]	添加内容
(1)	A	桓雄为了在地上艰难生活的人们，决定去人间帮助他们。
	D	人们在太白山上的神檀树下祭祀桓雄。
	H	熊想和人类一起生活，但人们叫她熊女，不和她在一起。
(2)	K	"那是距今5000年前的事了。"
(3)	C	桓因将镜子、刀和铃铛给桓雄，说："镜子是太阳，刀是力量，铃铛是王之语言。"
	K	对古朝鲜三种法律的介绍
(5)	A	桓因对不知天上好、只望着人间的儿子感到郁闷。劝了多次，桓雄还是不动摇。
	B	桓因觉得桓雄也许能让杂乱无章的人间变得和平，于是决定将其送下凡间。
	H	不到一周就跑出了洞
(8)	A	桓雄意识到自己是庶子，在天国不能成为王，所以想下到人间。
	A	看到东边国家的人们善良、温顺，但是因为缺乏智慧而受苦。我想下凡到人间，成为那个国家的国王。
	C	我要给你三个天符印(镜子、铃铛、刀)和三千个掌管雨、云、风的部下。
	H	熊与虎关于洞穴生活烦闷的对话

〈表63〉分析对象教材中《檀君神话》的添加部分

在A、B、H段中，为了激发学习者的学习兴趣，添加了桓雄想要下凡的原因、桓因对桓雄下凡动机的看法、人们对化为人的"熊女"的偏见等大量虚构内容，试图以生动丰富的方式呈现原本晦涩的神话文本。 然而，这些添加可能会剥夺学习者自主思考和填补留白的机会，限制他们的思维自由，也可能破坏原文的意境。在添加这些虚构元素时，务必在文末注明原著，并明确标示内容是基于原作改编，以避免误导学习者。

K段明确指出公元前2333年距今已有5000年，这一设定同样是出于

71) 段落编号是上文提出的以《三国遗事》为基准的编号。

对学习者考虑的需要。

C段中增加了对天符印的解释。教材(3) 和(8) 中指出天符印为镜子、刀、铃铛。然而,《三国遗事》中记载的《檀君神话》仅提到了天符印,但并未明确其具体为何物。关于天符印的解释,译载《檀君神话》的书籍中也表现出不明确下结论的谨慎态度。综观对天符印的主要解释包括:

- 代表神的威力和灵验的物件[72]
- 成为神的威力和灵验表征的符印, 用它来统治人类世界。虽然没有关于天符印为何物的记载, 但可以推知它是宝物[73]
- 上天赐予即将成为国王的人的物件[74]

然而, 一些从民俗学的角度考察《檀君神话》的研究成果中试图具体阐明天符印的含义。根据林基中的研究, 天符印的含义可总结如下: [75]

第一, 巫具、神铃、神剑。(崔南善)
第二, 代表神灵、大自然、人类三界。(张德顺)
第三, 统治天界、地界、阴间的神器。(柳东植)
第四, 与tjurunga类似的圣具。(黄沛强)

张周瑾得出天符印为镜子、剑、铃铛的结论。[76] 然而, 这些结论仅是基于学术的考证。因此, 与其在正文中断言天符印具体为镜子、剑和铃铛, 不如在原文之外或在教师用指南中以更严谨的态度进行说明更为妥当。对于仍存在学术争论的部分, 如若轻易将某一观点视为事实, 可能会妨碍对原文的正确理解。

学科间存在紧密的相互联系。为追求研究的完整性, 一个领域的研究可以借鉴其他领域的成果。在韩国语教学与教材编撰过程中, 参考现有的韩国文学研究成果, 可以得到满意的成果。

72) 金泰坤、崔云植、金振英:《韩国的神话》, 诗人社, 1991, 第32页。

73) 一然:《三国遗事》, 李敏秀译, 乙酉文化社, 1995, 第51页。

74) 一然著, 李尚虎译, 姜云丘摄影,《利用照片读三国遗事》, 喜鹊, 1999, 第51页。

75) 林基中:《论天符印》,《姜汉英教授古稀纪念论文集》, 1983, 第383页;张周瑾:《檀君神话的民俗学研究》,《韩国神话的民俗学研究》, 集文堂, 1995, 第22页重引。

76) 张周瑾,《檀君神话的民俗学研究》,《韩国神话的民俗学研究》, 集文堂, 1995, 第22页。

② 删减部分

编号	段落编号	删除说明
(1)	B	弘益人间
	C	天符印
		省略L·M·N段
(2)	C	天符印
	D	太白山、神檀树
		省略整个I·K·L·M·N段
(3)	B	弘益人间
	G	百日守禁忌
	H	三七日(21天) 守禁忌
	I	祈祷
		省略D·L·M段
(4)	B	弘益人间
	I	天符印
		省略C·L·M·N段
(5)	D	三千部下、神檀树
		省略L·M·N段
(6)		省略M·N段
(7)	A	整个段落
	B	整段——省略"弘益人间"
	C	整段——省略"天符印"
	D	整段——省略"3000部下"·"神檀树"
	E	整个段落
		第I、J、L、M和N段
(8)	B	弘益人间
		L·M·N段

〈表64〉分析对象教材中"檀君神话"的删减部分

删减的部分有：B."弘益人间"，C."天符印"，D."太白山""三千部下"
"神檀树"，G."百日守禁忌"，H."三七日守禁忌"等。

以B段删减的"弘益人间"为例，在教材(1)和(3)中将其改为"希望帮助人类"的意思，但这样的表达是否准确地传达了弘益人间"普惠众生"的含义尚不明确。如前所述，"弘益人间"作为韩国教育法的第一条，是影响当今韩国文化的重要理念，需要在原文中体现这一理念。

其他删减部分，如C段的"天符印"、D段的"太白山""三千部下""神檀树"等需要进行补充说明的事物，也许是出于配合教材篇幅的考虑。省略这些内容不会对神话的连贯性产生影响，因此予以省略。

此外，G段中"百日守禁忌"和H段中"三七日守禁忌"被删减的情况似乎与上述原因有所不同。尽管要求守百日禁忌，但实际上熊女只守禁忌三七日(21天)就变成了人，这可能会引发学习者逻辑上的混乱。因此教材中省略了相关的内容，而这种删减也对神话连贯性产生了影响。若禁忌没有明确的期限，仅仅提到"住在山洞里"会导致缺乏具体性，很难准确表达其含义。关于百日和三七日的矛盾，将在下文③中进行详细阐述。

另外，L、M、N段在很多教材中都被删减，笔者认为这是因为古朝鲜建国以后，都城搬迁、箕子入朝、檀君成为山神等事件都与前面的段落之间并无明显关联，因此予以省略。

教材在收录作品的过程中，将原文的相当一部分内容进行了删减。教材的删减部分是基于篇幅、学习者的语言水平和编写者的意图等多种因素考虑而进行的。然而，如果过度删减，将导致与原文之间存在较大出入。为了解决上述问题，应着重突出原文的含义。在不可避免地对原文进行删减时，需要阐明原文出处，明确与原文的区别。只有这样，才能使得韩国语外语学习者在更加深入学习《檀君神话》等韩国文学作品时，不受现有相关知识的干扰。

③ 改编部分

序号	段落编号	改变的内容
(2)	H	100天后，熊变成一个非常漂亮的女人
(4)	H	熊忍了100天，变成一个美丽的女人
(7)	H	100天后，熊变成了美丽的女人
(8)	H	100天后，熊变成人

〈表65〉分析对象教材中的《檀君神话》改编部分

有趣的是，在调研的所有教材中，仅在H段出现了改编。这种改动可能是由于百日和三七日之间的偏差引起的。如上所述，教材(3) 省略了百日和三七日的内容。以下三种教材如实地保留了原文中H段对内容。

(1) H. 老虎坚持不住跑了出去，而熊在第21天发现自己变成了女人。

(5) H. 老虎不到一个星期就跑出洞穴，而熊则在第三七(21) 天早上变成了人。

(6) H. 熊严守禁忌，三七(21) 日后变成了女人，老虎没有坚持下来，所以没有变成人。

以上三本教材均按照原典记载，对开始的百日禁忌后来变为二十一天的部分进行了保留。

至于百日和三七日的偏差，可以参考先前神话的研究成果。 在神话中，百日和三七日具有相同的象征意义。熊女在洞里度过三七日(21天) ，具有宗教象征意义。在洞穴中度过一段时间后重新看到光明，象征着死亡与重生的宗教仪式(initiation)， 这代表着从熊到人的根本质变。[77] 此外，百日内不得见光的禁忌也需特别解读。根据人类学的通例，在禁忌仪式中，女性须遵守特定的饮食禁忌。因此，将大蒜和艾蒿等植物视为壮阳剂、补血剂或苦难的象征是不准确的。[78] 此外，百日和三七日是朝

77) 刘东植：《始祖神话的结构》，李恩峰编，《檀君神话研究》，世界图书，1986，第104页。

78) 金烈圭：《韩国人的神话——那边，那处，到那深渊》，一潮阁，2005，第88页。

鮮民族固有民俗的标识。通过食用大蒜、艾草等具有巫术色彩的植物，并遵守百天或三七天的禁忌仪式，展现了熊女变成人的原理。[79] 百日与三七日在神话象征方面具有相同的意义。

此外，三七日与整个《檀君神话》中出现的数字"3"紧密相关，展现了神话的神圣特质。其中，天府印三个，风伯、雨师、云师三神，部下三千；三百六十多个人间事务主官、三七禁忌等，都涉及"3"这个数字。[80] 将原本的百日禁忌改动成为三七日时，需要考虑到原文的文体特征。原文是一部神话，其解读方式与其他叙事文学有所区别。原来熊需要100天才能变成人，但在三七天内完成了这一转变，展现了神话超越常理的象征和文法特征。只有将其解释为神话的象征意义，才能使其具备神话意义，塑造独特的意境。

如果根据编者的意图随意修改，将会破坏原典的完整性。[81] 之所以出现删减或改编现象，是因为未能从神话的视角来展开解读。因此，在将其收录到教材中时，应该保留原典的文体特征，以免损害作品的独特性。

此外，开始的百日禁忌后来变为三七日是对神话知识要求的一部分。当教学内容超出教材所提供的信息时，教师需要利用教学指南或教师用指导书上的说明来辅助教学。

4. 从《檀君神话》看古典文学作品的收录标准

接下来，本节将围绕前文"9.2.2. 韩国语教学中《檀君神话》"的教学意义以及"9.2.3 韩国语教材中《檀君神话》"的收录问题，整理教材收录标准。

(1) 文学内在标准

在此，我们将以作品本身的标准作为文学内在标准。

79) 张周瑾，《檀君神话的民俗学研究》，《韩国神话的民俗学研究》，集文堂，1995，第35页。

80) 张德顺：《檀君神话的文学诗稿》，《韩国故事文学研究》，博尔精出版社，1995，第133页。

81) 关于韩国语教育中文学体裁的特点及教学方法，可以参考尹汝卓的诗讨论。尹汝卓指出，在韩国语教学中，诗性语言不同于日常语言，含蓄而多义，但不能因此而只将其视为一种障碍。也就是说，不能把诗歌或诗词的特性看成是教育障碍因素，而构思适合这些因素的活动才是教学者的责任。他指出，外语学习者通过学习本国语言，积累了一定的诗歌知识和经验，这些知识和素养也可以用于学习目标语的文学和诗歌。这种观点在神话中同样适用。学习者在本国的学习过程中对文学体裁有所理解，这些理解在韩国文学教育中也起到了相当重要的模式构建作用。参见尹汝卓，前文，第516页。

① 是否明确了对外韩国语教育中的文学教育这一点？是否明确了为进行韩国语教育而收录文学作品这一标准？

- 是否考虑到学习者的语言水平?[82]
- 是否适用于韩国语不同等级的难度？
- 词汇和表达是否符合韩国语话者使用的频度？
- 词汇和表达在与韩国语话者的对话中是否具备实用性？

② 是否选用了可靠的原典文市

③ 是否标明了原典出处？

在上述教材中，仅教材(6) 明确标注了原典出处。此处指出："本书根据《三国遗事》的内容进行了简略转录"，从而明确了原典出处，这便于学习者开展自主学习。有趣的是，在韩国语教材中收录现代文学作品时，会注明作者和原文相关信息，但在古典文学作品中则常常忽略这一点。然而，即使是古典文学作品，同样应明确作者信息，这应该才是对待文学作品的正确态度。

从上述删减内容可以看出，被删减的部分虽并未影响神话情节的发展，但这样的删改可能会导致学习者对原文产生误解。因此，在教材课文中需要标明原典出处，为学习者提供一个有效的学习环境。另外，在对文章性质进行改编时，也应明确标注原典出处，以便学习者进行深入的学习。

④ 原作中是否加入了编者的主观见解？

韩国语教材是学习韩国学的基础。学习者通过韩国语教材中的韩国文学作品开始接触韩国文学。以《檀君神话》为例，如果在没有明确说明将神话原典改编为小说的情况下，根据教材编者的意图进行改编或添加主观见解的修改，可能会给学习者带来混淆。

82) 利特尔伍德(William T.Littlewood) 认为根据学习者的阶段，学习文学的理由也应该有所不同，并按阶段将学习内容组织如下：①文学成为语言结构实例的观点②文学体现语言多样性的观点③与事件或场景相关、体现主题，被认为是接触目标文化的多种方法之一的观点④作为体现作家的价值观和世界观的象征性资料看待文学的观点⑤以与情境相关联的观点，从文学史整体上把握作品的意义、目标文化的语言学、社会、智力成长的角度看待文学的观点。William T. Littlewood, Literature in the School Foreign-Languae Course, in C. J. Brumfit, R. A. Carter(Ed), Literature and Language Teaching, Oxford University Press, pp.178-180.

⑤ 是否登载了未经学术考证的内容？

如上文提到的关于"天符印"等存在学术界争议的问题，需要进一步深入探讨。 如果将仍存在学术争议部分的某一立场断然认定为事实来阐述，就会妨碍学习者对原典的正确理解。因此，需要在参照古典文学研究成果的同时进行谨慎处理。

⑥ 是否破坏了原作的内容？

在《檀君神话》的原典中，熊原本经过百天禁忌才能变成人，然而实际上三七天就变成了人，这超出了日常生活常识。因此，在缺乏充分考证的情况下修改这一时间细节，就会破坏原典内容。

⑦ 能否引导学生深入学习？若无法满足这一需求，是否可以通过其他材料进行补充？

⑧ 是否明确了文章的体裁性质？

在呈现文学作品时，需要明确指出文章的体裁性质。明确指出是否保留了原文形式或是否转换了体裁， 将有助于避免学习者在文学学习过程中产生不必要的混淆。

《檀君神话》中的百日禁忌变为三七(21) 天，虽在小说中是矛盾的，但在神话中是可以接受的。因为诗歌和神话通常采用隐喻和象征手法。对于在本国学习过诗歌特点和神话象征性的学习者来说， 他们已了解诗歌和神话的体裁特点。学习者需要积极利用他们已掌握的模式。

⑨ 作品的内容是否兼具韩国文学的特殊性和世界文学的普遍性。

(2) 文学外在标准

我们将作品收录时设计的问题、 活动以及教材以外的教师使用指南等作为文学外在的标准, 并对其进行考察。

① 是否实现了跨文化理解?

学习他国文化的最终目标不是死记硬背他国文化知识, 而是通过与自身文化的比较, 将其与本国社会的价值与传统联系起来加以理解。[83] 同样, 在教授《檀君神话》时, 并非仅仅要求学习者死记硬背神话知识, 而是通过与本国神话进行关联和比较, 拓展学习者的认知范围。

② 教学设计中是否包含旨在克服学习者市民族中心主义的讨论问题或活动?

③ 教学设计中是否包含旨在提高学习者跨文化交际能力的问题或活动?

④ 教学设计中是否包含有助于学习者个人成长的问题?

外语学习的目标不仅仅是从技能层面学习外语。同其他教育一样, 外语学习最终目标也是旨在促进学习者的个人成长。卡特和朗(Carter & Long)认为文学教育模式中的个人成长模式是将文学文本的主题与学习者的个人经验相结合, 以促进学习者的个人成长。[84] 此外, 拉扎尔(Gillian Lazar)在活用文学的意义中提出第六项素质教育, 强调文学作品对于培养想象力和批判性感知的作用。[85] 科利和斯莱特(Joanne Collie & Stephen Slater) 在阐述教授文学作品的理由时, 列出了第四点——人性的参与, 阐明了它与学习者个人成长的关系。

⑤ 是否提供了教师使用指南?

教师使用指南是与教材配套的辅助材料。 配备教材本身就是一项耗时费力的任务, 而配备教师使用指南则更加具有挑战性。许多机构在各

---

83) Lazar, Op. cit, p.19.

84) Carter & Long, Op. cit, pp.8-10.

85) Gillian Lazar, Op. cit, p.6.

自网站上运营教师资源共享平台或资料室等平台，提供相关授课资料。因此，如果没有教师指南，可以在教师资源共享平台或资料室等地方介绍教材的使用方法。

通常，韩国语教师具备较高的教养和韩国文化素养。然而，教师不可能掌握所有领域的知识。因此，如果相关专业人士能够提供各教科书内容的相关信息，就有可能发挥协同效应。这种知识的共享将对彼此产生积极的影响。

5. 结论

本研究旨在分析韩国语教材中《檀君神话》的收录情况，从而为古典文学作品的收录建立标准。

作为韩国的建国神话，《檀君神话》承载了韩国教育法第一条"弘益人间"的理念，蕴含了韩国人民追求的理想、世界观、理想的国家观以及深层情感。这部作品不仅是理解韩国文化的重要教学资源，还能通过比较本土文化与韩国文化，有效提高学习者的跨文化交际能力。

本研究明确了韩国语教材中收录的《檀君神话》原典引自《三国遗事》，通过将《檀君神话》按段落进行分类，建立了教材分析的框架。对8种韩国语教材进行分析发现，教材中存在添加、删减、改编的情况。特别是将三七禁忌期改为百日的情况尤为突出，这种改动未能忠实于神话的原始体裁，而是出于编者个人的意图。为解决此问题，我们应在承认神话体裁特征的同时，灵活地在教材中加以应用。如果无法在原文中呈现，应通过教师指导用书、机构网站等教师资源共享平台或资料室等渠道共享相关知识。在韩国语教材和课堂中提供的内容对学习者而言具有决定性影响。因此，明确区分教材中的原文与改编文本是一项迫切需要解决的问题。

在韩国语教材中收录文学作品时，我们应从两个层面进行考虑：在文学内部，我们需要对作品有全面的理解；在文学外部，我们应该关注学习者个人成长和跨文化交际能力的发展。只有两者兼具时，才能实现外语教学中对文学作品的全面理解。

文学作品本身是一种充满生命力的有机体。将作品中的隐喻、象征以及丰富的想象力不失原味地传递给学习者，不仅是对原文的忠实呈现，也能为文学教育带来另一种乐趣。

03

多元文化社会中提高跨文化
能力的韩国民俗教育设计
—理解和接受"相同"与"不同"的 PBL(Problem-Based Learning) 方法[86]

1. 引言

　　随着全球化进程的加速发展，世界日益成为一个地球村，经济、政治、文化之间的相互影响日益加深。[87] 这种全球化趋势加大了"移民"现象的影响力，同时也加速了韩国多元文化的形成。跨国公司的涌入、依托互联网的全球信息快速共享、引进廉价劳动力的必要性、与韩国男性结婚而导致的移民女性增加、国内留学生数量的递增等因素，促使韩国社会迅速步入多元文化社会。全球移民占比超过2.5%，据韩国法务部2009年9月发布的调查数据显示，韩国的移民占比已超过2.5%，标志着韩国正式进入多元文化社会。[88] 现如今，多元文化现象已成为理解韩国

86) 本论文是对李圣熙《多元文化社会中提高跨文化能力的韩国民俗教育设计——理解和接受"相同"与"不同"的PBL方法》，《韩国民族文化》43，2012，第391-417页的内容进行了修改和补充。

87) "全球化"区别于"国际化"使用。在传统意义上，"国际化(internationalization)"是指承认国家之间在政治、经济等各领域的国境，以本国为基础，与其他国家在一定的关系中开展交流活动。而"全球化"则意味着跨越主权国家的国境壁垒，将整个地球村重组为一个经济活动单元。对全球化现象进行概念性梳理的赫尔德和麦克格鲁认为，全球化是指：第一，行为产生影响波及范围广；第二，时间和空间的缩小；第三，相互依存的加深；第四，世界的缩小；第五，全球一体化和区域间权力结构的重组。(David Held & Anthony Mcgrew, 2002, 第3页；张明学：《全球化时代韩国的共和民主主义》，《以新自由主义的全球化和参与性的共和民主主义为中心》，社会科学研究，庆熙大学社会科学研究院，第35卷第2期，2009，第22页重引。

文化和世界文化的重要途径。因此，大学的韩国民俗教育也应顺应全球化和多元文化的趋势，扩展至更广阔的领域。

目前，韩国大学中的外国留学生数量呈逐年增加的趋势。2007年，在韩外国留学生人数为56,006人，而到2011年6月，这一数字已上升至96,971人，增长了约86%(约30,000人)。[89] 外国留学生的持续增多将对韩国大学的教学产生影响。不仅留学生受到韩国文化的影响，本地学生也深受外国留学生文化的影响。与其他地区相比，韩国大学的多元文化现象更为持续和显著，因此，民俗教育也迎来了开发相应教学方法的重要时期。

大学毕业后，作为社会的一份子，大学生需要在各个领域与来自不同国家的群体进行跨文化交流。因此，提升跨文化交际能力是他们面临的一项最紧迫的任务。[90] 在多元文化社会中，不仅要让学习者理解韩国文化，更要培养他们与不同文化背景的群体建立共鸣并进行有效沟通与合作的能力。在当今的多元文化时代背景下，每个人都必须扮演多元文化者的身份，充分发挥自己的潜力，才能成为一个具备国际视野和实际能力的全球人才。为此，我们必须培养跨文化能力(Intercultural Competence)。民俗教育是促进不同民族间跨文化理解的基础。为提升跨文化能力，适应多元文化社会的要求，我们需要设计民俗教育的教学方案。大学民俗教育中需要尝试建立一个能够比较其他民族民俗和本民族民俗的框架，使学习者理解他国文化并实现真诚的沟通。对于即将步入社会的大学生而言，掌握知识型社会所需的技能是理想的学习效果。

本书旨在设计一个以学习者为中心的大学民俗学教育方案，以提升学生的跨文化能力，满足多元文化社会的需求。为了使大学生能够系统地理解民俗知识，培养他们在实际职场中解决问题的能力，以及与来自不同文化背景的世界各国人民进行有效沟通的能力，我们将采用问题导向型(Problem-Based Learning) 教学法来设计课程。

[88] 移民趋势中结婚移民的情况如下：截至2011年6月，跨国婚姻移民人数为144,058人。婚姻趋势在2002年为5%，2003年为8.2%，2004年为11.2%，2005年为13.5%，2011年增加了11%(法务部出入境外国人政策本部，《按国籍分类的结婚移民者(国民的配偶)滞留现状》, www.immigration.go.kr, 2011.6.30.)。

[89] 法务部出入境外国人政策本部，"按年度分类的外国留学生滞留现状", 2011.6.30.

[90] 在知识型社会中取得成功的必要技能包括：批判性思维与行为、创造力、协作能力、跨文化理解能力、沟通能力、计算机能力以及职业和学习中的自主性等。其中跨文化理解(Cross-Coultural Understanding) 包括对各种民俗、知识、组织文化的理解，跨文化能力正是实现跨文化理解的必然要求。Thom Markham & John Larmer & Jason Ravitz：《基于项目的学习入门书》, 卢善淑等译，教育科学社, 2006, 第51页。

2. 先行研究探讨

　　在民俗学领域，跨文化研究尚属罕见。尽管如此，一些研究已经捕捉到韩国民俗与外来文化之间的交流，并探讨了其深远的意义。[91] 这些研究主要聚焦于外来文化与民俗文化之间的交互作用，涉及生活的各个方面，如衣食住行，以及宗教、艺术等多个领域。在这些讨论中，本土文化与外来文化之间既有冲突，也展现出相互包容和融合的态势。这些具体的民俗现象表明，韩国民俗通过与外来文化的互动，促进了文化多样性的发展，推动了文化的演变。

　　随着越来越多的结婚移民者和劳动移民涌入，韩国迅速步入了一个多元文化社会。为了制定相应的国家制度和政策，韩国在短期内开展了一系列关于多元文化主义的形成、影响及应对策略等方面的相关研究。[92] 这些研究主要集中在以下几个方面：一是基于欧洲或新自由主义国家的多元文化主义理论与政策研究；二是针对政府或地方自治体开展的多元文化工作的研究；三是关于当前实施中的多元文化政策的研究，这些研究主要是以政策或项目为主推进的。

　　在多元文化教育的研究领域中，一些学者一直强调通过跨国沟通训练、跨文化沟通训练来增强跨文化能力。[93] 跨文化能力的目标是培养良好的文化感知力、消除偏见以及具备批判性的宽容态度。

　　韩国教育课程评价院进行了三次韩国多元文化教育领域代表性综合研究（《多元文化教育的教学支援方案研究(1)、(2)、(3)》)。[94] 这些研究分析了多元文化的现状，提出了相应的支援方案，开发了社会专业教学项目，制定了相关应用指南，阐述了双语教学理论等。在当前尚缺明确的跨文化教育指导方针的情况下，这些研究为实施跨文化教育项目提供了重要

91) 实践民俗学会编，裴永东等：《民俗文化遇上外来文化》，集文堂，2003；林载海等：《民俗文化的传统与外来文化》，集文堂，2002。

92) 国会立法调查处：《多元文化政策的推行状况和改善方向》，《政策报告》Vol.2, 2010年1月5日，第1-2页.

93) 金美胜：《德语教学中的异文化间学习——以Stuttgarter构想方案为中心》，德语教育第32辑，2005，第29-57页；金美娟：《跨文化交际教学方案》，德语文学第34辑，2006，第355-377页；闵春基：《开发跨文化交际能力教学模式的基础研究》，《德语文学》第46辑，2009，第365-388页；俞秀妍、金顺任：《跨文化沟通研究动向与研究展望——以德国案例为中心》，《德语文学》第29辑，2005，第373-394页。

的参考模式。

在民俗教育研究中，有学者对韩国文化教育中的降神巫教育进行了研究。[95] 另外，有研究关注岁时风俗对教育的影响和作用，从更广阔的视角提出了有关民俗教育的观点，对民俗教育提供了重要启示。[96] 该研究中强调"与其提供粗浅的解释，不如提供真实详尽的资料"，同时指出，通过岁时风俗的内容来阐明其教育意义，以及探索实践岁时风俗的教育方案，这两种方法应在有机关联中进行。必须承认，对于民俗教育来说，这两者缺一不可。

"民俗学"是理解民族传统、集体主义经验的基础。为提高多元文化时代的跨文化能力，韩国民俗教育设计研究亟需进行。迄今为止，多元文化教育研究主要针对小学、中学和高中学生。如今以大学生为对象的相关研究已变得十分必要。

3. 以提高跨文化能力为目的的民俗教育设计

(1) 在多元文化社会中提高跨文化能力

自20世纪80年代起，联合国教科文组织鼓励各国政府在官方文件中使用"融合(integration)"或"结合(incorporation)"这样的术语来取代"同化(assimilation)"一词。与单向的同化过程不同，"融合"或"结合"强调的是移民或少数群体文化之间的双向交流和融合。多元文化主义正在成为新的少数群体融合的国际标准，在此背景下，"人人都是多元文化主义者"的观点开始出现。[97]

不同文化相互接触时，文化的影响并非单向从一方传递到另一方，而是建立了双向的联系。后殖民批评家巴巴(Homi K. Bhabha)通过心理学方法分析了殖民地话语的两面性。这意味着，在所有社会、群体和文化中发挥作用的力量并非单向，而应以双向的方式加以理解。殖民统治者

94) 吴恩淳、姜昌东、陈义南、金善惠、郑镇雄：《多元文化教育的教学支援方案研究(1)》，韩国教育过程评价院研究报告RRI 2007-2, 2007；吴恩淳、洪善珠、金敏贞、牟景焕、金善惠：《多元文化教育的教学支援方案研究(2)——以社会专业教学项目开发为中心》，韩国教育过程评价院研究报告RRI 2008-5, 2008；吴恩淳、金贞淑等：《多元文化教育的教学支援方案研究(3)——韩国语教育》，韩国教育过程评价院研究报告 RRI 2008-2,2008。

95) 赵正浩：《关于降神巫教育过程的教育学研究》，韩国精神文化研究院博士学位论文，1999。

96) 金明子：《岁时风俗的教育意义与实践》，《岁时风俗8》，我家小院图书出版，2005，第171-204页。

97) 内森·格拉泽：《我们现在都是多元文化时代的人》，拥有未来的人们，2009。

和被殖民者之间的接触具有相互转化的可能与相互渗透的潜力。周边和中心、自我和他者、殖民统治者和被殖民者等，他们之间的影响都是相互的，而非单方面的。[98]

韩国纯血统主义单一民族神话可概括为"一个血脉、一个民族、一种语言、一种文化"，这一观念对政府和市民社会均产生了深远的影响。在即将迎来的多元文化社会中，我们应当摒弃民族中心主义(Ethnocentrism)，以多民族、多国成员相互理解、共享彼此文化的跨文化(Intercultural)理解框架为基础，以沟通、理解、合作为目标。跨文化能力(Intercultural Competence)是指"个体在面对不同文化背景下的典型行为、态度、期望时，能够以灵活的方式进行应对的能力(Meyer, 1991)"，[99]以及在心理上对外国人的包容态度，对陌生事物的开放心态，对不同沟通风格的适应能力。[100]多元文化社会要求我们具备跨文化交际能力，即接受和尊重不同观点的异质性，承认多样性并享受其中的丰富性。

本内特(Bennett, 1993)的跨文化敏感性发展模型将本民族中心主义阶段和民族相对主义阶段进行了区分。[101]跨文化教育的目标是克服本民族中心主义阶段的否定(Denial)、孤立(Isolation)、分离(Seperation)、防御(Defense)、优越主义(Superiority)，走向接受(Acceptance)、尊重行为差异(Behavioral Difference)、尊重价值差异(Value Difference)、多元主义(Puralism)、融合(Integration)。

民俗教育旨在提升跨文化能力，致力于认识和理解构成文化基础的民俗之间的异同，拓展对彼此民俗的认知，以促进相互间的文化理解。可以通过接受文化和民俗相对性与多样性的训练，使学习者认识民俗文化之间的异同，从而提高跨文化能力。为了适应多元文化时代，大学的民俗学课程设计应该超越民族中心主义，强调民族相对主义观点，这将有助于学生建立相互理解的文化范式。

98) 朴兴顺：《后殖民圣经解析》，艺荣BNP出版社，2006，第121页。

99) Hinkel, E.(ed.), Culture in Second Language Teaching and Learning, Cambridge University Press, 1999, 第198页。

100) 俞秀妍：《跨文化交际的理解》，韩国文化社，2008，第103-105页。

101) Bennett, M./Hammer, M.(1998), Intercultural Sensitivity. 29. 参见闵春基：《开发跨文化交际能力教学模式的基础研究》，《德语文学》第46辑，第377-378。

(2) 为提高跨文化能力采用民俗学教学方法的必要性

随着社会向多元文化方向发展，我们面临着诸多挑战，其中一个重要原因便是不同国家和民族背景的人们对文化的理解可能较为局限。 跨文化能力不仅是多元文化背景下韩国人与外国人交流时的必需技能，同样也是外国人与韩国人交流时所必需的。 即使是已融入韩国社会的外国人，如果只是停留在理解韩国人表面行为或语言层面，也难以深入理解韩国人的文化本质。韩国人的个别行为并不是孤立发生，而是以特定的"行为模式"呈现出来。这种行为模式的形成是长时间"韩国人"的生活经验和文化传承的结果。一代又一代韩国人在长期的集体生活中形成了集体经验和民俗。

民俗代表着一个民族的根脉，是文化的源泉，代代相传，塑造了集体潜意识。 通过探究多元文化成员的表层文化及其根脉的深层文化， 即"民俗"，可以最有效地提升跨文化能力。

无论是使用哪种语言的个体， 都会在有意或无意中掌握该语言共同体长期以来所拥有的文化。无论是哪个语言文化圈，在使用外语进行交流时，都是基于文化背景进行的。每个人都以自己独特的方式行事。通常，决定个人品格、个性(Personality) 的因素可以大致分为四类：生物因素、自然环境、个人原有经验和文化因素等。其中，文化因素对个人个性的影响尤为显著。文化因素为社会成员的行为模式提供了范例，并明确了行为的界限。文化就像是一个迷宫的设计图纸，它为人们的思维、感受和行动提供了指引。在不同的社会群体或文化中，个体的个性呈现出明显的规律性。即便是具有独特生理特质和个人经历的个体，他们的行为反应也会受到日常生活中所接触的文化的影响， 并在此基础上塑造其性格。[102]

个体在本民族语言文化中塑造的"个人认知模型"以及其他民族中已经"在历史上形成并传承的集体主义经验"的共同作用下，逐步培养出跨国交际能力。[103] 跨国交际能力和跨文化能力只有在理解自身文化和

102) 韩尚福等：《文化人类学概论》，首尔大学出版社，1985年，第311-313页。

103) 金美胜：《德语教学中的异文化间学习》，《德语教育》第32辑，第42页。"跨国交际能力"和"个人认知模型"一词引自：Baumgratz, G., Die Funktion der Landeskunde im Franz ösischunterricht, in：Praxis des neusprachlichen Unterricht 29(1982), Nr.2, S. pp.178-183.

有效理解其他民族的集体主义经验时才能获得。"集体主义经验"，是指一个民族在长期生活中形成的精神和物质经验的总和，是代代传承的民俗。集体主义经验是随时间不断积累而成的，因其复杂性，很难仅用几种行为或特征来描述。为了探究这一点，我们不仅需要考察一个民族的现状，还需关注该民族的民族性和精神特质，以及在曲折历史中形成的民族经验的方方面面。有趣的是，尽管国际化和多元文化的浪潮不断推进，通过集体主义经验形成的民族特征并不会因此变得模糊或消退，而是持续被传承。即使居住环境发生变化，这些民族的传统和特征也将得以长存。

不同民族之间存在着"集体主义/个人主义、权力差异大/小、回避不确定性的高/低、男性气质/女性气质"等特征的差异，而这些特征即便在时空的变迁中也呈现出了一定的延续性。[104]

在多元文化社会中，在与其他民族成员相处、沟通、生活的过程中，理解一个民族集体主义经验的"民俗"至关重要。为深入探索这一领域，需要精心设计相关教学内容。通过教授代表生活根源的"民俗"，可以使当今跨文化研究更加深入开展。通过民俗学研究，我们可以获得政治、经济和社会学领域的计量性和集合性研究所无法接触的信息，进而加深我们对社会中的多元文化成员的理解。

4. 多元文化社会民俗教育的PBL应用

本研究将对韩国学习者和外国学习者分组开展民俗学教育，以提高学习者在多元文化社会中的跨文化能力。[105] 作为跨文化能力培养教学

---

104) 荷兰管理学家霍夫 斯特德(G.Hofstede) 通过对在世界各地工作的1万6000名IBM员工的研究发现，他们的价值观分为集体主义/个人主义 权力差异的大/小、回避不确定性的高/低、男性气质/女性气质四个标准。其中，"集体主义与个人主义"的区别不仅是霍夫斯特德，也是许多社会学家和文化人类学家区分文化的重要尺度。霍夫斯特德的研究发现，个人主义价值观高的国家有美国、澳大利亚、英国、加拿大、荷兰、新西兰、意大利等，集体主义倾向高的国家有委内瑞拉、哥伦比亚、日本、中国香港、韩国等。金淑贤等：《韩国人与跨文化交流》，交际图书，2001，第64-96页；俞秀妍：《跨文化交际的理解》，韩国文化社，2008，第15-30页。

方案, 本研究将"为营造积极的学习环境而实施具体项目"。为此, 将采用建构主义教学模式, 即以问题为中心的学习方法, 并结合PBL(Problem-Based Learning) 教学法进行研究。106) 在外国学习者和韩国学习者共同解决问题的过程中, 我们将比较和考察韩国和外国的民俗, 并构建能够获取跨文化范例的方案。 目前, 中国留学生占在韩留学生总人数的75%。虽然我们希望涵盖更多国家的学生, 但我们首先选择在留学生群体中占比最大的中国学生作为讨论对象。107) 本研究旨在引导中韩两国学习者和其他外国学习者查找中韩两国"端午"民俗的客观信息, 探讨合理的解决方法, 增强跨文化能力。108) 我们认为该学习方式将有助于学习者大学毕业后在职业生涯中克服否定、孤立、分离、防御、优越主义等心理, 朝着接受、尊重行为差异、尊重价值差异、多元主义和融合的方向发展。

---

105) 联合国教科文组织2006年出版的《跨文化教育指南准则》中提出了以下教育方法：(1) 传统教育学与传统形式的媒体使用(如讲故事、戏剧、诗歌、歌曲等) 的整合(2) 去现场或遗址的修学旅行及访问, 与共同体的社会、文化和经济需求相关的生产性活动(3) 促进学习者积极参与教学的方法过程(4) 将正式与非正式、传统和现代的教学方法相融合(5) 执行具体项目以营造积极的学习环境。UNESCO(2006)：Guidelines on Intercultural Education, 巴黎, 闵春基：《开发跨文化交际能力教学模式的基础研究》,《德语文学》第46辑, 第378-379页重引。

---

106) 关于建构主义模式之间的详细比较, 请参见姜仁爱,《为什么是建构主义? ——信息时代与以学习者为中心的教育环境》, 文音社, 1997, 第83-108, 221-265页。以问题为中心的学习——PBL(Problem-Based Learning) 以下简称为PBL。另外, 关于PBL的进行方法及资料参考了以下研究·姜仁爱等,《PBL教学的指路明灯——PBL的实践理解》, 文音社, 2007；崔静任、张庆元合著,《以PBL授课》, 学知社, 2010；Thom Markham & John Larmer & Jason Ravitz, Ph.D.著, 卢善淑、金敏贞、林海美共译,《基于项目的学习入门书》, 教育科学社, 2006。

---

107) 目前在韩国留学的外国留学生人数为86971人, 其中中国留学生为65,203人, 占比75%, 排名第一。排名第二的蒙古国为5.3%, 与排名第一的中国留学生人数相比明显偏少。其次是越南3.5%, 日本2.5%, 美国1.1%, 乌兹别克斯坦0.8%。参考go.kr2011.6.30。

---

108) 为了比较两国的民
俗, 对"春节""生日""结婚"等两国具有
共同点的庆典民俗进行比较, 有助于引
起学习者的兴趣。但本文决定从在两国都成为烫手山芋的"端午"开始, 旨在
从最敏感的部分开始检验, 并期待更多
研究者将后续研究拓展到"过年""生日""结婚"等。

(1) 通过PBL增强跨文化能力

建构主义认为，"绝对知识"或"绝对真理"并不存在，知识是个体在社会经验的基础上构建认知的产物，是通过社会参与不断建构和重构的结果。[109] 建构主义的前提是知识的认知主体作为特定社会成员是在原有经验的基础上进行主观解释和赋予意义的。复杂而变幻莫测的现实不能仅仅通过规则和原理的掌握来理解，也不能将其简单化或抽象化地脱离情境(decontextualized)，而是需要不断地"推测、探索、猜测、预估"。毕竟，在如此复杂而不确定的现实中，我们所需的并不是单纯而刻板的知识，而是"要形成不断适应外部环境的内在技能"。换句话说，这意味着学习者可以更加自主地学习。[110]

多元文化的发展日新月异，带来了知识领域的快速变化。民俗学从共时与历时的角度考察人们的生活情况，因此研究如若忽视现实生活便很难具备有效性。特别值得注意的是，民俗学研究需要对生活的多种形态进行考察，在这种情况下，有必要运用建构主义方法，由学习者自行提出假设，并对其进行探讨，最终形成一套综合的实践方法。

本研究拟进行以下PBL学习：第一，体验式学习。学习者主动参与学习的规划、实施和评价，建构并共享知识；第二，自我反思性学习；第三，合作学习；四是提出实际(authentic)性的课题；五是以过程为中心的评价。[111] 在这种学习环境中，学习者可以体验终身学习的训练，并依据与职场相似的标准进行评价，提高自身的责任感、目标设定能力和执行能力。[112]

(2) 为了解韩国和中国的端午民俗进行PBL学习

中韩两国在端午问题上存在分歧，导致了一些摩擦。这是因为两国都使用"端午"这一共同名称，从中国的角度来看，端午节原本为中国的传统文化节日，却被韩国视为韩国的节日文化进行庆祝，从而引发了激烈的讨论。[113]

109) 姜仁爱，《为什么是建构主义？——信息时代与以学习者为中心的教育环境》，文音社，1997，第63页。

110) 姜仁爱，前书，第66-67页。

111) 姜仁爱等，《PBL教学的指路明灯——PBL的实践理解》，文音社，2007，第25页。

112) 参见Thom Markham & John Larmer & Jason Ravitz, Ph.D 著，卢善淑、金民庆、林海美共译，《基于项目的学习入门书》，教育科学社，2006，第24-26页。

在进行韩国民俗教育时，需要超越单纯追求端午相关"基本信息"的片面学习，构建能够提高中韩两国跨文化理解能力的知识体系。多元文化时代要求我们基于以上知识体系，在不伤害彼此感情的情况下，与不同文化传统的人进行有效且有意义的沟通。

① 项目进行

- 课程名称：韩国的民俗
- 进行时间：学期中的3周(授课9个小时，项目展示)
- 预计人数：不限专业，共计60人
- 分组构成：调整每组外国人与韩国人的比例，确保每组中都有韩国人和中国人的参与。将在韩国大学留学的不同国籍的外国学习者与韩国学习者组成小组，共同完成任务。在每个小组中，通过比较对同一民俗的自我文化视角(文化1, C1) 和他国文化视角(文化2, C2, 文化3……)，自然地展现多元文化视角。

	课程内容	项目
第一周	入学教育、分组、提出课题	
	建立中韩端午体验旅行计划的假设	寻找课题，检验假设
	整理已了解/需要了解的有关端午的内容	查找"需要了解的内容"
第二周	小组分享找到的关于"需要了解的内容"，通过讨论对相关资料进行补充	补充"需要了解的内容"，进行发表练习；自我评价和同行评价
第三周	向其他小组发表	自我评价和同行评价
	教师评价或委托相关机构评价	

〈表66〉PBL项目进度安排

② 活动目标

为实现多元文化社会的韩国民俗教育，要摒弃对端午的片面介绍，立足于韩国和中国端午的共同点和差异、普遍性和特殊性，得出当下的意

113) 关于端午的问题，在没有真正掌握端午知识之前，是会引起很多误解的。中国端午与屈原典故有关，有吃"粽子"的习俗。韩国的端午虽然有用菖蒲洗头、荡秋千等活动，但目前并未得到积极传承。不过，随着江陵地区将"江陵端午祭"作为节日进行传承，于是就将端午的相关民俗纳入其中。但韩国江陵端午祭被联合国教科文组织收录以后，中国方面以名称相同为由，主张端午是中国的民俗。问题是对于这种文化间的摩擦，学习者不应感情用事，而是根据正确的事实提出合乎逻辑的主张，这对于跨文化的理解是必要的。通过这些课程，学习者可以摆脱本民族中心主义，获得理解他者文化和自我文化的跨文化能力。

义，并将其与真实的职业生涯联系起来。特别是在比较两国端午的过程中，不仅可以拓展端午知识，还可以提高与其他文化圈人士进行沟通、协商、调节的跨文化交际能力。此外，还可以培养对其他文化尊重的态度和共情能力，提升跨文化能力，培养跨文化态度。

知识	学习中国端午和韩国端午的共同点和区别。
	学习两国端午不同的价值及其起源。
	了解现在传承的两国端午的习俗和当代价值。
技能	理解和接受不同的民俗。
	与不同文化传统的成员进行沟通、协商和合作。
	反思、调节、解决因差异产生的矛盾。
	将端午与经济、文化等各种知识联系起来，应用于当代。
价值·态度	培养能够尊重不同端午民俗的跨文化能力。
	培养对他国民俗的共情能力。
	明晰并反思本国端午的当代价值。
	学习他国端午的当代价值及其起源。
	培养关于端午多样性的积极态度。

〈表67〉通过了解中韩"端午"民俗增进跨文化能力的目标 [114]

通过对知识的拓展，我们期望获得对两国端午的客观认识，从而避免情绪化的争论，为双方相互理解奠定基础。此外，在技能、价值、态度等方面，我们也期待能够通过培养对不同文化的共情能力，来提高跨文化能力。

---

114) 根据课程内容组织了 Georgi, V.的"异文化教育的目标和任务"。参考 Georgi, V. Citizenship and Diversity, Georgi, V.(ed.), The Making of Citizens in Europe: New Perspectives on Citizenship Education, Bonn: Bundeszentrale fuer politisdhe Bildung, 2008, 第84页。许永植、郑昌华：《多元文化社会中跨文化教育的现场扎根方向——以欧洲和德国的动向为中心》，《韩德社会科学论丛》，第19卷 第3期，2009，第47页重引。

(3) 中韩端午体验之旅的PBL活动

通过本次PBL活动, 学习者可以了解中韩两国的端午情况。该活动将按照提出PBL问题、学习者提出假设、整理已了解/需要了解的内容、个人调查、合作学习、最终成果提交等顺序进行。[115] PBL问题是由教师全权委任进行, 由讨论者设计。其余项目由学习者通过PBL活动自行设计, 以下内容由讨论者根据已有的端午研究成果举例编写。

1	PBL项目名称	策划中韩端午体验之旅	小组名称
2	假设/解决方案(ideas)		
3	已知事实(facts)		
4	需要更多了解的事项 (learning issues)		
5	学习时间表	日期	任务执行情况
6	分工		
7	参考资料		

〈表68〉项目执行计划书(示例)

① 提出任务

有效的PBL项目问题设计必须满足六个关键条件, 即实际性(Authenticity)、学术严谨性(Academic Rigor)、应用学习(ApplIed Learning)、主动探究(Active Exploration)、成人关联(Adult Connections) 以及评价实践(Assessment Practice)。[116] 满足这些要求的PBL问题设计如下：

---

115) 姜仁爱等：《PBL教学的指路明灯——PBL的实践理解》, 文音社, 2007, 第161-192页。

---

116) Thom Markham & John Larmer & Jason Ravitz, P. D. 著, 卢善淑、金敏贞、林海美共译,《基于项目的学习入门书》, 教育科学社, 2006, 第40页。

各位是中韩合作旅行社的工作人员。今年上半年我们计划推出"2012，中韩端午体验"特别项目，以吸引来自欧美的游客。该旅游项目将在农历端午节限时销售。游客对东方文化传统具有浓厚兴趣，他们期望能够体验并比较中韩两国的传统文化，期待参与各式各样的端午活动。

本次旅行计划为期一周，费用大约为200万韩元（往返交通费、韩国和中国的机票除外）。请大家设计旅游产品，为游客们创造难忘的回忆吧！

端午节民俗在当代韩国和中国具有深远的文化传承，对两国人民都有重要意义。因此，探讨此话题具有深刻的现实意义。在项目进行过程中，可以参考端午相关的各种学术书籍，确保相关信息的客观性，为学术研究的严谨性提供保证。此外，从中韩合作旅行社员工的视角出发，利用获取信息打造"中韩端午体验"旅游项目的过程中，可以应用学习中或在职场生活中主动探索收集到的信息。另外，通过与相关机构的联系，可以与成人建立联系，在教师的指导下，得到实际的评价。

② 提出假设

2	假设/解决方案 (ideas)	• 查阅韩国和中国关于端午节的学术书籍，分析两国的端午节，从而对端午节有所了解。 • 可以通过调查旅行社官网中现有的端午节旅行产品，获得灵感。 • 如果韩国和中国学生一起讨论，可能会产生分歧。为此，需要找到相关解决方案。

③ 已了解/需要了解的内容

3	已知事实 (facts)	• 韩国江陵端午祭于1967年被指定为第13号重点非物质文化遗产。2005年被联合国教科文组织宣布为人类口述和非物质遗产杰作，2007年成立社团法人江陵端午祭委员会，有组织地开展运营。[117]
4	需要更多了解的事项 (learning issues)	• 在旅行社运营方面，了解适合旅行企划和运营阶段的有效团队运营计划。(技能) • 只有掌握韩国和中国端午风俗的起源、传承、现况等广博知识，才能为游客提供满意的服务。要参考相关书籍进行学习。(知识) • 调查传承至今的中国端午风俗，筛选出能够吸引游客参与的项目。(知识·技能) • 考察欧美游客喜爱的民俗体验，并根据他们的喜好开发相应的体验产品。(知识·技能) • 比较韩国和中国的物价，评估在一个国家体验两种习俗，还是往返于两国之间更经济，制定可行的经济策略。(知识·技能) • 考察韩国人和中国人在共事时可能引发矛盾的民族特征，并学习跨文化沟通能力以有效应对这些矛盾。(态度) • 找出在中韩两国的端午风俗中吸引游客兴趣的方面，并探索将其转化为旅游商品的可能性。(知识·技能) • 访问韩国江陵端午祭的官方网站，筛选出能够吸引游客参与的项目。(知识·技能)

• 江陵端午祭作为一种播种祭，具有祭天礼仪的性质，包括用菖蒲水洗头、摔跤、荡秋千等岁时风俗，源白首露王祭祀的祖先神崇拜。从2011年的庆典情况来看，江陵端午祭从5月7日酿神酒开始，到6月9日送神祭结束，持续了34天，有超过2万人参与，成为韩国的代表性庆典。

• 中国端午与龙有关。[118]

• 5月 5日 吃粽子是为了纪念投进汨罗江的屈原。[119] 〈表69〉已了解/需要了解的内容

117) 张正龙等：《亚洲的端午民俗——韩国·中国·日本》，国学资料院，2002，第10-11页。

118) 张正龙等，前书，同页。

119) 张正龙等，前书，同页。

通过整理小组成员已掌握的信息，可以对两国端午节的相关知识进行验证。然而，这还远远不够，为扩展端午节相关知识，需要对知识进行复刻(scaffolding)。对于"需要更多了解的内容"需要查阅大量学术书籍。学习者在搜集、整理并向组员讲解和讨论这些学术资料的过程中，可以逐步构建中韩端午节的知识框架。此外，"需要更多了解的内容"部分不仅可以扩展端午相关知识，同时还能同步开展对实用层面的功能、价值、态度等要素的研究，有助于学习者将所学知识与现实世界相结合，将所学知识应用于实践，进一步提高与他人协作的能力。

④ 个人调查

5	学习时间表	日期	任务执行情况

〈表70〉个人调查

"需要更多了解的内容"由学生进行分工调查。在"个人调查"中，学习者根据自己所学的知识填写自我评估表，记录最新了解到的信息，并列出提供帮助的书籍和资料。

⑤ 合作学习

6	分工

〈表71〉合作学习分工

在"合作学习"中，学习者与组员分享在"个人调查"中所形成的研究成果。如果对上文"③已了解/需要了解的内容"中"需要更多了解的事项"开展了调查，则将自己调查的内容分享给其他组员，组员之间展开讨论，互相提供补充意见，反复进行此过程。活动结束后填写同行评价表。

⑥ 提交与评价成果

PBL活动是基于现实开展的。为了评估学生成果在现实中的实用性，建议将成果提交给各大竞赛、博物馆以及负责当地庆典的工作人员，以便对其实用性进行专业评价。

5. 结论

本研究设计了一套在大学的民俗学教学中以学习者为中心的教学方案，旨在提高学习者在多元文化社会中所需的跨文化能力。为帮助大学生建构性地理解民俗知识，培养解决实际工作问题的能力，提高在多元文化社会中与来自不同文化背景的群体进行有效沟通的能力，本研究设计了基于PBL(Problem-Based Learning) 教学法的课程。本研究从跨文化视角理解韩国和留学生主要来源国——中国的民俗，通过对比两国端午节，将学习者引向与真实世界相关的体验性知识，设计互相理解的建构主义教学方案。

本研究提出了让学习者扮演旅行社员工打造"中韩端午旅游产品"的PBL项目，为解决此课题，学习者从自己对中韩两国端午的"已知信息"出发，进而掌握"需要了解的信息"。"需要了解的信息"需要由学习者通过参考中韩两国关于端午的各种资料和书籍来获取。这种以学习者为中心的授课方式最大限度地减少教师的介入，使学习者自主寻找所需信息。学习者通过查找学术书籍、整理研究资料后向组员讲解并展开讨论，在此过程中建构起韩国和中国端午节相关的知识体系，成为主动的学习者。

本研究设计的教学方案旨在引导学习者跨越本民族中心主义，通过比较和深入理解本民族文化与其他民族文化，提高跨文化能力。当本国文化与他国文化出现冲突时，需要保持批判性思维，进行客观的讨论，而非陷入情绪化对立。这是与他国文化者进行沟通时所必需的能力。

在韩留学的外国学生在校外往往难以与韩国人进行深入的交流。然而，通过参与本研究设计的韩国民俗PBL课程，学习者可以从一个全新的视角深入了解韩国人的生活方式。

虽然本研究的内容主要集中在多种民俗知识中的"端午节"方面，但未来希望能够扩展到更多民俗知识的研究。

本研究有望帮助韩国大学生和外国大学生以积极的态度应对跨文化交流的挑战，提高跨文化能力。关于学习者的反馈及教学效果的相关研究将作为本研究的后续课题进行深入探讨。

04

活用"火星人类学家"的准韩国语教师跨文化能力提升方案
——以"情感能力"为核心[120]

1. 引言

在多元文化时代背景下，全球外语学习者学习韩国语的需求日益增长，因此提升准韩国语教师的跨文化能力(Intercultural Competence, ICC)显得尤为重要。作为韩国文化的传播者，韩国语教师处于与韩国语学习者直接接触的最前线，最具直接影响力。因此，准韩国语教师需增强自身跨文化能力，深入了解韩国语学习者的多元文化差异，并积极应对这些文化差异。

本研究运用跨文化交际中"火星人类学家"的训练方法，即，让韩国语教师站在以后要教授的外国学习者的立场上，将韩国多样的文化视为"陌生事物"。这种方法巧妙地运用了文化研究方法论中的"陌生化"策略。[121] 通过体验他国文化的实际情境，培养学习者对他国文化的共情能力，摒弃偏见与刻板印象，增强敏锐的感知力和高度的包容性，提高跨文化能力。本研究中，"第二部分"为先行研究探讨，"第三部分"为教学活动的目标和过程，"第四部分"是实施现状，"第五部分"基于活动结果开展的问卷调查及相关分析情况。

120) 本论文是对李圣熙：《运用"火星人类学家"的准韩国语教师跨文化能力教育方案——以"情感能力"为中心》，《韩国语言文化学》10-2，国际韩国语言文化学会，2013，第225-246页的内容进行了修改和补充。

2. 先行研究探讨

在对外韩国语教育中跨文化能力提升的重要性及方法的讨论始于对韩国语与文化教育关系的反思。权五铉和李珍淑强调，在韩国语教育中，增强理解力对于实现有意义的沟通和建立相互关系至关重要，为此需要设计具体的教学方案。[122] 韩相美认为，韩语使用者的沟通障碍，不仅是语法层面的错误，更重要的是源于语用层面的障碍，强调了交际与跨文化能力的重要性。[123] 此外，韩相美还提出了文化感知工具、文化胶囊、参与观察等多种文化教育方法。[124] 黄仁教指出，当今在实际教学中缺少具体体现提高跨文化能力的教学方法与实践。[125] 李圣熙提出了提高跨文化能力的方法，包括韩国语与文化的统合、活用内容的文化语境化、运用比较文化方法论设计教学方案的必要性等。[126] 吴智慧探讨了韩国语与韩国文化统合教育的必要性，并将文化能力分为文化理解力、文化批判力、文化适应力、文化应用力，并以此为标准对文化教材展开了分析。[127]

目前的研究已经对提高跨文化能力的重要性和方法论进行了充分的讨论。然而，正如黄仁教所指出的，关于"提高跨文化能力方案的具体实

---

121) 当接触其他文化时，由于该文化对自己来说是陌生的，所以能够获得客观地看待自身文化的机会。对于人类来说，每个人都需要体验其他文化，从而客观地看待自身文化，就像人们不能直接看到自己的脸，而通过镜子才可以看到一样。韩国文化人类学会编，《在陌生的地方遇见自我》，一潮阁，1998，第5-9页；参见田京秀，《文化的理解》，一志社，1994，第55页。

122) 权五铉，《以交际为中心的外语教育中的"文化"——以韩国学校外语教育为中心》，《国语教育研究》第12辑，首尔大学国语教育研究所，2003，第247-274页；李珍淑：《作为外语的韩国语教育中文化整合的教育方案》，《国语教育》第12辑，首尔大学国语教育研究所，2005，第331-350页。

123) 韩相美：《韩国语学习者的沟通问题研究》，交际图书，2006，第251页。

124) 韩相美：《韩国文化教育论,韩国语教学法的实际》，延世大学出版社，2007，第290-303页。

125) 黄仁教：《韩国语教育与文化教育》，《韩国语言文化教育》31，韩国语言文化教育学会，2006，第212-213页。

126) 李圣熙：《韩国语·文化综合教育的原理和方向》，《国语国文学》150，国语国文学学会，2008，第537-564页。

践与分析"至今仍是一个研究不足的领域。鉴于此，现在应根据跨文化能力的不同维度对其进行更明确的分类，并以具体案例为中心进行深入研究。本书旨在探讨如何设计提高跨文化能力中情感能力的教学方案，并分析相关研究结果。

3. "通过火星人类学家重新审视韩国文化"项目的教学过程

(1) 教学过程设计

本研究旨在提高跨文化能力中的情感能力。跨文化能力中的情感能力是指因接触其他国家文化而产生冲击、压力、矛盾时，有效进行情绪调节的能力。[128] 情感能力还包括对本国文化与他国文化关系的认知和理解能力，接触与理解他国文化的各种技巧，克服文化刻板印象的能力等。此外，情感能力还包括以开放包容的态度考察本国文化与他国文化的能力，避免草率判断，而要以他国文化的价值观和观点来思考和理解文化差异的能力。

在学习过程中，心理和情感领域的发展极为关键。提高跨文化能力中的情感能力可以促进认知能力和行为能力的提升。在高等教育中，教师应积极设计提高学习者跨文化能力中情感能力的相关教学计划。因为跨文化能力的培养应该以"为什么要具备跨文化能力"的问题为引子，引导学生认知跨掌握文化能力的必要性。拜拉姆(Byram) 将跨文化能力的要素总结为态度(attitude)、知识(knowledge)、解释与建立关联的技能(skills of interpreting and relating)、发现与互动技能(skills of discovery and interaction) 以及批判性意识(critical awareness)，其中，"态度"被置于首位。[129] 本研究将制定教学计划，以提高学习者的跨文化情感能力。

127) 吴智慧：《基于文化教育再概念化的韩国语文化教育内容》,《韩国语言文化学》第10卷 第1期, 国际韩国语言文化学会, 2013, 第75-97页。

128) 跨文化能力的领域可以分为认知能力(cognitive competence)、情感能力(affective competence)、行为能力(behaviour competence), Klopf, Intercultural Communication Encounters, Pearson, 2007, pp.225-226。

129) Byram, M., Assessing intercultural competence in language teaching, Sprogforum, 18(6), 2000, pp.8-13.

(2) 教学概述

① 教学对象

本课程面向大学正规课程(2012年第2学期) 中"对外韩国语教育论"三年级学生, 开设了"韩国文化教育论"这一专业课程, 共有30名学生参与。[130]

② 教学目标

本课程旨在使准韩国语教师从新的角度全面审视韩国文化。 具体教学目标包括:

A. 使外国学习者体验与韩国文化接触时所产生的冲击、压力、冲突等情感。

B. 了解外国学习者在学习韩国文化时的陌生感和困难, 培养从学习者视角出发的同理心。

C. 减少外国学习者对他国文化的偏见和刻板印象, 提高对他国文化敏锐的感知力和高度的包容性。

D. 在韩国文化教学过程中克服本民族中心主义, 客观看待韩国文化。

③ 教学过程

A. 教师引导学习者从外国人的角度出发, 制定"我眼中'陌生的'韩国文化"活动方案, 同时提供主题相关的指导。

B. 学习者选择韩国文化中的某个方面, 从火星人的视角(即外国人立场)进行观察并记述。

C. 教师对"B"环节进行反馈。

D. 学习者基于教师的反馈进行批判性反思, 对活动方案进行修改或重述。

---

130) 课程开设于庆熙网络大学韩国语文化系, 共2个班, 258人, 提交课题230人。以其中认为完全地履行了本课题的目标和意图的30个课题为对象。

④ 教学重点

本研究注重学习者心理与认知的变化，旨在引导其适应持续性的外

131) 为了充分体现韩国现代文化的特征，研究者以韩国文化的现在性、可观察性、陌生性等标准为中心进行了详细的研究主题示例。让学习者参考例子，根据自己所处的情况或兴趣，制定自由的研究主题。

部环境。通过矫正对跨文化差异的认知，培养学习者对他国文化持宽容态度的能力，使其能够消除偏见，客观地认识、理解、考察本国文化与他国文化之间的关系。

4. 实施情况与分析

本节围绕 "9.4.2" 中提出的跨文化能力培养方案，对大学正规课程 (2012年度第二学期) 中开设的"韩国文化教育论"课程的学生课题进行了分析。

(1) 提出课题

1. 什么是火星人类学家?

"火星人类学家"是一种认知矫正训练方法，引导学习者从他人视角来审视自己所熟悉的事物，使其意识到这些事物在别人眼中的陌生感和不同解释。鼓励学习者去平日常去的地方，以特定主题观察周围的一切，但关键在于要从火星人的视角来描述地球人的生活。通过这种将日常事物进行疏离化的过程，学习者可以意识到韩国文化在他人眼中的差异。

2. 方法

学习者要设想自己是一位火星人类学家，前往日常生活中熟悉的地方。在这些地方，通过局外人的角度解释平常被视为理所当然的事物或行为。

3. 内容

作为一位火星人类学家，您被选派前往地球进行文化研究。您的目的地是韩国，您将在那里观察和分析当地人的生活方式、行为模式和社会结构。您所提交的研究报告将对未来火星政治委员会与地球的官方交流起到至关重要的作用，因此请以高度的严谨性和责任心来完成这项任务。

以下内容仅供参考，您可以自由选择研究的主题。

〈研究主题示例〉[131]

- 前往大型超市研究休闲生活。
- 调查大型超市顾客的行动路线和商品偏好。
- 在公寓游乐场研究家庭关系。
- 到地铁站研究职业和着装。
- 前往咖啡馆研究来访客人的组成和菜单选择。
- 在高速公路服务区，研究食物的烹饪方式(人们的视觉处理和行动路线)。
- 探访传统市场，研究家庭关系(讨价还价、货物选择方式等)。
- 在明洞研究外国人和韩国人的对话。
- 参观古宫，探索文化生活。
- 参观各种博物馆，研究文化享受的方式。

- 前往书店研究挑选书籍的偏好。
- 走上街头研究情侣关系。
- 前往机场研究食物的口味。
- 在大学校园研究学生午休时的出行方向。

〈表72〉通过火星人类学家重新认识韩国文化的活动指南

(2) 活动方案构成与课题执行步骤

1.重新认识韩国文化企划案／2.重新认识韩国文化活动方案					
专业		学号		姓名	
提交日期					
主题					
选题依据					
结果					
地点					
实施方法	假设〈1〉实施方法： 假设〈2〉实施方法： 假设〈3〉实施方法：				
进度安排/ 内容	年　月　日				
	年　月　日				
	年　月　日				
3.活动结果(A4纸2~3页)					
〈假设1相关问题及答案〉					
4.应用方案(A4纸5页)					
5.活动心得体会(A4纸1页)					

〈表73〉通过火星人类学家重新认识韩国文化的活动方案

在"1.重新认识韩国文化企划案"中，我们制定了一个包含假设性预测的详细执行计划。"2.重新认识韩国文化活动方案"和"3.活动结果"中记录了项目的实施进展和成果。此外，"4.应用方案"旨在根据前述活动成果，制定适用于教学的韩国文化方案。最后，在"5.活动心得体会"中，参与者分享个人在完成该课题时的见解和感想，增强活动的客观性。

完成课题的时间及方法：

企划案提交：11月11日星期日晚12点前完成并提交　"1.重新认识韩国文化企划案"(格式另附)。

中期反馈与最终提交：收到教师反馈后，2012年12月20日星期四晚12点前完成最终任务"2.重新认识韩国文化活动方案""3.活动结果""4.应用方案""5.活动心得体会"并上传至课题群。

教案设计："4.应用方案" 要求将通过火星人类学家发现的事实制作成韩国文化课教案。

资源共享：课题所需的参考文献和其他资源将在课题群内提供，供学习者参考。[132]

(3) 课题分析

每位学习者建立2~3个假设，并进行了验证。观察次数在4~8次之间，并提交了包括照片在内的10~20页A4纸的课题研究报告。 由于篇幅限制，无法涵盖所有课题的情况，但会尽力集中分析课题的完成情况。

现将学习者研究的30个主题的韩国文化教学方案项目化如下：

① 韩国文化与他国文化的比较

序号	题目
1	通过美国图书馆项目和基督教青年会(YMCA) 观察父母的育儿方式，以增进对韩国育儿方式和教育文化的理解。
2	韩国人眼中法国里昂的一般医疗服务
3	《从中国的"餐厅文化"窥探中国人的餐饮文化》——以中国山东省威海市环翠区的韩国平壤餐厅为例
4	韩日文化比较与假设：韩国人的意识结构中融合了具有权威主义元素的家族主义、集体主义
5	前往咖啡馆观察日本人的对话，研究有效沟通中的非语言因素。

〈表74〉韩国文化与他国文化的比较

132) 由于本课题是作为期末考试备选课题提出的，所以环节较多，需要学习者学习的内容也较多。鉴于学习内容多、时间长，教学者通过中间检查反馈，使学习者不丧失教学目标和方向。

旅居海外的学习者从火星人(外来者) 的角度观察了所居住国家的文化。本研究以火星人(外来者) 的立场观察他国文化为主题，并采用一致的研究步骤和思路。在课题1中，对比考察了美国和韩国的育儿方式，并制定了关于韩国育儿方式的韩国文化课教案作为活用方案。在课题2中，验证了以下假设：(1) 法国里昂的一般医疗服务设施优于韩国；(2) 对法国医生的友善态度产生文化冲击；(3) 法国人的不确定性回避程度相对较高。[133] 在课题3中，对中国的韩餐厅开展了研究，考察了以下两方面文化维度假设：(1) 中国人的不确定性回避倾向；(2) 中国人的男性气质与女性气质。通过分析发现，中国人具有个人主义倾向、男性气质明显，更重视薪资而非职业意识，同时表现出对不确定性回避程度高、长期指向性低等特点。在课题4中，通过对日本人和韩国人的采访，分析了韩国人的家族主义和集体主义观念。而在课题5中，通过观察日本人在咖啡厅对话中的表情和回应等非语言因素，考察了集体主义文化的表现。

由于这些居住在国外的学习者都有在韩国居住的经验，因此能够自然而然地将韩国文化与其他居住国的文化进行比较。此外，通过这些课题，他们有机会重新审视自己所在居住国的文化。这种经历有助于这些学习者在日后教授韩国文化时客观而不偏颇地比较和对待居住国文化与韩国文化。

② 韩国人的人格/价值观/集体主义

6	韩国人的集体主义
7	从韩国家庭饮食习惯看韩国集体主义
8	恋人约会的费用
9	外国人眼中的韩国形象和韩国人的人格
10	考察老龄化的农村中老年人的价值体系特征
11	新城市公寓村居民的生活方式
12	论韩国人的职场文化

〈表75〉韩国人的人格/价值观/集体主义

133) 荷兰管理学家霍夫斯特德(G. Hofstede) 通过对1.6万名在世界各地工作的IBM员工的研究，总结他们的价值观分为四个标准：集体主义/个人主义、权力差异大/小、回避不确定性高/低、男性气质/女性气质。其中，"集体主义与个人主义"的区别不仅是霍夫斯特德，也是许多社会学家和文化人类学家区分文化的重要尺度。霍夫斯特德的研究发现，个人主义价值观较高的国家有美国、澳大利亚、英国、加拿大、荷兰、新西兰、意大利等，集体主义倾向较高的国家有委内瑞拉、哥伦比亚、日本、香港、韩国等。本课程《韩国文化教育论》的学习者在课堂上熟悉了荷兰学者霍夫斯特德对文化间差异的4种区分，并在课题中以此为标准进行了分析。金淑贤等《韩国人与跨文化交际》，交际图书，2001, 第64-96页；参见俞秀妍；《跨文化交际的理解》，韩国文化社，2000, 第15-30页。

在课题6中，通过对饭店内餐费支付方式、涉及个人生活的对话方式、用餐方式的探讨，分析了韩国人的集体主义观念。在课题7中，以居住在日本的多元文化家庭为研究对象，通过对比韩国家庭的共享小菜文化、日本家庭的分餐习惯以及多元文化家庭的混合型饮食方式，进一步深入分析了韩国人的集体主义特征。这一系列与饮食相关的行为展示了显著的集体主义特点。两个课题都以日常生活中的素材为基础，精准捕捉到了韩国集体主义的特征。

在课题8中，通过对50名男女进行问卷调查，并在江边站、蚕室站、良才站的咖啡厅和餐厅进行观察，研究了约会费用的支付主体。本课题提出了以下假设：1) 韩国男女约会费用由男性承担；2) 这一现象与重视人际关系的集体主义文化有关；3) 这一现象与儒家思想中的男女差异有关。通过问卷调查验证了这三个假设的合理性，并在"韩国儒家思想的起源和特征"这门韩国文化课中，以韩国男女约会费用为例进行了备课。

在课题9中，越南学生站在外国人的立场，分析了韩国人的教育热情、勤勉、优越感等特征。课题10考察了在教堂遇到的老人，从收留离异子女的孩子，给子女快递农产品的老人身上，展现了韩国人强烈的集体主义；从拒绝陌生食物，分析了韩国人对不确定性的回避态度；从对成功的执着体现出男性气概。课题11中分析了公寓文化是集体主义(如垃圾分类回收) 和个人主义(如电梯里的冷落忽视行为，对楼层噪音敏感反应) 的共存现象、无个性化(如跟风行为) 和个性化(如"孤立"等个体化文化) 的共存现象、女性主导(以女性生活便利为主的结构) 等现象。最后，在课题12中，通过每天固定30分钟的观察上司与下属间的相互态度、整体气氛、对话方式和敬语的使用，分析了集体主义、男性气概、面子问题、高语境交流等几个方面。

③ 韩国饮食文化

13	韩国的饮食文化(外国人反感的韩国饮食)
14	探究地球人在丰富多样的美食广场的饮食文化

〈表76〉韩国饮食文化

　　课题13对在京畿道高阳坡州工作的40名外籍工作者进行了关于"陌生的韩国饮食"问卷调查，以研究外国人所反感的韩国饮食。这项课题旨在从外籍工作者，即火星人的角度进行探究，而非调查者本身的立场。通过以上调查，筛选出外国人反感的食物，如腌渍发酵的鳐鱼、蚕蛹、鸡爪、活章鱼等，以及他们喜爱的食物，如拌饭、烤肉、排骨、参鸡汤等。此外，关于韩国饮食的整体印象，外国人提出的肯定评价有"色香味俱全的季节美食、以素食为主的健康饮食"，但同时也提到了"味道强烈刺激，视觉上没有吸引力"等负面评价。

　　在课题14中，提出了以下假设："1.地球人喜欢韩餐。 2.会吃别人点的菜。3.点餐时会选择同行人点的菜。"经研究，"假设1和3"成立，而对于"假设2"，在美食广场上，他们各自点了相同的食品享用，属于各自点餐。[134]

④ 韩国青少年文化

15	通过青少年的对话了解他们的文化。
16	韩国学生的集团化倾向与智能手机使用

〈表77〉韩国青少年文化

　　课题15对韩国青少年文化中的"个人主义倾向、权力差异大、竞争性强、重视他人认可"等文化特征进行了调查。青少年群体是具有独特鲜明个性的群体，成年人观察他们的文化必然需要从火星人的立场出发以保持客观性。在课题16中，研究者以束草某中学的3个班级学生为研

134) 即使是在美食区各自点餐的情况，从笔者的经历来看，也有家人、朋友、熟人之间共享一起吃的情况。然而，调查者将自己所观察的时间内的事实毫无保留地记录下来，因此这也被认为是一种资料，具有意义。如果进一步扩大地点和时间，增强客观性，可能会有不同的结果。

究对象，将休息时间和午饭时间一致的学生分成6~8个小组，分别观察
他们是独自一人还是加入到某一小组。假设中预测学生们可能会有团
体化倾向，但在使用智能手机时可能表现出个人化倾向。然而调查结果
显示，学生们在使用智能手机与其他人发短信、使用kakaotalk时，也会
聚在一起。由此可以得出结论，学生们对归属于集体的渴望非常强烈。
这一结论可以看作是韩国人集体主义的一个例证。如果能进一步展开
具体研究，将为我们更好地了解韩国人的文化特征提供丰富的洞察机会。

⑤ 韩国家庭文化

17	研究在住宅区游乐场所观察到的孩子与监护人(父母、祖父母、其他监护人)的关系(家庭关系、亲密度等)、孩子的游戏方式和监护人的行为。
18	传统市场中的家庭关系研究
19	去餐厅研究一下家人吃饭的样子。

〈表78〉韩国的家族文化

　　课题17中，研究者对儿童游乐场进行了12次访问观察，表现出极大的
研究热情。观察结果显示，在韩国的游乐场中，成年人表现相对不活跃，
幼儿多在上午参观，而初高中生则更倾向于在傍晚时段访问。此外，从
他们相似的着装中展现出集体主义特征，对待多元文化家庭中孩子的
特殊目光也揭示了集体主义特征，妈妈们在对话中则显示出规避不确
定性的态度。课题18通过拍摄和访谈的方式，针对南大门市场的商人和
顾客进行了调研，探究了当使用"妈妈、姐姐、哥哥、姨妈、叔叔"等家庭
称谓时，顾客表现出友好的反应。课题19通过观察家庭成员用餐的情
况，考察了"一起吃炖菜等集体主义文化，用餐时女性主要承担收尾工
作的男性气质"等。

⑥ 韩国购物文化

20	去快餐店观察消费形态。
21	通过韩国人在购物中心的消费文化,对韩国人喜欢的休闲生活(休闲运动)进行观察,调查其偏好和类型。
22	去大型超市研究休闲生活和购物文化。
23	研究使用大型超市及其周边设施时的行为。
24	观察社区超市的购物行为和人际关系。

〈表79〉韩国购物文化

　　课题20调查了在中国北京肯德基销售中国传统饮料等本地化政策的实施效果，中产阶层的个人主义文化，以及以家庭为单位的文化形态等。课题21通过调查购物中心顾客购买登山装备的平均支出金额，以及对百货店和大型超市员工的采访，分析了大量购买登山用品的现象中融入了韩国人的集体主义情感。课题22则针对大型超市不同楼层的顾客性别和购物偏好进行了分析。课题23观察了韩国人在大型超市的行为，并得出韩国人的行为具有高度的一致性和封闭性、女性结伴购物倾向以及权力差异较小等结论。课题24中，研究人员通过在商场工作时观察顾客的行为，分析了顾客成群结队购物的习惯以及对常客表现出更多关照和深厚的情感，进一步分析了其集体主义的特点。

⑦ 韩国的习俗和生活习惯

25	通过地球人的着装,了解其职业和生活方式
26	韩国的公共交通：公交车站点和公交车内部
27	了解韩国的婚礼随礼文化
28	地球人在地铁里的位置
29	大众酒吧(pub)中的饮酒文化比较研究
30	咖啡店对话和行为方式的研究

〈表80〉韩国的习俗和生活习惯

课题25通过研究韩国人的生活方式及偏见和权力的差异、固有观念，分析了人们根据职业对他人进行划分的倾向、个性表现和社会视线中的矛盾意识、衣着所体现的权力高低等。课题26中，研究人员在水原庆熙大学周边的公交车站点，每天考察人们的对话方式和矛盾解决方式、帮人拿行李或让座等现象，分析出韩国人高语境交流、不确定性回避较高、集体主义倾向等特点。课题27中通过对三个婚礼场所的访问调查以及对宾客的问卷调查，分析了随礼、对奇数的偏好、根据亲密程度决定金额等习惯。课题28通过观察从梧里站到牡丹站的盆唐线地铁上老年人、中年人、壮年人和儿童之间的让座关系，分析了集体主义和个人主义文化。课题29从集体性、权力差异、酒桌上的主宾关系等方面分析了饮酒文化。课题30分析了客人和员工之间的权力差异、支付过程中注重面子的高语境文化、委托他人为自己下单的集体主义倾向等现象。

5. 调查问卷内容分析

为确保问卷分析公正客观，本问卷分析于课题评估和期末评估结束后的2013年1月发出，并于三周后回收。在30受访者中，除4人因个人原因未作答外，其余26人均已作答。

(1) 您在韩国语教育中修过文化专业相关课程吗？

除2人外，共有24名学生选修过文化相关课程。此外，由于本课题是在完成韩国文化教育论课程后进行的，因此在完成问卷调查时，参与者在填写问卷时已经对韩国文化教育的基本概念和定义有了较深的理解。

(2) 您有向外国人教授韩国语或韩国文化的经历吗？

20名受访者表示有过韩国语或韩国文化教学经验，6名受访者没有相关经验。在"9) 韩国文化教学时本课题的影响"这一提问中, 有教学经验的应答者对本课题的反应比没有教学经验的应答者更积极。

(3) 您认为本活动对您了解韩国文化有整体上的帮助吗?

16人回答"非常肯定", 占比53.3%, 7人回答"肯定", 占比23.3%, 共3人回答"有点肯定", 占比10.1%。

(4) 如果您在"(3)"中做出了肯定回答, 您认为具体在理解韩国文化的哪些方面得到了帮助?

4人表示本次活动帮助他们从新的视角理解韩国文化(其中1人与文化教学整体得到帮助的回答重复); 有5名受访者表示在整个文化教学过程中得到了帮助; 另外18名受访者提到了从文化教学方法、探索文化教育工具的新视角以及教学指导方法方面得到了启发。

(5) 您认为本次活动对外国人进行韩国文化教育有帮助吗?

"非常肯定"共13人, 占比50.0%, "肯定"共13人, 占比50.0%, 调查结果表现出受访者的积极反应。

(6) 您认为本次活动将对韩国文化教育的哪些方面有所帮助?

※ 可多选

本题设置目的是分析本课题对文化教育产生的具体影响, 回答有"目标及方向设定"(22人, 73.3%)、"教学设计"(24人, 80.0%)、"文化项目设定"(16人, 53.3%) 等。

(7) 您认为市活动是否有助于您提高跨文化能力?

该问题是在韩国文化教育论课程中一直强调的跨文化能力提升问题。回答"非常肯定"的共9人, 占比30%; 回答"肯定"的共13人, 占比43.3%; 回答"有点"的共4人, 占比13.3%。调查结果显示, 受访者肯定了本次活动对跨文化能力提升的积极影响。

(8) 如果您在"(7)"中做出肯定回答, 您认为您的跨文化能力具体在哪些方面得到了最大的提升?

正如"9.4.1.引言"中所述, 本研究旨在设计以体验为中心的文化教育方案, 以促进情感能力的提升。 直接问及该目标可能导致回答不够真实, 因此我们选择使用"跨文化能力"这一术语来扩大范围。共有24名受访者(除去2人未回答) 对此问题作出了回应。综合具体选项, 我们可以总结回答为"情感能力"发生变化。

其中, 最多的回答涉及对"摒弃歧视与偏见、尊重其他文化、承认差异"等看法, 共10人。另外, 有3名受访者表示他们能够更加客观地看待社会现象, 2人表示具备了共情能力和包容的态度, 2人认为这有助于设定文化教育的目标和方向。此外, 还有2人表示他们在韩国文化教学方面获得了更多自信。

除此之外, 以下是对上述选项的重复表述:

文化之间存在的差异是可以跨越的。我们不应片面地认为某种文化具有优越, 而应以不同的视角看待文化, 并发现不同文化之间的共同之处。

— 韩国语文化专业3年级, 女

本次活动加深了我对其他文化的理解, 在本次活动中, 我将文化传递者的心态以及正确对待文化的相关理论初步应用到了实际教学中。

— 韩国语文化专业4年级, 女

本次活动让我开始从不同视角审视曾认为是理所当然的、"因为本来就是这样……"、对我来说是非常平常的韩国文化，我意识到了外国人看到的韩国文化和我看到的韩国文化存在差异。

— 旅游休闲经营专业四年级，女

由以上学习者反馈可知，通过本研究，学习者的共情能力得到了提升，具备了认同和尊重不同文化价值和形态的态度；克服了刻板印象和本民族中心主义，对待其他文化保持宽容而非急于判断，提高了考察本民族文化和其他文化的能力。总之，本研究对提高学习者跨文化能力的情感能力具有很大帮助。

(9) 请自由说明市活动对教师文化教育能力的其他影响

学习文化比较方法论，理解相关理论或假设，了解韩国社会普遍存在的刻板印象和偏见，思考实际可用的教育方案，从外国人的视角理解课堂活动，减少学习者的文化冲击并具有可实施性的韩国文化教学方法。

(10) 如有关于市活动的其他改善方案，请自由说明。

小组活动、提供实际案例、发送公文等、在提供地点的同时提供更加多样的活动。

6. 结论

本研究展示了以"火星人类学家"为例的跨文化交际训练对准韩国语教师的实施效果，旨在提升其情感维度的跨文化能力。针对学习者所选择的课题，对文化项目进行分析，并将此问卷内容作为本研究的最终结果。

学习者选择的主题涵盖了韩国文化和其他文化比较(5个)，韩国人的人格/价值观/集体主义(7个)，韩国饮食文化(2个)，韩国青少年文化(2个)，韩国家庭文化(3个)，韩国购物文化(5个)，韩国的习惯及生活习惯(6个) 等领域，主要关注日常文化和当前文化。

通过课题研究，学习者逐步建立了"摒弃歧视与偏见、尊重其他文化、承认差异"的观点，意识到尊重他人文化的重要性。此外，能够更加客观地看待社会现象，具备了共情能力和开放的态度，这表明本研究的宗旨——提升情感维度的跨文化能力已在一定程度上得以实现。

在地球村这一多元文化社会中，跨文化能力的重要性日益突显。我们希望通过积累更多实际而具有体验性的应用案例，使准韩国语教师扎实地站稳脚跟，成为备受尊重的跨文化人才。

著作

姜仁爱, 为什么是建构主义? 一信息时代与以学习者为中心的教育环境[M], 文音社, 1997.

姜俊万, 韩国生活文化辞典[M], 人物与思想史, 2006.

京畿道多元文化中心编著, 多元文化教育的理论与实际[M], 良书苑, 2009.

具贞花, 朴允京, 薛圭著, 多元文化教育的理解[M], 同文社, 2009.

国际韩国语教育学会, 韩国文化教育论[M], 萤雪出版社, 2010.

国际韩国学会, 韩国文化与韩国人[M], 四季, 1998.

权景根等, 语言、社会和文化[M], 博尔精出版社, 2009.

权顺熙等, 多元文化社会与多元文化教育[M], 教育科学社, 2010.

权英民等, 面向外国人的韩国文化阅读[M], 美丽的韩国语学校, 2009.

金代行等, 文学教育概论[M], 首尔大学出版文化院, 1999.

金代行, 文学教育框架的建构[M], 亦乐图书出版, 2000.

金文植等, 关键词韩国文化套装[M], 文学村, 2010.

金淑贤等, 韩国人与跨文化交流[M], 交际图书, 2002.

金烈圭, 用象征方式表达的韩国人与韩国文化[M], 一潮阁, 2013.

金烈圭, 韩国人的神话——那边, 那处, 到那深渊[M], 一潮阁, 2005.

金英淑, 英语专业教育论 : 理论与实际[M], 韩国文化社, 1999.

金永顺, 媒体与文化教育——为了媒体阅读[M], 韩国文化社, 2005.

金永顺, 白承国著, 文化产业与教育娱乐内容[M], 韩国文化社, 2008.

金恩美, 韩国人的谦卑心理 : 文化心理学分析[M], 韩国学术信息, 2007.

金宰范, 义化产业的理解[M], 首尔经济管理图书出版, 2005.

金正恩, 韩国人的跨文化交际[M], 韩国文化社, 2011.

金仲燮, 方成元, 金知衡, 李圣熙, 韩国语高级2[M], 庆熙大学出版社, 2003.

金振英, 徐有锡, 春香传与韩国文化[M], 博尔精出版社, 2008.

金泰坤, 崔云植, 金振英, 韩国的神话[M], 诗人社, 1991.

金平秀, 尹兴钧, 张奎秀, 文化内容产业论[M], 交际图书, 2007.

金海玉, 面向外国人的韩国文化阅读[M], 韩国广播通信大学出版社, 2010.

参考文献 r·e·f·e·r·e·n·c·e

金广亿, 文化的多学科探索[M], 首尔大学出版社, 1998.

内森·格拉泽, 我们现在都是多元文化时代的人[M], 拥有未来的人们, 2009.

尼古拉斯·埃文斯(Nicolas Evans) 著, 金基赫·胡静译, 无声消逝——消失语言的心痛探索报告[M], 学坛, 2012

道格拉斯·布朗(H. Douglas Brown) 著, 李兴秀等译, 外语教学原理[M], 皮尔森教育韩国公司, 2010.

拉里·萨莫瓦(Larry A.Samovar) 等著, 郑贤淑等译, 跨文化交际[M], 交际图书, 2007.

玛达琳娜·德卡洛著, 张汉业译, 跨文化理解的概念与运用[M], 韩蔚研究院, 2011.

马歇尔·麦克卢汉著, 金成基译, 理解媒体[M], 民音社, 2002.

文化和观光部政策咨询委员会, 未来的文化, 文化的未来[M], 2007.

穆里尔·萨维尔·特洛基(Muriel Saville Troike) 著, 王汉锡等译, 语言与社会·交际民族志学入门[M], 韩国文化社, 2002.

朴成昌, 安京华, 杨承国, 韩国文化30讲[M], 博尔精, 2014.

朴昌顺, 文化内容学概论[M], 交际图书, 2006.

朴汉娜, 通读韩国文化[M], 博尔精, 2008.

朴兴顺, 后殖民圣经解析[M], 艺荣BNP出版社, 2006.

裴圭范, 面向外国人的汉字与韩国文化[M], 韩国文化社, 2012.

白乐天等, 面向外国人的韩国文化指南[M], 博尔精, 2009.

白峰子等, 韩国语言文化听力教程[M], 夏雨图书出版, 2005.

班克斯(Banks, J. A.) 著, 牟景焕等译, 跨文化教育入门[M], 学术研究院, 2008.

社团法人无国界村, 社团法人无国界村小程序[M], 2006.

徐大锡, 韩国神话研究[M], 集文堂, 2001.

孙浩民, 韩国文化的理解[M], 高丽大学出版社, 2013.

苏珊·罗梅因(Suzanne Romaine) 著, 朴龙汉等译, 语言与社会——社会语言学的邀请[M], 沟通, 2009.

顺天乡大学韩国语教育院, 通过文化学习韩国语 1,2[M], 报告社, 2006.

斯特恩(H. H. Stern) 著, 沈永泽等译, 语言教学的基本概念[M], 夏雨图书出版, 2002.

申载汉, 金在光, 金贤真, 尹英植著, 尊重多样性和差异性的多元文化教学设计理论与实际[M], 教育科学社, 2014.

申浩哲, 韩国文化与词汇[M], 韩国文化社, 2014.

实践民俗学会编, 裴永东等, 民俗文化遇上外来文化[M], 集文堂, 2003.

林载海等, 民俗文化的传统与外来文化[M], 集文堂, 2002.

亚太国际理解教育院, 2007年度第四届国际理解教育论坛-跨文化社会合作[C], 亚太国际理解教育院, 2007.

雅各布森(Roman Jakobson) 著, 申文秀译, 文学中的语言学[M], 文学与知性社, 1989.

雅各布森, 莫里斯·哈雷(Roman Jakobson & Morris Halle) 著, 朴汝成译, 语言的基础—结构功能主义入门[M], 文学与知性社, 2009.

吴景锡等, 韩国的多元文化主义[M], 韩蔚研究院, 2007.

王汉锡, 韩国语·韩国文化·韩国社会[M], 教文社, 2010.

沃尔特·翁(Walter Ong) 著, 李基宇, 李明珍译, 口传文化与书写文化[M], 文艺出版社, 1995.

李银凤编, 檀君神话研究[M], 世界, 1986.

俞秀妍, 跨文化交际的理解[M], 韩国文化社, 2008.

Eunsook Lee, Zeilfelder著, 平泽大学多文化家庭中心译, 韩国社会与多元文化家庭[M], 良书苑, 2008.

李甲熙, 用英语讲韩国文化[M], 韩国文化社, 2014.

李圭泰, 韩国人的意识结构1~3[M], 新元文化社, 2011.

李美惠等, 面向外国人的韩国文化[M], 博尔精出版社, 2010.

李炳旭, 从精神分析看韩国人与韩国文化[M], 知音, 2013.

李尚亿, 韩国语与韩国文化[M], 沟通, 2011.

李善怡, 面向外国人的鲜活韩国现代文化[M], 韩国文化社, 2011.

李圣熙, 多元文化社会教学方法论[M], 博英社, 2024.

李圣熙, 面向韩国语教育者的文化教育方法与实践[M], 韩国文化社, 2024.

李圣熙, 面向韩国语教育者的文化教育理论与争论[M], 韩国文化社, 2024.

参考文献 r·e·f·e·r·e·n·c·e

李海英等, 生活中的韩国文化77[M], 韩文公园, 2011.

伊莱恩·鲍德温等著, 赵爱利等译, 文化研究导论(Introducing Cultural Studies) [M], 韩蔚研究院, 2009.

一然著, 李尚虎译, 姜云丘摄影, 利用照片读三国遗事[M], 喜鹊, 1999.

一然著, 李敏秀译, 三国遗事[M], 乙酉文化社, 1995.

张德顺, 韩国故事文学研究[M], 博尔精出版社, 1995.

张德顺等, 口碑文学概论[M], 一潮阁, 2009.

爱德华·霍尔(Edward T. Hall), 无声的语言[M], 韩吉社, 2017.

张周瑾, 韩国神话的民俗学研究[M], 集文堂, 1995.

全京秀, 文化的理解[M], 一志社, 1994.

田美顺, 文化中的韩国语 1,2[M], Language Plus, 2011.

郑昌权, 文化内容叙事[M], 韩国图书, 2008.

郑昌权, 郑昌权教授的文化内容学讲义(深入理解) [M], 交际图书, 2007.

詹纳克·米尔兹曼著, 金亨中译, 语言·文化·社会[M], 世界图书, 2006.

杰里米·里夫金, 安振环译, 第三次工业革命[M], 民音社, 2012.

约瑟夫·坎贝尔著, 李润基译, 世界英雄神话——阿波罗、神农氏到青蛙王子[M], 大元社, 1991.

赵正顺等, 有故事的韩国语和韩国文化[M], 多乐园, 2010.

约瑟夫·奈(Joseph S.Nye) 著, 洪秀元译, 软实力[M], 世宗研究院, 2004.

赵贤容, 韩国文化教育讲义[M], 夏雨出版社, 2013.

约翰·斯托瑞(John Story) 著, 朴谋译, 文化研究与文化理论[M], 现实文化研究, 1999.

周映霞, 饮食战争与文化战争[M], 四季, 2000.

朱永和等, 韩国学的乐趣[M], 人文主义者, 2011.

崔南善, 六堂崔南善集V5[M], 乙酉文化社, 1973.

崔来玉, 韩国传统童话集11[M], 创作与批评社, 1994.

崔延熙等, 英语阅读教学论——原理与应用[M], 韩国文化社, 2006.

崔云植, 韩国故事研究[M], 集文堂, 1991.

崔云植，金基昌等，面向外国人的韩国、韩国人和韩国文化[M]，报告社，2009.

崔允喜，跨文化交际[M]，交际图书，2013.

崔静仁，张庆元合著，以PBL授课[M]，学知士，2010.

崔俊植，韩国人没有文化？[M]，四季出版社，2003.

崔俊植，韩国人有文化吗？[M]，四季出版社，2003.

崔志贤等，国文专业教学方法[M]，亦乐图书出版，2007.

崔惠实，从书写文化到电子文化，媒介在进化，故事在诞生[M]，韩吉社，2007.

崔惠实，文化产业与故事[M]，多媒体，2007.

崔惠实，与文化内容故事相遇[M]，三星经济研究所，2006.

凯瑟琳·图米福斯纳(Catherine Twomey Fosnot)等合著，赵富庆等译，建构主义理论、观点和实际[M]，良书苑，2001.

田上洋子，洋子的韩国生活[M]，小种子，2008.

汤姆·马卡姆厄(Thom Markham & John Larmer & Jason Ravitz, Ph.D)等著，卢善淑，金民庆，林海美等译，基于项目的学习入门教程[M]，教育科学社，2006.

帕特里克·莫兰(Patrick R.Moran)著，郑东彬等译，文化教育[M]，经文社，2005.

韩庆九，多元文化社会的理解[M]，东方，2008.

韩国文化人类学会编，在陌生的地方遇见自己[M]，一潮阁，1998.

韩国国学振兴院，韩国人的文化基因[M]，人文世界出版社，2012.

韩国产业社会学会编，社会学[M]，韩蔚研究院，2004.

韩相美，韩国语学习者的沟通问题研究[M]，交际图书，2006.

韩相美，韩国文化教育论，韩国语教学法的实际[M]. 延世大学出版社，2007.

韩尚福等，文化人类学概论[M]，首尔大学出版社，1985.

韩才英等，韩国语教学法[M]，太学社，2005.

黄仁教，文学教育的研究史与变迁史，韩国语教育论2[M]，国际韩国语教育学会编，2005.

KBS韩国人的饭桌制作组，韩国人的饭桌[M]，Sidpaper，2011

参考文献 r·e·f·e·r·e·n·c·e

Alice Omagio Hadley, Teaching Language in Context, Heinle & Heinle, 1993.

Barry Tomalin & Susan Stempleski, Cultural Awareness, Oxford University Press, 1994.

Byram, M., Foreign Language Education, Clevedon: Multilingual Matters, 1989.

Byram, M. Teaching and Assessing Intercultural Communicative Competence.

Clevedon, Philadelphia: Multilingual Matters, 1997.

C. J. Brumfit & R. A. Carter, Literature and Language Teaching, Oxford University Press, 1984.

Carter, R. and Long, M. N. Teaching Literature: Longman Handbooks forLanguage Teachers, Harlow: Longman, 1990.

Carter, R. and Nunan, D.(ed.), The Cambridge Guide to Teaching English to Speakers of Other Languages, Cambridge University Press, 2004.

Coellho, Teaching and Learning in Multicultural Schools, UK: Multilingual Matters Lid., 1998.

Collie, J, and Slater, S. Literature in the Languoge Classroom: A Resource Book of Ideas and Activities, Cambridge: Cambridge University Press, 1991.

Donald W. Klopf, Intercultural Encounters-The Fundamentals of Intercultural Communication, Morton Publ ishing Company, 2001.

Gillian Lazar, Using Literature in the Language Classroom: The Issues, in Literature and Language Teaching - A Guide for Teachers and Trainers, Cambridge Teacher Training and Development, 1993.

Hall, G., Literature in Language Education, N. Y.: Palgrave Macmillan, 2005.

Hinkel. E.(ed.), Culture in Second Language Teaching and Learning, Cambridge University Press, 1999.

J. B. Pride & J. Holmes(eds.), Sociolinguistics, Penguin, 1972.

Joanne Collie & Stephen Slater, Literature in the Language Classroom, Cambrdge University Press, 2000.

Kees De Bot, Ralph B. Ginsberg. Claire Kramsch(Eds.), Foreign Language Research in Cross-Cultural Perspective, John Benjamins Publishing Company, 1991.

Klopf, Intercultural Communication Encounters, Pearson, 2007.

Kramsch, C., Context and Culture in Language Teaching, Oxford University Press, 1993.

Lazar, G., Literature and Language Teaching: A Guide for Teachers and Trainers, Cambridge: Cambridge University Press, 1993.

MLA Ad Hoc Committee on Foreign Languages, Foreign Languages and Higher Education: New Structures for a Changed World, Modern Language Association of America, 2007.

National Standards in Foreign Language Education Project, Standards for Foreign Language Learning in the 21st Century. National Standards in Foreign Language Education Project, 2006.

Nunan, D., The Learner-Centered Curriculum, Cambridge University Press, 1996.

Omaggio Hadley, Teaching Language in Context, Heinle & Heinle Publishers Inc, 1993.

Seelye, H. Ned. Teaching Culture: Strategies for Intercultural Communication, Lincolnwood, IL:National Textbook Company, 1993.

期刊论文

姜承惠, 在美侨胞成人学习者文化节目开发需求调查分析研究[J],《韩国语教育》第13卷第1期, 国际韩国语教育学会, 2002.

权五卿, 韩国语教育中韩国文化教育方向[J],《语文论丛》第45期, 韩国文化语言学会, 2006.

权五铉, 以交际为中心的外语教育中的"文化"——以韩国学校外语教育为中心[J],《国语教育研究》第12辑, 首尔大学国语教育研究所, 2003.

金代行, 韩国语教育和语言文化[J],《国语教育研究》第12卷 0号, 首尔大学国语教育研究所, 2003.

参考文献 r·e·f·e·r·e·n·c·e

金明子, 岁时风俗的教育意义与实践[J], 《岁时风俗8》, 我家小院图书出版, 2005.

金美胜, 德语教学中的异文化间学习——以Stuttgarter构想方案为中心[J], 《德语教育》第32辑, 2005.

金美娟, 跨文化交际教学方案[J], 《德语文学》第34辑, 2006.

金珉奎, 模式的变化与游戏的未来[J].《第三届未来游戏论坛》, 韩国文化内容振兴院(现韩国内容振兴院), 2003.

金正宇, 通过诗歌进行韩国文化教育的可能性和方法[J], 《先清语文》第29卷 0号, 首尔大学国语教育学院, 2001.

金正恩, 文化教育的研究史和变迁史[J], 《韩国语教育论2》, 韩国文化社, 2005.

金正学, 檀君神话与图腾崇拜[J], 李恩峰编, 《檀君神话研究》, 世界图书, 1986.

金重燮, 面向外国人的韩国文化教育研究现状及课题[J], 《双语学》27, 双语学会, 2005.

金贤贞, K-文化分析：以大型OTT平台爆款韩剧为中心[J], 《韩国与世界》第4卷 第4号, 2022.

金宪善, 21世纪口传文学的文化史地位[J], 《口传文学研究》, 韩国口传文学学会, 1998.

闵春基, 开发跨文化交际能力教学模式的基础研究[J], 《德语文学》第46辑, 2009.

闵炫植, 韩国语文化教育的概念与实践方向[J], 《韩国语言文化学》1-1, 国际韩国语言文化学会, 2004.

朴永淳, 韩国语教育中的文化教育现状及问题[J], 《双语学》第23期, 双语学会, 2003.

裴贤淑, 韩国语教育中文化教育的现状及问题[J], 《双语学》第21期, 双语学会, 2002.

徐奕, 国语专业教学设计与教学模式应用原理[J], 《国语教育学研究》第26辑, 国语教育学会, 2006.

成基哲, 韩国语教育与文化教育[J], 《韩国语教育》第12卷 第2期, 国际韩国语教育学会, 2001.

杨敏贞, 面向外国人的韩国文化教育方案研究——以韩国古典文学为中心[J], 《国际地区研究》第9卷 第4期, 韩国外国语大学外国学综合研究中心, 2006.

杨敏贞, 面向东亚圈韩国语学习者的活用神话的文学教育研究[J], 《国际地区研究》第11卷 第4期, 韩国外国语大学外国学综合研究中心, 2008.

吴世仁, 运用诗歌的韩国文化教育方案研究——以对20世纪60年代至80年代政治社会的理解为中心[J],《韩国语教育》第15卷 第1期, 国际韩国语教育学会, 2004.

吴智慧, 基于文化教育再概念化的韩国语文化教育内容[J],《韩国语言文化学》第10卷 第1期, 国际韩国语言文化学会, 2013.

俞秀妍, 金顺任, 跨文化交际研究动向与研究展望——以德国案例为中心[J],《德语文学》第29辑, 2005.

刘英美, 美国的韩国文学教育[J],《韩国语教育论2》, 国际韩国语教育学会, 2005.

尹汝卓, 文学教育与韩国语教育[J],《韩国语教育》第14卷 第1期, 国际韩国语教育学会, 2003.

尹汝卓, 韩国语教育中的文学教育方法——以现代诗为中心, [J],《国语教育》111, 韩国国语教育学会, 2003.

李锡柱, 韩国文化的分内容分阶段目录编制试考[J],《双语学》21, 双语学会, 2002.

李善怡, 运用文学设计韩国文化教学方法[J],《韩国语教育》第14卷 第1期, 国际韩国语教育学会, 2003.

李圣熙, 活用故事设计韩国语文化教学方案[J],《韩国语教育》第10卷 第2期, 国际韩国语教育学会, 1999.

李圣熙, 重读仙女与樵夫[J]. 金振英等,《女性文化的新视角2》, 月印, 2000.

李圣熙, 韩国语·文化综合教育的原理和方向[J],《国语国文学》 150, 国语国文学学会, 2008.

李圣熙, 韩国语教育中读写综合教育研究[J],《双语语言学》第37期, 双语学会, 2008.

李圣熙, 面向英语圈高级学习者的韩国文学教学实际——以提升"跨文化能力"和"个人成长'"为中心[J],《韩国语教育》第21卷 4期, 国际韩国语教育学会, 2010.

李圣熙, "檀君神话"在韩国语教材中的接受情况考察及收录标准的探索——以元典接受方式为中心[J],《精神文化研究》第33卷 第4期(总第121期), 韩国学中央研究院, 2010.

李圣熙, 多元文化社会中提高跨文化能力的韩国民俗教育设计——理解和接受"相同"与"不同"的PBL方法[J],《韩国民族文化》43, 2012.

李圣熙, 运用"火星人类学家"的准韩国语教师跨文化能力教育方案——以"情感能力"为中心[J],《韩国语言文化学》10-2, 国际韩国语言文化学会, 2013.

参考文献 r·e·f·e·r·e·n·c·e

李圣熙, 关于韩国文化教育的等级化及文化项目领域设定的研究[J], 《韩国语文化研究》 第2卷 第1期, 韩国语文化研究中心, 2014.

李圣熙, 运用"故事语法"的故事比较方案研究——以教材构成方案为中心[J], 《读写研究》第12卷 5号(通卷43号), 2021：413-441.

李圣熙, 近代初期外国人传教士的韩国语教材中故事收录情况研究——以《朝鲜語交際文典 附註解》为中心, 《双语学》第84号, 2021：263-285.

李圣熙, 韩国文化教育中的K-文化教育："K-日常文化教育"的实践路径[J].
《敦岩语文学》第42辑, 敦岩语文学会, 2022：89-115.

李圣熙, 基于韩剧的"大 C·小c"文化综合教学模式研究-2022世宗文化学院深化课程：以"阳光先生"和益善洞内容为中心[J], 《读写研究》, 第14卷 4号(通卷54号), 2023：393-417.

李圣熙, 莉莉亚斯·霍顿·安德伍德(Lillias Horton Underwood) 成为首尔人的历程：以安德伍德夫人朝鲜见闻录(Fifteen Years Among the Top-Knots, 1904) 为中心[J], 《文化交流与多元文化教育》第12卷 第2号, 2023：255-280.

李圣熙, 2022世宗文化学院深化课程 影视剧单元构成研究——以"个人关联"与"现实世界建构"为中心[J], 《语言与文化》20(2), 2024：128-148.

李圣熙等, 活用K-文化内容资源的教学设计与实践应用[J], 《文化交流与多元文化教育》, 第13卷 第4号, 2024, 393-420.

李恩淑, 面向外国人的以文化体验为中心的韩国文化教育方案考察[J], 《国语文学》48, 国语文学会, 2010.

李政宰, 檀君神话异本研究Ⅱ——以天界和地界的神为中心——[J], 《韩国文化研究》第3辑, 庆熙大学民俗学研究所, 2000.

李圣熙, 利用电影的韩国语教学方案研究[J], 《韩国语教育》10-1, 国际韩国语教育学会, 1999.

李宗文, 关于《三国遗事》所载檀君神话原文的一个疑问[J], 《汉文教育研究》第22辑, 2003.

李珍淑, 作为外语的韩国语教育中文化整合的教育方案[J], 《国语教育》第12辑, 首尔大学国语教育研究所, 2005.

林采勋, 关于韩国语文化语法(ethno-grammar) 设定的可能性[J],《韩国语教育》第22卷 第4期, 国际韩国语教育学会, 2011.

任智均, 促进古典小说理解与传播的教育方案[J], 韩国古小说学会,《古典小说教育的课题与展望》, 月印, 2005.

张明学, 全球化时代韩国的共和民主主义[J],《以新自由主义的全球化和参与性的共和民主主义为中心》, 社会科学研究, 庆熙大学社会科学研究院, 第35卷 第2期, 2009.

张美罗, 金智亨, 基于文化的初级韩国语在线教育内容的教学要目设计及单元构成方案研究[J],《语文学》第116辑, 韩国语文学会, 2012.

张英姬, 幼儿跨文化教育的概念及教学方法的理论考察[J],《诚信研究论文集》第35辑, 1997.

赵恒禄, 姜承惠, 针对初级阶段韩国语学习者的文化教学要目开发(1) [J],《韩国语教育》第12卷 第2期, 国际韩国语教育学会, 2001.

赵恒禄, 韩国语教材开发的基础性讨论——从教材类型论的观点看教材开发的现状与主要争论点[J],《韩国语教育》14-1, 国际韩国语教育学会, 2003.

赵恒禄, 试论韩国语文化教育论的内容构成[J],《韩国语言文化学》1-1, 国际韩国语言文化学会, 2004.

赵恒禄, 韩国语教育学的学科认同性研究方法论小考[J],《韩国语言文化学》, 第2卷 第1期, 2005.

赵贤容, 韩国语文化教育方案研究[J],《双语学》22, 双语学会, 2003.

曾天富, 中国台湾文化的韩国语教育学实践与改善方向[J],《国语教育研究》第12辑, 首尔大国语教育研究所, 2003.

池贤淑, 韩国语教育学中以题材为中心的研究动向和今后课题[J],《诗学与语言学》第18期, 诗学与语言学会, 2010.

千浩成, 李京汉, 多元文化社会的到来与多元文化教育[J], 教育科学社, 2010.

崔光锡,《洪吉童传》的教科书接受模式和目标学习活动的重构[J],《语言学》第108辑, 韩国语言文学会, 2010.

崔云植, 檀君神话的教育性质和意义[J],《国语教育》第79期, 韩国语教育学会, 1992.

参考文献 r·e·f·e·r·e·n·c·e

崔恩圭, 利用报纸的韩国语教育方法研究[J],《韩国语教育》第15卷 第1期, 国际韩国语教育学会, 2004.

崔正顺, 韩国语教育与韩国文化教育的等价整合[J],《语言与文化》第1卷, 2004.

韩庆九, 什么是多元文化社会[J],《多元文化社会的理解》, 东方, 2008.

许永植, 郑昌华, 多元文化社会中跨文化教育的现场扎根方向——以欧洲和德国的动向为中心[J],《韩德社会科学论丛》, 第19卷 第3期, 2009.

黄仁教, 面向外国人的韩国文学教育——以基础阶段的文学作品阅读为中心[J],《梨花语文论集》16, 梨花语文学会, 1998.

黄仁教, 文学教育的研究史与变迁史[J],《韩国语教育论2》, 国际韩国语教育学会编, 2005.

黄仁教, 韩国语教育与文化教育[J],《外语中的韩国语教育》31, 延世大学韩国语学堂, 2006.

APCEIU, 送西班牙海鲜饭作为礼物, 穿传统服装, 做体面的成人[J],《国际理解教育》秋冬通卷第17期, 2006.

Anderson, L. W. & Sosniak, L. A.(Eds.), Bloom's taxonomy: A forty-year perspective. Chicago: University of Chicago Press, 1994.

Kramsch, C., The Cultural Components of Language Teaching, Language, Culture and Curriculum 8(2), 1995.

Sandra MacKay, Literature in the ESL Classroom, TESOL Quarterly, Vol.16, No.4, Dec., 1986.

Savoie, J. M., and Hughes, A. S., Problem-Based Learning as Classroom Solution, Educational Leadership, 52(3), 1994.

Scott, V. M., & Huntington, J. A. Reading Culture; Using Literature to Develop C2 Competence. in Foreign Language Annals, 35(6), 2000.

Stern, H. H., Issues and options in language teaching: Oxford: Oxford University Press, 1992.

学位论文

金敬之, 面向中级学习者的韩国语教育研究——以电影和歌曲为中心的课堂活动[D], 庆熙大学研究生院硕士学位论文, 2001.

金敏喜, 运用故事的韩国语言·文化教育方案研究[D], 韩国外国语大学硕士学位论文, 2007.

金贤正, 运用俗语的韩国语文化教育研究[D], 首尔大学硕士学位论文, 2002.

文恩珠, 韩国语教育中的文化体验教学方案研究[D], 汉阳大学硕士学位论, 2004.

朴善英, 跨文化教育活动对幼儿情绪智力的影响——以文学和音乐的综合方法为中心[D], 新罗大学研究生院硕士学位论文, 2005.

朴正文, 小学生多元文化学习活动的反思性实践研究[D], 庆南大学研究生院博士学位论文, 2006.

申英民, 文化人类学视角下跨文化美术教育方案研究[D], 韩国教员大学研究生院硕士学位论文, 2005.

尹尚哲, 通过现场学习的韩国语文化教学方法研究[D], 庆熙大学教育研究生院硕士学位论文, 2004.

尹英, 面向外国人的韩国小说教育方案[D], 梨花女子大学研究生院韩国系硕士学位论文, 1999.

张庆恩, 韩国语教育的分阶段文化教学内容与教学方法[D], 全南大学研究生院国语国文学系硕士学位论文, 2001.

郑兴昭, 基于布鲁姆(Bloom)的认知领域教学目标设定体系进行的课程目标设定与陈述方式研究, 2005.

赵正浩, 关于降神巫教育过程的教育学研究[D], 韩国精神文化研究院博士学位论文, 1999.

资料

国会立法调查处, 多元文化政策的推行实态和改善方向,《政策报告》第22期, 2010年 1月 5日, 1-2页.

参考文献 r·e·f·e·r·e·n·c·e

金珉奎, 模式的变化和游戏的未来, 第三届未来游戏论坛.韩国文化资讯振兴院(现韩国资讯振兴院), 2003.

法务部出入境外国人政策本部, 各国留学生滞留现况. www.immigration.go.kr, 2011年 6月 30日.

法务部出入境外国人政策本部, 按年度分类的外国留学生滞留现状. www.immigration.go.kr, 2011年 6月 30日.

法务部出入境外国人政策本部, 按国籍分类的结婚移民者(韩国国民配偶) 滞留现状. www.immigration.go.kr, 2011年 6月 30日.

亚太国际理解教育院, 2007年度第四届国际理解教育论坛-跨文化社会合作, 亚太国际理解教育院, 2007.

吴恩淳, 姜昌东, 陈义南, 金善惠, 郑镇雄, 多元文化教育的教学支援方案研究(1), 韩国教育过程评价院研究报告RRI 2007-2, 2007.

吴恩淳, 洪善珠, 金敏贞, 牟景焕, 金善惠, 多元文化教育的教学支援方案研究(2) ——以社会专业教学项目开发为中心, 韩国教育过程评价院研究报告RRI 2008-5, 2008.

吴恩淳, 金贞淑等, 多元文化教育的教学支援方案研究(3) ——韩国语教育, 韩国教育过程评价院研究报告RRI 2008-2, 2008.

赵英达, 尹熙元, 权顺姬, 朴尚哲, 朴成赫, 多元文化家庭教育支援的资料开发研究, 教育人力资源部政策研究课题2006-指定-21, 2006.

韩国文化观光研究院, 2010移民文化乡愁现状调查, 韩国文化观光研究院, 2010.

女性家庭部网站 http://liveinkorea.kr

http://www.kocca.kr/cop/bbs/view/B0000150/1276572.do?menuNo=200909

https://coerll.utexas.edu/methods/modules/culture/01/which.php,

https://erasmusmyway.wordpress

https://www.moj.go.kr/moj/2412/subview.do,

https://bccie.bc.ca/wp-content/uploads/2020/09/cultural-iceberg.pdf;

https://ecampusontario.pressbooks.pub/intercultural/part/main-body/;

https://www.batestech.edu/wp-content/uploads/2024/03/Jan-18-Cultural-Iceberg-Bates-AAW.pdf